크리스천
사업가와
B·A·M

크리스천 사업가와 BAM

2014. 9. 5. 초판 1쇄 인쇄
2014. 9. 15. 초판 1쇄 발행

저자와의
협의하에
인지생략

지은이 | Harry Kim
펴낸이 | 이종춘
펴낸곳 | BM 성안당

주소 | 121-838 서울시 마포구 양화로 127 첨단빌딩 5층(출판기획 R&D 센터)
　　　413-120 경기도 파주시 문발로 112(제작 및 물류)
전화 | 02) 3142-0036
　　　031) 955-0511
팩스 | 031) 955-0510
등록 | 1973.2.1 제13-12호
출판사 홈페이지 | www.cyber.co.kr
ISBN | 978-89-315-7759-4 (03230)
정가 | 20,000원

이 책을 만든 사람들
진행 | 최옥현
편집 | 김인환
표지 | 박원석
홍보 | 전지혜
마케팅 | 구본철, 차정욱, 나진호, 강호묵
제작 | 김유석

Copyright © 2014 by Sungandang Company All rights reserved.
First edition Printed 2014. Printed in Korea.

이 책의 어느 부분도 저작권자나 BM 성안당 발행인의 승인 문서 없이 일부 또는 전부를 사진 복사나 디스크 복사 및 기타 정보 재생 시스템을 비롯하여 현재 알려지거나 향후 발명될 어떤 전기적, 기계적 또는 다른 수단을 통해 복사하거나 재생하거나 이용할 수 없음.

※ 잘못된 책은 바꾸어 드립니다.

크리스천 사업가와 B·A·M

| Harry Kim 지음 |

추천사

저는 목사인데도 개인적으로 요즘 '사회적 기업'에 속된 말로 꽂혀 있습니다. 일반기업이 빵을 팔기 위하여 고용을 하는 기업이라면 사회적 기업은 고용하려고 빵을 파는 기업입니다.

마태복음 20장에 보면 예수님의 포도원 비유가 나옵니다. 그 포도원 주인은 하루 종일 장터에 나가 일자리를 구하러 나온 사람만 보이면 자기 포도원에 들여보냈습니다. 새벽, 오전 9시, 정오, 오후 3시 심지어는 오후 5시까지 그렇게 하였습니다. 그 성경을 읽다가 '이 분은 포도원을 위하여 일꾼을 고용하는 사람이 아니라, 일꾼을 고용하여 품삯 주려고 포도원을 운영하는 사람 같아 보인다'라는 생각이 들었습니다.

이 비유의 말씀은 예수님이 우리들에게 하나님 나라를 설명하시기 위하여 해 주신 비유의 말씀입니다. 저는 그 포도원 주인을 생각하다가 무릎을 쳤습니다. '맞다. 이런 사람이 사는 나라가 하나님 나라다. '사람들은 목사를 성직자라고 합니다. 목사는 성직자 맞습니다. 그러나 성경은 목사만 성직자라고 하시지 않습니다. 모든 사람과 모든 직업이 다 성직자요 성직입니다. '너희는 택하신 족속이요 왕 같은 제사장이다(벧전 2 : 9).' 성직자는 자신을 위하여 일하는 사람이 아니라 하나님과 하나님 나라를 위하여 일하는 사람입니다. 모든 사람이 다 성직자라면 비즈니스맨도 사업을 자신과 자신의 이익을 위해서가 아니라 하나님과 하나님 나라를 위해서 해야 합니다. 포도원 주인처럼. 크리스천 사업가들이 그런 마음을 가지고 비즈니스를 한다면 세상에 비즈니스처럼 강력한 선교의 무기는 없습니다. 그것을 우리는 BAM이라고 부릅니다.

BAM 운동에 앞장서서 활동하고 있는 대표적인 사람이 Harry Kim 목사입니다. 김 목사님이 그 동안의 BAM 경험과 또 BAM을 연구하고 강의한 것들을 잘 정리하여 이번에 '크리스천 사업가와 BAM'이라는 책을 출판하게 되었습니다. 많은 크리스천 사업가와 크리스천 사업가가 되려고 하는 분들이 읽고 포도원 주인과 같은 사회적 기업가가 되었으면 좋겠습니다. BAMer가 되었으면 좋겠습니다. 그래서 이 땅에 하나님의 나라가 이루어져 갔으면 좋겠습니다.

김동호 목사
사회적 기업가, 높은뜻연합선교회 대표, 열매나눔재단 대표이사

크리스천들이 많은 시간을 보내는 일터는 단지 그들의 영적 삶을 돕는 수단만이 아닙니다. 일터는 그들을 변화(transformation)시켰던 하나님의 사랑과 능력을 힘입어 변화시켜야 할 목적입니다. 그러나 그동안 교회에서는 크리스천 개인의 내면 변화에만 관심을 두지 않았는지를 반성해 봅니다. 그들이 일터에서 어떻게 전도하는지, 일터에서 어떻게 신우회를 조직하는지, 나아가 일하고 얻은 돈을 어떻게 사용하는지 등이 전부인양 가르치지는 않았는지 반성해 봅니다.

소위 '일터영성'은 그런 것에만 머물지 않습니다. 건강한 영성을 가진 크리스천들은 그들 개인의 내면 변화에만 관심을 두지 않습니다. 자신들이 속한 일터나 사회구조에 대해서 그리고 비즈니스 선교에 대해 마땅히 관심을 갖습니다.

건강한 일터영성을 말할 때는 일터와 비즈니스의 모든 영역에서 어떻게 복음을 전하는 삶을 살 것인가, 일에 대한 소명의식, 일터 속에서의 삶의 방식 창출, 일터 변화의 문제 등을 함께 논해야 합니다. 일터에서 복음적 삶을 사는 것이 우선인가 복음의 선포가 우선인가의 문제를 다루어야 합니다. 일터에서 복음의 선포를 우선순위에 둔다면 복음의 효과는 반감될 것입니다. 왜냐하면 일터의 환경과 배경, 인간관계 등과 상관없이 행해지는 복음의 선포는 영향력이 없기 때문입니다.

크리스천 비즈니스의 모든 영역에서 복음의 선포보다는 복음적 삶을

사는 것이 우선되어야 합니다. 크리스천이 선교지에서 사업하며 복음적 삶을 산다면 그 자체가 선교입니다.
 크리스천 사업가는 비즈니스를 경제적 이득을 얻게 하는 수단 정도로 생각하지 않습니다. 그들은 그것을 넘어 사업 자체가 하나님이 주신 은혜로서 바로 하나님의 일이라고 믿습니다. 그들에게 사업은 소명입니다. 이 소명을 가진 크리스천 사업가라면 교회에서나 가정에서 또 사업의 현장에서도 복음적 삶을 살아야 합니다.
 이번에 '일터의 영성' 뿐만 아니라 비즈니스 선교와 BAM을 통찰력 있고 균형 있게 연구하고 실천해 온 Harry Kim 목사님께서 '크리스천 사업가', '크리스천 비즈니스', '크리스천 비즈니스의 영성', '비즈니스' 선교, 그리고 'BAM'을 총체적으로 아우르는 귀한 책을 집필하였습니다. 건강한 일터영성과 건강한 비즈니스 선교 그리고 건강한 BAM을 갈망하는 크리스천 사업가들을 위해 균형 있는 책을 출판하게 됨을 기쁘게 생각합니다. Harry Kim 목사님은 저와 오랫동안 코스타 등지에서 강사로 함께 봉사하여 왔습니다. 그의 노고에도 감사드립니다. 이 책이 모든 크리스천들 일터에서, 크리스천 사업가들이 사업의 현장에서 그리고 비즈니스 선교지에서 어떻게 하나님을 섬겨야 하는지를 구체적으로 제시를 해 줄 것이라고 믿어 의심치 않아 기꺼이 추천합니다.

주명수 목사
고대법대 졸업, 검사역임. 현재 변호사,
밝은 교회 담임목사, 신학박사. [영혼의 어두운 밤] 저자

 꽤 오래 전부터 일터사역을 해 오면서 자연스럽게 BAM 사역에 대해서 듣게 되었습니다. 관심을 가지고 모임에도 참석하고 일터 사역을 통해서 나름대로 배우고 경험한 것들을 나누기도 했습니다. 그럴 때마다 항상 아쉬움을 느꼈습니다. BAM에 대한 신학적인 기초가 부족한

경우가 많고 또 신학이론은 있어도 BAM의 실제 사례가 항상 아쉬웠습니다. 그런데 Harry Kim 목사를 만나서 이 두 가지의 갈증을 다 해소할 수 있었습니다. 이번에 그동안 연구하고 실제로 적용해본 경험을 책으로 정리하게 된 것을 정말 기쁘게 생각합니다. BAM에 관심이 있거나 알고 싶은 사람은 한번 읽어보기를 권합니다.

방선기 목사(직장사역연합 대표)

전 세계적으로 자신의 비즈니스를 하나님을 위한, 그리고 공공선을 위한 사역으로 변화시키는 크리스천 비즈니스 사역자들이 늘어나고 있습니다. 한국인들 가운데서도 이런 BAM 사역의 토양이 성장하고 있고, 세계 도처에서 주목할만한 변화를 일으키고 있습니다. 이와 같은 상황에서 일터 사역의 여정을 우리와 함께하는 Harry Kim 목사가 BAM 사역의 지침을 제시하는 책을 낸 것을 대단히 환영하는 바입니다.

매츠 튜네헥(Mats Tunehag)
로잔 BAM 분과의 선임위원

비즈니스와 하나님의 선교 수행 간의 관계를 깊이 이해하길 원하는 모든 크리스천들에게 기쁜 마음으로 Harry Kim 목사와 그의 신간 '크리스천 사업가와 BAM'을 추천해드립니다. 저는 그 동안 한국의 BAM 활동을 통해 Harry Kim 목사님과 함께 가까이 일을 해왔습니다. 제가 본 Harry Kim 목사님은 일터사역운동의 전체적인 그림을 볼 줄 아는 통찰력을 지닌 관찰자이자, 유능하고 헌신적인 BAM 사업가였습니다. 사상가이자 실질적인 사업가, 이 두 가지 면모를 다 갖추는 것이 여간 힘든 일이 아닌데도 말입니다.

Harry Kim 목사님은 이 책을 통해서 BAM 운동의 이론적 기반을 다지는 것뿐만 아니라, 어쩌면 더욱 중요한, BAM 운동에 참여하려는 사람들, 그리고 하나님의 영광을 위해 각각 다른 형태의 비즈니스에 동참하고자 소망하는 사람들을 위해 일종의 탁월하고 유용한 도구를 제공해주고 있습니다.

닐 존슨(C. Neal Johnson), PhD, 법학박사.
'Business as Mission : A Comprehensive Guide to Theory and Practice' 의 저자
Hope International University 경영학과 교수

비즈니스와 선교를 같은 선상에서 놓고 보는 것은 쉬운 일이 아닙니다. 그러나 만물이 하나님께 화목케 되는 것이 하나님의 뜻이기 때문에 우리가 소위 세속적이라고 생각하는 비즈니스, 정치 같은 것들도 하나님과 화목케 되어야 합니다. 하나님은 우주 만물의 하나님이십니다.

그래서 비즈니스를 소유하고 경영하는 크리스천들은 교회나 기존 선교 현장에서 사역을 감당해온 크리스천들과 동일한 입장에서 비즈니스를 받아 들여야 합니다. 비즈니스를 소명 받은 사역으로 이해하고 주님을 섬기듯 고객들과 함께 일하는 직원들을 섬기며 주님께서 말씀을 통해서 가르쳐 주신 원칙과 가치기준을 가지고 탁월함을 추구하며 경영해야 합니다. 그것이 하나님 보시기에 선한 일입니다. 하나님께 대한 사랑과 섬김의 표현입니다.

Harry Kim 목사님께서 이번에 펴내시는 '크리스천 사업가와 BAM'이라는 책은 사람들이 도저히 안 된다고 하는 비즈니스와 선교의 접목이 얼마나 성경적으로 타당한 것이며 어떻게 실질적으로 가능한가를 구체적으로 보여줄 것입니다. 이 책에 기록된 내용을 이해하고 실천

하면 총체적인 세계관, 총체적 마음, 총체적 생각을 가지게 될텐데, 그런 BAMer들이 많아질 때 혼탁한 연못이 결국에는 맑아지듯이 비즈니스와 BAM의 현장들이 선하게 맑아질 것을 믿습니다.

제프리 리(Jeffrey Lee)
전 우르웨고 오포튜니티 은행장 (르완다)
현 SfK Enterprises, Ltd. 대표

감사의 글

많은 분들의 도움으로 또 하나의 졸작을 출간합니다. 비즈니스 선교 영역에 탁월한 실천가들이 많으신데, 그럼에도 감히 제가 이 책을 세상에 내 놓는 딱 하나의 목적은 비즈니스 선교 특히 BAM을 가능한 많은 분들에게 알리기 위함입니다. 2004년 로잔 BAM 분과 보고서 'No. 59'를 번역하여 2010년에 출간하였던 'Business As Mission'과 일터사역을 주제로 2011년 저술하여 출간했던 '일터@영성'에 이은, 이 영역의 세 번째 책으로 크리스천 사업가들을 향한 하나님의 부르심, 크리스천 비즈니스 사역과 영성, 비즈니스 선교, 그리고 BAM에 이르는 소위 '비즈니스 사역과 비즈니스 선교'의 전 과정을 간추린 책입니다.

그리고 BAM을 집중적으로 다룬, 이 책의 제5장에서, 10/40 창 국가들과 가난과 우상에 찌든 나라들에서 스몰 비즈니스를 운영하여 현지인들에게 이양하는 BAM 사업만을 집중해 온 저의 미천한 경험으로, 주로 작은 규모의 BAM 비즈니스를 예로 들 수밖에 없었음을 독자들께서 양해해 주시기 바랍니다.

이 책에는 크리스천 사업가, 크리스천 비즈니스, 비즈니스 영성, 비즈니스 미션, BAM 등을 총망라하는 내용이 집약되었고 구석구석에 제 경험담이 제법 녹아 있습니다. 이 책은 다음과 같은 분들에게 유익할 것입니다.

1. 크리스천 사업가
2. 자신의 비즈니스를 사역 및 선교와 접목하기 원하시는 분
3. 비즈니스 선교에 관심이 있는 신학생
4. 비즈니스 선교에 관심이 있거나 비즈니스 선교 사역으로 사역의 방향을 바꾸시려는 선교사들
5. 현재 비즈니스 선교를 하시고 계시는 분들
6. 비즈니스 선교와 BAM에 관심이 있는 목회자들
7. BAMer들

이 책이 나오기까지 많은 분들의 격려와 지원과 사랑이 있었습니다. 먼저 Business Mission Academy(BMA)를 창립하셔서 2년간 대표로 섬겨주신 존경하는 권경섭 장로님께 진심으로 감사드립니다. 권 장로님의 헌신과 섬김이 없었다면 지금의 BMA은 존재하지 않았을 것입니다. 또 BMA 현 대표이신 상파울로의 안정삼 장로님의 분에 넘치는 사랑과 섬김에 감사드립니다. 그리고 BMA 사역을 함께 섬기는 동역자들로 이 책의 추천사를 기쁨으로 써 주신 김동호, 방선기, 주명수 등 세 분 목사님들의 사랑과 격려에 감사드립니다. 또한 탁월한 BAMer이신 채종욱 형과 또 매년 9월 설악산에서 개최되는 BAM Consultation을 BMA와 공동으로 주최하는 아시안미션의 정재철 대표와 BAM Consultation 때마다 늘 최고의 명찰을 만들어 준 강정은 간사에게 진심으로 감사드립니다.

2014년 3월, East-West Center가 주최하여 풀러신학교에서 3일간 진행되었던 'Thinking Bigger.. About Business'라는 제하의 BAM Conference에서 나와 공동강사였던 닐 존슨 교수와 로잔 BAM 분과를 이끌고 있는 매츠 튜네헥의 조언과 지지에 진심으로 감사를 전합니다.

닐 존슨 교수님은 이 책의 추천사를 흔쾌히 보내 주셨으며, 매츠 튜네헥은 내가 번역했던 자신의 글을 이 책에 실으려 한다니까, 이스라엘 여행 중 텔아비브의 한 시내버스 안에서 기쁨으로 허락한다는 메시지를 보내 왔고, 이어 간결한 추천사를 보내 주었습니다. 그리고 바쁘신 중에 추천사도 써 주시고 닐 존슨 교수와 매츠 튜네헥의 영문 추천사를 번역해 주신 르완다의 제프리 리(Jeffrey Lee) 장로님께 진심으로 감사드립니다.

BAM 운동을 전세계의 한인 크리스천 공동체에 알리는데 지대한 공헌을 한 엄기영 동지의 그간의 헌신에 깊은 감사를 전합니다. 또한 내가 번역한 '2004 로잔 BAM 보고서'를 출판하셨던 예영커뮤니케이션의 고김승태 장로님께 진심으로 감사드립니다. 고김승태 장로님은 BAM 불모지였던 한국 기독교계에 BAM을 알리는 데 큰 족적을 남기신 분입니다. 또한 매우 전략적이며 공격적인 BAM 전도사인 조샘 아우와 역시 탁월한 BAM 전포자인 백바울 동지와 같은 탁월한 동역자들과 동시대에 같은 일에 헌신하는 기쁨은 달리 표현할 방법이 없습니다.

적정기술 분야를 섬기시는 이양호 장로님-이명희 권사님, 제가 킹팀 컴퍼니를 연구하고 사례를 정리하는데 지속적으로 도움을 주셨던 상파울의 윤주동 장로님, 정승일 장로님, 리오의 김기종-박선숙 선교사님, 박병관-조선화 집사님, 아마존의 김완기 선교사님, 아순시온의 BMA 김경훈 대표, 부대표이신 김승혜 권사님, 이희수 목사님, 백은수 목사님, 엘에이 이준성 교수님, 김대성 목사님, 영원한 BAM 동지이신 하 회장님과 Paul Kim 교수님, 마닐라의 장재중 장로님, 마닐라 CBMC의 이일모 장로님, 다바오 망고방송국의 홍순규 선교사님, 호치민의 김야곱 사장님, 배명옥 권사님, 이선재 교수님, 현 사장님, 특별히 지난 5월 호치민 폭동으로 운영하는 공장 전체가 파괴된 것은 물론 생명의 위협을 느끼며 큰 부상 가운데 탈출하여 생명을 구하셨던 김병석 사장님께 주님의 큰 위로를 전합니다. 말레이시아의 사랑하는 제자 부부와 그 가족, 치앙마이의 지갈렙 선교사님, 카투만두의 피터김 사장님. 방콕의 이현국 형제, 몽골의 닥터 강지현, 뉴욕의 야셈, 시카고의 박영호 박사님, 뉴저지의 김진수 장로님, 박종구 사장님, 조원희 변호사 부부, 토론토의 권종섭 장로님, 김기일 사장님, 데이비드 윤 사장님, 쿠바 하바나의 MKLIT와 페트로, 또 남아공의 시니어 선교사이자 비기너 BAMer인 우셈, 그리고 설악산 BAM Consultation 때면 늘 찾아와 최고의 찬양으로 섬기는 사랑하는 아우 한웅재 목사에게도 이 기회를 빌어 큰 고마움을 표합니다.

작년에 사랑하는 아내를 천국에 보낸 백문현 목사님에게 하나님의 위로가 함께 하시기를 바랍니다. 백 목사님은 목사가 되기 전 몇 년간 저희 공동체의 사역장로로 섬기며, 나와 의기투합하여 대학원에 '비즈니스 선교학과'를 만들어 보자며 참으로 애쓴 분이시자, 향후 BAM 사역에 함께할 귀한 동역자입니다.

TW의 BAM 사역에 기도와 물심양면으로 도움을 주셨던 존경하는 전희인 장로님과 월넛의 Stephen Lee 형제, 포틀랜드의 조돈만 사장님, 상파울의 이종환 집사님, Jinoo 사장님 그리고 공개적으로 이름을 밝힐 수 없는 BAM 현장의 모든 동지들에게 사랑과 존경을 보냅니다. 특별히 금년 1월 대참사 수준의 화재를 당해서도 굳굳하게 이겨내고 있는 고원 팀과 그 가족들에게 하나님의 크신 위로가 함께하기를 소망합니다.

무엇보다도 소중한 나의 BAM 동역자들이자 후원자들인 주향한공동체의 전제광 장로님을 비롯한 모든 지체들에게 다시금 깊은 감사와 사랑을 전합니다. 큰아들 Daniel이 이번 집필에 특히 영어 자료를 모아 정리해 주는 일에서 큰 도움을 주었으며 이 책의 집필을 위해 두문불출하는 나를 지극정성 사랑으로 섬겨준 지존에게 사랑과 존경을 진정으로 아끼지 않는 바입니다.

　마지막으로 출판시장이 질식할 것만 같은 침체 중에도 기꺼이 제 졸고를 책으로 만들어 주신 도서출판 성안당과 최옥현 편집국장님께 진심으로 감사드립니다.

2014년 9월

Harry Kim
주향한공동체 대표
TW 대표
BMA(Business Mission Academy) 부대표 겸 디렉터
Cornerstone of BAM 고문

차례

제1장 크리스천 사업가
1. 비지니스(Busyness)에서 비즈니스(Business)로 ·············18
2. 소명 ··32
3. 크리스천 사업가 ···41

제2장 크리스천 비즈니스
1. 크리스천 비즈니스 ···98

제3장 크리스천 비즈니스의 영성
1. 아보다와 말라카 ···145
2. 아보다시스템의 회복을 위한 하나님의 능력들 ············155
3. 아보다의 회복을 위하여 ···187

제4장 비즈니스 선교
1. 총체적 선교(Wholistic Mission) ··································198
2. 일터사역운동(Marketplace Ministry Movement) ·······199
3. 비즈니스 선교란 무엇인가? ···217
4. 비즈니스 선교사 ···220

제5장 BAM(Business As Mission)

1. BAM 역사 ···233
2. BAM이란? ···246
3. BAMer···281
4. BAM의 성장 단계들 ································327
5. BAM 비즈니스 ··342
6. BAM 창업 ··377
7. 'BAM 운동'에 동참하는 6 가지 방법들 ·········389

제1장 크리스천 사업가

1. 비지니스(Busyness)에서 비즈니스(Business)로
2. 소명
3. 크리스천 사업가

1. 비지니스(Busyness)[1]에서 비즈니스(Business)로

사업가들은 바쁘다. 다들 자기만의 성공신화에 빠져 자기만의 리더십을 행하며 자기방식으로 일을 해결하느라 바쁘다. 어떤 사업가들은 가만히 있으면 도태되고 망할 것 같은데 구체적인 대안은 없고, 일단은 사업에 실패하지 않아야겠기에 바쁘다. 그러면서 이들의 말은 한결같다. '아이템이 없다!' 이는 전형적인 비지니스 (Busyness, 바쁨, 무의미한 행동) 사업가의 탄식이다.[2]

그러나 비지니스의 바쁨은 잠시의 영화를 누리지만, 결국은 허망한 실패를 초래한다. 베드로가 그 대표적인 인물이었다. 베드로는 프로페셔널 어부였다. 그의 평생의 아이템은 물고기였고, 베드로는 물고기 잡는 전문가였다. 그런 그가 어느 날 자신의 평생 홈그라운드인 갈릴리 호수에서 밤새 투망을 던졌지만, 허탕이었다. 분명 잘 잡히던 포인트였는데 전혀 잡히질 않았다. 베드로가 찾던 아이템은 없었던 것이다(눅5:5a). 이것이 냉혹하기만 한 비지니스의 황패함이다.[3]

(1) 비즈니스의 황패함

작금 비즈니스 현장에 쓰나미처럼 급습해 온 황패함은 인류가 한 번도 경험하지 못했고, 상상도 못했던 참사이다. 그 결과 일자리가 대량으로 사라지고 있으며, 회사들이 일순간에 사라지고, 업종과

또 업계도 사라지고 있다.⁴⁾

① 일자리가 사라진다.

　1960년대 인텔의 공동창업자인 고든 무어는 컴퓨터의 계산 능력이 매년 두 배씩 올라가는 소위 무어현상을 발견했다. 그의 말이 사실이라면 인간의 초당 계산 능력을 돈으로 환산하자면 2023년엔 미화 1,000 달러가 되고, 14년 후인 2037년에는 1 센트가 될 것이다. 이런 식으로 인간능력의 가치가 하락 되면, 인간의 노동력은 경쟁력을 상실할 것이고, 결국 최소한 경제의 영역에서는 쓸모가 없게 될 수도 있다. 이런 비극을 과연 누가 상상이나 해 봤을까. 예를 들어, 미조리 주의 한 맥도날드에서 자동차 안에서 드라이빙 쓰루로 주문할 때 "무얼 도와드릴까요?"란 소리를 듣게 되는데 이 소리를 가게 안에서 하는 직원의 음성으로 착각하면 안 된다. 이 소리는 900 마일 떨어진 콜로라도 스프링스에 소재한 주문센터 직원의 목소리다. 주문센터의 직원들은 매장의 직원들보다 주급을 조금 더 받지만, 주문받는 시간을 1/3로 줄였고, 주문을 전달할 때 생기는 실수를 반으로 줄이며 급료를 더 받는다. 이는 고객의 주문을 빨리 해결하려는 목적도 있지만, 실은 제조 원가를 낮추려는 속셈이다. 애플사는 이미 모든 온라인 주문을 인도에서 받는다. 맥도날드도 애플처럼 온라인 주문을 인도에서 받을 수도 있다. 이렇게 산업의 모든 영역에서 제조원가가 더 적게 드는 지역으로(lower cost locations) 옮기게 되면 일자리가 사라지는 것이다.

　과거에는 생산 자동화가 일자리를 없애는 주범이었지만, 오늘날에는 아웃소싱과 오프쇼어링(offshoring, 아웃소싱의 하청업체가 외국에 있는

경우를 말함)도 일자리를 없애는 주범이 되었다.[5]

② 회사가 사라진다.

토플 레이트(topple rate)가 있다. 시장을 주도하는, 각 업계의 상위 기업들이 5년 내에 시장에서 영향력이 줄어드는 비율을 말한다. 매킨지 연구소는 이 비율을 연구하다, 미국의 경우 지난 1975~1995년 사이에 각 업계를 선도하는 상위 20%의 위치에 있는 기업들의 토플 레이트가 2배가 되었다는, 그러니까 이들 기업의 영향력이 반으로 줄어들었다는 사실을 발견했다. 그렇다면 향후 20년이 지나는 2015년까지 상위 기업들의 토플 레이트가 또 두 배로 늘어날 것이라고 밝혔다.[6]

GM과 코닥이 그렇게 쉽게 무너질 것이라고 누가 상상이나 했겠는가? GM은 세계 자동차 시장에서 1931년부터 2007년까지 77년간 판매량이 수직 상승했었는데, 불과 몇 3~4년 사이에 파산 신청을 했다. 그리고 몇 년 전 나이키에서 신발에 사용하는 천 대신 인조 망사를 사용함으로써 나이키 신발에 들어가는 천을 납품하던 공장들의 40%가 문을 닫았다고 한다. 대부분의 업종에서 이런 식으로 하청업체들이 사라진다.

③ 업종과 업계가 사라진다.

사진 필름, 플로피 디스크 업종이 한순간 사라져 버렸다. 이 현상은 마치 하나의 도시 전체가 바다에 잠긴다든가, 지진 때문에 순식간에 땅 속으로 내려 앉은 것과 같다. 수많은 업종이 갑자기 사라진다. 버스 차장, 전화교환원이 그 예이다. 대개가 경재업종 때문에 사라진 것이 아니라 변화에 대처하지 못했다거나 전혀 새로운 업종의 탄생으로 사라지고 있다. 영원한 업종은 없다. 영원히 반복되는 것은 변화뿐이다. 이런 식으로 산업의 흥망성쇠의 사이클이 갈수록 짧아지고 있다.

1880년대 후반의 미국 운송 산업의 총아는 철도였다. 철도는 광대한 대륙에 사람과 물품을 운송하는 데 있어서 최고였다. 그런데 이 철도산업이 한순간에 무너져 버렸다. 버스의 등장이 그 원인이었다. 사실 버스로는 당대의 아성인 기차를 이길 수 없었으나, 그럼에도 미국 기차산업이 버스산업으로 인해 거의 멸망한 것은 철도업자들에게는 당시 운송사업이라는 개념이 없었고, 그냥 기차산업이라는 개념뿐이었기 때문이었다. 기차산업이 운송사업에 속한다는 인식의 부재가, 또다른 운송의 형태인 버스의 성공을 도운 격이 되었다. 철도사업자들이 기차산업이 운송 산업에 속한다는 사실을 깨달았을 때는 이미 자동차 산업에게 그 주도권을 빼앗긴 후였다.

1968년에 스위스 시계가 세계시장의 65%나 점유할 당시, 1990년대나 21세기에 최강국은 어느 나라가 될 것이라고 물었다면 대부분의 사람들은 스위스가 될 것이라고 말했을 것이다. 이 당시만 해도 스위스가 세계 시계시장을 60년이나 지배해오고 있었다. 스위스의 기술이 세계 최고였기 때문이다. 그리고 이 시계로 인한 수입의 전체 국가 수입의 90%에 이르렀다. 그런데 1980년에 수천 명의 시계업자들이 떠났으며, 세계 시장의 10% 이하만 점유하게 되었다. 수입도 20% 이하로 줄었다. 1979년에서 1981년 사이에 5천 명에서 6천 명의 시계업자들이 일자리를 잃었다.

이러한 현상은 당시 스위스는 새로운 기술을 인정하지 않았기 때문이었다. 이 새기술이란 역설적으로 스위스가 개발했던 Quartz 운동이었다. 이들이 이렇게 거부하게 한 것은 바로 자신들의 기술과 전통에 대한 우월의식과 감이었다. 자신들이 세계 최고의 기술을 가지고 있었던 시계의 기어, 베어링, 극소형의 스프링 등이 Quartz 시계에는 필요가 없었고, 스위스 기술자들은 기어라든가, 베어링, 스프링 등이 없는 시계가 무슨 가치가 있느냐고 경시했다. 즉 패러다임시프트를 무시했다.

그런데 이 기술을 이전해가고 전력투구한 회사가 바로 세이코였다. 이후 세이코가 세계 시장을 지배하게 되었다. 이것이 바로 스위스 시계 산업의 몰락을 가져왔다. 스위스 시계 산업이 주는 교훈이 심오하다. 화려하고 최고의 전통, 최고의 이익, 세계 시장 지배 등, 이와 같은 과거와 현재의 것들이 미래의 변화와 패러다임시프트를 생각하지 않으려는 태도와 자세에 의해 파괴된다는 것이다. 과거와 현재의 생각은 인간을 과거와 현재에 묶어 놓는다. 그러므로 급변하는 세계에게서 교훈을 받으려하지 않고, 그것을 적응하지 못하게 한다. 과거와 현재의 성공이 미래의 성공을 보장하지 않는 것이 엄연한 현실이다.

(2) "깊은 데로 가서 그물을 내리라"

갈릴리 호수에 밤새 투망을 던졌지만 헛수고로 끝난 베드로는, 얍복강에서 야곱이 천사를 붙든 것처럼, 무어라도 붙들고픈 간절함을 달래며 그물을 거두고 있었다. 바로 그 때 예수께서 나타나 베드로에게 말씀하셨다.

"깊은 데로 가서 그물을 내리라"(눅5 : 4). 기득의 성공방법인 전통과 경험과 타성의 차원에서 보면 투망질의 비전문가인 예수의 이 말은 완전히 정신 나간 소리였다. 그러나 베드로는 그 황당한 소리를 귀중한 원 포인트 레슨으로 받아들였다. 비지니스의 황패함을 맛본 베드로에게 '깊은 곳'에 가라는 말씀은 꿀송이보다 더 귀한 거룩한 '성공공식'이었다. 그렇다면 예수께서 베드로에게 명한 그 '깊은 곳'은 어디인가?

① '깊은 곳'은 우리의 마음이다.

그 스승이 사업가에게 이렇게 충고했다. "물고기가 마른 땅에서 죽듯이, 그대도 세상에 얽매이면 죽게 될 것이오. 물고기는 물로 돌아가야 하고 그대는 고독으로 돌아가야 하오." 그 말에 사업가가 깜짝 놀랐다. "그러면 사업을 그만두고 수도원으로 들어가란 말씀입니까?" "아니, 아니오. 사업은 계속하되 그대의 마음 속으로 들어가시오".[7]
(안소리 드 멜로)

과연 '깊은 곳'은 어딜까? 깊은 곳을 더 높은 곳이라고 확신하는 이도 있고 더 먼 곳이라고 생각하시는 분들도 있을 수 있고, 거기에 도달하려면 더 바삐 뛰어야 한다며 신발끈을 꽉 조여 매는 이도 있다. 그러나 '깊은 곳'은 이 생각들과는 전혀 다른 곳이다. 장소의 영역이 아니라 보다 심오하고 신비한 영역이다. 그 중 하나가 바로 우리의 마음이다. 귀는 소리를 듣고, 마음은 그 의미를 듣는다. 마음은 생의 의미를 깊이 해석한다.

마음처럼 깊은 곳은 없다. 이 마음 속 깊은 곳에서는 모든 것이 감지 된다. 마음의 주인이 누구냐에 따라 천국도 있고, 지옥도 있다. 영에 속한 그리스도인의 마음은 영의 거처이자 믿음의 시스템이 작동되는 고귀한 곳이다. 또 마음은 하나님의 말씀에 대한 첫 순종이 결단되는 곳이다.

"깊은 곳에 투망을 던져라"란 말씀을 듣는 순간, 베드로는 자신의 내부 깊숙한 곳에 억눌려 있었던, 거부할 수 없는 음성을 들었다. "순종해야 한다. 순종해야만 한다."

그리고 베드로는 마음 속 깊은 곳에 갇혀있던 절대열망의 용암이 분출되는 것을 느꼈다. 그 열망은 하나님께서 가라 하시면 '더 깊은 곳'에도 가서 자신을 드리고자(투신) 하는 사명감이었다. 베드로는 예수님의 말씀만을 의지하는 투신(投身)의 결의로 깊은 곳에 투망을 던졌다. 이는 하나님이 기뻐하시는 거룩한 산제물로 자신을 드리는, 비즈니스인으로서 베드로의 죽음이자, 비즈니스 성공을 위해 필요했던 기득의 성공방법인 전통과 경험과 타성을 깊은 물에 수장시키는 것이었다. 그리고 이 '비지니스인'의 죽음은 곧 하나님의 소명을 이루는 '비즈니스인(Business人)'이라는 '사명적(선교적) 존재(missional being)'의 탄생이다(Business의 i는 idea를 의미한다).[8] 이런 베드로의 마음을 아시는 하나님께서는 기뻐하셨을 것이다.[9]

마음은 하나님이 인간을 만나 주시는 고유한 장소이다. 마음은 관계의 화학반응이 일어나는 곳이자, 태초에 하나님께서 주셨던 소명이 발아되는 곳이다. 소명은 순종에의 부르심에 응하는 삶이며, 이는 곧 하나님이 우리를 부르신 바로 그 소명이다(calling, vocare). 소명은 "내가 추구해야 할 목표를 의미하지 않는다. 소명은 내가 들어야 할 내면의 부름의 소리"(파커 파머)에 응답하는 것이다. 마음은 내면의 부름의 소리를 듣는 곳이자 소명의 실천을 결단하는 곳이다. 우리는 늘 '마음 깊숙히' 들락이며(solitude) 그 내면의 소리를 경청해야 한다.

예수께서 허탈에 빠진 베드로에게 다가가 "깊은 곳에 그물을 내리라"고 말씀을 하셨다. 이 말씀이 베드로의 마음 속 깊은 곳에 잠재되어 있던 소명의 마그마를 분출시키셨다. 그리고 베드로는, 마치 예수께서 성령에 '낚인 자'였듯이(마4:1) 예수께 낚인 자(passive being)가 되어 낚인 자의 삶을 살았다(요21:18-19).

갈릴리 호수는 베드로가 아이템을 낚는 어장이었다면[10], 베드로의 마음은 베드로를 낚는 예수님의 낚시터였던 것이다. 그리고 주의 말씀을, 베드로 자신의 마음 속 깊은 곳에서 울료오는 내면의 소리로 응답하고 이 소명을[11] 완수하는 일에 전적인 헌신(투신)을 결단한 것은, 그러니까 주께 낚인 것은, 하나님의 전적인 은혜인 것이다. 이런 식으로 하나님은 생업의 현장에 있는 사업가들을 부르신다.[12]

비지니스(Busyness) / 비즈니스(Business)

주변에 바쁜 분들 투성이고, 자신이 그리 바쁜 것이 바로 자신을 필요로 하는 이들과 일들이 많다는 것을 은근히 드러내려는 분들도 있다. 그러나 하나님께서는 우리를 '바쁘게 살라'고 보내신 것이 아니라 '바르게 살라'고 보내셨다. 바쁘게 사는 이들과 바르게 사는 이들이 지나간 흔적과 남긴 결과를 보면 '우리는 바쁘게'가 아니라 '바르게' 살아야만 한다는 사실이 명확해 진다. 삶을 바르게 살기위해 일상을 규모 있고, 여유 있고, 짜임새 있게 사는 것이 비즈니스다. 우리는 이 비즈니스를 살아야 하나님께서 맡기신 사명을 수행할 수 있고, 하나님을 증명하는 그리스도의 향기를 남기게 된다. 그러나 지나친 생존경쟁 모드로 살면서 비지니스에 함몰된 이들이 있다. 이들은 결국 자기의 계획을 이루기 위해 안달하지만, 결국은 자기 증명이라는 곰팡내 나는 자취만 남길 뿐이다. 이들에 대해 폴 스티븐스는 말한다. "그토록 바쁘게 사는 이유 중 하나는 무언가를 성취해서 남의 인정을 받고 싶기 때문이다. 하지만 본인은 자기 속에 깊이 뿌리박힌 이런 부정적 동기를 인식하지 못하는 경우가 많다. 자기를 잘 모르는 것이다. 사업, 정치, 교회 등 여러 분야에는 자신으로부터 도피하려고 애쓰는 지도자가 많다. 그들은 심리학자 에리히 프롬이 '시장지향적 성격'이라 부른 성향을 갖고 있다. 그들은 인정의 표시를 사기 위해 스스로를 파는 사람들인 셈이다."

② '깊은 곳'은 '이 세상 악이 작동하는 시스템'이다.

아담이 죄를 범한 이후, 인간에게 내려진 재앙 중 하나로 에덴동산(Garden)이 정글이 되어, 모든 인간은 말씀의 법칙이 아닌, 정글의 법칙으로 생존해야만 했다. 정글의 법칙은 인간에게 끝없는 노동(말라카, melakah)을 요구한다. 이용하고 이용당하고, 경쟁하고 경쟁당하고, 착취하고 착취당하게 하는 일인 말라카는 말라카 시스템을 만든다.[13]

하나님의 통치를 거부하는 '하나님 없는 시스템(Godless system)'은 비록 최고의 경제적 안정과 성장을 보장해 준다고 할지라도, 다 악의 시스템이다. 정부도, 학교도, 경제도, 문화도 다 악의 시스템일 수 있다. 그리고 사람들은 생존을 위해 또는 다른 활동을 위해 악한 시스템에 속해, 이용하고 이용당하면서, 결국은 시스템의 희생양이 되어 버린다. 이를 말라카 시스템이라 부른다.

인간은 일을 통해 스스로의 자존감과 권위를 찾아 이 땅을 다스리며, 서로의 물질적 필요를 충족시켜 주면서 그 풍성함을 누리며 살아가야 한다. 그런데 현실적으로 인간이 일을 위해 존재하는지, 일이 인간을 위해 존재하는지가 참으로 모호하다. 사전의 정의에서[14] 알 수 있듯이 영적인 의미가 제거된 일은 개인의 생존을 포함한 기본적인 물리적 욕구 충족과 철저하게 관련된다. 단지 생존에 필요한 것들을 얻기 위해서, 우리는 고통을 감수하기도 하고, 취미와 여가를 포기하기도 한다. 생존을 위한 수입의 통로가 일뿐인 경우라면, 우리는 우리에게 너무나 소중한 가정, 공동체, 교회, 자기 계발, 휴가 등을 무시하고 일에만 집중할 수밖에 없다. 이러한 인생은 일개미의 인생과 다름없다. 이와 같이 일의 신성함과 그 소명을 망각한 직업의식에 사로잡혀 일을 하면, 우리는 일중독[15], 비효율적 삶[16], 이기주의, 개미주의(Antism)[17], 성공지상주의(Careerism)[18] 등과 같은 부정적 현상에 빠지게 된다.[19]

악이 작동하는 시스템에서 대부분의 사람들은 말라카 시스템의 희생자들이다. 이 악한 시스템에서 권력과 부를 누리는 것을 축복으로 여기는 크리스천도 있고, 반대로 악한 시스템에서 희생당하여 빈곤의 늪을 헤어나지 못하는 크리스천도 있다. 사탄은 우리로 하여금 소명을 이루기보다는 사탄이 건설한 악의 견고한 시스템 속에서 살아가도록 유혹한다. 죄로 오염된 우리의 자아는 우리 내면 깊은 곳에서 울려 나오는 소명을 듣지 못하게 한다. 그리하여 죄된 자아성취를 조장하는 소위 기득의 성공방법인 전통, 경험, 타성의 소리(정보)를 최고의 성공공식으로 이상화하고, 이를 성취하기 위해 광속으로 전진할 뿐이다. 그러나 갈릴리 호수에서의 베드로가 그랬듯이 그 결과는 예외 없이 참담하다.[20]

(3) '악의 시스템'에서 우리를 불러내시는 하나님

적지 않은 분들이 비즈니스를 돈 버는 일로만 단정하고 있는데, 반드시 그렇지는 않다. 비즈니스의 사전적 의미는 "어떤 일을 일정한 목적과 계획을 가지고 짜임새 있게 지속적으로 경영함"이다. 즉, 규모 있게 꾸며가는 모든 일상이 곧 비즈니스라는 말이다.

그런데 대다수의 사람들 특히 대단히 많은 크리스천들도 이 비지니스를 지혜 없이, 규모 없이 제멋대로 꾸며, 결국 소중한 삶을 엉망으로 만드는 비지니스 시스템을 빠져 나오지 못하고 있다. 바로 이들을 하나님은 말씀으로 작동되는 샬롬시스템으로 이주하기를 명하신다. 아브라함이 그 대표적인 인물이다. 하나님은 아브라함에게 '본토 아비집을 떠나 지시하시는 곳으로 가라'고 명하신다. 아브라함은 갈대아 우르에서 유프라테스 강 건너 간 히브리 유목민(히브리인이란 '유프라테스 강 건너에서 온 사람들'이란 뜻이다)의 족장이 된다.[21] 하나님께서 아브라함을 하나님을 거부하는 도시(Godless City)에서 불러내어, 하나님의 도시(God City)인 믿음시스템을 세우신 것이다. 아브라함은 '하나님의 도시 창시자'이다.[22]

아브라함을 "유목민 출신이라고 생각하기 쉽지만 그렇지 않다. 그 무렵 아브라함이 살던 도시는 상업과 무역이 활발히 이루어지고 있던 발달된 도시로서"[23] 당대 최고 문명인 수메르 문명의 중심이자 수메르 최강의 도시, 우르였다. 이곳에 살던 아브라함이 비즈니스에 직·간접적으로 연루되었을 가능성은 높다. 아브라함이 우르를 떠나 900 킬로미터 떨어진 가나안에 도착했을 때 아내 사라와 조카 롯, 그리고 자신에게 속한 318명의 장정(훈련된 군인)들이 동행할 정도였다.[24] 아브라함은 오늘날의 꽤 큰 규모의 사업을 하는 기업인이었을 것이다.

아브라함의 이주가 끝난 후, 하나님은 하나님을 거부하는 도시의 상징인 바벨탑을 허무셨듯이, 역시 '하나님을 거부하는 도시'인 우르도 허무셨다. 아브라함이 떠난 후 세계 최고의 도시였던 우르는 우르 상류의 숲이 벌목으로 모두 황폐화되면서 엄청난 토사가 매년 떠 내려와 관개수를 뒤덮고 운하를 매몰시키자, 결국 우르는 토사 속에 파묻혀 버리게 되었다.[25] 이렇게 역사 속에서 사라졌던 우르는 1929년에 발굴되었다.[26]

하나님께서 아브라함을 불러내어서 그를 통해 하나님 주권으로 유지되는 믿음공동체를 만드시길 원하셨다. 이에 전적으로 순종한[27] 아브라함은 믿음의 조상이 되었고, 아브라함의 후손들은 그 누구도 우르의 토사에 매몰되지 않았다. 하나님께서 아브라함을 불러 내셨던 것과 같이 이 시대의 모든 크리스천 사업가들을 불러내신다.

(4) 비지니스 시스템의 희생자를 구출하라

2,000년 전 예수께서 이스라엘에 등장하셨을 당시 온 인류는 '하나님을 거부하는 시스템'에 신음하고 있었다. 예수께서는 이 악한 말라카 시스템에 학대당하는 백성들을 구출하여, 예수께서 세우신 새로운 영적 공동체에 소속시키셨다. 이 공동체는 하나님의 시스템인 샬롬시스템이었다. 비지니스는 '하나님을 거부하는 시스템' 속에서 부패한 자아를 성취하는 것이라면, 비즈니스는 '하나님의 시스템'을 건설하게 위한 소명을 성취하는 것이다. 비지니스는 사망에 이르는 길이고, 비즈니스는 생명에 이르게 하는 삶의 의미이며 사역이다.

비지니스 시스템에 속한 현대인은 바쁘다. 정글에서의 생존을 위한 삶이니 당연 바쁘다. 그러나 그 바쁨을 잠시 잊고, 조금만이라도 제정신을 차리면 바쁨이 그리 중요하지 않다는 사실을 알게 된다. 인생은 어디로 가고 있는가, 그 방향이(direction) 중요하다. 하나님은 우리에게 사탄의 시스템에서 영적 시스템으로 변화(transformation)하라고 명하신다. 그러나 대부분의 사람들은 그 방향엔 관심 없이, 자신들이 머무는 곳에서서 '배부르고 등 따신' 편안함을 누리기 위해, 더 편안해지기 위해 바쁠 뿐이다.

'영적 지도(spiritual direction)'는 영적 방향 감각을 상실한 이들에게 그 방향을 찾아주는 사역이다. 모든 인류가 가야만 하는 그 길, 스스로 길이셨던 예수께서 가셨던 그 길을 가야 한다. 그 길을 지도(디렉션)해 주는 사역이 '영적 지도'다. 예수께서는 비지니스에 바쁜 베드로에게 찾아가 비즈니스의 길을 제시해 주셨다. 예수님의 열두 제자들도 자신의 생업에 열심인 중에 예수의 택함을 받고 비즈니스의 길을 갔다.

택함을 받은 이들의 사명은 생업에 열심인 모든 이들이 비즈니스의 길로 가도록 이끄는 것이다. 이것이 비즈니스 디렉터로서 모든 크리스천 사업가들의 사명이다. 투신을 결단하며 투망을 던짐으로 순종했던 베드로처럼, 우리는 비즈니스에 몸을 던짐으로(투신) 순종하여야 한다. 이 투신이 바로 우리 몸을 하나님이 기뻐하시는 거룩한 산제물로 드리는 희생이다(롬12 : 1).

그러나 악한 시스템을 탈출했다고 해서, 악의 시스템을 외면하자는 건 아니다. 크리스천 사업가가 악의 시스템을 탈출하면서 비지니스를 포기했다면, 이제 비즈니스의 소명을 가지고 악의 시스템을 샬롬시스템으로 변화시켜야 할 사명이 크리스천 사업가에게 있는 것이다.

(5) 제시 페니(J.C. Penny)와 황금률 상점

크리스천 사업가들은 사탄이 일터의 주인노릇하려는 계획을 무마시키는데 핵심 역할을 할 수 있다. 성경은 "성읍은 정직한 자의 축원을 인하여 진흥하고 악한 자의 입을 인하여 무너지느니라(잠11 : 11)"라고 분명히 말하고 있다. 크리스천 사업가들이 하나님의 원하시는 비즈니스에 투신하면 첫째는 그들이 번영하고, 둘째는 전체 비즈니스 공동체와 사회 전반이 더욱 번영하게 될 것이고, 셋째는 일터를 통제하고 다스림으로써 세상을 손아귀에 넣고 장악하려는 사탄의 노력이 뒤로 밀려나게 될 것이다.

선한 시스템을 만들어 악한 시스템에 희생당하는 비지니스인들을 구출해 낸 매우 소중한 사례가 있다. 1902년 와이오밍 주의 켐머러라는 인구 1,000 명의 작은 광산마을이 있었다. 이 마을에는 21 개의 술집과 식료품점(Dry food Store) 들이 있었는데, 이 식료품 가게들은 다 가난한 광부들을 대상으로 외상 거래를 하였다. 광부들은 급료를 받으면 외상을 갚았다. 그런데 적지 않은 광부들이 외상을 갚지 않고 도망을 가는 형편이어서, 상점들은 외상을 갚지 않고 도망간(갈) 광부들이 끼치는 손실을 감안한 가격을 책정했다. 당연히 이 마을의 가게들의 물건 값이 다른 동네의 가게보다 비쌌다. 어느날 그 동네에 26살 된 남자와 그의 아내가 작은 식료품점을 오픈했다. 이들의 자본은 주변 큰 상점들의 1/6도 안되었지만, 다른 상점들과는 다른 방법으로 운영했다. 이 상점이 바로 그 유명한 '황금률 상점'이였다("남에게 대접을 받고자 하는 대로 너희도 남을 대접하라", 눅 6 : 31). 젊은 부부는 예수님이 명하신 황금률을 실행하기 위해서 가게를 운영하였다. '황금률 상점'은 물건 가격이 저렴했다. 젊은 부부는 현찰거래를 통해 가격을 내리는 것이 가난에 허덕이는 광부들을 실질적으로 섬기는 것이라고 생각했다. 그 결과 고객들은 빚을 줄이게 되었다. '황금률 상점'은 대박이 났고 이후에 세워지는 많은 가게들의 모델이 되었다. 10년 내에 30 개의 '황금률 상점'이 문을 열었다. 1913년, 주변의 많은 경쟁자들이 '황금률'이란 상호로 가게를 열고 운영 방식도 그대로 모방하였다. 그러자 '황금률 상점'은 창립자의 이름을 따서 '제시 페니(J.C. Penny)'로 상호를 변경하였다. 물론 황금률 원칙은 지속되었다.

제시 페니사는 좋은 품질의 물건을 고객들에게 보다 저렴한 가격으로 제공해줄 뿐 아니라, 상행위 전반에 있어 성경적 원칙을 지켰고, 특히 일터에서 하나님의 원칙과 섬김을 드러내는 자신의 믿음을 보여주었다. 또한 제시 페니는 종업원들을 훈련시키고, 은사와 재능을 개발하도록 도와주었다. 회사가 성장하면서 그 이익을 종업원들과 나눌 수 있는 계획도 세웠고, 종업원들이 믿음을 가지게 하거나, 믿음을 성장시키기 위한 프로그램을 운영했다. 모든 종업원들이 다 동역자였다. 그들 중 다른 지역에 새 제시 페니사를 오픈한 이들은 본사의 파트너가 되었고, 종업원들 누구나 새로운 제시 페니사를 시작할 수 있다고 약속 받았다. 제시 페니는 늘 이렇게 말했다. "비즈니스 영역에서의 황금률의 적용은 제한이 없다" 당시 많은 사업가들은 사업에서 성경적 원칙을 인정하지 않았다. 오히려 이를 멍청한 짓이라고까지 말하는 이들도 있었고, 분명히 실패할 것이라고 말하는 이들도 있었다. 그러나 제시 페니사는 성공했다.

2. 소명

비즈니스맨에 해당하는 히브리어 단어 중 하나는 '오메인(Ohmein)'으로, 뜻은 '믿음의 사람'이고 예배에서 쓰는 '아멘(Amen)'과 어근이 같다.[28] (다니엘 라핀)

하나님의 부르심을 들었던 아브라함처럼, "깊은 곳에 그물을 내리라"는 예수의 말씀을 들었을 때의 베드로처럼, 하나님의 부르심과 음성에 대해 우리 내면의 소리로 '아멘'으로 응답하는 순간, 우리 소명의 강력한 불꽃이 타오르면서 이 불꽃은 우리 내부로부터 외부로 번져나간다. 작은 불꽃 하나가 큰불을 일으키듯, 우리 외부의 모든 영역으로 복음의 불이 번진다. 어떤 이는 가정에서, 어떤 이는 직장에서, 어떤 이는 교회에서, 어떤 이는 세상 끝까지 두루다니면서 복음 불을 피우는 선교사로서 그 소명을 이루게 된다. 소명을 이루는 자는 그 직업이 곧 사역이며, 그는 사역자인 것이다. 크리스천 사업가가 하나님의 부르심에 '아멘'으로 응답하는 순간부터 그는 비즈니스 사역자의 길을 가는 것이다.

이 소명이 확산되는 모든 영역은, 아담 이후 황폐해졌던 살인과 탐욕과 우상의 정글이 원래의 에덴동산(정원)으로 바뀌는 변화가 일어난다. 악의 시스템이던 공간(space)들이 하나님께 찬양받고 예배하는 처소(place)가 되는 것이다. 소명은 우리의 거룩한 삶을 통해 영광을 받으시려는 하나님의 부르심과 이 부르심에 응답하기 위한 소금과 빛의 삶, 즉 사역(섬김)이다.[29] 하나님으로부터 소명을 받은 우리의 사명은 악의 견고한 시스템이 작동되는 이 세상을 거룩케 하여 샬롬시스템이 작동되게 하는 것이다.

그리고 소명은 우리가 이웃을 사랑하는 최고의 방법이다(마 22:36-39). 우리는 하나님께 일용할 양식을 달라고 기도한다. 그러면 하나님은 농사꾼들이 좋은 곡물을 농사짓게끔 하신다. 그리고 믿을 만한 운송업자들은 곡물들을 공장으로 운반하고, 깨끗한 공장에서 좋은 재료들로 가공하게 하시고, 빵을 만드는 사람이 믿을만한 빵을 만들게 하신다. 그리고 이 빵들은 여러 대형마트, 가게 등으로 운송되어 고객들에게 팔린다. 이 과정에서 우리의 일용한 양식은 여러 기업의 투자자들, 은행가들, 광고업자들, 변호사들, 공학자들, 사업가들 등을 거치며 결국 우리의 식탁으로 들어온다. 이런 방식으로 하나님은 우리를 축복하실 때 거의 대부분 사람들을 통해 하신다. 우리가 성경을 통해 하나님의 말씀을 분별하는 것도 우리가 교육자, 부모님들을 통해 읽는 법을 배웠기에 가능한 것이다. 또 교육의 내용들은 다양한 분야의 학자들의 공로로 정립되고 학교는 여러 인부, 공학자들 등을 통해 만들어지기도 한다. 또한 우리의 삶의 환경을 위생적이게 하는 데에는 청소부들, 배관공들의 수고가 있다. 이렇듯 모든 사람들은 거룩한 소명을 받아 하나님의 축복의 통로가 되어 하나님의 나라와 하나님의 백성을 섬기는 것이다.[30]

(1) 소명의식에서 직업의식으로

> 우리가 만약 자기 사명에 대한 경이감을 잃으면, 그렇고 그런 시장의 그렇고 그런 장사꾼들처럼 그렇고 그런 상품들에 대해 이러쿵저러쿵 실없이 떠들게 될 것이다.(존 스토트)

소명을 이루는 것은 세상의 일이든 교회의 일이든 다 사역이다. 예수는 제자들에게 온 천하를 두루 다니며 섬기라고 명령하였고, 이 사역은 모든 성도의 권리이자 의무이다. 그러나 이 권리이자 의무를 송두리째 빼앗아 가고, 성직자를 제외한 모든 이들의 사역을 세속적 일 이름하에, 삶 자체를 이류 혹은 하류로 몰아간 어둠의 시대가 도래하였다. 주후 4세기 기독교가 로마의 국교로 선포되고 성직자들이 이 세상 세력의 중심부를 차지하고서부터이다. 이때부터 기독교는 암흑의 시대에 접어들게 된다.

　기독교가 로마의 국교로 공포되고 교회는 카타콤의 어둠을 벗어나 빛 가운데로 나왔으니, 동시에 기독교는 향후 1,000년간의 진정한 암흑기에 접어들게 되었다. 그리고 16세기 종교개혁자 루터가 만인제사장설을 주장하면서 성속의 분리와 성직자와 평신도의 분리가 결코 바르지 않다는 것이 밝혀졌다. 그러나 하나님의 일과 세상의 일, 성직자와 평신도의 분리와 이에 따른 폐단은 20세기 말까지 전혀 흔들리지 않고 있었으며, 21세기에 이른 지금에도 이 이원론은 기독교가 극복하지 못하고 있는 아킬레스이다.

　중세 암흑기를 틈타 사탄은 소위 세속화라는 주도면밀한 전략을 통해 비즈니스를 다시 비지니스화 했다. 소명에서 시작된 사역은 이분화 되어 세상에서는 직업으로, 교회에서는 성직으로 분리되었다. 사람들은 소명이라는 영적 의미가 배제된 단지 직업인으로 살아가게 되었고[31] 성직자들은 세상을 일이 철저히 배제된 단지 성직자로 살아가게 되었다. 세상 가운데 빛과 소금으로서의 영향력, 하나님의 창조사역에 동참하도록 부르신 동역자로서의 일상과 직업, 하나님의 능력을 흘려보내기 위한 경제활동과 일상은 그 힘을 상실하였다. 소명의식이 직업의식으로 바뀐 결과인 것이다.[32]

(2) 비지니스의 저주

> 사기를 치라구. 사기를 쳐서 사람들이 무조건 (깡통) 주식을 사도록 해라. 그래야 월 스트리트에서 살아 남는다.[33] (조던 벨포트)

　소명의식이 직업의식으로 바뀐 결과, 비즈니스의 현장은 비지니스의 터 즉 돈터(Mad-place)이자, 죽음의 터가 된다. 그리하여 지구상의 모든 비지니스 현장은 그 타락한 결과로 인해 발생하는 비극의 실상은 참담하다. 존재하는 모든 종류의 부패와 궤계들과 죄악들, 그리고 이와 직·간접적으로 관련된 죽음(타살과 자살)들 등, 비즈니스 현장은 이미 생을 위해 생을 버리도록 조작된 파괴불능의 악한 시스템이 되어 버렸다. 비즈니스가 비지니스로 부패된 것이다.

비지니스는 하나님께서 원치 않으시는 일이다. 소명의식을 상실하고 직업의식으로 하는 비지니스의 그 결과는 무엇일까. 로버트 프레이저는 비지니스에 종사할 경우의 결과를 다음과 같이 제시한다.

① 약속의 땅에 도달하기보다, 수고와 땀으로 점철된 노예의 삶을 살게 된다.
② 하나님이 전하신 삶의 목적에서 벗어나는 삶을 살게 된다.
③ 삶의 목적에 근거한 복종의 열매 대신 죽음의 열매를 맺게 된다.
④ 하나님이 원치 않으시는 일에 종사하는 탓에 진정한 보상을 얻지 못한다.[34]

근자에 하나님의 뜻에 어긋나는 비지니스에 종사하면서 돈과 부에만 집착하여 결국 죽고 죽이는 말라카의 비극을 극명하게 드러낸 사건들이 있었다. 미국 원자본주의 시장의 비극, 태국에서 시작되었던 1997년 재정 위기와 미국의 2008년 재정적 쓰나미 혹은 서브프라임 사태로 시작되었던 붕괴 등이 그것이다. 이는 규제되지 못하고 엉성하게 처리한 은행 업무와 저당과 사바사바 관행[35], 보다 엉성한 정부의 부실한 감시 그리고 억제하지 못한 인간의 탐욕 등이 어우러져 발생한 사건이다.

또한 2008년의 위기는 엔론, 타이코, 월드-컴, 아더 앤더슨 LLP(85,000개의 일자리를 잃음), 그리고 버나드 매도프(500억 달러 폰지

'Ponzi' 음모, 이는 역사적으로 가장 큰 비즈니스 사기일 것이다)와 같은 기업들이 10년간 관행적으로 해 오던 분식회계 때문이었다. 그런데 여기서 심각한 문제는 이 기업들이 미국 자본주의의 우상적인 상징이었다는 것이다. 또 전후 독일에서 발생한 최대의 분식회계 사태인 지멘스 뇌물 사건과 부패혐의는 소중한 일터를 '죽음의 터'로 황폐화시킨 비극이었다. 이 비극들은 분명한 비지니스의 저주 그 자체인 것이다.

(3) 직업의식에서 소명의식으로

> 여러분 말씀해 보십시요. 어떤 아버지가 직접 기저귀를 빨고 아이의 뒤치다꺼리를 합니다. 예를 들어, 그 아버지가 그리스도인의 믿음으로 그 일을 하고 있는데, 다른 사람이 그를 '여자 일이나 하는 바보'라 비웃는다면, 이 두 사람 중에 누가 더 상대방을 조소하고 있는 셈입니까? 하나님은 모든 천사와 피조물과 함께 미소를 머금고 계십니다. 그 아버지가 기저귀를 빨고 있어서가 아니라, 그가 그 일을 믿음으로 하고 있기 때문입니다.[36] (루터)

오늘날 많은 크리스천들이 헬라철학의 영향과 세속화로 인해 잘못된 이원론적 사고를 가지고 소명과 비전에 대하여 왜곡된 생각을 가지고 있다. 특별히 교회와 세상, 목회자와 평신도, 주중 6일과 주일, 교회생활과 직장생활, 주일학교와 공교육 등등…. 그 결과 세상 가운데 빛과 소금으로서의 영향력, 하나님의 창조사역에 동참하도록 부르신 동역자로서의 일상과 직업, 하나님의 능력을 흘려보내기 위한 경제활동과 일상은 그 힘을 상실하였다. 이로 인해 교회가 사역으로 인정한 일만이 영적인 일이라고 생각해서 그것에 더 많은 헌신을 요구하고 있고 −교사로서, 중직자로서 교회 프로그램을 위해 일하는 것이 영적이며- 세상에서 사업하는 일은 영적인 목적과 전혀 관계없는 것으로 여기고 있다. 교회에서 기도하는 일은 영적이지만, 설거지하고 시장을 보는 주부의 일, 거래처 사람들을 만나고, 물건을 파는 일은 영적이지 않다고 오해한다. 때로 교회봉사를 하지 못하는 것 때문에 죄책감을 가지기까지 한다.[37] 그러나 교회봉사도 비즈니스도 다 영적이며, 다 사역이다.

① 하나님께서 지금 크리스천 사업가인 당신을 부르셨다. 이 사실을 인정하지 못한다면 당신은 다른 일을 찾아보아야 할 것이다. 당신의 사업이 하나님께서 감당케 하신 일이라면, 분명 그분의 계획이 있다. 당신은 기도하며 하나님께서 왜 당신과 당신의 사업을 부르셨는지를 물어야 한다. 당신의 사업은 단순히 당신을 위해 돈을 버는 시스템이 아니라, 하나님의 나라를 증거하기 위한 도구이다. 이를 위해서는 전략적인 사고와 기술을 배우고 익혀야 한다. 이 영역의 멘토를 찾아 삶을 나누어야 한다.

② 크리스천 사업가는 그 사업으로 부름을 받은 자이다. 교회만이 영적인 자리가 아니다. 또 비영적 시스템의 직장과 관계 가운데 눌려서 지내는 것 역시 하나님의 뜻이 아니다. 하나님께서는 당신이 지금 거하는 그 자리, 그 환경에서 하나님의 일을 행하라고 우리를 부르셨다. 이것이 소명이다. 이를 아는 것이 비전을 본 자이다. 만일 이러한 영적 목적과 삶의 의식을 상실했다면 당신은 영적으로 눌려 있는 것이다. 비전과 묵

시를 상실한 것이다. 하나님은 우리의 모든 삶의 영역에서의 하나님이시다.

우리가 교회이며, 또한 우리의 삶의 일상과 일과 여가(놀이), 7일의 모든 삶이 예배이다. 모든 장소, 모든 시간, 모든 만남에서, 우리를 향하신 하나님 목적과 하나님 나라의 비전을 가지고 그분을 전심으로 찾고 하나님께 영광 돌리는 부름에 응답하는 삶을 살아야 한다.

③ 자신의 사업에서 소명을 발견하는 것은 매우 중요하다. 소명감을 갖게 되면 당신의 내면은 크게 변한다. 소명이란, 주께서 내게 주신 재능을 사용해서 그분의 계획에 따라 영원히 의미 있는 방법으로 일하라고 부르시는 하나님의 개인적인 초청이다.[38] 소명감이 생긴 자는 비즈니스 현장에서 신앙이 드러난다.[39]

④ "그러므로 너희는(세상을 두루 다니며, 비즈니스 현장에서) 가서 모든 민족을 제자로 삼아⋯(마 28:19)"의 헬라어 원문을 영어로 "As you go through life, make disciples."[40]로 번역할 수 있다. "너희는 너의 일상을(믿음으로 그리고 일의 전문성과 탁월함으로) 극복해 가면서, 제자 삼아⋯"라는 뜻이 된다.[41]

초기 제자들은 일상을 포기하고 선교지에 가서 거기서 제자 삼는 사역을 했다기보다는, 삶의 현장의 온갖 역경을 믿음으로 극복하였고, 이런 삶을 통한 제자 삼기에 헌신했다. 이런 의미에서 모든 그리스도인들에게는 두 가지 사명이 있다. 첫째는 "우리의 재능과 에너지를 잘 활용하고 이 땅의 자원을 잘 관리하여 자신과 다른 사람들의 필요를 충족시켜 청지기 같은 삶을 사는 것"이고, 둘째는 "전 세계 모든 사람들에게 예수님의 복음을 전해야 하는 것"이다.(데니스 바케)

⑤ 분명 크리스천의 삶의 목적은 소명을 이루는 것이다. " 자기실현을 이룬 사람의 대부분이 소명감을 느낀 사람들인데(메슬로), 이들의 탁월한 삶은 하나님으로부터 재능을 부여받고 그리고 부르심을 받은 자신들이 세상의 악한 시스템을 샬롬시스템으로 대체하려는 열망을 이룬 결과인 것이다. 자신의 비즈니스에서 소명을 발견하는 것은 매주 중요하다. 그리고 소명을 발견한 후에는 이 소명을 사역화해야 한다. 그러면 하나님은 우리에게 은사와 재능, 동기와 열정들을 주셔서 우리가 창조되어진 목적을 분별하고 찾아갈 수 있도록 도우신다. 그러나 우리에게는 자유의지도 부여되었기에, 인생의 방향 또는 직업에 대한 선택권도 주어졌다. 그러나 우리는 동시에 여러 길을 갈 수는 없다.

한 가지 길을 택하면 닫히는 길들도 있는 법이다. 그 한가지 길을 택할 때 남이 가지 않는 길을 가는 용기가 필요하다. 진정 중요한 것은, 어떠한 직업과 방향을 선택하느냐 보다 우리가 얼마나 소명을 거룩하게 이루어 나가느냐이다.

모두가 성공 가능성이 없다고 생각하는 그 일에서 진정한 성공이 시작되듯이, 모두가 불가능하다고 여기는 그 비즈니스에서 총체적 대박이 시작된다. 실패가 뻔한 그 '깊은 곳에 그물을 던지는 용기'가 곧 성공이다(눅5 : 1-11). 성공은 실패의 열매가 아니겠는가!

3. 크리스천 사업가

비즈니스의 목적은 성공이다. 성공을 위해서는 지출보다는 수입이 더 많아야 한다. 사업가는 수단과 방법을 안 가리고 돈 버느라 바쁘다.[42] 그러나 자신이 아닌, 하나님을 기쁘게 하는 것이 삶의 목적인 크리스천 사업가는 그럴 수 없다. 크리스천 사업가는 돈도 벌어야만 하지만, 비즈니스로 하나님을 영화롭게 하고 이웃들을 섬겨야 한다. 여기에 갈등이 있다. 크리스천이 되기 전에는 사업에 관련된 결정들을 내리기가 더 쉬웠다. 이번 일이 돈이 되는 일인지 아닌지를 구별하면 됐기 때문이다. 그러나 크리스천이 된 후에는 하나님의 뜻을 구해야 한다. 가끔 성경적인 원칙에 어긋나는 일이기에 큰돈이 될 수 있는 기회들을 거절한다. 그러면 사람들은 이를 정신 나간 행동으로 이해한다. 사업에 관련된 결정을 내리기 전에 먼저 기도를 해봐야겠다고 해도 마찬가지다. 사업결정에 있어서, 세상 사업가들은 돈이 되는지만 생각하면 되지만 크리스천 사업가는 돈이 되는지와 하나님의 뜻에 맞는지를 동시에 생각해야 된다. 여기에 갈등이 있다.

현재 직업의 수가 50만 개를 넘어 200만 개에 이른다는 설이 있고, 또 그에 비례해서 소규모 창업자들이 기하급수적으로 늘어[43] 역사상 그 어느 때보다 많은 사업가가 존재한다. 이 많은 사업가들을 세 부류로 나눌 수 있다.

첫째는 사람을 중요시 하는 사업가다. '사람을 중요시 하는 사업가'는 관계를 중요히 여기고, 소위 시너지를 중요히 여긴다. 비즈니스에 있어서 가장 필요한 존재가 사람일지 모른다. 하지만 비즈니스를 하다보면 가장 믿는 사람에게 배신당하는 일이 비일비재하다.

사업을 하려면 자본이 필요하다. 자본이 많을수록 사업적 어려움을 더 잘 이겨낼 수 있다. 성공하는 사업가는 늘 자본을 넉넉히 확보하는 일에 힘을 쓴다. 그리고 신뢰할 수 있는 성숙한 관계를 유지하려면 관계자본(relational capital)이 필요하다. 관계자본이 많이 쌓이면 그 관계는 매우 돈독하고, 무너지지 않는다. 상호 신뢰가 높으면 관계자본이 많이 쌓이고, 신뢰가 줄어들면 그 잔액이 줄어든다. 신뢰는 건강한 소통으로 확인된다. 소통이 줄고, 막히면 신뢰 대신 의심과 불신이 쌓이고, 그러면 관계자본이 줄어든다. 결국 관계는 늘 그 허약함과 파괴에 노출된다.

건강한 소통이 계속될수록 관계자본이 늘어나게 된다. 상대가 큰 실수나 잘못, 설령 치명적인 잘못을 한 경우라도, 이 관계자본이 많으면, 관계가 파괴되지는 않는다. 관계자본이 줄어들 뿐이다. 파괴되지 않은 관계는 또한 건강한 소통으로 회복될 수 있다. 성숙한 이들은 늘 이 관계 자본을 쌓는 일에 투자하고 기꺼이 노력한다. 건강한 소통을 매우 소중하게 생각한다. 또 이들은 단지 돈만 쌓으려고 관계를 언제든 파괴하는 그런 짓은 절대 하지 않는다.

우리의 인생 전체는 사람 사이의 관계로 이루어져 있다. 고용주, 종업원, 직장 동료, 동업자, 고객과 소비자 등의 상호관계가 우리의 비즈니스를 결정한다. 사업을 잘하는 기술이라는 것도 다름 아니라 당신이 관여하는 사람들을 얼마나 잘 다루는가에 달려 있다. … 당신이 밝은 미소로 아름다운 말을 걸 때, 당신이 따뜻하고 친절해 질 때, 당신이 마음을 열어 진지해질 때, 사람들에게 존경과 관심을 표할 수 있고, 호의와 신뢰를 쌓을 수 있다. 무엇보다 당신의 변화는 그 어떤 일도 성사시킬 수 있는 환경을 말한다.[44]

성공은 모든 사업가들이 추구하는 삶의 목표 중 하나이다. 성공을 쟁취하기 위한 사람들의 노력은 가히 상상을 초월한다. 성공하기 위해 실력을 쌓고 그래서 경쟁력을 확보해야 되는 줄 알지만, 성공하는데 실력이 차지하는 비율은 15% 정도다. 성공을 이루게 하는 85%는 성숙한 관계이다.[45] 성숙한 관계는 성숙한 태도의 결과다.[46] 이리하여 관계에서의 성공이 성공한 인생으로 이어지는 경우를 찾기는 어렵지 않다.[47] 주변에 성공적인 삶을 사는 사람들에게는 반드시 친밀한 관계의 협력자가 있다는 사실이 이를 잘 증명해 준다.[48] "우리가 살아가면서 이루어내고 성취하는 모든 것들은 다른 사람들과 상호작용한 결과"[49]이기 때문이다. 그리고 우리가 "다른 사람들이 원하는 것을 얻을 수 있도록 먼저 돕는다면, 그들도 당신의 원하는 것을 얻게 해줄 것이다."[50] 이것이 관계가 우리에게 주는 성공공식이다.[51]

두 번째는 아이템을 중요시하는 사업가다. 사업가는 구입단가가 싼 아이템을 찾고, 판매가 쉽게 보장되는 아이템을 찾는다. 그러나 눈에 보이는 아이템은 끝없는 경쟁,[52] 결국 제로섬 게임에까지 이르게 한다. 비즈니스는 눈에 보이지 않는, 그러니까 아이디어와 상상력을 제품화, 시스템화, 상품화하는 것이다. 예수께선 고기 낚는 어부인 베드로에게 "사람 낚는 어부가 되게 하리라(마4 : 19)"고 말씀했다. '사람 낚는 어부' 란 결국 네트워크, 리더십, 시너지 등과 관련된 보이지 않는 아이템이다. 깊은 곳에 가야만 찾을 수 있는 아이템이다(눅5 : 4). 이런 보이지 않는 아이템을 찾는 안목이 필요하다. 가져 보지 못했던 것을 가지고 싶은가 그렇다면 깊은 곳으로 가서 해 보지 못했던 일을 시도해야만 한다.

세 번째는 아이디어를 중요시 하는 사업가다. 고만고만한 아이템으로 사업하는 사람은 고만고만한 아이템으로 사업하는 다른 사업가들과 치열한 경쟁을 하면서 대부분의 사람들이 그러하듯이 고만고만하게 사그러져 간다. 또한 역시 별다른 아이디어 없이 굳은 각오만으로 시작한 사업가들 대부분이 비슷한 경쟁자를 만나게 된다(이마 하이드). 깊은 곳을 모르거나, 그곳이 두려워 감히 그물을 내리지 못하는 사람들의 전형적인 모습이다. 그러나 아이디로 사업화하는 이들은 다르다. 빌 아믹은 "좋은 것과 감사한 것 모두 하나님께로부터 나옵니다. 아이디어와 발명품까지도..."[53]라고 했다. 하나님께서 주시는 아이디어를 구체화시키는 크리스천 사업가들은 다른 사업가들과 다르다.

(1) 크리스천 사업가는 '착하고 충성된 종'이다.

죄는 회개하면 용서받는다. 그러나 회개할 줄 모르는 죄, 또는 계속 반복되지만 모두가 그럴 수밖에 없다고 인정한다던가, 그 죄를 계속 행하게 만드는 시스템이 악(惡)이다. 악은 용서받지 못한다(스콧트 펙). 악은 징벌의 대상이자 반드시 파괴되어야 할 시스템이다. 이

것이 예수께서 모든 죄는 용서하셨지만, 가난하고 소외된 자들을 학대해고, 성전을 강도의 소굴로 만들고, 위선을 조작하는 기득의 시스템에 대해서는 가차 없이 저주하시고 파괴하셨던 이유이다.

그런데 악은 각 사람의 자기 판단에서 시작된다. 하나님의 말씀이 버젓이 있는 데도 자기 '지정의'의 판단을 신뢰하는 것이 악이다. 그리고 자기 판단을 신뢰하는 자들이 의기투합하여 기득의 시스템을 만들고 대다수의 사람들을 그 시스템에 몰입(희생)케 하는 것이 악이다. 이렇게 이룬 그들의 업적이 바벨탑이고 이를 가차 없이 파괴하시는 하나님이시다(창 11장). 하나님의 말씀에 순종하는 것은 착한(선한) 것이다.

잠을 많이 잔다거나 시종 빈둥댄다고 해서 게으른 게 아니다. 생산적이지 못한 삶이 게으른 것이다. 15시간을 자고 2시간을 밥 먹는데 소비하고, 2시간을 잡담하고 5시간만 일해도 참신한 아이디어와 창조적 태도로 생산적인 사람이 있는 반면, 5시간만 자고, 19시간을 쉬지 않고 바쁘게 일하면서도 별다른 아이디어 없이 타성에 젖은 무개념 노동만으로 생산적이지 못한 사람이 있다. 우리는 전자의 사람을 게으르다고, 또 후자를 열심히 산다고 말할 수 있다. 생산적이지 못한 게 게으른거다.

아이디어는 세상 사람들을 구체적으로 사랑하시기 위해 우리에게 주시는 하나님의 사랑이다. 아이디어 없는 노동은 자기 밥벌이에만 급급하고 이웃을 섬길 수 있는 여유와 실천이 불가능하다. 자기 생각, 자기 결정을 실현하기 위해 일하면서 하나님께 지혜를 구하지 않고, 이웃에 대한 사랑과 섬김에는 전혀 관심 없이 고비용저효율 모드로 살아가는 이들은 악하고 게으르다.

크리스천 사업가는 아이디어를 현실화 시키는 사업을 해야 한다. 우리는 하나님께서 주시는 아이디어를 실현화해서 세상의 삶의 질을 높이고, 가난하고 소외된 이들을 돕고 섬겨야 한다. 우리는 이웃을 사랑하고 섬기기 위해 생산적이어야 한다. 늘 하나님께 지혜를 구하고, 저비용 고효율 모드를 유지해야 한다. 이런 사람이 생산적인 사람 즉 충성된 사람이다.

크리스천 사업가는 착하고 충성된 종이어야 한다. 하나님께 지혜와 아이디어를 구해 이를 비즈니스화 하여 하나님과 가난한 자들을 섬기는 종이어야 한다. 아이디어 없는 일에 최선을 다하는 무개념적 열심에서 벗어나서, 하나님께 지혜와 아이디어를 구하며, 하나님과 이웃을 섬기기 위해 지속적인 이익이 창출되는 시스템을 만들어야 한다.

(2) 크리스천 사업가는 0에서 1을 만드는 창조자이다.

거대한 어리석은 사업을 시작하라, 노아처럼.(페르이시의 시인)

인생을 창조적으로 살아가는 이가 있고, 경쟁적으로 살아가는 이가 있다. 창조가 0에서 1, 즉 무에서 유를 창조하는 것이라면, 경쟁은 1에부터 무한대로의 질주이다. 2012년 런던올림픽 체조 도마에서 한국 도마사상 최초로 금메달을 딴 20세 약관 양학선은 자신이 만든 '양 1'이란 독보적인 기술로 타의추종을 불허한 1등자가 되어 '도마의 신'이란 칭호를 얻었다. 도마 역사상 존재하지 않았던 독보적인 기술을 스스로 만들어 내고, 또 그 스스로 이 기술을 이번 올림픽에서 보여 줄 수 있었던 것이다. 앞으로 이 종목에서 다른 선수들은 최소한 '양 1'을 정복하고, 양학선과 경쟁해서 이겨야만 최고의 자리에 오를 수 있을 터인데⋯ 하지만 양학선에게는 '양 2'라는 기술(듣자니 이번 올림픽에서 선보일수도 있었을)이 거의 완성되어 장착되어 있는 관계로, 결국 향후 이 종목에서의 일등은 당분간은 양학선이 될 것이 분명하다. 양학선의 승리는 0에서 1을 만들어 낸 창의력의 결과이지, 동일한 기술로 경쟁력을 확보하여 얻은 결과만은 분명 아니다.

한국은 기능올림픽에서 17번을 우승한 기능최강국이다. 기능 일등국이란 경쟁 일등국이란 말과 다름이 없다. 하지만 아이디어 없이 기능은 존재하지 않는다. 0을 1로 만든 원천기술이 있어야만 그 1을 무한대화하는 기술이 필요한 것이다. 아이폰 가격이 100불을 기준으로 했을 때, 5불은 조립 비용이고, 30불은 재료와 부품값이고, 65불은 아이디어와 디자인 비용이다. 이 말은 경쟁은 5불에 해당하고, 과거의 아이디어와 기술은 30불에 해당하고, 또 다른, 0에서 1을 창조한 대가는 65불이다. 이 65불은 남이 가지 않는 깊은 곳에 그물을 내린 소위 원천기술의 몫인 것이다.

0에서 1을 만드는 창조적 아이디어는 섬기고자 하는 노력에서 나온다. 궁핍한 사람들을 어떻게 섬길 것인지, 어떻게 하나님 나라의 영향력을 흘려보낼 수 있을 것인가의 거시적인 관점에서 아이디어가 나온다. 아이디어는 긍휼(compassion, 마 5 : 7)의 산물이다. 저 가난하고 힘든 자들을 섬기기 위해 할 수 있는 것을 찾으려는 긍휼에서 창조적 아이디어가 나온다.[54] 그리고 이 아이디어를 구체화시키는 것이 비즈니스이고[55] 이는 마땅히 크리스천 사업가들이 감당할 사업이자 사역이다.

지구가 늘어나는 인구를 감당할 수 없을 것이라던 맬서스(1766-1834)의 예측은 근거가 없는 것으로 판명되었다. 지구의 자연 자원이 제한되어 있다는 점은 여전히 사실이다. 그러나 인간의 창조성은 지난 두 세기 이상에 걸쳐 훨씬 더 큰 세계 인구도 먹여 살릴 능력이 있음을 입증했다.[56]

(3) 크리스천 사업가는 교회(에클레시아)의 파견대장이다.

에클레시아(ekklesia)는 기원전 5세기에 군복무를 마친 남자 시민들이라면 참여할 수 있는 고대 그리스 민주주의 주요 입법기관이었다. 기원적 594년 아테네의 정치인이자 시인이었던 솔론은[57] 아테네 시민이라면 무산시민 조차도 포함하는 모든 계층이 참여하도록 개혁했다.[58] 신분과 관계없이 한 지역에 파견된 '테스크 포스' 집단이란 뜻으로 사용했다. 그냥 일반적인 모임을 에클레시아라 부르기도 했다. 이후 기독교가 '그리스도인들이 모이는 공동체'라는 뜻으로 사용하면서 '그리스도의 교회', '하나님의 교회' '주님의 교회' 등으로 말을 붙여서 종교적인 전문용어로 사용하게 되었다.

또한 에클레시아는 2000년 전에는 정부가 어느 지역에 파견한 작은 국가(부서)였다. 군대일수도 있고, 관공서일 수도 있고, 건설국일 수도 있고, 세무서일 수도 있다. 하나님께서는 세상을 구원하시기 위해 교회를 파견하셨다. 그렇듯이 세상이 섬기시기 위해 사업체를 파견하셨다. 교회는 목회자들이 섬김으로 이끌듯이, 회사는 사업가들이 섬김으로 이끌어야 한다. 사업가는 하나님이 파견하신 에클레시아의 파견대장이다. 에클레시아를 섬기는 이들은 모두 제사장이며 사역자이다.

이런 의미에서 하나님이 파견하신 에클레시아에 속한 이들에게 이름표와 꼬리표를 붙일 권한이 누구에게도 없다. 누구도 하나님께서 파송한 이들을 성직자니 평신도라니 하는 식으로 분류할 수 없다. 역시 누구도 하나님께서 맡기신 일을 영적인 일이니 세속적인 일로 구분지울 수 없다.

에클레시아인 교회는 그리스도의 몸이다(엡 4:12). 이는 개교회로부터 전세계의 모든 교회들까지 다 포함된다. 세상의 모든 크리스천 사업가들은 그리스도의 몸을 이루는 지체들이며, 이들을 불러 그들만이 감당할 수 있는 독특한 사역과 선교로 하나님의 나라를 확장하는 사역은 너무도 당연한 것이다. 크리스천 사업가는 교회(에클레시아)의 파견대장이다.

(4) 크리스천 사업가는 사역자이다.

> 당신의 비즈니스를 당신의 사역으로, 시장에서 당신이 하는 사역을 당신의 비즈니스로, 그리고 모든 경영을 당신의 삶의 사역으로 여기십시오.[59]

크리스천 사업가의 비즈니스와 일 그 자체가 섬김, 봉사, 사역, 선교이다.[60] 사업가가 원료를 구하기 위해 자연 환경을 파괴하고 제품을 만드는 과정에서 물과 공기를 오염시키고 자연을 훼손하고, 가격 경쟁을 빌미로 종업원들을 착취하며, 제품의 원료를 부족하거나 저질을 사용하여 질 낮은 제품을 만들어 내고, 그리고 이걸 파는 과정에서 유통업계를 부정적 관례를 만들고, 또 소위 갑질로 학대하여 번 이익으로 봉사하고 선교한다면, 하나님이 기뻐하시겠는가? 크리스천 사업가가 제품을 생산하면서 약자인 농민, 노동자를 착취해서는 안 된다(신24:17, 잠14:31). "부의 결과를 나눔에 있어 가난한 자와 약자를 배려하는 것도 중요하지만, 부의 생성과정에서 그들에게 고통을 주어서는 안 될 것이다(기독경영)".

이런 의미에서 크리스천 사업가들의 사명은 분명해 진다. 하나님께서 주신 사업의 은사와 기술을 효과적으로 선용하여, 전 세계의 가난을 퇴패하고, 가난에 고통을 당하는 이들에게 하나님께서 요구하시는 참된 복지와 복음을 제공해 주며, 이들을 가난과 착취당함의 세습에서 구출시켜야 한다.

> 세계의 빈곤을 가장 오랜 기간 동안 해결하고 있는 것은 비즈니스다. [61]

기독교적 관점에서 사업 즉 '생산과 영리를 목적으로 지속하는 계획적인 경제 활동'은 그 자체가 하나님의 영광을 나타내고 세상과 사람을 향한 하나님의 사랑을 매우 구체적이고도 실천적으로 전하는 사역이다. 이런 점에서 "사업체는 찬양할만한 공동체(마이클 노박)"이고 사업가는 사업체를 섬김으로 이끄는 영적 장로이자(존 리네쉬) 섬기는 제사장이다.

> 사업에 종사하는 그리스도인으로서 우리의 사명은 우리의 모든 활동에까지 하나님의 통치를 확장함으로써 일과 경제의 세계에서 하나님에게 영광을 돌리는 것이다. 우리의 목표는 직장의 주인이신 예수 그리스도와 더불어 사랑하고, 섬기고, 선교하며, 치유하는 것이다. 우리는 불평등을 바로잡고, 경제 정의를 위해 일하며, 의를 추구하고, 소망이 없는 곳에 소망을 심으며, 그리고 만물을 새롭게 만드는 데 우리의 믿음과 기술, 자원을 사용한다.
>
> — 메노파경제개발협회(MEDA)의 목적

크리스천 사업가들에게는 영적 책임이 추가된다.[62] 이 책임을 다하는 크리스천 사업가들에게는 다음과 같은 특징이 있다. 첫째, 주변 사람들에게 복음을 전한다. 둘째, 신앙에 친숙한 기업 문화를 조성하고 유지한다. 셋째, 기업을 운영할 때에는 매우 높은 윤리 기준을 지켜서 좋은 본을 보인다.[63] 넷째, 회사의 자원들과 경영자 개인의 자원을 가치 있는 것들에 투자한다. 마지막으로 공동체와 사회가 영성을 회복하는 데 '영향력'을 사용한다.[64]

사업은 거친 생존 정글을 쉼과 섬김 그리고 창조성, 그리고 예배함으로 충만한 정원으로 바꾸는 일이다. 이 일을 위해 하나님은 크리스천 사업가들에게 "창조의 가능성을 개발할 수 있고, 인간의 삶을 개선하고 윤택하게 할 수 있으며, 이 땅에 공동체를 세울 수 있는 기회가 주어지며 세계를 비옥하게 하고 통일하는데 참여할 수 있으며, 부를 창출하여 가난을 덜 수 있으며, 하나님의 나라에 투자할 수 있고 마지막으로 새 땅과 새 하늘을 만들어 가는데 하나님과 동역할 수 있는" 위대한 기회를 주신다.[65]

(5) 크리스천 사업가는 말라카 시스템을[66] 아보다 시스템으로 바꾸는 변혁자이다.

왕이 장군을 전장에 파견할 때 장군에게 두 가지를 기대한다. 첫째는 리더십이고 둘째는 전략이다. 전략이란 그리스어인 'Strategos'에서 나온 말로 장군이란 뜻이다. 리더십과 전략으로 무장된 장군에게 왕은 권위를 부여하는 것이다. 전장에서의 장군은 자신의 리더십과 전략으로 나라를 구해야 한다. 크리스천 사업가는 하나님께서 비즈니스 사역자로 파송하신 장군이다. 마땅히 그 리더십과 전략을 지혜롭게 구사하여, 사명을 감당해야 한다. 크리스천 사업가는 말라카 시스템을 아보다 시스템으로 바꾸는 전쟁에 자신의 삶을 드려야 한다. 이를 위해서는 성경적 원리원칙들을 사업에 적용해야 한다.

일부 동방권 나라들은 부정부패가 줄어든 이유가 기독교의 영향이라고 말하고 '개발도상국들에서 올바른 상거래와 적절한 급여 체제의 정착 원인을 기독교의 영향이라고 말한다. 세계 어느 나라에서도 기독교 가치관은 비즈니스 문화를 바꾸어 놓는다.'[67] 공정거래(fair trade)는 말라카 시스템을 아보다 시스템으로 바꾸는 대표적인 전략이다. 그 예로 네스카페가 있다.

> 최근에 지속가능소비와 윤리소비도 이슈화되고 있다. 그 중 공정거래(fair trade)를 들 수 있다. 공정거래의 선두주자인 '푸라 비다 커피'가 있다면 또 하나의 모범적인 공적거래 기업으로 '네스카페'가 있다. 네스카페는 제3세계에서 커피를 생산하는 농민으로부터 시장가격보다 더 높은 가격으로 커피원두를 직매입하여 지구촌의 불공정무역으로 인한 빈곤문제를 해결하고자 노력하고 있다(배려의 원리). 네스카페의 '파트너스 블렌드'는 시중가격보다 비싸지만, 많은 '윤리적 소비자'들의 구입이 증가되고 있다고 한다. 신명기 24 : 17은 약자에게 고통을 주는 것은 죄악된 일이라고 말한다. 또한 잠14 : 31에서는 궁핍한 사람을 불쌍히 여기는 자는 주를 존경하는 자라고 했다. "크리스천 경영자가 제품을 생산하면서 약자인 농민, 노동자를 착취하는 것은 자원을 효율적으로 이용하는 것과는 별개의 문제다. 부의 결과를 나눔에 있어 가난한 자와 약자를 배려하는 것도 중요하지만, 부의 생성과정에서 그들에게 고통을 주어서는 안 될 것이다."[68]

(6) 크리스천 사업가의 책임

마25 : 14-30의 달란트 비유 말씀에 따라 주인이신 하나님은 우리에게 위임하신 사업을 반드시 평가하시는 분이시다.[69] 크리스천 사업가는 자신의 일이 반드시 하나님께 평가받는 사실을 명심해야 하며, 하나님과 사람 앞에 자신의 청지기직에 대한 충성을 다 해야 한다. 또 사업은 인간의 타락 이전의 하나님께서 제정하신 것이며(창1 : 26-28), 타락 이후의 일은 하나님의 백성들을 구속하는 사역이다. 사업은 본질적으로 선하며, 가치 있고, 사역과 선교의 형태이자 수단이다. 우리는 우리의 소명을 통하여 인류를 하나님과 화해시키고 세상을 구속하는 일에 돕는 자로 하나님께 허락받은 하나님의 동역자이다. "그리스도인들은 일의 대가로 받는 금전적인 액수와 상관없이, 자신의 재능과 능력을 청지기 정신으로 사용하고 있는지에 대해 하나님과 사람 앞에 책임을 져야 한다.(데니스 바케)"[70]

(7) 크리스천 사업가의 성공

성공은 하나님에게 복종하려고 하는 우리의 자세에 달려있고, 하나님의 원칙에 순종하는 자연적인 결과이다. 한 영역에서의 성공만을 목표로 인생 전체를 걸던 소위 헝그리 정신의 시대가 있었다. 죽어라 공부만 하여, 판사·검사·변호사·의사·교수 등이 되겠다며 잠을 안자며 노력하는 이도 있었고, 스포츠와 예능, 바둑, 목회 등등의 영역에서 최고가 되는 것을 성공이라 여기며 투쟁하듯 전투적으로 노력하는 이들이 있었다. 이러한 현상은 지금도 계속되고 있지만 사업가들에게 특별히 더 심하다.

그러나 보니 한 영역에서 성공은 했지만 그 외의 다른 영역에 대해서는 전혀 문외한인 이들이 대부분인 시대도 있었다. 이런 점에서 대한민국은 교양과 상식이 전무한 전문가 집단 공화국이란 오명에서 벗어나기가 쉽지 않다. 한 영역에서 성공하여 명성과 부를 가지게 되었지만, 가정에서 부모, 남편, 아내로서는 참으로 불행한 분들이 얼마나 많은가.

이제는 한 영역에서 성공만을 말하는 소위 전통적 성공에서 다차원-다영역적인 성공인 전인적 성공을 추구해야 한다.[71]

그렇다면 크리스천 사업가에 있어 성공은 무엇일까? '영적 성공＋일에서의 성공＋가정에서의 성공' 이 셋이 조화를 이룬 총체적 성공을 말한다. 진정한 성공은 이 셋에 투자하는 시간의 균형 있는 것이 아니라, 이 셋의 총체적적인 통합이다.

① 성공이란 무엇인가?

세상은 성공에 목말라 있다. 얼마나 목말라 하는지 성공에 달라붙은 단어들만 봐도 알 수 있다. '성공신화', '성공공식', '성공시대', '성공명언', '성공가이드', '무조건 성공하는 법' 등등 물론 성공의 쓴 맛인 '성공의 덫'도 있고 '성공의 저주'도 있다. 헌데 이 세상은 '성공의 쓴 맛'에는 별 관심이 없다. 이 말은 이 시대가 이걸('성공의 덫'과 '성공의 저주') 당해봐야 정신을 차린다는 말이기도 하고, 그만큼 건강하지 못한 성공에 미쳐있다는 뜻이기도 하다. 성공에 미친 현대인들은 다음과 같은 많은 성공신화에 집착한다.

'비즈니스 규모가 클수록 더 좋다'[72],
'돈을 벌기 위하여 타인의 이익을 취해야만 한다'[73],

'성공을 위하여 가족은 희생되어야 한다'[74],
'성공을 위하여 성공할 수 있는 시스템을 만들어 사람들을 시스템을 돌리는 수단과 방법으로 여긴다'[75],
'성공에는 장기 계획과 행운이 필요 하다.'[76]

'모든 성공은 다 실패로 끝난다' 는 말이 있다. 역설적으로 성공이 오르막길 정상(頂上)이라면, 그 정상(頂上)에서는 정상(正常)생활이 불가능하여, 내리막길로 들어서야 하는데, 우매한 인생은 정상(頂上)을 지키려 발버둥 치다 비정상(非正常)이 된다는 거다. 크리스천이 되면, 누구나 '세상적 생각과 행동'이 성경이 가르치는 바와 너무 다르다는 점을 발견한다. 세상 사람들의 성공을 꿈꾸며 투쟁적으로 지향하는데, 그 공통적인 방법은 성공의 사다리를 오르는 것이다. 열심히 오르고, 또 오르고, 올라 정상에 도달하는 성향을 성공이라 한다. 그러나 하나님은 이런 식의 성공에 대해 말씀하시지 않았다. 성경이 제시하는 성공은 세상적 성공과 다르다.

포드 메디슨이 "성공은 방향이지 목적지가 아니며, 과정이지 프로젝트가 아니다."고 했다. 또 어떤 이들은 "성공은 하나님께 복종하는 것"이라고 말한다. 래리 버켓에 의하면 "성공은 하나님의 권위에 복종하며 인내하고 순종하는 것이다." 앤서니 캠폴로에 의하면, "부와 권력과 명성은 성공의 환상이다." 이 부와 권력과 명성은 악은 아니지만, 이것들이 남용되고 과장될 때는 파괴적이다. 그리스도인에게 있어서 성공은 성령의 능력 아래서 하나님과 더불어 균형적인 삶을 살아가는 매일의 과정이다. 성경에 의하면 궁극적 성공은 우리가 주인에게 "잘 하였도다 착하고 충성된 종아(마25 : 21)"라는 칭찬을 듣는 것이다.

② 세상적 성공

작금에 '성공의 비법을 전수하는 다양한 세미나'가 전세계적인 대세이고, 사람들은 고가의 참가비를 아끼지 않는다.
하나님의 가르침은 모두 진짜 원칙이지만, 속임의 최고수인 사탄의 가르침은 모조(counterfeit)이다. 특히 성공에 대한 정의에 있어서는 더욱 그러하다.

세상이 말하는 성공은 두 가지로 정리된다. 하나는 구매능력을 갖추는 것이고, 또 하나는 목적을 성취하는 것이다. 사람들이 구매능력을 소유하고, 목적을 성취하는 이 성공에 집착하는 이유는 이 성공이야 말로 자신들에게 행복, 평화, 기쁨, 만족을 가져다준다고 믿기 때문이다. 그러나 늦게라도 이것이 사단의 속임이라는 사실을 발견하는 이들이 있는데, 극소수이다.

반짝이는 것이 다 금이 아니듯이 성공이 다 성공이 아니다. 세상이 말하는 성공의 정의와 그 성공에 이르는 방법은 사단의 속임이다. 비즈니스계의 너무나 많은 사람들이 돈과 성취라는 성공을 쟁취하기 위해 자신의 전 인생을 건다. 그러나 이들이 결국에 세상적 성공은 허망한 것이라는 사실을 발견하게 된다.

일반적으로 사람들이 말하는 세상적 성공은 3 가지이다. 첫째는 자신이 이룬 성취와 사람들의 인정(갈채)이다. 두 번째는 부의 축적이다. 과연 얼마를 모아야 충분한가? 이것은 재정적으로 성공한 사람들의 갈등이다. 우리가 하나님의 마음을 가지고 있다 할지라도, 재정적으로 성공한 그리스도인에게 "얼마면 충분한가"

가 갈등이 된다. 이 재정적 충분함에 도달하기 위하여 사람들은 늘 목적을 상향 조종한다. 잠언서는 부의 함정에 대해 많이 이야기 하고 있다. "적은 소득이 의를 겸하면 많은 소득이 불의를 겸한 것보다 나으니라"(잠16 : 8). 크리스천 사업가들은 부에 대한 탐욕에 빠지면 안 된다. 그것은 온 천하를 얻으려다 생명을 잃는 것과 같다(막8 : 36). 세 번째는 자기 욕망을 이루는 것이다. 그러나 돈으로는 결코 우리의 영혼을 만족시킬 수 없다. 세상적 성공으로는 우리의 마음의 갈망을 만족시킬 수 없다.

참성공은 우리가 차지한 직위, 집, 소유, 우리가 얻은 명성에서 나오는 것이 아니다. 참성공은 우리가 하나님께서 원하는 존재가 되는 때에야 가능하다.

③ 영적 성공

누구나 생존을 위하여, 더 나아가 자기 영역확보와 자기 능력 증거를 위하여 성공에 집착하게 된다. 성공에 무관심한 사람은 없을 것이다. 성공은 우리에게 부와 명예를 가져다 주고 우리의 자존심을 회복시키는 큰 원동력이기도 하다. 하나님에 의해 선택 받고 파송 받아 하나님의 큰 뜻을 행해야 하는 크리스천 사업가들에게 있어서 성공의 의미는 과연 무엇일까? 천국의 시민인 우리가 그리스도 밖에 있는 사람들의 성공에 대한 집착, 원칙, 방법과 그 결과에 순응해야 하는 것일까?

신자든 불신자든 10명 중 8명이 비즈니스의 실패와 그에 따른 재정적 실패로 상처를 받고 있는 것이 현실이다. 어떤 실패도 없이 성공하려 드는 것은 그리스도인들이 직면하는 가장 위험한 영적 장애물이다. '성공은 악이 아니라 우리 자신에게 더 집중하게 하며, 하나님에 대한 의존성으로 보다 쉽게 멀어지게 한다'.

성공은 하나님을 동행하는 것과 그분의 뜻에 순종하는 것에서 시작한다(신30 : 11~16). 성공하려면, 첫째는 우리는 하나님의 말씀에 갈급해 하며, 그 말씀을 존경해야 하며(신29 : 2), 두 번째는 하나님을 예배하는데 집중해야 한다.[77] 마지막으로 하나님의 뜻 안에서 올바른 선택을 해야만 한다(역상22 : 13, 시25 : 12).

④ 비즈니스 성공의 일곱 법칙[78]

㉠ 우리의 삶과 비즈니스에 하나님을 제일 우선으로 모셔라(신 6 : 5).[79]

㉡ 하나님의 말씀을 알고, 삶과 비즈니스에서 적용하라. 하나님의 말씀을 매일의 삶 속에서 적용하는 법을 배우게 되면, 다른 이들이 실패하는 상황 속에서도 우리는 성공을 경험할 수 있다. 그러나 성경말씀을 알지 못하면, 적용할 수가 없는 것이고 결국, 말씀을 적용할 때 경험하는 비즈니스 성공을 경험하지 못할 것이다.

㉢ 크신 하나님께 큰 것을 기대하라. 우리의 목적을 이루기 위해 우리 자신의 능력에 의지한다면, 우리는 그 에너지를 우리가 성취할 수 있다고 생각하는 목적에만 제한할 것이다. 그러나 우리의 시각과 능력 안에서 세우는 목적이 우리가 하나님과 그 무한한 능력을 확신하고 세우는 목적보다 클 수는 없다. 믿음으로의 성공이란, 믿음으로 세운 목적이 전능하신 하나님의 능력으로 이루어지는 것이다.

㉣ 제품보다는 사람에게 더 가치를 두어야 한다. 비즈니스에서 진정으로 성공하려면, 사람이 가장 중요하다. 단지 당신의 제품과 서비스를 구매하는 소비자만이 아니라, 비즈니스에 연관된 모든 사람들에게 더 가치를 두어야 한다. 진정한 성공을 위해, 우리는 우리의 우선순위를, 우리의 리더이신 하나님의 사람들로 정렬시켜야만 한다. 하나님에게 사람들은 최우선이시다. 회사가 생산하는 제품은 우리가 사람들을 섬기는 도구일 뿐이다. 우리는 제품을 이용하여 종업원들에게 일자리를 제공하고, 또 제품을 이용하여 고객들의 필요를 채워준다. 또 제품을 이용하여 '현금을 이동시켜(cash flow)' 종업원과 고객의 필요가 계속적으로 채워지도록 할 수 있다. 그렇다고 제품과 서비스의 질을 무시하는 것은 아니다.

하나님의 관점에서 사람은 가장 중요하다. 모든 일에서 사람을 가장 소중히 여기기를 주저해서는 안 된다. 그래야만, 하나님께서는 당신의 비즈니스를 자유롭게 사용하셔 일터의 사람들에게 다가가시고, 또 상업을 통제하려는 사탄을 억압하신다.

하나님께서는 우리가 평생 창출한 이익보다는 예수 그리스도를 영접한 한 사람으로 인해 더 기뻐하실 것이다. 그러므로 일터에서 제품보다 사람을 더 소중히 여겨야 한다.

㉤ 하나님께 당신의 이익의 최고를 택하여 드려라. 하나님께서는 우리의 소득을 먼저 하나님께 드리면 물질적 축복으로 주시겠다고 약속하시고 우리의 물질적으로도 축복하신

다(잠11 : 24-25).[80] 또 하나님은 교회와 선교단체에 기부하는 것은 물론, 주변의 가난한 이들을 도와야 한다고 명하신다. 가난한 이들과 절박한 이들을 돕는 것은 우리의 의무이다. 우리가 이 의무를 지키는 것은 탁월한 투자이다. 하나님께서 우리가 가난한 이들에게 투자한 돈에 대한 이자를 넘치도록 주시기 때문이다. 이는 사실, 하늘에 보화를 쌓는 것이다(딤전6 : 17~19)[81].

크리스천 사업가로서 당신의 최고의 투자는 당신의 것을 절박한 이들과 나누는 것이다. 하나님께서는 이 투자에 대한 이익으로 당신에게 위대한 선물을 주실 뿐만 아니라, 하나님을 천국계좌에 당신의 보물을 입금시켜 주신다. 이러한 대박 투자를 도대체 어디서 발견할 수 있단 말인가?

ⓑ 정직하고 성실해야 한다(잠16 : 11). 하나님께서는 비즈니스의 모든 경우에 공평을 요구하시는 것이다. 이는 크리스천 사업가들 옵션이 아니라 하나님의 명령이다. 이 본문을 또한 비즈니스에서의 정직과 성실의 원칙을 세우신 분은 하나님이심을 우리에게 말하고 있다. 속이는 것은 무모한 비즈니스이며, 이런 식으로 얻은 이익은 오래가지 않는다(잠21 : 6~7).

ⓢ 비즈니스 성공을 위해 부지런해야 한다(잠10 : 4, 13 : 4). 부지런함은 부와 성공의 중요한 열쇠이다.

⑦ 크리스천 사업가가 명심해야 할 것들

성실, 정직, 신뢰, 봉사, 그리고 공평함과 같은 선한 사업 원칙들은 분명히 성경적 원칙들이다. 때문에 성경적 원칙으로 성공한 사업가들은 이 원칙들을 준수했음에도 불구하고 성공한 것이 아니라, 이 원칙들을 지켰기 때문에 성공한 것이다.(켄 엘드레드)

크리스천 사업가는 일단 정직하고[82] 성실해야[83] 한다. 그리스도의 마음을 품어 발산되는 선한 성품으로 사람들의 신뢰를 얻고[84] 그리스도를 따르는 진실하고[85] 투명한 삶으로[86] 하여금 복음을 말하도록 해야 한다.[87] 이렇게 살다보면 자연스럽게 리더십이 생기고, 자신의 주변에 몰려드는 다양한 사람들을(동료, 직원, 교인, 친구 등) 섬길 수 있는 많은 기회를 얻게 되고, 이 기회를 통해 자신의 원칙과 사업의 원칙과[88] 목표들을[89] 자연스럽게 전할 수 있다. 성숙하고 건강한 삶으로 가정과 교회와 직장을 섬기다 보면 가정과 교회에서 존경을 받고, 비즈니스 현장에서도 인정도 받고[90] 존경을 받아[91] 그들에게 킹덤임팩트(Kingdom Impact)을 끼칠 수 있다. 어디에서든지 존경을 주고받는 성숙한 관계는 성공과 행복을 가져 온다.[92]

당신이 사업을 하든 전문직에서 종사하든, 아니면 제조업에서 종사하든 서비스업에 종사하든지를 불문하고, 우리의 인생 전체는 사람 사이의 관계로 이루어져 있다. 고용주, 종업원, 직장 동료, 동업자, 고객과 소비자 등의 상호관계가 우리의 비즈니스를 결정한다. 사업을 잘 하는 기술이라는 것도 다름 아니라 당신이 관여하는 사람들을 얼마나 잘 다루는가에 달려 있다. 깐깐한 사람들이 일을 잘 한다는 내용이 사업가의 성공 신화의 단골 메뉴이다. 성공하기 위해서는 개인의 감정 때문에 일을 그르쳐서는 안 되고 목적 달성을 위해 수단과 방법을 가리지 않고 잔인해야만 한다는 것이다. 그러나 그 말은 절대적으로 거짓임을 명심하라. 비즈니스에 있어서 실제로 중요한 요소는 성내고 고함치는 것이 아니라 당신 얼굴의 또 다른 면에 자리잡고 있는 미소이다. 어느 자동차 뒷 범퍼에 붙어 있던 스티커에는 이런 말이 적혀 있었다. "누군가가 미소를 필요로 하면 당신이 웃어주세요." 당신이 만약 냉담한 태도를 보이거나 거친 목소리로 소리치거나 경직되어 있다면 누가 당신과 함께 하고 싶어 하겠는가? 그런 대우를 받기 원하는 사람은 없을 것이다. 물론 당신도 원치 않을 것이지만 당신이 만나는 사람들 모두가 그것을 원하지 않는다는 사실은 더더욱 분명하다. 당신이 밝은 미소로 아름다운 말을 걸 때, 당신이 따뜻하고 친절해 질 때, 당신이 마음을 열어 진지해질 때, 사람들에게 존경과 관심을 표할 수 있고, 호의와 신뢰를 쌓을 수 있다. 무엇보다 당신의 변화는 그 어떤 일도 성사시킬 수 있는 환경을 말한다.(비즈니스 바이블)

크리스천 사업가는 사람들의 실수를 용인해 주어 사람들이 일에 대해 더 많이 배울 수 있도록 해야 한다.[93] 사람들은 이런 은혜를 받지 않으면 잠재력을 발휘하는 일은 불가능하다(윌리엄 폴라드). 또한 다른 신앙을 가진 직원들도 수용해야 한다.[94] 그리고 그리스도의 마음으로 사원의 복지에 최선을 다해야 한다.[95] 하나님께서 크리스천 사업가에게 사업을 위임하신 것은 하나님의 자녀인 사원들을 사랑하고 섬기라는 제사장직을 위임하신 것이다. 사업가는 직원들을 하나님께서 맡기신 하나님의 자녀임을 인정하고, 전심으로 배려하고[96] 섬겨야 한다.

크리스천 사업가가 기도하지 않고 선한 사업을 하기는 불가능한 것이다. 사업이 곧 기도며[97], 기도로 운영하는 사업이면 사역이다. 이런 크리스천 사업가 되기 위해서 명심해야 할 7가지 조언은 다음과 같다.

① 성경을 읽고, 믿어야 한다.

많은 크리스천 비즈니스맨들이 하나님의 말씀인 성경을 모른다. 그러므로 일터에서의 매순간마다 하나님의 말씀을 적용하는 경우는 드물다. 성경은 역사상 최고의 비즈니스 교과서이다. 비즈니스 금융으로부터 직원들 업무능력을 평가하는데 이르까지의 모든 것에 대한 원리들을 제공해 준다. 성경은 성공적으로 비즈니스를 발전시키고 이루어 내는데 유용한 진정으로 최고의 권위이다.[98] (미론 루쉬)

"성경은 사업가의 교과서다"[99] 크리스천 사업가는 사업가의 교과서인 성경을 읽고 또 읽고 그 내용들을 마음에 깊이 새겨야 한다. 그렇지 않으면 사업의 관행, 자신의 경험과 직관에 지배당하기 때문에 비영적 원칙에 순응하게 된다. 성경적 원칙에 확고히 설 때에만 크리스천 사업가들은 사업의 현장에서 해야 할 일과 해서는 안 되는 일을 분명하게 분별할 수 있게 된다.

폴 스티븐스는 다음과 같이 사업의 원칙 네 가지를 제시한다.[100] '하나님의 명령에 따른 일이어야 한다(창 1 : 28; 2 : 15)'. '하나님의 목적에 꼭 들어맞는 일이어야 한다.' '하나님의 방식대로 덕스럽게 수행되는 일이어야 한다.' '영구적인 가치를 지닌 일이어야 한다(고전 3 : 10-15)'. 성경을 계속 읽음으로 우리의 생각과 마음이 성경으로 흠뻑 젖어 여기저기서 하나님의 임재와 역사를 경험할 수 있다. 우리가 세상에서 영위하는 삶에 비추어 성경을 읽을 때 여러 새로운 점을 발견하게 된다.

성경은 일터에서 정의와 믿음에 입각하여 그리고 지혜롭게 사는 법을 보여 준다.[101] 일상과 사업의 현장 등 어떠한 상황 속에서도 그리스도인들에게는 성경만이 원칙이어야 한다.

② 하나님 말씀에 대한 순종이 필요하다.

하나님은 다양한 방법과 통로를 통하여 그리스도인들에게 말씀하신다. 이 말씀은 우리 인생의 과정과 성경과 세상, 그리고 일에 대한 시각, 교회, 청지기직, 순종 그리고 우리가 일생을 통해 감당할 일생의 사역에 관한 것들이다. 이 말씀을 듣고 순종하다면, 그리스도의 부르심을 이 땅에서 행하는 것이며, 그리스도께서 우리 각자에게 원하시는 '십자가를 지고 그리스도를' 따르는 영적 여행이 진행되는 것이다. 모든 그리스도인에게 부여된 하나님의 명령은 다음과 같다 : 문화 혹은 청지기 위임(창 1 : 27-28)", 대계명(마 22 : 37-40), 전적이며, 총체적 헌신(마 25 : 31-46), 대사명 (마 28 : 18-20; 행 1 : 8; 눅 24 : 47-48; 요 15 : 26-27; 사 49 : 6)

③ 소명을 발견해야 한다.

자신의 사업 현장에서 소명을 발견하는 것은 매주 중요하다.[102] 오늘날 기독교인들은 신앙생활 가운데 헬라철학의 영향과 세속화로 인해 잘못된 이분법적 사고를 가지고 소명과 비전에 대하여 왜곡된 생각을 가지고 있다. 그 결과 세상 가운데 빛과 소금으로서의 영향력, 하나님의 창조사역에 동참하도록 부르신 동역자로서의 일상과 직업, 하나님의 능력을 흘려보내기 위한 경제활동과 일상은 그 힘을 상실하였다.

모든 그리스도인들 중 3% 정도만 전임 사역자로 부름을 받았고 97%는 자신의 삶의 일터사역자로서 그들 일을 통해 천직으로 하나님 나라를 이루는 것에 부름을 받았다. 그럼에도 하나님으로부터 부르신 소명은 오직 소수의 전임 사역자들만의 것인 냥 인식되어 오고, 대부분의 크리스천들은 헌금을 통해 재정적으로 돕는 것으로만 이해되어 버렸다.[103] 그러나 사람들이 자기 직업에 대해 소명감을 갖고 천직으로 여기면 그의 내면은 크게 변한다. 자신의 직업에 강한 소명을 느낄 때, 이는 신앙과 사회 활동 간의 교량 역할을 한다.[104]

④ 크리스천 사업가는 만인제사장 교리를 확실해 믿어야 한다

교황, 주교, 신부, 수도사들을 '신령한 기분'으로 칭하면서 왕족, 귀족, 장인, 농부들을 '세속적 직분'이라고 부르는 건 모두 지어낸 소리(허구)다. 철저한 기만이요 위선이 아닐 수 없다. 그러므로 누구도 거기에 주눅들 이유가 없다. 크리스천이라면 누구나 진정으로 신령한 직분을 가졌으며 직무의 종류가 다르다는 것 말고는 아무런 차이가 없기 때문이다.… 사도 베드로의 말처럼 세례와 함께 제사장으로 드려졌기 때문이다. "너희는 … 왕 같은 제사장이요 거룩한 나라요"(벧전2 : 9). 묵시록은 이렇게 가르친다. "피로 사서… 나라와 제사장들을 삼으셨으니 그들이 땅에서 왕 노릇 하리로다"(계5 : 9~10)"[105]

젠 에드워드의 말을 빌리자면 "모든 성도의 제사장 됨은 우리 모두를 교회의 일꾼으로 만들지 않았다. 오히려 이는 우리가 하는 모든 일을 신성한 소명으로 변화시켰다." 비즈니스 사역은 만인제사장적 가치관을 토대로 하는 사역이다. 일터사역은 교역자에게만 사역이 집중되고, 평신도는 교회 안에서 방관자, 혹은 교역자의 설교를 듣는 청중 역할에만 머무르는 형상을 극복해야 활성화될 수 있다.

비즈니스사역(BAM 포함)의 패러다임은 하나님의 일을 행함에 있어 하나님께서 일을 기쁘게 받아 주시는 영적 우선순위의 계층이

교역자라는, 영적 계층화의 논리를 배격한다. 교역자가 하는 일을 하나님께서 맨 먼저 받으시고 평신도 사역을 그 다음 순위로 받으신다는 근거는 성경 어디에도 없다. 그리고 이러한 영적 계층화적 사고는 전혀 성경적이지도 않다. 모든 성도들에게는 할 일이 있다. 벤 페터슨에 의하면 "그것도 아주 고차원적인 일인 하나님의 피조물을 경영하는 것이다." 이것은 소명이다.[106]

> 어떤 이는 농부로, 주부로, 회사원으로, 경영인으로 부름 받았습니다. 다른 사람들이 이 위치를 어떻게 보느냐는 중요하지 않습니다. 하나님의 눈으로 보면 모든 사람들은 제각각 특별합니다. 저는 하나님께서 제가 타이페이 오버시즈를 감독하는 자리를 주셔서 감사드립니다. 저는 하나님의 성령이 어느 때이고 나에게 임하도록 함으로서 나의 기쁨을 누립니다. 제가 말을 할 때나, 행동을 할 때 저는 예수님의 스타일을 모방해야 합니다. 그래야 나의 동료들에게 영적으로 다가갈 수 있습니다.[107] (에드워드 수)

⑤ 비즈니스와 신앙을 통합해야만 한다.[108]

지난 2,000년의 기독교 역사에서 일터(사업)와 교회(신앙)는 왜 통합되지 못했었는가? 2004 로잔의 '일터사역' 이슈 그룹 보고서는 이러한 현상 즉, 비즈니스 사역의 현장인 일터와 교회 사이의 간격 혹은 분리의 원인 10가지를 정리하고 있다.

㉠ 이원론의 영향 때문이다. 세상을 영과 육, 성스러운 것과 세속적인 것으로 분리하는 이원론의 악영향 역시 치명적이었다. 이원론의 지배를 받는 영적 영역의 목회자가 세속적 영역에서 구조적이고 윤리적인 딜레마에 빠져 표류하는 크리스천 사업가들에게 구명정을 보내 준다거나, 물속에 뛰어들어 그들을 구조하는 감격적인 포옹은 전혀 가능한 일

이 아니었다.[109]

ⓒ 일을 삼위일체적으로 이해하지 않기 때문이다. 창조자이시며, 구속자이시고, 성화롭게 하시는 분이신 하나님의 삼위일체적 사역처럼, 하나님의 형상 안에서 우리의 비즈니스도 삼위일체적이어야 한다.

ⓒ 창조명령과 문화명령(창1:26-28)에 대한 잘못된 성경해석 때문이다. 이는 전도와 선교 또는 사람들이 돌보고 사람을 섬기는 일을 하는 데 은사가 없는 그리스도인에게 부정적인 영향을 주었다. 그래서 소위 세속적인 직업이라 불리는 기술자, 행정, 예술, 그리고 운동 분야에 종사하는 이들이 스스로를 이류라고 인정하게 만들었다.

ⓒ 모이는 교회만을 강조하는 교회론 때문이다. 이원론의 영향을 받은 중세의 서방 교회에서는 마르다의 활동적인 삶보다는 마리아의 '완벽한' 명상적 삶(눅 10:38-42)을 더 강조했다. 목회자 중심의 교직화(clericalization)는 '신자 길들이기'[110]로 이끌었다. 평신도들은 헌금을 내고, 기도하고, 순종해야만 했다. 가톨릭의 그리스도와 성직자들은 늘 문화와 평신도보다 우위에 있었다. 지금도 '모든 신자의 제사장화가 아닌 모든 목회자의 교황화'를 믿는 사람들이 많다. 또한 목회 현장에서는 교인들이 비즈니스의 세속화에 넘어가서 모이는 교인들이 줄어들 것에 긴장하는 목회자가 있다. 그러나 평신도 해방은 반목회자 운동이어서는 안 된다. 평신도 해방은 평신도를 '그 길들이기'에 풀어 비즈니스 사역자로, 세상으로 흩어지게 하는 것이다. 이것이 참

교회(ekklesia)의 모습이다.

ⓜ 신앙과 일을 통합시키는 교육을 제공하지 못하는 신학교의 문제이다. 19세기에 개신교는 천주교 세미나 시스템(아테네) 혹은 신학교육의 자유 학문 시스템(베를린)을 채택했다.[111] 현재 그 수가 늘어나는 평신도들이 신학교육을 받고 있지만, 신학대학의 대부분의 학생들은 자신들의 믿음과 일을 비즈니스 사역으로 통합하는 교육을 받지 못하고 있다.

ⓑ 삶의 변화는 거의 일어나지 않으면서 맡겨진 일을 감당하는 청지기직에 대한 낡아 빠진 생각 때문이다. 서양의 주류교단이 거의 사라지는 상황에서 시간과 돈을 오직 교회 유지만을 위해 사용하는 현상이 팽배해졌다. 이는 참으로 모자란 생각이다. 또한 돈과 청지기직에 대한 성숙치 못한 인식은 특히 돈을 개인의 행복을 위해 사유화하는 데 집중하게 만들었다. 그 결과 많은 그리스도인들이 일중독과 빚에 빠져 헤어 나오질 못하고 있다. 교회에서도 돈은 주로 교회에 헌금하고 기부하는 데 쓰는 것이라고 생각하기 보다 크고 넓은 차원의 청지기직과 일과 관련해서 사용되어야 한다고 여기지 않는다.

ⓢ 신앙과 도덕을 사유화한 계몽주의적 현대성(modernity) 때문이다. 현대는 신앙과 도덕을 사유화하는 특성을 지닌다. 이는 기독교를 집안에 틀어박힌 종교로 만들었고, 회의실과 투표함에서 기독교를 추방하였다. 공공으로 일하는 것이 삶을 지배하고 있는 현실과 개인과 종교가 삶을 지배하는 가치 사이의 현대 계몽주의적 간격은 많은 서양인들을

덫에 걸리게 했다. 이로 인해 가족 이기주의에 가치를 둔 상태에서 교회가 발전하였다. 과학과 경제 혹은 유니테리안적 개인주의가 주중의 일을 지배하고, 심리 치료적 혹은 종교적 개인주의가 주일을 지배하게 되었으며, 여성의 '관계적 가치'와 남성의 '경쟁적 가치'가 일요일과 월요일을 각각 지배하게 되었다.

◎ 산업의 발달로 일터와 집/교회 사이에 간격이 벌어졌기 때문이다. 공공 영역과 개인 영역의 사이, 일과 집 사이의 간격은 산업의 발달로 악화되었으며, 급성장한 도시/변두리 사회는 공간적으로 일과 집/교회를 분리시켰다. 산업혁명 이전에는 일터와 집/교회는 한마을에 있었다. 그러나 19세기로의 전환기에 도시 사회로의 이동은 일과 집/교회가 분리되는 시각의 변화를 만들었다. 일터는 도시, 집과 교회는 변두리, 이 양극화의 현상 속에서, 전도가, 여성적/자연적/감정적인 '가족의 세계'와 남성의 남성적/이성적/도시적인 '일의 세계' 사이에서 그 기능적, 물리적으로 분리되는 것은 필연적이었다. 게다가 유급 여성근로자들이 급속하게 늘어나면서 교회의 자원봉사 노동력이 급감하였다. 여성이 남성보다 본질적으로 더 종교적이지 않다는 사실이 드러났다. 또한 전일제로 일하는 여성이 그만큼 일하지 않는 여성보다 교회 출석률이 떨어지게 되었고, 따라서 남편들도 교회 출석률이 더 줄어들게 되었다.

㊁ 계몽주의적인 산업혁명과 급속한 도시화가 가져온 분할 대 통합 때문이다. 계몽주의적인 산업혁명과 급속한 도시화는

교회를 개인적 영역인 집과 어울리게 하면서[112] 일과 집이라는 두 상자 속에서 살아가는 '분할과 구획화'라는 당대의 일 패턴의 사회학적이며 구조적인 지배의 원인이 되었다. 일터와 집의 분할은 특별히 일터가 훼방 놓지 않으면 딱히 나쁜 것은 아니지만, 분할이 우리의 신앙과 일을 통합하고 신앙을 자연스럽게 나누는 것을 어렵게 하는 경우도 있다. 그래서 우리는 배우자와 직장 동료 그리고 교회 공동체 내에서 이 문제를 해결할 때까지 생각해 볼 필요가 있다.

㉢ 계몽주의의 사생활 중심주의 영향으로 형성된 서구식 전도의 영향 때문이다. 계몽주의의 사생활 중심주의 영향으로 형성된 서구식 전도로 인해 일을 말로 전도하거나 선포하는 것을 목적으로 하는 도구 혹은 수단으로 보는 매우 편협한 일신론적 시각을 가지게 되었다. 이는 우월한 위치에서 복음을 증거하려 했던 많은 사람들에게 견딜 수 없는 양심의 부담을 주었다. 그리고 이것은 9·11 이후의 다원화 세계에서 더욱 큰 문제가 되었다. '9·11 이후의 텐트메이킹'이란 타임지 기사에서 다루어졌듯이, 서구식 전도는 많은 질문을 불러일으켰으며 텐트메이커들과 비즈니스 선교사들에게 많은 문제를 제공했다.[113]

얼마 전 중소기업을 운영하는 P와 깊은 대화를 나누었다. P는 일, 가족, 그리고 신앙생활 사이에서 균형을 잡지 못해 몹시 힘들어 하고 있었다. 그는 비즈니스에서의 성공과 가정에서의 성공은 동시에 이룬다는 걸 상상조차 하지 않고 있었을 뿐만 아니라 스스로 보잘 것 없는 크리스천이라고 생각하고 있었다. 하나님을 섬기고 싶은 마음과 내 비즈니스를 일치시킬 수가 없다고 했다. 신앙생활을 제대로 하기 위해 비즈니스를 포기하고 신학교에 갈 생각도 있다고 했다.

P는 나를 비즈니스 선교의 전문가라고 생각하며 찾아 와 긴 시간을 함께 했지만, 내가 무슨 말을 해도 경청하지 않았다. 나는 P의 이야기를 듣는 내내 댄 밀러의 말이 떠 올랐지만, 차마 P에게 말하진 않았다. "그리고 왜 오랜 기간 실직을 경험한 후에야 사역으로의 부르심을 발견하는 사람이 그렇게 많은지, 그 이유가 궁금하다. 하나님의 부르심이라는 것이 마지막 수단인가? 오히려 첫 번째 선택이 되어야 하지 않는가?" P는 또 누군가를 이용해 이익을 얻는 것은 하나님이 원하시는 일이 아니기 때문에 할 수 있다면 영적인 일을 하고 싶어 했다. 약육강식의 비즈니스 세계는 신실한 그리스도인이 있을 곳이 아니라는 생각이 강했다. P는 비즈니스는 세속적인 것으로, 신앙에 큰 방해물이라는 자기 확신이 강했다. P는 비즈니스와 신앙을 통합시키지 못해 갈등하는 전형적이 인물이었다. 이런 경우에 해당하는 이들은 세 가지 양태로 반응한다.[114]

첫째, 양다리형이 있다. 신앙생활은 하면서도 사업이 더 중요하다고 믿는 유형이다. 신앙은 신앙이고 사업은 결국사업이기 때문에 신앙과 성경적인 가치관들에 대한 맹목적인 순종은 사업의 성공과 상충한다고 믿는다. 둘째, 일이 세속적이고 비영적이라는 잘못된 인식이 강한 유형이다. P가 이 유형에 해당한다. 일보다는 더욱 영적인 가치가 있을 것이라고 믿는 사역을 갈망한다. 일과 일터는 무의미하게 여기고 직무를 소홀히 여긴다. 삶 속에서 사업/일의 부분을 최소화하려고 하고 "영적인" 삶의 부분은 최대화하려고 한다. 교회 활동들과 프로그램들에 적극적으로 참여하고 심지어 기독교 단체에서도 일하기를 주저하지 않는다. 셋째, 선전후사(돈 먼저 번 후 사역)형이다. 돈을 벌 만큼 번 후에 사역하겠다는 유형이다. 먼저 사업에 올인하여 바라던 수준의 성공, 명예, 그리고 부를 추구한다. 성공하고 나서야 하나님과 그분의 일을 위해 헌신하고, 가치 있는 인생을 살 수 있다고 믿는 유형이다.

북미인들이 평생 일터에서 팔만 팔천 시간을 보낸다. 그보다 훨씬 더 많은 시간을 사업 현장에 있어야만 하는 한국인들은 평생 일터에서 십이만 시간 이상을 보낼 것이 분명하다. 깨어 있는 대부분의 시간을 비즈니스에 파묻혀 지내는 크리스천 사업가들에게 가장 중요한 것 중 하나는 '비즈니스와 믿음을 통합시키는 것'이다.[115] 만약 비즈니스와 믿음의 통합을 이루지 못한다면 비즈니스와 사역이 분리되어 사업가들은 성-속의 간격과 일-사역의 구별 속에서 영적 분별력을 상실할 뿐만 아니라, 자신을 향한 하나님의 소명에 무관심한 채 살게 된다.

그리스도인에게 일은 곧 예배의 행위이며, 일터는 하나님이 역사하는 처소이다. 데니스 바케는 신앙과 일을 통합하는데 있어 마음에 간직해야 할 4가지 교훈을 제시한다.[116]

- ㉠ 오늘날 교회에서는 복음을 전하라는 예수님의 지상명령을 청지기로서의 사명보다 더 우위에 두지만 하나님이 그렇게 말씀하신 증거는 없다.
- ㉡ 우리가 예수 그리스도를 통해 하나님과 관계를 맺는 것보다 중요한 것은 없다. 목회자나 영적 지도자들이 이 세상을 향한 하나님

의 계획에 중요한 역할을 하는 것은 분명하다. 그렇다고 해서 그들이 농부, 사업가, 건축업자, 공무원, 정치인, 예술가, 교사, 근로자들보다 더 중요하지는 않다.

ⓒ 세속적인 조직으로의 부르심이 교회나 선교회, 그리스도인 기관으로의 부르심보다 더 난 것도 아니고 못한 것도 아니다. 우리들의 직업과 특별한 재능에 상관없이 하나님은 우리가 모든 환경에서 하나님의 일을 위해 일하도록 부르셨다. 더군다나 복음 전파가 자신의 부르심의 우선순위라면 교회나 그리스도인 조직보다는 세속적인 조직에서 일하는 것이 오히려 복음 전파에도 큰 도움이 될 수도 있다.

ⓔ 우리가 하는 일을 하나님을 위한 사명으로 본다면 일에 대한 우리의 태도는 긍정적인 방향으로 놀랍게 변화될 것이다.

⑥ 일터 그리스도인은 '성-속 이분론'과 '거짓 위계질서'를 거부해야 한다.[117]

오랜 세월 동안 우리는 잘못된 위계질서 속에서 살아왔다. 모두가 그리스도의 한 몸을 이루는 지체들이며, 그리스도의 몸 안에서 모두가 평등하며, 누구라도 자신의 자리와 위치에서 하나님의 선교에 동참할 수 있어야 했는데, 소위 선택받은 극소수만이 하나님의 선교에 임하고, 그 일이 가장 가치 있고, 위대한 일이라 생각해 왔다. "우리가 날마다 행하는 세속적인 일이 영적으로 열등하다는 생각은 나사렛에서 목수로 일하셨던 예수님께 초점을 맞추면 결국 무너지고 만다."는 데니스 바케의 말은 적절하다. 목수는 미장공이나 배선공과 마찬가지로 건축업에 종사하는 사람이다. 예수께서는 자신이 만든 제품이나 서비스를 팔아서 자신과 가족의 생계를 위해 꾸리셨을 것이다. 예수님의 제품과 서비스를 산 사람들 중에 이방인도 있었을 수도 있다. 그러니까 예수님은

오늘날 교회에서 세속적인 일이라 부르는 일을 하신 것이다.[118]

거짓 위계질서[119]

성경적인 관점에서 보면 일(아보다)은 존엄하다. 모든 직업이 다 거룩한 일이다. 댄 밀러의 말대로 "'목회사역에 부름을 받았다' 거나 '전임사역'이라는 말은 의미 있는 일에 대한 하나님의 생각을 이 사회와 문화가 잘못 해석하는 것이다." 그러나 교회는 하나님의 백성이 성직자(목회자-선교사)와 평신도로 나누어져 있다. 그러나 신약 성경을 보면 하나님의 백성은 하나라고 나와 있다. 목회자는 단지 하나님의 백성 중에서 하나님의 백성을 섬기는 사람일 뿐이다(엡 4 : 11-12). 그리고 "하나님의 백성은 유대인과 이방인, 남과 여, 부자와 가난한 자들이 하나님의 부르심을 받아 다 한 몸을 이룬 한 백성인 것이다."[120] 모든 그리스도인은 '평신도(딛 2 : 14)'이자 '제사장(벧전 2 : 9, 계 5 : 10)'인 것이다. 이 세상의 모든 사람들이 다 '하나님의 백성(laos)'이다. 로버트 뱅크스에 의하면 "'하나님의 백성(the people, 히브리어로 am)'이라는 이 말은, 극소수의 예외를 제외하고는 2천 번이 넘게 그 속에 제사장, 선지자, 현자, 그리고 왕을 다 포괄하여 언급하고 있는 구약의 강조점을 그대로 지니고 있다."고 한다.[121]

로버트 뱅크스는 모든 그리스도인들이 평신도인 이유를 다음과 같이 세 가지로 들었다. 첫째, 모든 그리스도인들은 '부르심'을 받았다(고전 1:9). 둘째, 모든 그리스도인들은 '제사장'이다(벧전 2:4, 9-10). 셋째, 모든 그리스도인들은 '성도'이다(롬 1:7; 히 13:24).[122] 그리스도인들은 어느 곳에서도 하나님의 선교에 동참할 수 있다. 모든 그리스도인들은 다 제사장이며 사역자이다. 크리스천 사업가들은 비즈니스라는 전문 영역의 제사장이며 비즈니스 사역자다.

(7) 크리스천 사업가는 비즈니스 선교에 헌신해야 한다.

1997년 7월 1일부터 3일까지 전 세계에서 500명이 넘는 크리스천 사업가들이 남아공의 행정수도인 프레토리아로 모였다. 이들은 "2000년도까지 지구의 모든 사람들에게 교회와 복음을"이라는 AD. 2000 운동에서 창업가들로서 자신들이 어떻게 이 운동의 목적을 도울 수 있을지에 대해 질문했다. 기독교의 지도자들은, 크리스천 사업가들이 문이 닫힌 여러 나라들에 들어갈 수 있는 열쇠를 쥐고 있음을 알고 크리스천 사업가들에게 지원을 요청했다. 그 3일 동안 하나님은 참석자들의 마음 속에 놀랍게 역사하셨다. 많은 참가자들이 이에 헌신하고 행동할 준비가 되었다고 선언했다. 남아공의 한 사람은 이집트에 들어가 복음을 전하기 위해 조국에 있는 자신의 타조농장을 이집트로 옮기기로 결정했고, 이후 그대로 실행했다. 이 컨퍼런스는 아래와 같은 결론을 내렸다.

① 사업을 탁월하게 하기 위해 고군분투해야 하나 더 중요한 것이 있다. 하나님의 나라이다. 온 세계에 복음을 전해야 하는 우리의 책임을 인정해야 한다. 이는 능력과 신념이 아니라 종

으로서의 태도로 이루어져야 한다.

② 모든 물질적 재화는 하나님의 것임을 고백한다. 이는 크리스천 사업가의 기업과 회사를 포함한다. 그리고 우리는 우리 자신을 하나님의 신실한 청지기들로서 인지한다.

③ 크리스천 사업가로서 우리에게 맡겨진 기업들을 하나님의 목적에 충실히 사용하지 않았음을 고백한다. 우리는 동료 사업가들이 대사명에 헌신하도록 격려한다.

④ 예수 그리스도의 지도력 아래, 지구상의 모든 인류와 접촉하기 위해 전세계적인 네트워크를 형성하기를 원한다. 이는 특별히 사업을 통해서만 접촉할 수 있고 복음을 전할 수 있는 이들을 위해서이다.

⑤ 우리는 이들의 물질적인 필요에 대한 책임 또한 느낀다.

⑥ 이 과업은 사람의 능력을 벗어나는 일이다. 그러나 우리는 하나님이 모든 것을 가능케 하심을 안다.(눅1 : 37)

크리스천 사업가들의 능력을 벗어나는 목표는 무엇인가? 이는 크리스천 사업가의 회사 역량이나 당신의 직업적인 재능에 관해 이야기하는 것이 아니라 크리스천 사업가의 직업적인 기여가 세상 어딘가에 어떤 변화를 가져오는지를 묻는 것이다. 크리스천 사업가에게는 이익이 되지 않으나, 하나님께 영광이 되고 우리보다 고통에 처한 이들을 위해 필요로 한 그러한 일 말이다. 이것은 분명 크리스천 사업가의 능력을 벗어나는 일이지만, 하나님 나라의 방식이다. 하나님은 우리의 유한한 능력을 확장시키시면서 하나님 자신을 드러내신다.[122]

4. 크리스천 사업가를 위한 12가지 제언[123]

(1) 영적 직책이 그 사람의 영성을 대변하는 것은 아니다.

사역은 영성으로 하는 것이지 직책으로 하는 것이 아니다. 목회자이든, 버스 운전사이든, 신학대학 총장이든, 가정주부이든 그 직책과 관련 없이 그가 영성의 사람이라면 하나님의 선교에 헌신하는 사역자이다. 반대로 영적 직책과 관계없이 영성이 없는 사람은 하나님의 선교에 합당한 사역자일 수 없다. 영성에는 계급이 없고 질서만 있을 뿐이다. 그리고 영적 직책에는 위계질서가 존재하지 않는다. 영성의 사람이라면 누구나 자신의 삶의 현장에 파송된 사역자이다.

(2) 교회 안에서의 섬김만이 사역은 아니다.

강단에서의 섬김(설교, 교육, 찬양 등)이 교회 내부의 다른 곳에서의 섬김보다 우월할 수 없다. 눈에 보이는 섬김과 눈에 보이지 않는 섬김 역시 그 우열이 있을 수 없다. 그리스도의 사역이 설교이든, 치유이든, 상담이든, 혹은 성전을 청결케 한 사역이든 다 동일했듯이, 교회 내의 모든 사역들이 다 동일하다. 교회를 강단으로 비유하자면, 전 세계의 비즈니스 세계는 교회 전체라고 할 수 있다. 교회의 사역과 전 세계적인 비즈니스 사역에 우열이 있을 수 없다. 강단을 영적으로 소중히 여겨지는 만큼, 비즈니스 현장도 영적으로 소중히 여겨지고, 그 사역적 가치를 충분히 인정해야 한다. 또한 교회가 강단 사역을 위해 아낌없이 투자하듯이 세상의 강단인 일터를 위해서도 모든 것(우수한 인력, 중보기도, 자원, 재정지원 등)을 아낌없이 투자해야 한다.

> "성도들은 자연스런 행동의 발로로 '교회 일'에 몰두하는 것을 그만 두고, 전통적 전도, 목회, 혹은 선교 사역에 들인 동일한 열심으로 농 장일, 산업, 법률 공부, 은행일, 저널리즘 등의 거룩한 명령을 받아들 여야만 한다."(달라스 윌라드)

(3) 교회 안에서 투자하는 시간과 헌신의 수준은 다르다.

크리스천 사업가는 교회의 행사와 프로그램 그리고 사역에 참석하는 시간이 다른 성도들에 비해 상대적으로 부족하게 보일 수 있다. 교회 내부인의 시각으로 보면, 사업가의 믿음과 헌신이 부족해 보일 수도 있다. 그러나 이 부족함이 그의 헌신 수준과 비례한다고 평가해서는 안 된다. 크리스천 사업가에게는 사업의 현장이 교회이다. 크리스천 사업가들은 비즈니스 현장에서 첨예한 영적 전쟁을 치루면서 하나님의 선교에 헌신하고 있다.

(4) 교육과 훈련은 다르다.

켄트 험프리스는 교육-훈련과 관련하여 3T를 말한다. 첫 번째는 말(Telling)이며, 두 번째는 교육(Teaching)이며, 세 번째는 훈련(Training)이다. 말이 교육 방법의 다가 아니다. 또 가르침에 경청한다고만 해서 배우는 것도 아니다. 행함으로 배워야만 한다. 말은 "방 청소 좀 해라."와 같은 단순한 명령이다. 가르침은 "창문을 열고 빗자루를 들고 바닥을 쓴 다음 걸레로 닦아라."라는 식의 설명이다. 그런데 훈련은 상호 교류적이다. 교육자가 설명하고, 몸소 보여 주며, 피교육자와 함께 실행하면서, 결국은 피교육자가 스스로 청소하게 하는 것이다.

크리스천 사업가들은 스스로 성경공부하고, 스스로 사역에 임하게 하고, 전도하고, 제자화하고, 남을 돕는 일에 헌신해야 한다. 이를 위해 몸으로 실천하는 것을 보여 주어야 한다. 교육의 한계에 이른 현대교회는 이런 본이 제공되는 훈련이 필요하다.

(5) 규모가 크다고 중요한 것은 아니다.

교회의 규모가 아무리 크고 예산이 어마어마하다 해도 크리스천 사업가들에게 영향을 주진 못한다. 사업가들이 사업에서 감당하는 규모가 더 큰 경우가 대부분이다. 교인의 숫자나 교회가 감당하는 선교지, 또는 교회 내에서의 직분투쟁 등에 대해 사업가들은 관심이 없다. 이들은 자신의 영역에서 이보다 더한 것들을 경험하고 있기 때문이다. 사업가들은 더 중요하고 의미 있는 삶을 살기 원한다. 목회자와 전문가를 돕기보다는 스스로 더 의미 있는 삶을 살기를 원한다.

(6) 섬길 대상이 오길 기다리지 말고, 그들에게 가라.

예수께서는 종교지도자와 대화하고자 하실 땐 성전으로 가셨다. 또한 상처받은 사람들을 치유하기 원하셨을 때는 그들이 있는 곳으로 가셨다(예를 들면 우물가의 사마리아 여인). 예수께서는 사람들의 삶에 찾아 가셔서 그들에게 하나님의 영향력을 끼쳤다. 예수님께서 사람들을 자기의 영향력 있는 집단 안으로 끌어들인 경우는 거의 없었다. 현장으로 가셔서 그들을 만나 섬기셨다.[124]

비즈니스 사역은 종교라기보다는 예수의 향기이며, 활동이라기보다는 유용성이다. 비즈니스 현장에서 설교한다거나, 보이는 곳에서 기도할 필요가 없다. 크리스천 사업가는 소금과 빛이 되어야 한다. 하나님께서는 일터를 추수하시기 위해서 사업가를 선택하시고, 예수께서는 사업가들이 열매를 맺을 수 있도록 도와주신다(요한 15 : 5, 17 : 23).

(7) 주일 교회 활동에 열심인 것과 영적인 삶과는 다르다.[125]
사업의 현장인 일터에서의 평일이나 예배시간인 주일이나 하나님께는 다 중요하다. 주일이 다른 요일보다 더 중요해서도 안 되고, 다른 요일이 주일보다 더 중요해서도 안 된다. 비즈니스 사역은 영적인 능력과 세속적인 영역의 파편이 아니라, 하나님과 동행하는 실제적인 활동이다. 그리스도인들이 모든 일을 그리스도와 같은 자세로 행한다면 그 일은 거룩한 것이다. 비즈니스 활동을 통해 다른 사람들의 삶에 영적 영향을 끼칠 수 있다면 이는 사역이다. 크리스천 사업가들에게 필요한 것은 어떤 일을 한다는 것보다는 어떤 자세로 그 일에 임하는가이다. 비즈니스 사역에 있어 교제도 중요하고 프로그램도 중요하지만 기본적으로 예수님처럼 낮아짐을 통해 서로 돌보고 그리스도의 마음을 갖는 것이 더 중요하다.(빌 2 : 1-11)

(8) 제도보다는 개인에 집중해야 한다.
제도보다는 개인이 더 중요하다. 예수 시대에 바리새인들과 종교지도자들은 자신들의 율법과 제도를 개인보다 더 우선시하였다(막 7:8). 그러나 예수님은 먼저 개인을 우선시하셨다.

(9) 명성보다는 종 의식이 더 중요하다.

비즈니스 사역은 남을 섬기는 것이지, 섬김으로써 평판을 얻는 것은 아니다. 크리스천 사업가는 일주일 동안 매일매일 집에서나 사무실에서 말없이 섬김을 행하는 자여야만 한다. 섬김은 상대방을 훈련시키는 매우 효과적이며 매우 간접적인 방법이다(modeling).

(10) 세속문화에서 도피하지 말고 스며들어야 한다.

크리스천 사업가는 세속문화에 스며들어야 한다. 세상은 날마다 혼돈스럽고 복잡하고 감당하기 힘든 상항으로 되어 가지만, 우리는 그 속에 스며들어 그 무질서의 공간을 영적 처소로 만들어야 한다. 크리스천 사업가들 사업의 현장인 세속에 소금과 빛의 영향을 끼쳐야 한다(마 5:13-16).

(11) 외적인 변화보다는 내적인 변화에 우선하라.

외적인 변화가 아닌 내적인 변화에 집중해야 한다. 성령은 사람을 변화시킬 수 있다. 이 사람의 변화로부터 시스템과 세상의 변화가 이루어지기 시작한다. 우리 안에 성령의 9가지 열매가 맺어져야 세상에도 그런 영적 변화가 맺어지기 시작한다(마23:27, 막7:21-23, 고후 5:17). 교회 개혁에 앞서 사람의 변화가 우선되어야 하고, 시스템 개혁에 앞서 사람이 먼저 그리스도 안에서 새로워져야 한다. 크리스천 사업가들은 늘 스스로를 새롭게 하는 일에 우선해야 한다.

(12) 개인보다는 팀워크에 우선하라.

개인적이기 보다는 팀워크에 우선해야 한다. 크리스천 사업가와 목회자는 '잃어버린 자들을 위한 사역'에 동역해야 한다. 서로 통제하기보다 서로 동참하여 사역적 시너지를 창출해야 한다.

미주

1) 'Busyness' 라는 단어에서 'y'는 yoke(멍에, 굴레)를 의미한다.
2) 우리 가운데 많은 사람들이 짓는 죄는 하나님에게 주먹을 휘두르면서 그분에게 정면으로 도전하는 것이 아니다. 그것은 믿지 않는 사람들이 짓는 죄이다. 우리의 죄는 소극적으로 하나님께 거역하는 것이다. 다시 말해, 우리는 너무나 많은 소음과 분주함으로 자신의 삶을 채움으로써 하나님의 음성을 들릴 수 없게 한다.(게리 토마스)
3) 파커 J. 파머는 자기 내면에 귀 기울이기보다 성공한 영웅들의 인생을 흉내낼 때 이런 심리적 황폐함에 처한다고 한다. "나는 내가 찾을 수 있는 최고의 이상을 늘어놓고는 그 이상을 달성하기 위해 앞으로 달려갔다. 그러나 그 결과는 참담했다. 대부분 어처구니없는 결말이었고 때로는 우스꽝스럽기까지 했다. 언제나 그 결과는 비현실적이었고 진정한 나 자신을 왜곡하는 것이었다. 원인은 나의 내면에서 밖으로 뻗어나간 삶이 아니라 바깥 세계에서 안으로 밀려들어온 삶이었기 때문이다. 나는 내 마음에 귀 기울이기보다 영웅들의 인생을 흉내내는 '고상한' 길을 찾았던 것이다." 파커 파머는 이렇게 충고한다. "당신이 인생에서 무엇을 이루고자 하기 전에, 인생이 당신을 통해 무엇을 이루고자 하는지에 귀 기울여라. 당신이 어떤 진리와 가치관에 따라 살 것인지를 결정하기 전에, 당신이 어떤 진리를 구현하고 어떤 가치를 대표해야 할지 인생이 들려주는 목소리를 들어 보아라"(파커 J. 파머, 삶이 내게 말을 걸어 올 때, 15~16.)
4) 존 엘드레드, Integrated life, 14-15
5) "일자리는 어디에 있는가?", BusinessWeek(Mar 22, 2004), 36-37.
6) William I. Huyett & S. Patrick Viguerie, "Extreme Competition," The McKinsey Quarterly(2005 Nov 1), 47-57.
7) 폴 스티븐슨, 하나님의 사업을 꿈꾸는 CEO, 178.에서 재인용
8) Business는 아이디어의 영역이다. 성경은 아이디어 차원의 비즈니스를 강조하고 있지, 아이템 차원을 비즈니스에 대해서는 별 언급이 없다.
9) 예수님은 공생애를 시작하면서 요단강에서 세례를 받으셨다. 요단강에서 나오시며 사명적 존재로 출사표를 던지자 하나님께서는 "이는 내 사랑하는 아들이요 내 기뻐하는 자라" 하셨다(마3 : 17). 이렇듯, 베드로가 말씀에 의지하여 깊은 곳에 그물을 던졌을 때 하나님께서는 "베드로는 내 사랑하는 종이요 내 기뻐하는 자라"고 말씀하시며 기뻐하셨음에 틀림이 없다.
10) 예수는 자기 직업을 잘 감당하고 있던 이들을 선택하셨다. 영적 방향만 바꾸면 사역을 감당할 수 있는 소위, 생업의 전문가들을 선택하셨다. 사역은 실무이다. 실무능력이 없는 사역자들은 존재할 수 없다. 그 이전에 개인영성주의자가 되든지, 기도원으로 올라가 있을 것이다. 예수께서는 탁월하고 능숙한 자들을 선택하셨다. "일을 하면서 다양할 정도로 하나님과 접촉하게 된다. 하나님이 현재 진행 중인 창조 과정에 동참하는 게 크리스천의 사명이며, 이 사역을 떠받치는 기반은 '탁월함과 능숙함' 이 되

어야 한다. 모두가 자신이 가진 달란트를 최대한 탁월하고 능숙하게 사용해야 한다는 건 아니지만, 분명한 건 탁월함과 능숙함은 모든 사역의 기초적 자질이다."(디엘)

11) 모든 사람은 각자의 일터에서 자신의 일을 해야만 한다. 그것은 그 일들로써 의를 쫓기 위함이 아니라 그 일함을 통하여 그의 육신을 관리하며, 자신의 육신을 제어할 필요가 있는 이들에게 본을 보이게 되며, 최종적으로는 그러한 일들로써 사람의 자유 안에서 자신의 의지를 다른 사람들의 것에 복종시키게 됨을 의미하기 때문이다.(루터)

12) 성경에 등장하는 대부분의 위대한 영웅들은 세속적인 직업에 부름 받은 사람들이었다. 아브라함은 요즘으로 보면 부동산 개발업자였고, 야곱은 목장의 일꾼이었다. 요셉은 국무총리였고, 에스더 왕후는 미인 대회 입상자였고, 루디아는 직물 짜는 사람이었다. 그 외 많은 영웅들은 군인들이었다. 내가 좋아하는 다니엘은 바벨론의 하버드대학을 졸업한 정치인이었다. 이들은 목회자도 아니었고, 목회자를 돕는 직업에 종사하지도 않았다. 사실상 그들은 자신들이 믿는 신념과는 반대편에 있는 조직 속에서 리더로 일했다. 한 마디로 그들은 세속적인 조직을 위해 일했다.(데니스 바케)

13) 경쟁사회 속에서 그리스도인으로 바로 서는 것은 정말 어렵다. 사업에 성경적인 원칙들을 적용하고 정직한 사업가가 되는 것은 더 어렵다. 양심을 지키면서 양심이 없는 이들과 경쟁해야 하기 때문이다.(잭 맥도날드)

14) 노동은 식량-의복-집 등 인간의 기본적인 물리적 요구를 충족시키는 기능을 한다. 산업혁명의 개시와 18, 19세기 기계의 발전이 결국 공장과 들판에서 고된 육체노동을 제거했지만 노동은 여전히 쾌락과는 다른 것으로 간주되며 노동과 놀이에 대한 이분법적 사고는 고도의 산업사회인 오늘날까지도 계속 유지되고 있다.(브리태니커 백과사전)

　　노동 또는 근로는 경제활동에서 재화를 창출하기 위해 투입되는 인적 자원 및 그에 따른 인간의 활동을 뜻한다. 흔히 자본, 토지와 함께 생산의 3대 요소로 불린다. 노동은 보수를 대가로 한다는 점에서 취미, 여가와 같은 인간의 다른 활동과 구별된다.(위키백과)

15) 그 원인은 생존과 성공에 대한 집착, 도피, 일이 너무 좋아서 등 여러 가지가 가능하지만, 모든 관심이 일에 집중됨으로 인해 생기는 폐단과 피해는 스스로에게는 병적이며, 타인에게는 폭력적이다. "중독은 우상 숭배다. 이 경우 일 중독은, 다른 사람들과 총체적이고 친밀한 관계를 누릴 수 있는 능력을 파괴시켜 버린다. 훨씬 비극적인 일은, 일 중독증에 걸린 사람들은 하나님과의 순전한 관계에서 멀어지게 된다는 사실이다."(폴 마샬, 천국만이 내 집은 아닙니다, 111-112.)

16) 창조 시, 하나님의 형상을 닮은, 하나님의 동역자인 인간에게는 가장 아름답고 생산성이 풍부한 에덴동산이라는 일터가 주어졌는데, 타락 이후, 에덴을 상실한 인간에게는 거친 정글이 일터가 되어 버렸다.

17) 성실-근면하게 열심히 일하는 목적이 자신과 가족의 생존과 안전만을 지키기 위한 경우이다. 일종의 소시민적 가족중심주의이다. 산업 혁명 이후 생겨날 수밖에 없었던 도시화는 일터와 교회와 집을 분리시켰다. 이로 인해 기독교인들은 일터 '분할적 믿

음'을 (도시화 이후 '일터-교회-집' 사이의 거리가 멀어지면서 일터의 삶과 교회에서의 신앙, 집에서의 삶이 분리된 현상을 말한다.) 가지게 되었고 서구유럽과 북미의 가족중심주의가 생겨나게 되었다. 세속주의의 기폭적인 역할을 했던 도시화의 영향으로 가족중심주의가 발생했음을 고려할 때 이 가족중심주의는 세속화와 그 맥락을 같이 한다. 가족중심주의, 또는 가족이기주의의 특징은 자신과 가족의 폐쇄성이 너무 강하며, 이웃과 사회에 대한 무관심이 극에 이른다는 것이다. 이는 현대인의 전형적인 특징 중의 하나이다. 그러나 이러한 가족이기주의는 가족 이외의 다른 관계에 대한 무관심과 심지어는 그들과의 관계 파괴로 인해 "네 이웃을 네 몸처럼 사랑하라"는 명령을 위반하는 것이다.

18) 'career' (커리어)라는 단어는 원래 '마차'에 해당하는 라틴어에서, 후에는 '경기장 레이스 코스'라는 뜻의 중세 프랑스어에서 유래했다. 웹스터 사전은 'career'를 '전속력으로 힘차게 달려가다' 혹은 '질주하다'로 정의한다. 다른 말로 하면, 오랫동안 정말 빠른 속도로 달려가지만 그 어디에도 결코 이르지 못한다는 말이다.(댄 밀러, 나는 춤추듯 일하고 싶다, 73.)

19) 일중독, 비효율적 삶, 이기주의, 개미주의, 성공지상주의에 빠진 현대인들의, 실낙원의 정글을, 에덴동산이 아닌 자신의 동산으로 만들려는 모든 시도와 투쟁은, 그러나 이미 정해진 처참한 패망으로 끝나게 되어 있다. 영적 원칙이 지켜지지 않는 모든 일터들이 황폐화되고 있는 것이다. 전 세계의 일터에서 이 황폐함을 향해 거침없이 달려가는, F1 경주에서 질주하는 차보다 더 빠르고, 치열한, 목적지를 상실한, 불안한 경주가 진행되고 있다. 우리의 속도는 '불안의 절규'가 아닐까?

20) "대부분 어처구니없는 결말이었고 때로는 우스꽝스럽기까지 했다. 언제나 그 결과는 비현실적이었고 진정한 나 자신을 왜곡하는 것이었다. 원인은 나의 내면에서 밖으로 뻗어나간 삶이 아니라 바깥 세계에서 안으로 밀려들어온 삶이었기 때문이다. 나는 내 마음에 귀 기울이기보다 영웅들의 인생을 흉내내는 '고상한' 길을 찾았던 것이다. (파커 J. 팔머, 삶이 내게 말을 걸어 올 때, 15~16.)

21) 홍익희, 유대인 이야기, 행성 : B잎새, 36.

22) 1929년 3월 17일자 미국 뉴욕 타임스.

23) 위의 책, 26.

24) 위의 책, 36.

25) 위의 책, 36.

26) 1929년 3월 17일자 미국 뉴욕 타임스의 머리기사는 모든 기독교인의 시선을 집중시키기에 충분했다. '우르의 발굴, 새로운 아브라함의 발견 그 밑으로는 다음과 같은 소제목들이 이어졌다. '아브라함은 유목민이 아니라 도시의 창시자', '하갈의 추방은 합법적', '구약성서의 관습들을 고고학적 발굴을 통해서 확인함' 때마침 몰아닥친 경제공황의 우울한 나날 속에서 실의에 잠겨 있던 미국민들에게 이러한 파격적인 뉴스는 성서적 복음주의에 마지막 희망을 갖게 했다.(http://blog.naver.com/pjt2282)

27) 부름에 대한 반응은 행동이다. 우리는 행동한다. 우리는 하나님의 부름을 따른다.

삶으로 하나님의 부름에 응답한다. 우리의 출발점은 하나님에 대해서 생각하는 것이 아니다. 하나님은 사상이 아니다. 우리는 듣고 반응하고 순종한다. 그러나 그 순종은 상투적인 자극에 반응하는 파블로프식의 반응이 아니다. "앉아" "가져와" "굴러" 등의 명령어에 자동적으로 반응하는 것이 아니다. 순종은 다양한 상황 속에서 그리고 인격적인 관계 속에서 일어난다. 순종은 개인에게 주어지는 명령 혹은 초대를 따르는 행위다. 우리의 이름을 부르는 소리를 듣고 우리는 부르시는 그분에게 반응하는 것이다. … 부름은 우리의 귀에 들리는 소리며, 미래로 우리를 부르는 소리다. 전에는 한 번도 경험해 보지 못한 새로운 삶의 방식으로, 약속으로, 새로움으로, 축복으로, 새 창조 안에 있는 우리의 자리로, 부활의 생명으로 우리를 이끄는 소리다.(유진 피터슨)

28) 다니엘 라핀, 부의 비밀, 141.
29) 이 일은 "우리가 세상에서 하는 일은 그저 '해야 하기' 때문에 하는 것이거나 자아 성취를 위해 선택하는 그 무엇이 아니다. 그것은 기쁨과 해방을 안겨 주는 하나님의 부르심 중 일부이다."(폴 스티븐스)
30) Gene Edward Veith, God at Work, 13-15.
31) Daniel Yankelovich의 보고에 다르면 미국 총노동자의 13%만이 자기의 일에서 의미를 느끼고 있으며, 7,000 개 회사의 350,000 명의 종업원을 대상으로 조사한 바에 따르면 20% 만이 자신의 직업에서 재능을 잘 활용하고 있는 것으로 보고 있다. 그런데 이런 일은 고용주만은 책망할 일도 아니다. 사람들은 자기들에게 맞지 않는 직업이나 소명을 택하는 실수를 거듭해서 하거나, 자기 진로의 과정에서 실수를 했는데 다음이 그런 경우이다. 첫째, 처음부터 부여받지 않은 기술이나 재능을 개발하려고 하는 경우, 둘째, 자신들이 잘하는 영역을 집중적으로 개발하거나 거기서 뛰어나기보다는 약점이나 단점이라고 여겨지는 부분을 고치려는데 지나치게 관심을 쏟는 경우이다.
32) 소명의식이 직업의식으로 바뀌면 사람의 개인적 삶(주일)과 공적인 삶(월요일부터 금요일까지) 사이에서 연결고리가 약해진다. 따라서 직업은 거룩한 사명이라기보다는 개성의 표현이며 부르심에 순종이라기보다는 개인적인 성취 수단이다. 그리고 사회적인 변화라기보다는 개인적인 충족감이다.(로버트 뱅크스, 경영자의 영향력, 52.)
33) 영화 '월스트리트의 늑대'에서 조던 벨포트의 역할을 한 레오나르도 디카프리오의 대사
34) 로버트 프레이저, 마켓플레이스 크리스천, 31.
35) '뒷거래를 통하여 떳떳하지 못하게 은밀히 일을 조작하는 짓'을 속되게 이르는 일본말로, 정황상 가장 적절한 단어라고 판단되어 사용한다.
36) 폴 스티븐스, 하나님의 사업을 꿈꾸는 CEO, 284.에서 재인용
37) 교회 안에서 가지는 소명의식의 오해는 모든 그리스도인들 중 3% 정도만 전임 사역자로 부름을 받았고 97%는 비즈니스 사역자로서 그들 일을 통해 천직으로 하나님 나라를 이루는 것임에도, 하나님으로부터 부르신 소명은 오직 소수의 전임 사역자들만의 것인 냥 인식되어 오고, 대부분의 크리스천들은 헌금을 통해 재정적으로 돕는 것

으로만 이해되어 버렸다는 것이다.(로버트 프레이저)
38) 존 맥스웰, 크리스천이 직장에서 성공하는 법, 114.
39) 크리스토퍼 크레인/ 이크 하멜, 왕 같은 제사장 경영자의 영향력, 서진희 역, .
40) Tetsunao Yamamori/Kenneth A. Eldred, 'On Kingdom Business', Crossway, 284.
41) (일터로)와 (믿음으로 그리고 일의 전문성과 경쟁력으로)는 이해를 돕고자 저자가 추가한 것이다.
42) 현대인들은 엄청난 시간을 일에 쏟는다. 특별한 경우가 아니고는 누구나 비슷하다. 그렇기 때문에 반드시 제대로 일하는 법을 깨쳐야 한다. 천부적인 능력과 맞지 않아서 일하는 게 죽을 만큼 고역스럽다면, 자신을 제대로 파악해서 올바른 길을 쫓을 수 있게 해 주시길 기도하라. 일하는 방식과 일터에서 보여 주는 행동으로 하나님을 영화롭게 하지 못하고 있다면, 죄를 자백하고 주님의 진실한 자녀가 되게 해 주시길 간구하라. 의미 있는 일들을 하면서 상급을 누리지 못하고 있다면, 믿음으로 첫발을 내딛으라. 능력을 마음껏 펼칠 수 있는 새로운 일들을 시도하라. 도전을 받아들여서 잠재력을 드러내고 성취감을 극대화시키라. 불안 때문에 천직이 천벌이 되었다면, 이사야서 43장의 말씀을 기억하라. "내가 너를 속량하였으니, 두려워 말라. 내가 너를 지명하여 불렀으니, 너는 나의 것이라. … 내가 너를 보배롭고 존귀하게 여겨 너를 사랑하였으므로 … 두려워하지 말아라"(1~5). 하나님의 사랑을 확신시켜 주는 성경 말씀과 신앙 서적과 기타 자료들을 꼼꼼히 읽고 묵상하라. 일 중독자의 습관을 버리기 위한 구체적인 단계들을 밟아가라. 일은 저주인가, 축복인가? 당신이 어떻게 선택하느냐에 따라 달라진다.(빌 하이벨스)
43) 미국의 경우 한 해 100만 명이 창업을 한다.(마이클 거버)
44) 비즈니스 바이블, 43.
45) 카네기 공대 졸업생을 추적 조사한 결과, 그들은 이구동성으로 "성공하는 데 전문적인 지식이나 기술은 15퍼센트밖에 영향을 주지 않았으며, 85퍼센트가 인간관계였다."고 말했다고 한다.
46) 성공은 1%의 두뇌, 1%의 지식 그리고 1%의 기술과 97%의 태도의 결과이다.
47) 전후 세대 최초의 미 대통령이었던 빌 클린턴은 미국을 8년간 통치한 "경제호황 시대의 행복한 행운아 대통령인 동시에 능숙하고 매력적인 악동 대통령이었다". '이 매력적인 악동'이 대통령이 될 수 있었던 능력은 무엇일까? 클린턴의 자서전인 [나의 삶]에 의하면, 그의 능력은 관계에서의 성공이었다.
48) 이민규, 1%만 바꿔어도 인생이 달라진다, 더난출판, 245.
49) 존 맥스웰, 37.
50) 위의 책, 48.
51) 심리학자 켐벨은 기업체의 관리자로서 주목받고 있는 유망주들의 대상으로 실패한 사람들의 특성이 무엇인지 확인하기로 했다. '떠오르는 별'이라 불리던 이들 중 상당수가 중도에 탈락했다. 그 이유는 기술적인 무능함이라기보다는 대부분 대인관계의

결함 때문이었다. 그는 미국과 유럽의 많은 기업체 관리자들과의 면접을 통해 뛰어난 재능을 갖고 있으면서도 장기적으로 성과를 내지 못하는 사람들의 특성을 찾아냈다. 그들에게서 공통적으로 발견되는 치명적인 결점들이 있었다. 이는 주로 '다른 사람들과 협력관계를 형성하지 못하는 것', '권위적인 태도와 행동', '상사와의 상습적인 갈등' 등 대인관계와 관련된 것들이었다.(이민규, 239~240)

52) 경쟁적 사고로 사업을 하는 것 자체가 문제다. 그 결과가 너무도 뻔하기 때문이다. 특히 사업의 과정에서 주변에 킹덤 임팩트를 끼치는 데 실패한다. 이렇게 되면, 우리에게 사업의 기회를 주신 하나님의 뜻에 절대 반대적인 자인 '무익한 종'이란 평가를 받고⋯ 많은 분들이 믿음의 원칙에 따라 사업을 하면 경쟁력이 약해져 망한다고 하신다. 분명한 건 크리스천은 경쟁해서는 안 된다. 섬겨야 한다. 이를 위해서는 창조적 사고로의 전환이 관건이고, 저 깊은 곳에 있는 것들을 건져내기 위한 창조적 응답 또한 핵심적 요소이다. 크리스천 비즈니스는 고만고만한 아이디어와 아이템으로 부댓기며 경쟁하는 비즈니스여서는 안 된다. 그러므로 하나님께 기도로 지혜와 명철을 구하고, 또 섬김과 감사와 사랑의 행실을 주고 받으며, 하나님께서 이미 주셔서 우리 안에 잠재된 창조적 시각과 감각을 깨 낼 줄 아는 공동체적 삶의 자세가 중요하다.

53) http://www.amickfarms.com/

54) '창조성'이 가장 잘 발휘되는 곳이 기업인데, 이 창조성은 하나님이 세상을 위해 은혜로 내려주시는 방편이다. 하나님이 만드신 모든 부요함을 현실화시키는 데 있어 기업을 가장 적극적이며 창조적인 것으로 본다. 즉, 기업의 창조적인 기능을 통해 하나님이 오랜 기간 동안 피조세계 안에 주어진 보화들을 대중에게 유용하게 하는 것이다.(배종석 외, 기업이란 무엇인가, 57-8.)

55) 비즈니스의 어원은 "남을 위해 돕다"라는 뜻으로 "남을 돕는 행위"다.

56) Clive Wright, The Business of Virtue, 79.(폴 스티븐스, 하나님의 사업을 꿈꾸는 CEO, 50.에서 재인용)

57) 솔론: (638-558 B.C.) : 아테네의 정치가; 그리스 7현인의 한 사람. 그리스의 7현인(七賢人) 중 한 사람으로 알려진 그는 배타적인 귀족정치를 종식시키고 금권정치로 대체했으며 새롭게 좀더 인도적인 법을 도입했다. 594년 시민을 4등급으로 구분, 정치 참여 권리 제한, 400명으로 구성된 평의회 신설, 드라콘법 폐지, 새로운 법률 제정, 도량형을 개정했다.

58) 솔론의 정치개혁은 재산에 따라 시민을 4등급으로 구분하여 정치적 권리와 폴리스 방어의 의무에 차등을 둔 금권정치(Timokratia)였다.

59) Khoo Oon Theam, www.oticonsulting.com

60) 하버드 비즈니스 스쿨 동창생인 세이지와 크리스가 설립한 Pura Vida Coffee 사역이 그 대표적인 케이스이다. 이들은 카페에서 판매되는 커피 값에 비해 현지 생산자들에게 돌아가는 돈이 터무니 없이 적은 것을 보고, 생산자가 적절한 원두 값을 받을 수 있는 투명한 거래를 시작하여 대표적인 공정거래업체가 되었다. 또한 수익으로 코스타리카의 '가난한 이들을 돕고', '환경을 회복하고' 등의 샬롬을 회복하고 있다.

이제는 그리스도인들이 시각을 바꾸고 사고를 전환하여 일 자체가 사역이며 하나님의 거룩한 소명임을 인식해야 한다. 일에 내재된 영적인 가치를 깨닫고 '더 귀한 성직'을 찾아가야겠다는 잘못된 생각으로 직업을 바꿔서는 안 된다.(켄 엘드레드, The Integrated Life, 101-106.)

61) 웨인 그루뎀. 하나님의 영광을 위한 비즈니스, Crossway 2003.
62) 남자든 여자든, 대기업이든 중소기업이든, 크리스천 사업가들에게는 엄청난 갈망이 생기고 있다. 나는 크리스천 사업가들 각각의 마음과 삶 속에 성령님이 무엇인가를 하고 계시고 이를 통해 어떠한 움직임이 이루어지고 있다고 본다. 그리고 그들은 보통의 교회에서나 파라교회에서 그들에게 제공하는 것에 만족하고 있지 않다. 하나님께서 이렇게 만들고 계신 것이다. 어떠한 힘이 활성화되고 있다. 사람들은 의미와 참여에 대한 배고픔이 생기고 있다. 이것은 통제될 수 없고, 정리될 수 없으며, 가둘 수 없다. 자금이 반드시 필요한 것도 아니다. 필요한 것은 크리스천 사업가들이다. 이는 사람들의 마음속에 하나님이 심으신 불같은 마음이다. 이는 하나님께서 크리스천 사업가들이 시장 안에서 자신들의 영향력과 서로의 영향력 속으로 복음을 보내시기 위해 하시는 일이신 것이다.(켄트 험프레이스)
63) 사업가들이 건전한 비즈니스 관행에 따르지 않았거나, 정상적인 상도덕을 지키지 못했다면, 자신들의 실수를 사탄 때문이라고 변명해서는 안 된다. 지속 가능한 비즈니스 선교(Kingdom business)를 시작하는데 있어서 비즈니스 운영에 대해 영적으로 너무 지나치게 해석해 왔기 때문에 훌륭한 비즈니스 원칙들이 너무 빈번히 무시된다는 것이 하나의 장애이다.(로잔)
64) 크리스토퍼 A. 크레인 &마이크 하멜
65) 폴 스티븐스. 하나님의 사업을 꿈꾸는 CEO, 41-55.
66) 정글의 법칙은 인간에게 끝없는 노동과 땀을 요구한다. 이 노동을 히브리어로 말라카라 한다. 말라카는 에덴을 쫓겨 난 인간의 생존을 위한 노동이다. 말라카는 이용하고, 이용당하고, 경쟁하고 착취하는 끝없는 경쟁의 말라카 시스템을 만든다.
67) 켈 엘드레드, 비즈니스 미션, 269~270.
68) 기독경영
69) 창조성은 보통 사람에게 내재되어 있는 능력으로 학습을 통해 개발이 가능한 지적 능력이다. 하나님은 인간 개개인의 창조능력이 발휘되기를 바라신다. 하나님이 한 달란트를 묻어둔 종을 책망하신 이유는 위험을 감수하려 하지 않고 주어진 기회를 포기했기 때문이다.(기독경영, 275)
70) 데니스 바케, 일의 즐거움, 283.
71) 댄 밀러는 7개 영역에서 조화로운 성공을 주장한다. 7개 영역의 성공은 '사회적 성공', '재정적 성공', '자기 개발', '영적 성공', '건강함', '건강한 가족', '직업에서의 성공' 등이다(Dan Miller, No More Mondays, Doubleday, 2008, 227~228).
72) 그러나 사실 그 규모가 성공을 보장하지는 않는다. 우리가 그 규모를 키우려고 하면 할수록 그렇게 하는 것과 유지가 더 힘들어진다. 모든 사업과 조직은 그 적절한 규모

를 가져야만 하고, 그래야만 최고의 효율을 높일 수가 있다. 아름답고 멋진 건물을 소유하기 위해서 얼마나 많은 돈이 필요한 줄 아는가? 성공을 위하여 성장에 대한 거대한 압박에 직면할 때, 이를 극복하기란 참으로 힘든 것이다.

73) 일반적으로 이 세상에서는 타인을 이용하여 돈을 번다든가 타인의 유익을 취하는 것은 흔한 일이다. 그러나 그리스도인은 모든 사람들과의 윈-윈 전략(납품자-당신-소비자)을 행해야만 한다. 거래를 한다거나 계약을 맺을 때 공동의 윈윈 전략은 최선의 결과를 낳는다.

74) 세상에서의 성공을 위하여 일중독에 빠진다거나, 가족을 희생시키는 일이 너무 당연시 여겨지고 있다. 이는 가족을 파괴하려고 하는 마귀의 전략이다. 만약 사단이 성적 범죄와 같은 직접적인 죄를 범하지 않는다면 사단은 우리로 하여금 가족을 기진맥진하거나 무시하게 하므로 가족관계를 깨뜨리게 할 것이다. 그러므로 크리스천들은 가족이라든가, 자기가 속한 그룹에 책임감을 다하여 관계를 건강하게 유지하는 것이 성공보다 중요한 것이다.

75) 그러다 보니 어떤 회사는 사람보다 시스템을 더 중시 여기는 부정적인 현상도 있다. 그러나 성공적인 회사, 비즈니스, 일을 하려면 하나님께서 그러하셨듯이 모든 사람들의 가치를 인정하는 것이다.

76) 그러나 진실된 그리스도인은 하나님의 능력과 통치하심을 이해한다. 대부분의 실패는 자신의 잘못에서 기인된 것이고, 우리의 모든 성공은 하나님의 개입에 기인되었음을 안다. 우리 그리스도인들은 매일 매일 하나님께 무릎을 꿇고 지혜를 구해야만 한다. 하나님과 동행하는 그리스도인들은 모든 중요한 기회때마다 하나님의 확증을 확인하게 될 것이다.

77) 예수께서도 "네 마음을 다하고 목숨을 다하고 뜻을 다하여 주 너의 하나님을 사랑하라"(마22 : 37)고 명하셨다. 하나님은 모든 성공의 원천이시다. 그러므로 자기 자신의 노력에 너무 집중하지 말아야 한다. 우리는 이러한 사실들을 아브라함의 이야기(창24), 요셉의 이야기(창39 : 2-3,23) 다윗의 이야기(대상18 : 6) 웃시야왕의 이야기(대하26;5) 히스기야 이야기(대상31 : 32) 느헤미야 이야기(느1 : 11)에서 발견할 수 있다.

78) Myron Rush, God's Business, 89-103

79) "너는 마음을 다하고 뜻을 다하고 힘을 다하여 네 하나님 여호와를 사랑하라". 이 말씀은 우리의 전 존재로 하나님을 최우선하란 말이다.

80) 흩어 구제하여도 더욱 부하게 되는 일이 있나니 과도히 아껴도 가난하게 될 뿐이니라 구제를 좋아하는 자는 풍족하여 질 것이요 남을 윤택하게 하는 자는 윤택하여 지리라.

81) 네가 이 세대에서 부한 자들을 명하여 마음을 높이지 말고 정함이 없는 재물에 소망을 두지 말고 오직 우리에게 모든 것을 후히 주사 누리게 하시는 하나님께 두며 선을 행하고 선한 사업을 많이 하고 나누어주기를 좋아하며 너그러운 자가 되게 하라 이것이 장래에 자기를 위하여 좋은 터를 쌓아 참된 생명을 취하는 것이니라.

82) 현대의 일터는 속이고 훔치며 부정적인 방법으로 이익을 얻을 수 있는 기회로 가득 차 있다. 그러나 옳은 일이라는 이유 하나만으로 정직한 행동을 하고, 정확히 계량하고 셈할 때 동업자들은 당신을 존경할 것이며, 당신의 고객과 경쟁자들도 당신을 신뢰하게 될 것이다. 그러면 궁극적으로 당신은 성공하게 될 것이 틀림없다. 왜냐하면 사람들은 언제나 정직한 사람과 거래하기를 좋아하기 때문이다. ..고대 서구에서는 "하루의 길이만큼이나 정직한 사람이다."라는 말보다 더 큰 존경과 치사는 없었다. 오늘날에도 "당신의 정직함이 당신의 자랑거리입니다."라는 말보다 더 큰 찬사는 없을 것이다.(웨인 도식)

83) 불신자도 돈을 받고 일할 때에는 성실하게 일한다. 그러나 그리스도인들은 아무 보상도 없는 작은 일에도 적극적으로 임하는 태도로써 불신자들과 구별되어야 한다. 그리스도인들은 다른 세상에서 상급을 받으리란 믿음을 가지고 있어야 한다.(어윈 루처)

84) 일을 신용있게 처리해서 신뢰를 얻을 때 직장과 지역사회에서 더 많은 일을 할 수 있는 기회를 얻게 된다... 그리스도인 경영자들은 자신의 말과 행동이 일치하는지 사람들이 항상 지켜보고 있음을 인식해야 한다… 나는 리더들이 다른 사람들보다 사생활과 도덕적인 면에서 훨씬 더 취약한 환경에 노출되어 있다고 생각한다. 그래서 나는 '지도력 촉매제' 라는 그룹에 참여한다. 그들은 지도력개발과 성품개발이 맞물려야 함을 강조한다.(데일 기포드)

85) 당신이 비즈니스에 종사하고 있다면 좋은 제품과 서비스를 제공하는 것만으로는 충분하지 않다. 당신이 제품과 서비스에서 전문가가 되는 것만으로는 부족하다. 고객이 아니라 제품을 안다고 하는 것은 살 사람은 없고 팔 물건만 있다는 뜻이다. 당신이 타인에게 부여하는 가치는 진실성이 있어야 한다.(존 맥스웰)

86) 나는 대표라는 지위를 신앙을 보여 주는 기회로 삼지는 않았습니다. 물론 신앙은 비즈니스와 관련한 내 결정에 영향을 끼칩니다. 신앙은 가족이나 나와 한마음이 되도록 가족과의 관계에도 영향을 끼칩니다. 신앙은 기업사장이라는 환경에서 내가 진리, 배려, 정직, 사랑 같은 성경적 원리를 따라 살도록 영향을 끼칩니다…. 나는 신앙을 말로만 보이려 하지 않고, 옳다고 생각하는 대로 대하려고 매일 결심합니다.(폴라드)

87) 성실, 정직, 신뢰, 봉사, 그리고 공평함과 같은 선한 사업 원칙들은 분명히 성경적 원칙들이다. 때문에 성경적 원칙으로 성공한 사업가들은 이 원칙들을 준수했음에도 불구하고 성공한 것이 아니라, 이 원칙들을 지켰기 때문에 성공한 것이다(켄 엘드레드). "비즈니스맨들은 복음을 그들의 직장에 설파하는데 책임감을 가져야 합니다." 메과이어의 관찰에 따르면 '교회 건물 담장을 넘어서는 교회가 되는 것이 바로 핵심' 이라고 한다. 교회 '내' 의 일들에 너무 집중하다 보면 교회 '밖' 에서 사람을 낚는 어부로서의 역할을 수행하는 일에 대해 망각해버리게 됩니다…. 우리를 둘러싸고 있는 매일의 일들에 대해서 영적으로 민감하게 반응해야 합니다. 바로 그곳이 우리의 사역지이기 때문이죠.(Meguia, Meguiar's Car Care Products CEO)

88) 사업가의 사업 또는 기업의 원칙과 목표를 세우고 이를 지키고 성취해 나가는 것은

매우 중요하다. 이와 관련 Top Tech 회상의 십계명을 참고하라. "우리는… 1. 우리의 모든 행위로 하나님께 영광을 돌린다. 2. 우리의 특별한 목적에 집중한다. 3. 정직하고 효율적인 커뮤니케이션을 추구한다. 4. 정기적인 휴식과 자아성찰 그리고 여가를 추구한다. 5. 경험으로부터 그리고 노인의 지혜로부터 배운다. 6. 개개인의 위엄과 권리를 존중한다. 7. 성비를 균형적으로 유지한다. 8. 자원을 올바른 방법으로 활용한다. 9. 진실과 사실에 기초해서만 대화한다. 10. 재산의 실제 소유주 되시는 분께 영광을 돌린다."

89) 나는 예수 그리스도를 따르는 자로서, 내 사업에 몸담은 사람들의 영적인 면에 관심이 많습니다. 나의 신앙을 전하고 강조하는데 리더십을 사용하는가? 아니면 함께 일하는 중에 내가 믿음대로 사는지 동료들이 지켜볼 수 있도록, 때로는 그들에게 인정받는 사람이 되려고 애쓰고 있는가? 이 둘 중에서 나는 후자 쪽 삶을 선택했습니다. 그리고 이렇게 선택하기까지 꾸준한 관심과 시간을 쏟았습니다.(빌 폴라드)

90) 상사에게 조종당하거나 이용당하는 것을 좋아하는 사람은 아무도 없다. 그러나 부하 직원들이 상사의 성품이나 일처리 모습을 보고 존경하게 되면, 이 부하직원들은 상사에 대해 마음을 열고 상사들이 주는 영향력에 대해 두려움을 느끼지도 않는다.

91) 미국의 AT&T 벨전화연구소의 입사 5년차 연구원들을 대상으로 그들의 업적을 평가한 결과에 의하면 "우수한 업적을 쌓고 고위직으로 승진한 연구원들은 입사동기들에 비해 결코 지능이 우수하거나 입사시험 성적이 뛰어난 사람들이 아니었다. 이들은 동료들과 시시콜콜한 신변잡담을 주고받거나, 동료나 상사에게 인기가 많았으며, 자신의 목표를 달성하는데 주변사람들의 협조를 쉽게 받아내는 사람들이었다. 반면 독불장군식의 천재들은… 머리는 좋지만 대인관계가 원만하지 못하고 목표를 달성하는 과정에서 함께 일하는 동료들의 협조를 잘 얻어내지 못한다고 한다. 실적과 승진에는 머리보다는 가슴이 더 중요한 영향을 미치기 때문이다(이민규, 1%만 바뀌어도 인생이 달라진다, 239~240).

92) 성공한 사람들은 주변의 실수를 눈여겨보지 않는다. 동료의 실수를 그냥 무시해 버리고 만다.(레일 라운즈)

93) 나는 나와 신앙이 다른 직원들을 수용합니다. 나는 나의 신앙에 동의하지 않는 직원들을 받아들입니다. 나의 신앙이 회사의 신앙은 아니지요. 이 세상에 그 어떤 회사도 내가 하고 싶은대로 회사 정책을 결정하도록 놔두지는 않습니다. 내 신앙이 궁금하다면 내 삶을 관찰해 보십시오.(빌 폴라드)

94) "회사에서 사원 복지에 신경을 쓰는 것은 회사가 당연히 해야 할 일이라고 말하는 것과, 일을 더 열심히 하도록 만들기 위해 복지에 신경을 쓴다고 말하는 것은 분명히 다르다."(존 케이) 또 회사의 가치가 직원들을 진심으로 위하는 마음에서 나온 것인지, 숨은 목적이 있어서인지는 직원들이 더 잘 안다.(데니스 바케)

95) "당신은 지칠 때까지 말할 수 있지만, 당신이 진심으로 자신들을 배려하는지 사람들은 직감적으로 안다."(브리짓 헤이먼드)

96) 평신도들이 스스로 하는 일에서 의미를 찾지 못한다면, 주일 아침에 하는 일과 주중

에 하는 일을 연결시키지 못한 채 일종의 이중생활을 이어가는 비극을 면치 못할 것이다. 그런 이들이 알아야 할 점이 있다. 일상생활 중에 하는 바로 그 활동들이 곧 영적인 일이며 멀리 떨어져 계시는 게 아니라 이 땅에 살아 움직이시는 하나님과 이어준다는 사실이다. 그러한 영성은⋯ '일이 곧 기도'라고 속삭일 것이다. (William Diehl), (팀 켈러, 일과 영성, 96~97에서 인용)

97) Myron Rush, God's Business.
98) 헤르트, 2012년 4월 28
99) 위의 책. 24-28.
100) 폴 스티븐슨, 21c를 위한 평신도 신학, 182.
101) 루터는 "각 사람은 부르심을 받은(eklethe) 그 처지(klesei)에 그대로 머물러 있으라."고 말했는데, 신학자인 도날드 헤이게스는 "실제적인 목적상 루터는 소명(Beruf)이란 단어를 교회의 부르심과 삶의 처지로의 부르심을 모두 포괄하고 있는 것으로 사용하고 있다."고 한다.(폴 스티븐슨, 하나님의 사업을 꿈꾸는 CEO, 54.)
102) 로버트 프레이저, 19.
103) 크리스토퍼 크레인/마이크 하멜, 52.
104) 마르틴 루터, 팀 켈러의 일과 영성, 85.에서 재인용
105) 모든 직업, 우리가 살아가기 위해서 또 한 끼 양식을 얻기 위해서 하는 모든 일은 그것이 아무리 사소한 것이라 할지라도-버스를 운전하는 일이든, 표지판을 칠하는 일이든, 전화 받는 일이든, 컴퓨터 프로그램을 만드는 일이든 간에-세상을 경영하라는 이 명령에 비추어 볼 수 있다. 스스로 이 진리를 발견할 때, 우리가 누구며 우리의 참된 행복이 무엇인지를 발견할 수 있을 것이다. 그 때 우리 각자가 가진 독특한 빛깔들이 우리의 존재 안으로 되돌아오게 될 것이다.(벤 패터슨, 일과 예배)
106) www.freemans.com.tw
107) 일중독은 일터에서만 발견되는 현상만은 아니다. 목사와 선교사들도 정말 지독하게 바쁘게 산다. 전심으로 하나님을 섬기고, 하나님의 일을 해야하기 때문이란다. 그러나 일터이든 교회이든, 선교지에서이든 일중독은 우상이다. 일과 가정과 믿음 사이의 조화가 필요하다.(켄 엘드레드)
108) 여러분은 비즈니스에 애매한 죄책감이나 도덕적으로 중립적으로 여기질 말고 복음을 전하는 놀라운 수단이기에 선하다고 느끼길 바란다. 오히려 하나님께 복종하는 비즈니스 자체의 선함을 기뻐하라. 그리고 비즈니스의 아래와 같은 구체적인 것들로 즐거워하고 하나님께 감사하라.(웨인 그루뎀)
109) Anne Powthorn, The Liberation of the Laity, (Morehouse-Barlow : 1986).
110) David Kelsey, Between Athens and Berlin : The Theological Education Debate(Grand Rapids : Wm. B. Eerfmans, 1993).
111) Christena Nippert & Eng, Home & Work : Negotiating Boundaries through Everyday Life (Chicago : University of Chicago Press, 1996), xi.

112) David van Biema, Christians under Cover, Time, June 30, 2003 : 49~56.
113) 켄 엘드레드, 'The Integrated Life', 25-26.
114) 유대인 남성에게는 목요일 아침의 활동이나 안식일 아침의 회당에서의 활동이 모두 동일한 예배의 표현이었다. 성경의 그 어떤 부분도 그리스도인의 삶이 성스러운 것과 세속적인 것으로 구분될 수 있다고 말하지 않는다. 성경은 오히려 우리의 일을 포함한 삶은 모든 활동이 하나님을 향한 온전한 섬김의 삶이 되어야 한다고 말한다. (댄 밀러, 나는 춤추듯 일하고 싶다, 74.)
115) 위의 책. p. 272.
116) 모든 그리스도인들은 하나님의 동역자들이며, 서로가 그리스도의 몸을 이루어 하나님의 선교에 동참해야 하는 것이 하나님의 뜻이다. 그러나 불행하게도 교회사의 오랜 세월 동안 우리는 잘못된 위계질서 속에서 살아왔다. 모두가 그리스도의 한 몸을 이루는 지체들이며, 그리스도의 몸 안에서 모두가 평등하며, 누구라도 자신의 자리와 위치에서 하나님의 선교에 동참할 수 있어야 했는데, 소위 선택받은 극소수만이 하나님의 선교에 임하고, 그 일이 가장 가치 있고, 위대한 일이라 생각해 왔다. 이로 인해 선교에 직접 동참하지 못하는 세속적 직업에 속한 일터의 그리스도인들은 하나님의 선교와 관련해서 늘 소외되고, 이류라는 인식 속에 갇혀 있었다. 이는 성경 그 어디에도 근거가 없으며, 본질적으로는 성경과 반대되는 사상이다.
117) 데니스 바케, 270-271.
118) 매츠 튜네핵 외 2인, Business As Mission, Harry Kim역(서울 : 예영커뮤니케이션, 2010), p.82.
119) 위의 책. p. 30.
120) 로버트 뱅크스, 35~36.
121) 위의 책. pp. 36~37.
122) Jorg Knoblauch and Jurg Opprech, 203~205.
123) Kent Humphreys. Last Investmens. NavPress, 71~85.
124) 하나님께서 바로에게로 가기 원하셨을 때, 왕족 출신인 모세를 선택하셨다. 그리고 하나님께서 관료와 왕에게 가길 원하셨을 때는, 지식이 많고 종교적으로 열심이었던 사울(바울)을 선택하셨다.
125) 나는 한 사람의 위대한 처치 맨(church man)이 반드시 위대한 그리스도의 제자임을 의미하지는 않는다는 사실을 깨달았다. 그는 전국을 돌아다니며 다양한 교회를 방문하면서 교회 내에서 활동도 가장 활발히 하고, 헌금도 가장 많이 하는 사람들은 단순히 그 교회에서 가장 오랜 시간을 보냈기 때문이며 그들의 영적인 상태는 오히려 아주 차가울 수도 있음을 깨달았다. 사람이 하는 행위로 사람의 내면 그 자체를 들여다 볼 수 없다는 것을 깨달았다. 또한 교회 내에서도 잘못된 이유들로 인해 어떤 사람들을 칭송하는 우를 범할 수 있다고 생각했다.(Meguiar)

제2장 크리스천 비즈니스

1. 크리스천 비즈니스

"비즈니스는 살아있는 호랑이에게 가서 가죽을 벗어달라고 설득하여 얻는 것입니다." 몇 년 전 한 중국인 크리스천 사업가가 내게 한 말이다. 비즈니스를 생의 의미(生意)로[1] 여기는 중국인에게 들은 이 황당한 말은 그러나 참으로 심오한 의미들을 함축하고 있다.

① 호랑이를 잡으려면 주도적으로 호랑이를 찾아나서야 하듯이, 크리스천 사업가는 비즈니스에 주도적이어야 한다.[2] 특히 성경적 원칙으로 사업하는 데는 더 주도적이어야 한다. 성경적 원칙으로 비즈니스하기엔 주변의 모든 환경에서 거의 불가능하다는 것을 부정할 수 없는 현실이다. 그러나 제사장들이 믿음으로 요단강에 첫발을 내디뎠듯이(수3:14-17), 또 베드로가 말씀에 순종하여 깊은 곳에 투망을 던졌듯이(눅5:5b) 성경적 원칙에 따라 사업에 투신해야 한다. 크리스천 비즈니스의 성공은 "성경적 원칙을 지켰음에도 하나님의 은혜로 성공한 게 아니라 성경적 원칙을 지켰기 때문에 성공하는 것이다."(켄 엘드레드)

② 비즈니스를 잘 하려면 탁월해야 한다. 그런데 기도가 부족해서 비즈니스가 안 된다고 말하는 분들이 있다. 그건 아니다. 비즈니스 능력이 부족해서 사업을 못하는 거다. 십중팔구, 고만고만한 아이디어와 기술로 고만고만한 아이디어와 기술을 가진 사업가들을 상대로 무한 경쟁하기 때문이다. 주변을 살펴보면 기도할 줄도, 그럴 필요성도 모르는 비기독교인들이 사업을 훨씬 더 잘한다.[3] 비즈니스 현장에서 지각과 기량으로 빚어진 탁월함과 흔들리지 않는 소명의식이 있어야 한다.

비즈니스에 성공하려면, 기도해야 하고, 믿음으로 주도적이어야 한다. 그러나 이 모든 것에 탁월함이 뒷받침되지 않으면 성공할 수 없다. 기도 안 해서 사업이 망했다는 말은 터무니없다. 넌크리스천 사업가들은 기도 안 하고도 성공한다. 성경적 원칙으로 기도하며 사업한다면서 제품과 서비스의 질이 떨어지고, 사업의 모든 운영방식이 엉망이면 안 된다. 탁월해야 한다. 제품도 경영방식도 탁월해야 한다. 제품과 품질과 사업 운영이 탁월해야 경쟁력이 있고, 비즈니스를 성경적으로 운영하기가 수월해 진다.

③ 역시 설득력이다. 타락한 비즈니스 관행을 따르는 심지어 즐기기까지 하는 이들에게 성경적 원칙을 들이대는 것은 살아있는 호랑이에게 가죽 벗겨달라는 것과 같다. 불가능하다. 그러나 해 내야 한다. 이 경우 설득력은 그 말에서 나오는 것이 아니라, 그 90~98%가 삶에서 나온다. 크리스천 사업가의 성경적 삶, 즉 아가페적, 더 자세히 말하자면, 상대를 축복하는 삶을 보고 상대는 설득 당한다. 사업가의 삶에서 사랑과 복음이 발산되어야, 관련된 이들이 복음에 설득 당하게 된다.

④ 비즈니스는 '공존의 묘'를 모색하는 지혜가 필요하다. '나누어 가지기', '적과의 동침' 등이다. 호랑이를 죽이지 않고 가죽을 벗기려면 무슨 묘책을 찾아야 하듯이 사업도 그렇다. 사업하면 대개 가격경쟁, 품질경쟁을 내세우면서 경쟁업체와의 생명을 건 전투를 벌이는데 이건 세상 사람들의 방법이다. 성경적 방법은 경쟁이 아니라, 탁월성, 유일성이다. 원천기술, 또는 탁월한 품질로 섬기는 것이다.

⑤ 비즈니스의 제일의 목적이 이익은 아니지만, 이익이 없으면 사업의 목적을 이룰 수 없다. 지속가능한 이익, 즉 지속적으로 운영되는 사업시스템이 가져다 주는 이익이 있어야 한다. 그런데 이 사업시스템은 범죄 후 에덴을 쫓겨 난 인간의 생존을 위한 노동으로 이용하고 이용당하고, 착취하고 착취당하는 끝없는 경쟁 시스템인 말라카 시스템이 아니라, 이 악한 말라카 시스템을 멈추게 하는 아보다 시스템[4]이어야 한다.

1. 크리스천 비즈니스[5]

비즈니스란 무엇인가? 위키백과사전에 의하면 비즈니스는 "물건이나 용역을 고객이나 다른 사업체에 판매할 수 있을 만큼의 경제적 자유를 누릴 수 있는, 국가 안에 존재하는 법적으로 인식되는 조직체나 활동이다." 에릭 바이하커는 "비즈니스란 이익을 획득하기 위해 물질, 에너지 그리고 정보를 하나의 상태에서 다른 상태로 전환하는 개인 혹은 다수가 조직된 그룹이다."라고 정의한다.[6]

보다 원론적으로 보자면 비즈니스는 함께(com) 빵(panis)을 나누어 먹는 일이고, 이를 위한 조직이 회사(company)이다.[7] 이렇게 인간은 사회적으로 상호의존관계 속에서 살아가야 하기 때문에 "서로 교환하게끔 되어 있다. 상호교환이 우리 본성에 내재되어 있다는 말이다. 그리고 이것이 바로 사업(비즈니스)이다."[8] 이런 점에서 비즈니스가 에덴동산의 아담과 하와에게 주어진 세 가지 임무와 관련되었다는 사실은 결코 놀랄 일이 아니다.

첫째는 하나님과의 교제이다. 먹고 일하고 관계 맺는 등 모든 일이 하나님에 대한 사랑과 예배의 표현이 되게끔 되어 있다. 에덴동산은 사실 성소이고, 하나님과 교제는 안식일이나 아침 시간 20분에 국한된 게 아니라 매일 24시간 7일 내내 계속되는 일이다. 둘째는 공동체 건설이다. 하나님의 형상으로서 창조된 아담과 하와는 공동체를 세우고, 그것을 체험하고, 생육하고 번성하여 땅에 충만함으로써 공동체를 확장하도록 설계된 존재다. 셋째는 공동창조자가 되는 일이다. 이는 창조세계의 잠재력을 개발하는 것, 인간 자신을 제외한 모든 것을 '정복하는' 것(창1 : 28)과 "땅을 맡아서 돌보는 것(2 : 15)"을 의미한다. 이것은 아담과 하와가 하나님 앞에서 떠맡은 것이요 하나님의 목적으로 표현된 것인 만큼, 그들은 창조세계의 제사장인 것이다.[9]

(1) 크리스천 비즈니스란 무엇인가.

당신이 하나님의 현존과 복주심을 가장 확신 있게 기대할 수 있는 곳은 바로 상점 안에서 이다.(리차드 스틸)

크리스천 비즈니스는 하나님의 백성을 총체적으로 섬길 수 있는 최상의 전략이다. 크리스천 비즈니스는 인간의 타락 이전의 하나님께서 제정하신 것이며(창1 : 26-28), 타락 이후에 일은 하나님의 백성들에게 샬롬의 환경을 제공하는 사역으로 본질적으로 선하며, 가치 있고, 사역과 선교의 형태이자 수단이다. 일반적으로 교회에서 헌신적으로 봉사하는 것을 경건한 삶이라 생각하고 그렇게 행한다. 그러나 거기에만 그쳐서는 안 된다. 전도, 목회, 선교에 자신들이 쏟은 열정으로 언론계, 금융계, 교육계, 법조계, 산업계, 농업계에 종사해야 한다. "이런 일들도 거룩한 명령을 수행하는 것이기 때문이다."(달러스 윌라드)

> **하나님께서 사람들에게 비즈니스를 하기를 원하시는 두 가지 이유**[10]
> 첫째, 제품과 서비스를 제공하고 둘째, 의미 있고 창의적인 일자리를 창출하기 위함이다. 이 두 가지는 서로 다른 포커스를 가지고 있다. 하나는 내부적인 포커스를 가지고 있고, 다른 하나는 외부적인 포커

스를 가지고 있다. 외부적으로 비즈니스는 경제적인 가치를 창출하는 유일한 기관이다. 교육기관은 지적 가치를 창출하기는 하나, 직접적으로 제품의 생산에 참여하지는 않는다. 그와 다르게 비즈니스는 아이디어를 가지고 상업화시킨다. 그래서 비즈니스는 수많은 다른 기관들에 의해 창출된 가치에 의존하지만, 직접적으로 경제 시스템에 가치를 더하는 유일한 기관이다. 그래서 비즈니스는 제품과 서비스의 창출에 중추적인 역할을 한다. 그러나 비즈니스가 만들어내는 모든 제품과 서비스가 하나님 보시기에 선한 것은 분명 아니다. 그렇기 때문에 비즈니스를 하는 크리스천은 무엇이 이익을 극대화할 것인가 뿐만 아니라 자신에게 주어진 자산과 경쟁력으로 어떤 제품과 서비스를 만들어야 그의 공동체를 최선으로 섬길 수 있는가를 항상 고민해야 한다.

하나님이 사람을 일하도록 창조하셨다. 인간은 하나님의 형상으로 지음받았다. 하나님은 일하시는 분이시다. 그리고 하나님의 일은 의미 있고 창의적이다. 비즈니스는 일자리를 창출하는 유일한 기관은 아니지만, 분명 일자리를 창출하는 기관들 중 하나이며 최근의 불황은 비즈니스의 일자리 창출이 아주 중요한 것임을 다시금 우리에게 일깨워 준다.

① 크리스천 비즈니스는 그 자체로 예배(아보다)다.

하나님이 세상을 창조하셨을 때 에덴동산은 '물질적 풍요로움', '건강한 관계', '완벽한 환경', 그리고 '하나님과의 친밀감'이 완벽한 조화를 이룬 축복의 정원이었다. 이 축복의 환경이 샬롬이다. 이 샬롬을 유지하기 위한 노동을 히브리어로 아보다로 영어로는 '섬기다', '예배하다'를 뜻하는 'service'이다. 아보다는 비즈니스다(비즈니스의 어원은 섬김이다). 아보다는 에덴에서 가족을 부양하는 일이며, 이웃을 섬기고 사랑하는 것이며, 환경을 보호하는 것이자 또 하나님을 예배하는 것이다. 크리스천 사업가에게 비즈니스는 하나님을 경배하는 예배이며, 사무실과 비즈니스 현장은 예배의 처소인 것이다.[11]

히브리어로 아보다(avodah)는 '서비스'를 뜻한다. 서비스란 말은 '어떤 사람의 종으로서 섬긴다'고 할 때도 사용되고, 기도 예배(service)에서처럼 '하나님을 섬긴다'고 할 때도 사용된다. 영어에서 오늘날까지 그 용법이 그대로 남아 있다. 그래서 기독교와 유대교 모두, 관용적 용법에 따라 교회나 회당의 '서비스'에 참석하는 것이다. … 왜 히브리어는 '하나님을 섬긴다'고 할 때와 '동료 인간들을 섬긴다'고 할 때 똑같은 단어를 사용할까? 왜냐하면 지구상의 모든 생물 중에 오직 사람만이 그와 같은 활동을 하기 때문이다. 오직 사람만이 하나님을 숭배하고, 오직 사람만이 맹목적인 동물적 본능이 아니라 사랑과 이타주의, 이상에 대한 헌신으로 사람을 섬기겠다고 결심할 수 있다. 역사상 다른 동물을 '섬긴' 동물은 없었다. 자기 자신을 다른 사람에게 아낌없이 내어주는 행위인 서비스는 인간 실존과 직업적 성공 추구의 핵심이다.[12](다니엘 라찬)

② 크리스천 비즈니스는 소명이다.[13]

인간의 삶에서 부를 소유하고 그 힘을 사용하여 가난한 이웃에게 일자리를 제공하는 것은 성경공부나 기도모임과 마찬가지로 구원받은 삶의 한 표현이 되어야 한다. 하나님 나라를 위해 공장을 운영한다거나 광산, 은행, 백화점, 학교, 정부기관 등을 운영하도록 영적인 부르심을 받은 것은 목회활동과 마찬가지로 어렵고 위대한 일이다.

하나님의 피조물인 인간의 삶의 목적은 '하나님을 영화롭게' 하는 것이다. 우리는 비즈니스를 통하여 하나님을 영화롭게 할 수 있다. 비즈니스는 신성하고 존엄하며, 하나님의 나라를 건설하는 사역이고, 그리스도인의 소명이다. 그리스도인의 소명의 장인 비즈니스는 하나님의 백성에게 제품과 서비스를 제공하고, 그들에게 일자리를 제공해 주는 섬김으로, 경제적 사역이다.

크리스천 사업가에게 있어서 중요한 것은 자신의 비즈니스 영역에서 이루어지는 일이 하나님의 일이라는 확신을 가져야 한다. 자기에게 맡겨진 일을 소명으로 인식하고, 그 일을 영적 원칙으로 성취하는 것이 크리스천 사업가의 영원한 사명이다. 이 사명을 감당하는 크리스천 사업가들에게 관건은 '사업이 가진 사역적 기능을 어떻게 극대화하느냐'이다.

예수님의 사역이 주로 어디에서 이루어졌었는지를 알게 되면 크리스천들의 비즈니스 사역에 대한 도전은 더욱 강력해 진다. 예수님의 사역도 사람들이 대부분의 시간을 보내는 비즈니스 현장인 일터에 집중되었다. 신약성경을 보자면, 예수님이 대중 앞에 모습을 드러내신 횟수가 132 회인데 그 중 122 회가 모두 일상의 비즈니스 현장에서 이루어졌다.[14]

우리 모두에게는 할 일이 있다. 그것도 아주 고차원적인 일인 하나님의 피조물을 경영하는 것이다. 이것은 이 땅의 모든 남녀노소가 하나님께 받은 소명이다. 모든 직업, 우리가 살아가기 위해서 또 한 끼 양식을 얻기 위해서 하는 모든 일은 그것이 아무리 사소한 것이라 할지라도-버스를 운전하는 일이든, 표지판을 칠하는 일이든, 전화 받는 일이든, 컴퓨터 프로그램을 만드는 일이든 간에-세상을 경영하라는 이 명령에 비추어 볼 수 있다. 스스로 이 진리를 발견할 때, 우리가 누구며 우리의 참된 행복이 무엇인지를 발견할 수 있을 것이다. 그 때 우리 각자가 가진 독특한 빛깔들이 우리의 존재 안으로 되돌아오게 될 것이다.[15] (벤 패터슨)

③ 크리스천 비즈니스는 섬김이다.

해외여행을 자주하며 세계 각지에 호텔과 식당 등을 자주 가야하는 내 입장에서 보자면, 몇 개 국어를 완벽하게 구사하고 화려한 상술로만 고객들을 대하는 업주들에게는 일회성 손님이 몰리는 반면, 촌스럽고 엉터리 외국어를 사용함에도 진솔한 섬김으로 고객을 대하는 업주에게는 평생단골들이 몰려가는 것을 보게 된다. 이런 걸 보면 단지 돈만이 아니라 총체적인 부를 부르는 진정한 비즈니스는 상술이 아니라 섬김인 것이 분명하다. 유창한 언어와 화려한 상술, 그리고 세련된 비즈니스 기법으로 무장하고 비즈니스로 뛰어드는 이들은 위의 말을 심장 속에 깊이 간직해야 될 것이다. 크리스천 비즈니스의 제일의 목적은 섬기는 것이며,[16] 섬김은 사람들의 필요를 채워주는 것이다. 슈바이처는 말한다. "먼저 섬겨라, 그러면 성공이 뒤 따를 것이다."

비즈니스의 어원이 'To meet their needs(각 사람의 필요를 따라 나눠 주고, 행2 : 45b)'으로 '섬김의 어의이기도 하다'는 사실은 비즈니스야 말로 섬김이며 사역이라는 사실을 더욱 확고히 한다. 하나님은 겸손히 섬기는 자를 애써 찾아 축복하시며, 당신의 방법으로 사용하시기를 기뻐하신다. 비즈니스의 성공, 즉 하나님이 기뻐하시는 사역의 성공은 당신 마음이 '하나님의 마음과 섬기고자 하는 열정'에 얼마나 사로잡혀 있느냐에 직결된다.

> 비즈니스의 성패는 미래를 정확히 내다보는 안목에 달려있다. 보통 미래예측을 불가한 것으로 여기는 경향이 짙다. 전혀 그렇지 않다. 미래를 내다보는 안목은 '섬기는 마음'에서부터 시작된다. 비즈니스 차원에서의 미래예측은 '현실을 그리스도의 눈으로 바라보는 것', '구체적으로는 섬기는 마음과 지혜로' 사람과 사업을 발견하는 것이다.
> 성공하는 사업의 가장 중요한 원칙 중 하나가 헨리 카이저의 격언이다. '필요를 찾아 채우라'. 사람들의 필요를 채우는 사람이 번창한다. 하나님은 그분의 사람들이 섬기는 마음과 그리스도의 눈으로 필요한 곳에 그분이 주신 것들을 투자하기를 바라신다. 부는 어디로 흐르는가? 섬기는 이들에게 흐른다.

마크 러셀은 비즈니스가 사역적인 이유 5가지를 제시한다.[17] "비즈니스는 공동체를 세우는데 도움(help)을 준다. 비즈니스는 사람에게 그 필요한 것들을 공급(provide)한다. 비니스는 사람들의 각각의 필요에 따라 그들을 섬길(serve) 수 있다. 비즈니스는 사람들이 노력한 결과에 따라 올바르게 보상(reward)할 수 있다. 비즈니스는 하나님의 창조를 보호하는 기회를 만들(generate) 수 있다." 이들 다섯 동사들은(help, provide, serve, reward, generate) '필요를 해결해 줌(to meet needs)'이란 뜻의 사역인 총체적 섬김을 이루는 실천적 동사들이다. 이 다섯 가지를 이루기 위해 크리스천 사업가들은 자신의 "사업에 머물러 있되 깊이 파고들어야 한다."(폴 스티븐슨)

크리스천 비즈니스는 실천적으로 행동하는 선한 섬김이다. 대표적으로 가난한 자를 돕는 일이다.[18] 하나님이 우리에게 가난한 자를 기억하고 가난한 이들을 사랑하라고 명하신 만큼 비즈니스를 통해 하나님께 영광을 올릴 수 있다(갈2 : 10). 물론 비즈니스 활동이 죄와 타락의 계기를 마련해 줄 수도 있지만, "기업 활동과 교환행위를 통해 하나님을 영화롭게 하도록 고안된 만큼 근본적으로 선한 일이라 할 수 있다."[19]

미국 기업의 탄생은 '회사란 신의 뜻을 받는 장'이라고 믿었던 사람들로부터 시작됐다.

④ 크리스천 비즈니스는 사역이다.

자신의 일을(비즈니스, 예술계, 스포츠계, 교육계, 정치계, 공무원 영역 등을 다 포함한) 사역화하는 것은 모든 그리스도인의 최우선적 사명이다. 이를 위해 하나님의 창의력, 지혜와 전략을 구하는 것은 마땅한 일이다. 크리스천 비즈니스는 그 자체가 사역이다. 크튼 마터의 말처럼 모든 크리스천이 "자신이 소명을 가지고 일을 할 때, 자기의 일터에서 하나님을 바라보는 눈으로 행동할 때, 그리고 하나님께서 내려다보시는 눈 아래에서 행동할 때" 일은(아보다) 곧 하나님을 영화롭게 하고 이웃에게 봉사하는 기회인 것이다. 이러 의미에서 비즈니스 사역은 종교라기보다는 예수의 향기이며, 활동이라기보다는 유용성이다. 비즈니스 현장에서 설교한다거나, 보이는 곳에서 기도할 필요가 없다.

소금과 빛의 삶을 사는 게 우선이다. 하나님은 일터를 추수하시기 위해서 사업가를 선택하시고, 예수께서는 사업가들이 열매를 맺을 수 있도록 도와주신다(요15 : 5, 17 : 23).

얼티메이트 서포트 시스템(Ultimate Support System)에 대해서 설명해보라는 부탁을 받을 때마다 제임스 디스모어는 다음과 같은 한 줄의 문장으로 대답한다. "사역을 하는 비즈니스입니다." 바로 사업과 사역이 하나로 합쳐져 있다는 의미이다. 그에게 회사는 단순히 이익을 추구하는 곳 이상이다. 회사에 관련한 모든 이들, 직원, 고객 또는 유통업자들에게까지 하나님의 사역을 전하는 일을 하는 곳이다.[20]

비즈니스는 비즈니스 영역에 하나님의 통치가 임하게 하는 사역이다. 구체적으로는 노동학대와 임금착취, 잘못된 비즈니스 거래 등을 성경적으로 변혁시키는 것이 포함된다. 하버드 비즈니스 스쿨 동창생인 세이지와 크리스가 설립한 푸라 비다 커피(Pura Vida Coffee)가 그 대표적인 케이스이다.[21] 이들은 카페에서 판매되는 커피값에 비해 현지 생산자들에게 돌아가는 돈이 터무니없이 적은 것을 보고, 생산자가 적절한 원두값을 받을 수 있는 투명한 거래를 시작하여 대표적인 공정거래업체가 되었다. 또한 수익으로 코스타리카의 가난한 이들을 돕고, 샬롬의 환경을 회복하는 일을 진행하고 있다.

이제 크리스천 사업가들은 비즈니스 자체가 사역이며 하나님의 거룩한 소명임을 인식해야 한다. 비즈니스에 내재된 영적인 가치를 깨닫고 '더 귀한 성직'을 찾아가야겠다는 잘못된 생각으로 직업을 바꿔서는 안 된다.[22]

푸라 비다 커피

존 세이지(John Sage) 크리스토퍼 던니(Christopher Dearnley)는 하버드 비즈니스 스쿨 출신의 다른 동창들 하고는 달랐다. 그들은 이 학교 입학 전에 금융업에 종사하지 않았었고, 둘 다 하나님이 자신의 모든 행사를 주관하신다는 사실을 믿는 신앙을 가지고 있었다. 이들은 학교에서 만나 빨리 친해졌다. 과목들을 통과하기 위해, 이들은 아침 식사 시간에 만나 기도했으며, 서로를 위해 중보했다. 1989년 졸업하면서 하버드 MBA를 취득한 후, 이들은 각기 다른 진로를 택했다.

6년 후 던니는 자신의 비즈니스를 접고, 아내와 함께 몇 년 동안 자신의 비즈니스와 연관이 있었던 코스타리카에서 교회를 개척했다. 이 교회는 빈야드국제연합 소속이었으며, 다른 일들과 더불어 던니의 사역은 사람들에게 예수를 가르치고, 그들을 훈련시켜 지역의 어려운 일들을 돕게 하는 것이었다.

반면 세이지는 부자가 되고 있었다. 그는 시애틀로 이주하여 마이크로소프트사에서, 마이크로소프트 오피스와 같은 제품의 마케팅 팀을 이끄는 일을 했다. 5년 후, 이 회사를 떠나 세이지는 Starwave라는 회사를 시작했는데, 후에 디즈니와 그 사이트(Infoseek)에 합병되었다. 세이지가 말했듯이 제 때에 하이테크업을 했던 것은 그에게 행운이었고, 이로 인해 세이지는 억만장자가 되었다.

1997년도 어느날, 던니와 세이지는 연례 골프 동창회에서 만났다. 게임을 끝내고 수영장 옆에 앉아있던 40살의 세이지는 친구들에게 말했다, "돈은 많지만 비전이 없어졌어.""내가 기억하는 모든 세월동안 나는 비즈니스를 하고 싶어했어, 사회와 사역에도 직접적인 영향을 끼치면서 말이야, 그 두 영역이 쉽게 함께가지는 않지만." 던니는 그 반대의 문제를 가지고 있었다. 그는 코스타리카에 있는 아이들과 어른들에게 음식, 약품, 마약 중독 회복, 집, 직업 훈련 등을 제공하는 사역을, 줄어가는 가족의 유산으로 조달하고 있었다. 그가 친구에게 코스타리카에서 가지고온 커피를 선물했을 때, "순간 모든 것이 너무나 뚜렷했다"고 세이지는 말한다. 그는 스타벅스 커피회사를 자문해 주고 있었기 때문에 커피 비즈니스에 대한 생각으로 가득차 있었다. 세이지와 던니는 냅킨의 뒷면에 퓨라 비다의(스페인어로는 '순수한 생명,' 또는 코스타리카 방언으로는 '정말 쿨하다'라고 번역된다.) 사업 계획을 적어내려갔다.

6개월만에 웹사이트가 개방되었고 중앙 아메리카에서 엄선된 커피로 판매를 시작했다. 세이지는 시애틀 남쪽에 있는 2층짜리 사무실에서 회사를 운영한다. 보기에는 이제 막 판매를 시작한 여느 온라인 회사와 다를 게 없다 : 컴퓨터, 서버, 커피, 산업용 에스프레소 기계, 그리고 8명의 바쁜 직원들이 가득한 벽돌로 된 창고. 하지만 창고 벽에는 던니의 사역지의 코스타리카의 사진들이 붙어있다, 그곳에서 필요한 식량이나 자원이 이곳에서 커피를 파는 것으로 공급된다는 걸 항상 기억하기 위해서다.(자선 컨셉의 비즈니스 모델은 푸라 비다가 처음은 아니다. 폴 뉴먼(Paul Newman)이 세운 "Newman's Own"이란 식품사업은 모든 이윤 전액을 자선사업에 쓴다.) 푸라 비다의 사무실은 스타벅스 본부의 맞은편에 위치해 있고, 세이지는 이것이 "강한 자극"이 된다고 한다. 그는 스타벅스를 고맙게 생각한다. 특별히 많은 사람들을 고품질의 커피에 노출시켜 주었기 때문이다. 그는 덧붙였다, "우리의 커피 이야기는 여느 시애틀 커피 이야기들과 다릅니다."

회사 매출, 고객 기부금, 그리고 마이크로소프트사 같은 회사가 주는 보조금은 꼭 필요한 이들에게 전해진다. 그 중에 많은 부분은 코스타리카, 산호세에 있는 아이들과 어른들을 돕는데 쓰이지만, 나크라쿠스 시의 허리케인이나 홍수 재해 복구에 쓰이기도 한다. 던니와 그의 교회출신 자원봉사자들은 시의 가난한 지역에 흩어져 있는 마약중독 재활센터같은 현지 사회 단체들과 손잡아 일한다. 던니와 팀은 자주 시내의 위험한 지역에 들어간다. 그는 경찰들도 가기 꺼려하는 지역의 어린이들, 매일 폭력과 마약사용을 목격하고 보호받지 못한 그들을 방문하기 위해서 이다. 푸라 비다는 골목 구석에 마약을 피우는 사람들이 즐비하고 하수구와 섞여 넘쳐나는 강이 있는 그런 지역에 무료 급식소를 세우고 마이크로소프트가 후원해준 네 개의 컴퓨터 센터들을 세웠다.

던니는 매달 푸라 비다 웹사이트에 사역 보고를 한다. 그는 고객들과 잠재적 후원자들에게 어떻게 수혜자들이 도움을 받는지 설명한다. 그는 도시의 아이들이나 어른들에게 새로운 신발을 선물한 것, 크리스마스 파티를 연 것이나 처음으로 그 지방 사람들이 컴퓨터 사용법을 배우는게 된 것에 대한 글들을 쓴다. 최근에 푸라 비다를 통해서 보청기를 받은 청각 장애인 소녀에 대해서 던니는 "처음에 소리란 것을 듣는 카리나(Karina)는 조금 놀랬지만, 그 두려움은 금방 기쁨이 되었다. 카리나가 소리가 가득찬 세상에 적응하기 전까지 매일 한시간 반씩 보청기를 끼게 되었다. 카리나의 의사들은 그가 말하는 것을 배울수도 있을 것이라고 했다." 보청기 선물에 대해 세이지는 비즈니스 세계의 말투를 흉내내며 말했다, "그 선물이 전략적인지 어떤지는 몰라도 확실한 건 그녀의 삶이 변화되었다는 것입니다."

지금까지 푸라 비다 대부분의 매출은 입소문을 통해서 올린 것이다. 하지만 이제 세이지는 본격적으로 커피를 마케팅하고, 기부금을 모을 계획이다. 지금 푸라 비다는 미국의 모든 주와 몇 개의 나라들에 고객이 있다. 이때까지 회사는 $100,000가 넘는 돈을 던니의 사역에 기부할 수 있었다. 세이지는 꼭 기독교인들에게만 커피를 팔 생각은 없다. 하지만 그는 미국에만 5천만 명이 넘는 기독교인들이 커피를 마신다는 사실을 알고 있다. 그는 기독교적인 목표를 추구하는 교인들이 있는 교회에 커피를 파는 것은 당연한 일이라고 생각한다. 그는 미국에만 40만 개의 교회가 있고, "그 교회들이 동의하는 유일한 것은 일요일에는 커피가 필요하다는 것이다. 우리가 그것을 이용하지 않을 이유가 없다"라고 말했다. 이때까지 3년 동안은 세이지와 그의 아내가 푸라 비다의 재정을 공급했지만, 앞으로는 회사가 이윤을 남길 수 있을 것이라고 예상한다. 그는 자신은 급료를 받아가지 않아도 된다고 하지만 "매달 현금 흐름이 적자가 아니면 좋겠지요"라고 했다.

지난 가을, 하버드 비즈니스 스쿨 사회적 기업에 대한 강의에 처음으로 푸라 비다가 온라인 업체 사례로 소개되었다. 세이지가 사회를 위해 베푸는 방식이 멕린(McLean) 교수의 눈길을 끌었다. 멕린 교수는 블룸버그에서 자선 전문 경영을 가르치는 알렌 그로스만(Allen Grossman) 교수와 함께 제임스 오스틴(James Austin)에서 경영학을 가르치고 있다. 그냥 비영리단체에게 돈을 기부하기보다는 세이지는 믿을 수 있는 비지니스를 세웠다. 그는 그의 자산만 투자한 것이 아니라 그의 마케팅 실력도 투자한 것이다. "크리스(던니)와 저는 아주 사업적인 사람입니다. 우리는 열렬하고, 경쟁적이고, 이기고 싶어 하고, 좋은 상품을 내놓고 싶어합니다. 하지만 우리의 주주인 우리 아이들에게는 다른 커피 회사와 다른 가치관을 심어줄 것입니다. 비즈니스는 일반적으로 비즈니스 학교가 정의하는 것보다 더 많은 의미를 가질수 있습니다."(하버드 잡지 2001년 5-6월호 103호의 "자선사업의 새로운 발상" 중)

⑤ 크리스천 비즈니스는 일자리 창출이다.

크리스천 비즈니스는 첫째, 제품과 서비스를 제공하고 둘째, 의미 있고 창의적인 일자리를 창출하기 위한 것이다. 경제적인 가치를 창출하는 유일한 기관인 비즈니스는 아이디어를 상업화시켜 직접적으로 경제 시스템에 가치를 더하는 유일한 시스템으로 일자리를 창출한다. 최근의 불황은 비즈니스의 일자리 창출이 매우 중요한 것임을 다시금 우리에게 일깨워 주고 있다.(제프 반 듀저)

⑥ Boise Fry Company - 크리스천 비즈니스의 한 사례

하나님이 세상을 창조하셨을 때 에덴동산(Garden)은 물질적 풍요로움과 건강한 관계, 완벽한 환경, 그리고 하나님과의 친밀감의 축복의 장이었다. 그런데 아담의 범죄 후 세상은 물질적 풍요로움이 사라졌으며 관계파괴와 환경오염, 그리고 하나님과의 친밀감 상실로 범벅된 정글이 되었다. 그 결과로 모든 인간은 정원의 법칙이 아닌, 정글의 법칙으로 생존해야만 한다.

정글의 법칙은 인간에게 끝없는 노동과 땀을 요구한다. 그런데 이 노동과 땀만 흘리면 인간의 생존에는 별 문제가 없다는 것인

가? 결코 그렇지 않다. 엉겅퀴를 제거하고 식물을 심는 과정에서 토양이 흙으로 변한다. 토양이 식물의 재배가 가능한 영양소가 있는 땅이라면, 흙은 재배가 불가능한 땅이라는 것이다. 토양의 그 효력을 상실한 것이다(창4:12). 결국 우리는 우리 몸에 절대적으로 해로운 화학 비료와 농약의 힘으로 키워진 식물을 먹는 불행에 처한 것이다. 그리스도인은 누구라도 흙을 토양으로 회복시켜, 토양에서 자란 식물을 먹는 축복을 누려야 한다. 이는 참으로 귀중한 사역인 것이다. 지구의 한 모퉁이에서 에덴을 회복시키는 사역을 감당하는 블레이크 링글의 'Boise Fry Company'가 있다.

Boise Fry Company

링글은 아이다호 보이즈(Boise)에 'Boise Fry Company(BFC)라는 23)' 햄버거 식당을 시작하였다. BFC의 목적은 첫째, 기가 막힌 프라이와 버거를 만드는 것이고, 두 번째는 그리스도와 자신과의 관계를 반영하는 윤리적 사업을 운영하는 것인데, 이는 가난한 이들을 돕고, 지구를 보호하고, 직원들과 고객들을 그리스도께서 그들을 대하실 것처럼 그렇게 대하는 것을 말한다.

난민들이야 말로 미국에서 가장 가난한 자들의 일군을 이루고 있는 지위를 박탈당한 이들이다. 미국 입국 후 미국정부가 몇 달 동안 제공하는 원조가 끝나면, 이들은 일자리를 찾아야 하는데, 그렇지 못할 경우, 매우 심각한 상황에 직면하게 된다. 이 사실을 알게 된 링글은 이 궁핍한 이들을 찾아 직업 훈련을 시켜 BFC에 고용시켰다.

BFC는 하나님이 창조하신 환경에 대한 부정적 영향을 최소화시키는 노력을 아끼지 않는다. 서비스업은 큰 오염원이다. 특별히 식자재를 사고, 음식을 만드는 식당에서 나오는 쓰레기는 심각하다. BFC를 시작하면서 링글은 미국에서 거의 없는 100% 그린 레스토랑 중 하나가 되고자 환경을 파괴하지 않으며 미생물분해가 가능한 유기농 제품만을 구입하기로 의도적인 결단을 내렸다. BFC가 사용하는 그린 제품과 시설의 일부는 다음과 같다; 미생물 분해가 되는 프라이콘(fry cones), 냅킨, 고객이 음료수를 담아 가는 컵, 에너지 효율이 높은 냉동고와 냉장고, 저전력, 에너지 효율 전구 등등⋯ 쓰다가 남는 감자는 더 많은 감자를 키우는데 재활용하고, 땅콩유 폐유는 자동차 연료로 재활용한다.

링글은 지구가 건강해야 우리의 몸이 건강하다고 믿는다. 화공약품과 식품첨가제, 또 농약을 사용하는 현대 농법은 '완벽하게 좋은 식품'에서 영양분을 없앤다. 이런 식품이 결국은 건강치 못한 음식이 된다. 링글의 의견에 의하면, 영양제와 방부제는 포화지방처럼 만연된 비만에 책임이 있다. 그래서 BFC는 그 가격이 적당하면, 지역에서 생산되는 유기농 음식을 구입한다. 또 방부제 사용을 줄이기 위해 모든 음식은 집에서 준비한다.

가격을 낮추기 위해 불필요한 재료와 지방을 없앴다. 예를 들어, BFC의 프라이에는 감자와 땅콩유만 들어간다. 특히 기름을 많이 쓰게 되는 감자 프라이의 경우, 하버드대학 보고서를 참조하여, 그 중 가장 무해한 기름을 사용한다. 그러나 다른 식당의 패스트 푸드 프라이(Fast food fry)에는 어느 정도의 경화유와 밀, 유제품, 방부제, 거품방지제, 포도당, 소금과 같은 재료들이 들어간다.

이웃을 사랑하라는 주님의 명령에 따라 늘 선한 선택을 하는 링글은 지구의 한 모퉁에서 말라카의 정글을 아보다의 정원으로 변화시키는 사역자이다.[24]

(2) 크리스천 비즈니스의 목적

비즈니스에는 여러 목적들이 있다. 내부적으로는 직원들을, 외부적으로는 고객들을 섬긴다. 또한 의미있는 일을 제공하는 것이다.

그리고 의미 있는 제품과 서비스를 제공하기도 한다. 비즈니스는 이익만을 위해서 존재해서는 안 된다. 물론 투자자들에 대한 섬김을 위해 해야 할 일들이 있어야 한다. 그러나 그것을 위해서 적정선을 넘어서는 선택들을 해서는 안 된다. 이 적정선을 이해하는 데는 비즈니스의 지속성에 대한 전반적인 이해가 크게 도움이 될 것이다. 비즈니스가 그 보기에 하나님이 뜻하시는 바를 추구함에 있어, 지속성의 기준을 벗어나는지를 꼭 한 번 생각해 보아야 한다. 마지막으로 파트너이다. 공공의 선을 위해 협력하는 기관들의 시스템 안에 있는 하나의 역할로서 비즈니스가 부름받았음을 인지해야 한다. 공공의 선은 지역사회와 그 지역사회를 이루는 개인들의 번창함을 돕는다.[25] 경제적인 가치를 창출해 내는 영리단체로서 크리스천 비즈니스는 어떻게 하면 그리스도와 그분의 교회를 위해 잘 사용할 수 있는가라는 토대 위에서 '어떠한 물품이나 서비스를 제공할 것인가'에서부터, '어떻게 경쟁력을 갖추고, 가지고 있는 자산을 어떻게 경영할 것인가'에 대해 질문해야 한다.(제프 반 듀저)

> 비즈니스를 하는 사람들의 90%가 그들 자신과 회사 주주들을 위해 돈을 버는 것이 목적이라고 생각합니다. 그러나 나는 그렇게 생각하지 않습니다. 비즈니스에는 그것보다 더 중요한 사명이 있습니다. 그것은 하나님의 창조세계를 지키는 청지기 직분입니다.(데니스 베이크)

(3) 크리스천 비즈니스가 마땅히 해야 할 일

크리스천 비즈니스는 말라카를 아보다로 바꾸는 사역(선교)이다. 비즈니스는 영역은 늘 이동한다. 제조업을 하는 사업가는 제조 원가가 보다 싼 지역을 찾아 움직이고 하던 사업이 실패한 사업가는 새로운 사업을 찾아 움직이고, 어떤 이는 아이템을 찾아 이동하고, 이러 저러한 이유로 늘 이동하는 게 비즈니스의 특성이다. 그 이동의 구체적인 이유도 다르고, 이동하는 장소도 다 다르지만 크리스천 사업가에게 있어 가장 중요한 사실은 그 이동을 통해, 하나님은 샬롬을 전하고자 하신다는 것이다.

21세기에 이르러 지구의 경제축이 북동쪽에서 남서쪽으로 확연히 기울어지고 있다. 이 의미는 가난과 학대와 인권착취와 인신매매, 또 비기독교적 문화가 지배하고 있는 지구의 남서쪽으로 샬롬이 전해져야만 한다는 걸 의미한다. 이 지역엔 샬롬이 최악의 상태로 열악하다. 이 곳에서는 하나님의 백성이 누려야 할 네 가지 축복이 절대적으로 부족하다는 것이다. 물질적인 절핍, 불신이 팽배한 관계와 계층 간의 차이가 심한 사회, 환경의 극심한 파괴, 그리고 하나님과의 영적 단절 등 총제적으로 어울어진 말라카 시스템 속에서 사람들은 신음하고 있다. 크리스천 비즈니스는 아보다를 행하여 말라카를 '멈추라'는 사역이다. 이 사역은 크리스천 비즈니스만이 감당할 수 있는 독특한 영역이다.

크리스천 비즈니스는 하나님이 원하시는 '아보다'이어야 한다. 우리가 원료를 구하기 위해 자연 환경을 파괴하고 제품을 만드는 과정에서 물-공기 오염 및 종업원들을 이러저러 꼼수질로 학대하고, 가격 경쟁을 빌미로 제품의 원료를 부적합하거나 저질을 사용하여 질 낮은 제품을 만들어 내고, 그리고 이걸 파는 과정에서 유통업계를 부정적 관례를 만들고, 또 갑질하여 번 돈으로 봉사하고 선교한다면 과연 하나님이 기뻐하시겠는가?

앤티엔즈 프렛젤스의 창업자인 앤 베일러는 말했다. "나는 그리스도인이 하나님을 비즈니스의 핵심에 두지 않으면서 어떻게 비즈니스를 할 수 있는지 이해가 되지 않아요." 대표적인 킹덤컴퍼니인 앤티앤즈의 기업목적은 LIGHT이다.

Lead by example(본은 보임으로 지도하고),
Invest in employees(고용인들에게 투자하고),
Give freely(넉넉히 베풀고),
Honor God(하나님을 영화롭게 하며),
Treat all business contacts with integrity(모든 비즈니스를 고결함으로 하라)[26]

하나님은 우리의 비즈니스 활동을 통해 하나님의 백성들에게 샬롬을 전하신다. 하나님 자녀들이 서로 섬기도록 하는 것이 우리를 섬기시는 하나님의 방법이다. 비즈니스 전체의 과정이 하나님의 백성을 먹이고, 입히고, 웰빙케 하는 사역이다. 그런데 어떻게 우리가 음식에 방부제를 첨가할 수 있으며 또 농산물에 농약을 칠 수 있으며, 음식에 해로운 조미료를 넣을 수 있단 말인가? 어떻게 아이들의 장난감을 유해한 성분으로 만들 수 있으며, 저울을 속이고, 폭리를 취할 수 있단 말인가?[27]

① 크리스천 비즈니스는 인류의 가난을 퇴치하는 일에 집중해야 한다.

2014년 1월 23일 현재 '글로벌 이슈'의 통계자료에 의하면[28], 세계 인구의 50%에 근접하는 30억 명 정도가 하루에 미화 2.5달러 미만의 돈으로 연명하고 있다.(2005년 현재) 인류의 80%가 하루에 10달러 미만으로 살아간다. 세계의 인구의 40%에 해당하는 극빈자들이 전 세계 소득의 5%, 인류의 20%에 이르는 부자들이 전 세계 소득의 3/4을 가진다. 유니세프에 의하면, 하루에 22,000 명의 어린 아이들이 빈곤으로 죽는다. 공식적인 데이터에 의하면, 2005년 개발도상국의 초등학교에 갈 학생 7천 2백만 명이 학교에 가지 못하고 있으며 이중 52%가 소녀들이다. 21세기에 들어서서는 약 10억 명이 문맹이다.

전염병 문제는 가난한 나라에서 심각하다. 약 4천만명이 HIV/AIDS로 고통당하고, 2004년 그 중 3만 명이 사망했다. 매년 3억 5천~5억 명이 말라리아에 걸려 그 중 백만 명이 죽는다. 이들의 90%가 아프리카인들이며, 전 세계 말라리아 희생자의 80%가 아프리카 어린 아이들이다. 세계 22억 명의 어린 아이 중 10억 명이 빈곤에 시달린다. 2005년 현재 세계 인구의 절반 이상이 도시와 그 주변 도시에 거주하는데, 그 중 1/3인 약 10억 명이 빈민 환경에서 거주한다. 가난한 나라의 실내에서 고체 연료를 사용해서 발생한 내부의 공기 오염이 사망의 주요 원인이다. 이로 인해 매년 백오십만 명(매일 4,000 명)이 죽는데 그 중에 절반 이상이 5 세 미만이다. 2005년 세계인구의 20%에 이르는 최고부자들이 세계 개인소비의 76.6%를 소비했고, 세계 인구의 1/5 인 극빈자들이 1.5%를 소비했다. 극빈자에 해당하는 인구의 10%가 전 세계 소비의 0.5%를, 최고부자에 해당하는 10%가 59%를 소비한다. 인류의 1/4에 해당하는 16억 명이 전기 없이 살아간다.

극에 이른 빈부 격차와 일자리 부족과 사회의 다양한 악 사이에 또 하나의 파괴적인 사슬인 인신매매는 가장 가증스러운 악이다. 인신매매는 현대판 노예 제도를 칭하는 용어로 남자, 여자, 아이를 노예 삼는 행위를 표현한다. 여자들과 아이들은 흔히 매춘에 강제 매매된다. 인신매매의 근본 원인은 실업이다. 크리스천 비즈니스는 이 문제를 다룰 수 있고 또 다루어야만 한다.[29]

크리스천 비즈니스는 총제적 치유의 환경인 샬롬시스템 형성에 집중해야 한다. 이런 이유로 크리스천 비즈니스는 영혼구원을 소중히 여기는 만큼이나 가난을 퇴치하는 사역에도 강력해야 한다. 전통선교는 영혼구원-제자훈련-교회개척에 우선하여 선교에 접근했다면(converting approach), 크리스천 비즈니스는 현지인들에게 샬롬을 전하는 것을 목적으로 접근한다.(blessing approach) 2004년 로잔의 BAM 위원회는 "빈곤한 지역 혹은 고질적인 실업 지역에 사는 신자들에게는 비즈니스가 필요하다"는 사실을 강조했다. 만약 그들이 경제적, 사회적 기회로부터 제외된다면, 그들은 그들의 지역/국가에서 소금과 빛으로서의 영향력과 능력을 빼앗기게 된다. 이렇게 되면 고질적인 실업 지역에 사는 신자들은 맛을 잃은 소금이 되어, 이미 기독교 신앙에 냉담하거나 적대적인 사회에서 좋은 소식을 거의 전하지 못할 것이다.

가난퇴치라는 인류가 직면한 이 최대의 난제로, 이를 해결하기 위해 크리스천 비즈니스는 분연히 나서야 한다. 크리스천 사업가들은 섬기는 지역의 가난을 몰아내는 일에 전적으로 헌신을 아끼지 말아야 한다. 이를 위해서는 현지인 고용창출이 무엇보다도 소중하며, 이들을 통해 지역의 경제효과를 극대화시키는 전략수립에도 최선의 노력을 기울여야 한다.

폴 스티븐스는 "비즈니스는 가난한 자에게 끼니 제공할뿐더러 새로운 부를 창출하게 함으로써 가난을 극복하게 돕는 최상의 장기 전략"[30]이라고 말했고, 웨인 그루뎀은 "지구촌에서 가난을 없애는 일은 모든 인류의 사명이자 사역이다."고 말했다.[31] 사업은 가난한 자의 최고 희망이다. 그리고 사업행위에는 가장 소상한 소명이 내재되어 있다. 그것은 가난한 자를 일으켜 세우는 일이다.[32](노박) 가난퇴치의 결과가 반드시 '부'일 필요는 없지만 또 '부'에 대한 정의가 제각각인 현실에서 반드시 '부'가 필요하다고 주장하는 것은 아니지만, 또 부의 부패된 심리에 만연된 지금 우리가 누리는 자본주의의 병폐도 무시할 수 없지만, 그래도 가난을 제거하기 위해 부가 필요하다.

그 이유는 간단하다. 적절한 부를 소유해야 가난을 면하기 때문이다. "부가 반드시 행복을 보장하는 것은 아닐지 모르지만 그 반대인 가난이 전 세계적으로 수백만의 사람을 비참하게 만들고 있는 것은 분명한 사실이다."(카네만)

> 만약 누가 자기는 예수님의 제자라고 공언하면서 가까이에 굶는 사람이 사는 데도 아랑곳 하지 않고 집에 먹을 것을 잔뜩 쌓아 놓은 채 자기만 배불리 먹고 편히 잠 잘 수 있다면 이것은 분명 부끄러운 일이 아닐 수 없습니다. 또 많은 가장들이 가족의 생계를 위해 안간힘을 쓰며 일자리를 찾는 상황에, 예수님의 제자라고 하는 사람이 하나님 주신 재능을 사용해서 자기 부만 축적한다면 이 또한 세상 사람들을 분개시키는 일이 아닐 수 없습니다.(에버하르트)

전세계적으로 굶주리는 이들이 있음이 분명한데도 소비주의에 중독된 크리스천들은 하나님의 마음에서 너무 멀리 가 있는 것이 분명하다. 뉴욕 타임지에 의하면 세계에서 가장 부유한 세 사람이 갖고 있는 재산이 가장 가난한 48개 나라의 GNP를 합친 것보다 더 많다고 보도했다. 세계에서 가장 부유한 20%가 모든 재화와 서비스의 86%를 소비하는 반면, 가장 가난한 20%는 모든 재화와 서비스의 1.3%를 소비한다.[33] 크리스천들은 이러면 안 된다.

> 교회에 미래가 있다면, 그것은 어떤 형태로든 가난한 이들과 함께하는 미래다.(헨리 나우웬)

② 크리스천 비즈니스는 가난한 자들에게 일자리를 제공할 뿐만 아니라, 궁극적으로 가난한 자들이 자립할 수 있는 비즈니스를 할 수 있도록 하는 비즈니스 사역이자 비즈니스 선교이다.

세계은행에서 전세계 7만여 명의 가난한 사람들에게 물었다. "당신에게 가장 절실한 것은 무엇인가?" 그들이 대답한 것은 사회 복지나 집, 다른 물질적인 것이 아니었다. 그들이 원한 것은 사업가가 되기 위한 자유와 필요한 자금이었다.[34] 크리스천 사업가는 가난한 자를 돌보는 일에 앞장서야 한다. 특히 주로 소규모 및 중간 규모의 경제 개발을 통하여 그들에게 부를 창조할 수 있는 수단을 제공함으로써 그렇게 해야 한다.[35]

가난한 자들에게 자립할 수 있는 비즈니스를 할 수 있도록 하는 것은 매우 중요한 크리스천 비즈니스이자 비즈니스 사역(Business Ministry)이다. 비즈니스 사역은 일터 사역과 비즈니스 선교로 나누어진다. 일터 사역(Marketplace Ministry)은 단일 문화에서 이루어지는 사업이자 사역이라면, 비즈니스 선교는 선교지 현장에서 이루어지는, 말 그대로 비즈니스를 통해 비즈니스 영역에서 또는 비즈니스 그 자체로 하는 선교이다.

크리스천 비즈니스에 있어 가장 중요한 정신이 있다. 크리스천 비즈니스는 가난한 이들의 '일하고자 하는 욕구'와 '자립심'을 구체화-실현할 수 있는 기회와 장을 제공해 주는 것이다.' 그러므로 가난한 이들의 '일하고자 하는 욕구와 자립심'을 저해하고 제한하는 선행을 해서는 안 된다. 크리스천 비즈니스는 가정과 사회와 교회와 국가 더 나아가 인류공동체에 책임감 있는 존재로서의 인간 개발을 매우 공격적으로 돕는 사업이지, 섬기고자 하는 이들의 개발을 가로막고 허약하게 하여 의존심만 부추기는 선행은 결코 아니다.[36]

비즈니스 사역은 '가게, 공장 혹은 기업'을 운영-경영하고 있거나 그 경험이 있는 크리스천 사업가가 비즈니스 현장에서 크리스천 사업가를 낳는 사역이다. 이는 예수께서 이 땅에 오셔서 직접 제자들을 택하셔서 보여주고(modeling), 가르치고(mentoring & training), 동기부여(motivating)하고, 관찰하고(monitoring), 결국 모든 권한을 위임하여 파송하는(multiplying), 바로 그 시스템과 다름이 없는 과정이다. 이 모든 비즈니스 사역은 크리스천 비즈니스가 마땅한 감당해야 할 사명이다.

비즈니스를 통한 일자리 제공은 존엄성을 회복시키며 능력을 부여한다. 비즈니스는 고용창출을 통해[37], 관계에 있어서 의롭고 평등한 대우를 통해, 그리고 능력부가를 통해 존엄성을 회복시킨다. 하나님은 어떤 피조물도 게으르거나 비생산적이길 원치 않으신다. 일할 수 없거나, 창조적이지 못하다거나, 자신과 가족을 돕거나 부양할 수 없으면 인간존재로서의 존엄성 상실에 이르게 된다. 고용을 창출하는 비즈니스는 하나님의 구속의 계획과 그 과정의 한 부분이다. 그러나 고용이 유일한 목적이어서는 안 된다. 우리는 훈련과 멘토링, 개인 개발과 주인의식을 통해 사람들의 능력을 부가시킬 필요가 있다. 이렇게 함으로써 사람들은 자기 자신과 자신이 속한 공동체, 그리고 자신이 속한 사회를 발전시킬 수 있다. 이렇게 되면 더 좋은 직업과 자기 사업을 시작하는 것으로 되돌아 올 것이다. 이것이 바로 인간의 존엄성을 회복하고, 일자리를 창출하고 비즈니스를 시작하여 발전시키고자 하는 우리의 사명과 하나님의 목적에 합치하는 일인 것이다. 모든 교회와 도시와 열방 가운데 있는 크리스천 사업가들은 이 과업에 확신을 가져야 한다.

하나님께서는 우리의 사업 가운데 공평한 처우가 모범적으로 행해지길 기대하신다. 하나님은 값싼 임금, 가혹한 처우, 그리고 열악한 작업 환경을 거절하신다. 하나님은 노동자들에게 공평하지 못한 임금을 주는 것과 소비자들에게 터무니없는 가격을(요구하는 것을) 거절하신다. 하나님께서는 집단 간 또는 개인 간의 어떤 형태의 착취와 부당한 처우도 거절하신다.[38]

비즈니스는 경제적, 사회적, 정치적으로 사람들에게 능력을 부가하고, 그들을 자유롭게 할 수 있다. 경제적 변화란 사람들이 이전과 비교하여 더 풍성함을 얻고 부를 생산하는데 참여하는 것을 말한다. 사회적 변화는 거래를 통하여 제품과 서비스를 획득할 수 있는 수입을 갖는 것을 말한다. 즉, 식품, 주택, 교육, 물, 건강, 교통 등을 구입할 수 있는 적절한 수입을 갖는 것이다. 사람들이 경제적으로나 사회적으로 강하게 되면 정치적으로도 강하게 된다. 일과 비즈니스는 사회 변화의 핵심이 되는 존엄성, 자신감, 생산, 그리고 부의 창출과 증가를 가능하게 한다(2004 로잔 BAM).

③ 크리스천 비즈니스는 영적 자본을 축적해야 한다.

부의 창출은 자산의 투자를 필요로 한다. 그리고 그 중에서 가장 중요한 것은 아마 그 사업을 시작하게끔 한 영적 자산일 것이다.[39]
(켄 엘드레드)

사업을 하려면 자본(capital)이 필요하다. 자본이 많을수록 사업적 어려움을 더 잘 이겨낼 수 있다. 성공하는 사업가는 늘 자본을 넉넉히 확보하는 일에 힘을 쓴다. 관계가 건강하려면 관계자본(relational capital)이 필요하다. 관계자본이 많이 쌓이면 그 관계는 매우 돈독하고 무너지지 않는다. 상호 신뢰가 높으면 관계 자본이 많이 쌓이고, 신뢰가 줄어들면 그 잔액이 줄어든다. 신뢰는 건강한 소통으로 확인된다. 소통이 줄고 막히면 신뢰대신 의심과 불신이 쌓이고, 그러면 관계자본이 줄어든다. 그러면 관계는 늘 그 허약함과 파괴에 노출된다. 건강한 소통이 계속될수록 관계자본이 늘어나게 된다. 상대가 큰 실수나 잘못, 설령 치명적인 잘못을 한 경우라도 이 관계자본이 많으면 관계가 파괴되지는 않는다. 관계자본이 줄어들 뿐이다. 파괴되지 않은 관계는 또한 건강한 소통으로 회복될 수 있다. 성숙한 이들은 늘 이 관계자본을 쌓는 일에 투자하고 기꺼이 노력한다. 건강한 소통을 매우 소중하게 생각한다. 또 이들은 단지 돈만 벌려고 관계를 언제든 파괴하는 짓은 절대 하지 않는다.

그리고 영적 자본이 있다. 이와 관련하여 미국의 한 대학의 장학금 담당자가 내게 한 말이다.

한국학생들은 장학금을 받기 위해 집요합니다. 거의 집착수준입니다. 물론 그 중 일부가 성적 장학금이든, 가정형편이 어려워서 받는 장학금이든 또는 다양한 유형의 장학혜택을 받게 됩니다. 그런데 이 학생들 타고 나니는 차를 보면 그들에게 장학금을 제공한 학교가 잘 한 짓인지를 생각하게 됩니다. 그리고 한국학생들에게 제공하는 장학금은 미국인들, 특히 미국의 크리스천들이 축적해 놓은 영적 자산입니다. 이 영적 자산을 소비한 한국학생들은, 그렇다면, 어느 때가 되면 이 영적 자산의 축적에 어느 정도는 기여해야 합니다. 그런데 학생의 학부모든 졸업생이든 학교에 도네이션하는 분들이 전혀 없습니다. 적어도 우리 학교 입장에서 볼 때, 이 학생들은 이 학교가 그토록 강조하는 섬김과 나눔을 실천하지 않습니다. 그동안 이 학생들이 우리 학교에서 배워간 것이 과연 무엇이 있는가를 다시금 생각해 보지 않을 수 없습니다.

영적 자본에 대해 무지한 유학생들은 미국학교의 영적 자본을 축낸다. 영적 자본 축적에 도통 관심이 없는 한국인 더 나아가 한인 크리스천들 중 이 이야기를 마음에 담을 사람이 많지는 않을 것이다. 영적 자본에 대한 무지와 무관심은 우리 한국 사회의 어두운 단면이다.[40]

켄 엘드레드는 "올바른 일을 최선을 다해 함으로써 영적 자산을 형성하는 사람들은 자신의 일을 '주께 하듯' 하는 사람들"이라고 말하며 "그런 사람들이야말로 사회의 기준이 아닌 하나님의 기준을 따라 일한다."고 한다.[41]

올바른 일을 최선을 다해 함으로써 영적 자산을 형성하는 사람들은 자신의 일을 '주께 하듯' 하는 사람들이다. 그런 사람들이야말로 사회의 기준이 아닌 하나님의 기준을 따라 일한다. 우수한 품질, 서비스, 보장제도 등은 다른 기업체와 확연하게 비교되거나 겉으로 두드러지는 요소는 아니다. 하지만 이런 요소는 고객의 기대치를 채워 주되 경쟁을 위해서가 아니라 주어진 재능을 최대한 발휘하고 최선을 다하겠다는 태도에서 비롯된다.(켄 엘드레드)

영적 자본이란 무엇인가? "영적 자본은 하나님이 보시기에 올바른 일을 하는 데에 대한 믿음, 신뢰, 그리고 헌신을 의미하며 온전하고, 책임감 있고, 정직하고, 희망을 주고, 사랑하고, 믿을 만하고, 선한 청지기 정신을 실현하고, 공평하고, 정의와 질서를 창출하고, 충실하고, 남들을 섬기는 것을 말하는 것이다."[42]

영적 자본이 많이 축적된 국가일수록 소위 무형 자본이 많아지는 것이고, 대개가 다 기독교 국가들인 선진국들일 경우 이 무형 자본이 국가 총자산의 80% 이상에 이른다.[43] 그렇다면 영적 자본이 없는 국가는 어떤가? 물론 이들 나라는 대개 다 비기독교 국가들인데 이들 나라에서는 바가지[44], 폭리, 상품의 품질에 대한 불신 등의 거래비용이 대단히 높다. 반대로 영적 자본이 많은 곳에서는 거래의 비용이 낮다. 이는 경제의 개발, 성공, 그리고 문화에 큰 영향을 끼치는 것이다. 데이비드 랜드가 말했듯이 "경제 개발의 역사에서 우리가 배운 것이 한 가지 있다면 그것은 문화가 모든 것을 바꾼다는 것이다."

영적 자본은 영적 문화를 만들어 낸다. 영적 자본이 없는 국가는 예외 없이 악성 말라카 문화가 극에 이르고 있다. 선한 비즈니스로 영적 자본을 축적하여 말라카 문화를 몰아내고 아보다 문화를 만들어야 한다. 이는 크리스천 비즈니스의 중요한 사명이기도 하다.

④ 크리스천 비즈니스는 탁월함을 추구해야 한다.

그리스도인이라는 꼬리표가 당신의 비즈니스를 잘 되게 해줄 것이라고 기대하지 말라. 우리 회사는 어떤 고리표를 달아서 성공한 것이 아니다. 우리가 노력해서 보여 준 품질로 인정받은 것이다. 비용과 부담이 얼마나 들어가든지 옳다고 생각하는 대로 했기 때문에 성취한

것이다.(데이비드 위클리)

예수는 자기 직업을 잘 감당하고 있던 이들을 선택하셨다. 영적 방향만 바뀌면 사역을 감당할 수 있는 생업의 전문가들을 선택하셨다. 사역은 실무이다. 실무능력이 없는 사역자들은 존재할 수 없다. 그 이전에 개인영성주의자가 되든지, 기도원으로 올라가 있을 것이다. 예수께서는 탁월한 자들을 선택하셨다.[45]

일을 하면서 다양할 정도로 하나님과 접촉하게 된다. 그러나 하나님이 현재 진행중인 창조 과정에 동참하는 게 크리스천의 사명이라고 생각할 때, 그 사역을 떠받치는 기반은 '탁월함'이 되어야 한다. 각자 가진 달란트를 최대한 노련하고 능숙하게 사용해야 한다는 뜻이다. 능숙함은 가장 기초가 되는 자질이다. 그러다 보면 부와 명예가 따라오기도 하지만 그게 최종 목표는 아니다.(디엘)

크리스천의 비즈니스는 마땅히 탁월함을 추구해야 한다. 존 스톤에 의하면 그리스도인에게 탁월성의 추구란, 선택의 문제가 아니라 마땅히 해야 하는 것이다. 이러한 탁월성을 얻기 위해서는 매우 비싼 대가를 지불해야 하지만, 그럴 만한 가치가 있다. 탁월함은 사업의 생존을 위한 제1의 원칙이다. 제품과 서비스가 탁월하지 않다면, 사업의 생존은 불가능한 것이다.

아메리칸 델파이 회사는 우리가 섬기는 이 업계 내 고객들에게 질 좋은 제품과 아무도 따라올 수 없는 서비스로 헌신할 것입니다. 우리는 비즈니스의 모든 영역에서 예수님을 대변하는 자들로서 성경의 원칙과 도덕, 그리고 윤리를 준수할 것입니다. 그렇게 함으로써 우리는 우리의 직원, 공급업체, 그리고 고객들을 존중할 것이며 이 모든 것을 하나님의 영광을 위해 할 것입니다.[46] (제임스 라이트, American Delphi 회장)

사업에 있어서 탁월성은 단지 다른 기업들과 비교해서 만족하는 것을 말하지 않는다. 그것은 비교 우위일 뿐 탁월하다고 할 수 없기 때문이다. 물론 다른 사업가보다 탈세를 적게 한다고 해서 탁월한 것은 아니다. 존 스톤은 말한다. "탁월함이란 언제든지 스스로에게 물어 보고 스스로를 판단하는 것이다. 최선을 다했는가? 성실했는가? 소비자를 속이지 않았는가?"

> 이런 의미에서 기업 경영의 탁월성은 시장에서 품질이나 가격에서 우위를 점하는 것 뿐 아니라, 이러한 획득 과정이 윤리적으로 수행될 때 가능하다. 소위 성공한 기업이라도 이익을 얻는 과정이 비윤리적이었다면 탁월하다고 할 수 없다. 마찬가지로 윤리적으로 기업을 경영하기는 했으나 그 과정 중에 창의력과 열정이 없어 고객의 관심을 끌 수 없었고, 결과적으로 이익을 낼 수 없었다면 이 역시 탁월한 기업이라고 할 수 없다.(존 스톤)

하나님은 우리에게 일등이나(the first) 최고가(the best)가 되라고 요구하시지 않고 세상에 하나뿐인 존재가(the only one) 되라고 하신다. 하나님은 우리가 세상의 경쟁에서 이겨 성공하는 자가 되라 하지 않으시고 반대로 낮아짐과 섬김으로 사랑하는 자가 되라 하신다. 이 말씀에 순종하는 것이 하나님의 방식으로 승리하는 길이다. 하나님은 베드로에게 최고의(best) 어부가 되게 하리라고 하지 않으셨다. 하나님은 베드로가 "사람 낚는 어부가 되게 하리라"고 하셨다. 이는 베드로를 최고의 어부로 만드시겠단 말씀이 아니라 베드로를 유일한 사람으로 만드시겠다는 것이다. 이런 점에서 크리스천 사업가는 사업에서 성공하고 업계에서 일인자가 되기 위해 사업이 탁월해야 한다는 우상에서 벗어나야 한다.

사람과 세상을 섬기기 위하여 사업의 탁월성을 추구하는 것이 마땅하며, 깊은 물에 투망을 던지는 심정으로 사업가 자신을 섬김이라는 깊고 심오한 세계에 자신의 모든 것은 투자하고 생명까지 드려야 한다. 코긴스의 말대로 "우리는 그리스도인의 탁월성을 과시함으로써 복음이 새로운 삶의 방법을 제시한다는 것을 세상에 알려야 한다." 만약 우리의 말이 이러한 탁월함으로 뒷받침되지 않는다면 우리는 세상의 주의를 끄는 데 실패할 것이요, 결과적으로 그들을 예수께 인도하는 데도 실패할 것이다.

바울은 빌립보 교회에 보낸 편지에서 "너희로 지극히 선한 것을 분별하여 또 진실하여 허물없이 그리스도의 날까지 이르라"고 권면하고 있다(빌1:10). 여기서 말하는 '분별하다'는 단순히 지적으로 옳다고 동의하는 것만을 의미하지 않으며 우리 존재의 전부를 투자한다는 의미다. (스테퍼트) 지극히 선한 것, 즉 탁월한 것을 추구하기 위해 전심을 다하라는 말이다. 자신이 사용할 수 있는 모든 자원을 총동원하여 모든 일을 주께 하듯 전심으로 할 때 탁월함이 이루어진다.

2009년 미국 에어웨이 항공사 에어버스 A320 여객기가 차가운 허드슨 강에 불시착했다. 그리고 승객, 승무원 150여 명이 전원 무사하게 비행기를 빠져 나왔다. 일촉측발의 위험한 상황에서 최후까지 슐렌버거 3세 기장은 기내에 남아서 탈출하지 못한 승객을 재차 확인하였다. 이는, 뉴욕주지사의 말처럼 '허드슨 강의

기적'이었으며, '허드슨의 영웅'이 이룬 대기적임에 틀림없다. 이 기적은 슐렌버거 3세 기장의 파일럿으로서의 탁월함이 있었기에 가능했다. 디엘이란 크리스천 사업가가 다음과 같은 말을 했다. "재난을 코앞에 둔 이들에게는 기장이 동료들과 얼마나 사이좋게 지내는지, 또는 어떻게 다른 이들과 신앙을 나누는지 따위는 중요치 않았다. 결정적인 문제는 파일럿으로서 심각하게 타격을 입은 기체를 안전하게 조종할만큼 탁월한 능력을 갖췄는가 하는 것뿐이었다."[47] 그렇다. 우리가 어떻게 행동하며 어떻게 말 하느냐로 우리의 일생의 일인 사역을 제한해서는 안 된다. 우리가 하는 일과 그 일을 어떻게 또 얼마나 탁월하게 하는지는 공히 강력한 영적 영향을 끼칠 수가 있다.(켄 엘드레드)

　황호찬 교수는 탁월성을 갖게 되면 다음의 세 가지 결과를 기대할 수 있다고 주장한다.[48]

- ㉠ 우리 모두가 탁월한 결과로 인한 혜택을 누리게 된다. 즉 좋은 품질과 저렴한 가격, 뛰어난 서비스, 이익의 증대 등의 결과는, 결국 우리 자신에게 돌아온다.
- ㉡ 기업 경영의 탁월성은 복음 전파의 통로가 될 수 있다. …사람들은 탁월성을 유지하는 그리스도인과 그가 운영하는 기업의 행동을 주시하고 있다. 그러나 이와 반대로 부실 현장에서, 불량 식품 속에서 그리스도인들의 이름이 들먹거려질 때, 즉 기업의 탁월성이 상실되었을 때 세상 사람들은 우리의 말에 더 이상 귀를 기울이지 않을 것이다.
- ㉢ 탁월성을 추구하면 하나님께 영광을 돌리게 되고 그 결과로 차고 넘치는 수확을 얻게 될 것이다.

탁월성은 개인의 재능과 지각이 만나 최고의 시너지를 만들어 낼 때 가능하다. 그러나 탁월함의 진정한 가치는 크리스천 비즈니스로 그리스도의 사랑을 드러내는 것이라는 데 있다. 이런 의미에서 "하나님의 나라를 드러내는 것은 무엇이든 탁월할 것이다. 궁극적으로 탁월함은 제품과 과정에 의해서가 아니라 사람에 의해 정의된다." 한 베켓의 정의는 매우 적절하다.[49]

> 제화공이 크리스천답게 살아가는 길은 자신이 만드는 구두에, 작은 십자가를 새겨 놓는, 그런 식이어서만은 안 된다. 좋은 구두를 만들기만 하면 된다. 하나님은 그런 장인정신에 관심이 많으시기 때문이다.(마틴 루터)

(4) 크리스천 비즈니스의 영적 가치와 이익[50]

비즈니스의 능력을 과소평가해서는 안 된다. 개인과 지역에 대한 주요 영향력을 가진 비즈니스의 가능성은 거대하다. 물론 이 가능성은 긍정적이기도 하고 부정적이기도 하다. 비즈니스와 기업 사이에 있는 놀라운 네트워크는 무시해서는 안 될 선물이다. 비즈니스에 입문한 크리스천들에게는 자원을 투자할 수 있는 능력을 소유한 유력한 인사에게 긍정적인 영향을 줄 수 있는 놀라운 기회가 있다.[51]

비즈니스의 영적 가치는 먼저 '하나님을 영화롭게 하는 것'이다. 그리고 상품과 서비스로 다른 사람을 섬기는 것이다. 이러한 목적이 올바로 달성되면 그 과정에서 이익도 생긴다. 이익이 없으면 사업도 할 수 없는 건 너무도 당연하다. 예를 들어 대표적인 킹덤컴퍼니인 서비스마스터는 네 가지 경영 가치를 증명하고 있다. "우리는

'우리가 하는 모든 일에서 하나님을 영화롭게 한다.', '사람들이 성장하도록 돕는다.', '최고를(탁월함) 추구한다.' 그리고 '이익을 극대화 한다.'"[52] "이익은 신체에 필요한 산소, 물, 음식, 혈액과 같은 것으로, 비록 자체가 인생의 목적은 아니지만 없으면 살아갈 수 없는 것이다.[53] 이익이 없으면 비즈니스는 성장하지 못하고[54] 장기간 이익을 내지 못한다면 비즈니스는 망하게 된다. 또한 비즈니스의 목적도 성취할 수도 없다. 그러나 비즈니스에 있어 "비그리스도인은 '돈이 되는지'만 생각하면 되지만, 그리스도인은 '돈이 되는지'와 '하나님의 뜻에 맞는지'도 생각해야 된다."[55]는 어려움이 존재한다.

① 이익의 극대화

비즈니스의 유지와 성장을 위해 이익의 극대화에 초집중하는 것이 비즈니스의 엄연한 현실이다. 그러나 투자자들의 이윤을 극대화하기 위해 사업이 존재한다는 생각, 그리고 시스템 자체는 1970년대 이후에 생긴 것이다. 그 이전에 존재하던 회사들은 사업에 대한 기초적인 이해가 달랐다. "이익의 극대화"는 역사적으로 보았을 때 최근에 생겨난 아주 파괴적인 현상이다(제프 반 듀저).

비즈니스의 목적이 이익의 극대화라면, 비즈니스는 결국 악의 시스템인 말라카 시스템이 된다. 자원이 고갈될 것이고, 환경은 파괴될 것이며, 직원은 학대당할 것이고, 대량해고와 치열한 경쟁 등등의 양육강식의 치열한 정글의 원칙이 적용될 것이다. 때문에 이익의 극대화가 사업의 우선적 목표가 되어서 안 된다.[56]

② 이익은 비즈니스의 목적은 아니지만, 이익은 좋은 것이며 반드시 필요하다.

"너에게 회사를 주었는데, 너는 그것으로 무엇을 했느냐?" 하나님은 이 질문을 하시면서 '회사가 얼마나 많은 돈을 벌었느냐?'가 아니라, '사람들의 삶에 얼마나 많은 영향을 끼쳤느냐'를 물으실 것이다. 크리스천 비즈니스는 회사가 성경적 원칙으로 생존하고 성장하기 위해서 최선을 다 해야 한다.[57] 그 결과가 하나님께서 주시는 이익이고, 하나님의 나라를 위해 이익을 사용해야 한다.[58]

> 이익은 우리 비즈니스의 목적이 아니며, 우리의 목적을 위해 추구되어서도 안 된다. 이익은 우리가 고객에게 가치를 지속적으로 전달해 주기 위해 필요한 것이다.(에드워드)

분명 성령의 열매보다도 이익이 목적이라면 하나님은 그 비즈니스를 인정하지 않으실 것이다. 크리스천 비즈니스에서의 우선순위는 사람과 자원의 개발에 있고 이익은 그에 따라오는 부산물이다.[59] 이익은 존재를 위한 조건이며 보다 더 중요한 목표를 위한 수단이지 그 자체가 목적은 아니다.

이익을 창출하는 과정이 악하거나,[60] 가혹하거나, 고객을 사기 쳐서, 또 그리스도와 복음에 불명예스런 제품을 팔아 얻은 이익이라면, 이건 심각한 악이다. 그러나 이러한 경우가 아니라면 이익은 선하고 훌륭하며, 하나님과 그 분의 목적에 유익한 것이다. 이익은 좋은 것이며 반드시 필요하다.[61]

이익은 좋은 것이며 그 만큼 유용한 상품과 서비스를 제공했다는 증거이지,[62] 다른 사람의 돈을 착취하는 것이 아니다. 상품과 서비스가 가격에 비해 사람들에게 유용하면 할수록 더 많은 가치기 창출되고 더 많은 이익이 남는다. 다시 말해서 이윤이란 인류에게 더 많이 기여할 수 있게 하는 수단이며, 회사가 건강하게 성장하도록 돕는 요소이다.[63] (켄 엘드레드)

③ 이익이 없으면 섬김(사역)도 없다.

비즈니스의 영적 가치는 상대의 필요를 채워주는 섬김이고, 이 섬김의 열매가 이익이다.[64] 이익은 하나님께 영광을 돌리고 사람들의 성장을 돕는다는 우리의 최종 목표를 이루기 위한 도구다. 켄 엘드레드는 이웃을 섬기므로 하나님께 영광 돌리는 데에 이익이 중요한 3가지 이유들을 제시한다.

1. 효과적으로 남들을 섬기는 사업은 지속적으로 가치를 창출하고 경제의 파이를 확장한다; 이익은 남들이 효과적으로 섬김 받고 있다는 증거이다.
2. 사업의 효율성과 수익성을 무시하면 지속적으로 남들을 섬기지 못할 것이다; 교회가 성도들을 섬기기 위해서 십일조와 헌금을 필요로 하듯이, 사업이 이웃을 섬기기 위해서는 이익이 필요하다.
3. 투자자들을 섬긴다는 것은 우리가 그들의 투자에 대한 수익을 만들어 낸다는 것이다.(마25장, 달란트 비유)[65]

미주

1) 비즈니스에 해당하는 중국어는 '성이(生意)'다. 중국인들에게 비즈니스는 삶의 의미다. 비즈니스는 단순히 생존의 수단이 아니라 살아가는 이유이다. 크리스천들에게 살아가는 의미는 예수님을 믿는 신앙에 근거하고 있기 때문에 중국인들에게 기독교 신앙은 삶과 일치되는 것이 너무 당연하다. 신앙은 신앙대로 삶은 삶대로 따로 움직이는 이원론적 기독교는 중국인들에게는 비현실적이고 호소력이 없다. 삶과 신앙이 하나가 되고 신앙적인 삶 속에서 살아가는 의미를 찾는 중국인들의 이야기를 들으면 삶의 현장에서 거룩함을 추구하는 '일의 신학'이 중국교회의 상황과 잘 맞는 것 같다. 그리고 세상의 소금과 빛의 존재가 되는 기독교인의 신앙을 받쳐주는 신학이 될 것이다.(폴 스티븐스)
2) 기적은 대개 부지런하고 열심히 그것을 쫓는 사람에게 찾아갑니다. 앉아서 기적이나 요행을 기다리는 사람에게는 영원히 기회는 오지 않습니다. 성공한 사람들은 언제나 다음 것을 준비하고 있다는 것이 다릅니다. 당장 눈 앞에 보이는 유익만을 쫓다가는 눈에 보이지 않는 진짜 보화를 놓칠 수 있으니 멀리 앞을 내다보고 투자하고 당장의 손해를 감수해 가면서 진짜 보화를 찾아서 우리 것으로 해야 합니다. 눈앞에 보이는 작은 것들에 눈이 팔리면 나중에 조약돌만 가득하게 얻게 됩니다.(권경섭)
3) 기도가 부족해서 성적이 안 오른다고 말하는 학생들이 있다. 그건 아니다. 공부하는 능력이 부족한 거다. 기도할 줄도, 그럴 필요성도 모르는 비기독교인들이 훨씬 더 공부잘한다. 기도가 부족해서 나라가 이 꼴이라고 말하는 크리스천들이 있다. 그건 아니다. 당신들이 나라를 이 꼴로 만든 것이다. 처음부터 상실한 일상영성, 영적 유아에 가까운 개교회 주의와 이기주의, 분별력 제로의 영적 체험주의, 기복신앙, 또 의식수준 제로인 일부 크리스천 리더와 언론매체들 등등의 이유로 크리스천들이 세상의 소금과 빛으로 살지 못하는 이유이다. 기도와 침묵만으로 사업, 공부, 가정, 교회, 국가가 잘 되지 않는다.
4) 아보다(labor, service)는 이용하고, 이용당하고, 경쟁하고 착취하는 노동이 말라카를 멈추게 하는 노동이다. 제사장이 온 백성을 그들의 먹고 사는 일에서 멈추게(샤밧, sabbath) 하는 일이다. 그러므로 안식과 제 7일을 기억하고 하나님의 거룩한 안식과 하나님의 거룩케 하신 안식일을 기억하며 쉼을 통해 생명을 돌아보고 풍성케 하는 노동이 '아보다' 다. 목숨 걸고 지켜 보호해야 할 노동이 바로 안식을 지키는 아보다다. 아보다는 제사장적 노동, 언약적 노동, 안식적 노동, 거룩한 노동, 거룩케 하는 노동, 생명을 풍성케 하는 노동 즉 섬김이다.(출31 : 12~17)
5) 독자들의 이해를 돕기 위해 '크리스천 비즈니스'와 '크리스천 사업'을 '크리스천 비즈니스맨'과 '크리스천 사업가'를 번갈아 사용한다.
6) 에릭 바인하커, 부의 기원, 447.
7) 비즈니스는 함께 떡을 먹었던(행2 : 46) 초대교회의 유무상통의 시스템(행4 : 32-37)과 관련된다.

8) 폴 스티븐스, 하나님의 사업을 꿈꾸는 CEO, 46.
9) 위의 책, 46-47.
10) Christians in the marketplace, says Jeff Van Duzer, are not second-class citizens of the kingdom. Interview by Rob Moll Christian Today 20110114.
11) 예배는 꼭 교회 안에서만 이루어지는 것은 아닙니다. 저는 매일 제 사무실에 들어갈 때마다 예배하는 마음으로 들어갑니다. 그러면 저절로 주님의 축복과 그의 힘으로 말미암아 수많은 고객들의 요구사항들을 처리할 수 있게 됩니다. 우리는 매주 월요일 아침 8시 반부터 9시 반까지 기도모임과 성경공부를 합니다. 이 모임이 시작된 지 3개월 후 2명의 직원이 마침내 기독교로 개종하였고 현재는 저희 회사 전 직원 모두 크리스천이 되었습니다.(에드워드 수, www.freemans.com.tw)
12) 다니엘 나찬, 부의 비밀, 82.
13) 오, 모든 크리스천으로 하여금 하나님과 함께 걷도록 하라. 자신이 소명을 가지고 일을 할 때, 자기의 일터에서 하나님을 바라보는 눈으로 행동할 때, 자기의 일터에서 하나님을 바라보는 눈으로 행동할 때, 그리고 하나님께서 내려다 보시는 눈 아래에서 행동할 때, 일이란 하나님을 영화롭게 하고 이웃에게 봉사하는 기회이다.(코튼 마터)
14) 뿐만 아니다. "예수님이 가르치신 비유 52개 가운데 45개가 일과 관련된 내용을 소재로 삼고 있다. 사도행전도 예외가 아니다. 모두 40회에 달하는 하나님의 출현과 기적 가운데 39회가 평범한 일터에서 이루어졌다."
15) 벤 패터슨, 일과 예배, 11.
16) 비즈니스는 섬김이다. 섬김의 정신에서 시작되고, 유지되는 비즈니스야 말로 참 비즈니스다. 비즈니스는 섬김을 구체화하기 위해 물질, 에너지 그리고 정보를 하나의 상태에서 다른 상태로 전환하는 개인 혹은 다수가 연관된 시스템이다. 이는 "비즈니스는 이익을 획득하기 위해 물질, 에너지 그리고 정보를 하나의 상태에서 다른 상태로 전환하는 개인 혹은 다수가 조직된 그룹이다."라고 한 에릭 바인하커의 정의와는 차원이 다르다.(에릭 바인하커, 부의 기원, 447.)
17) Mark L. Russell, The Missional Entrepreneur, New Hope, 73-74.
18) "사업이야말로 가난한 자에게 다음 끼니를 제공할뿐더러 새로운 부를 창출하게 함으로써 가난을 극복하게 돕는 최상의 장기 전략이다."(폴 스티븐슨)
19) 폴 스티븐스, 하나님의 사업을 꿈꾸는 CEO. 27-28
20) www.ultimatesupport.com
21) http://puravidacreategood.com/
22) 켄 엘드레드, The Integrated Life, 101-106.
23) www.boisefrycompany.com
24) Mark L. 17-18.
25) Christians in the marketplace, says Jeff Van Duzer, are not second-class citizens of the kingdom. Interview by Rob Moll Christian Today 20110114.

26) www.auntieannes.com
27) 자연 건강식품을 주요 업종으로 하고 있는 P사는 인삼 제품을 취급하지 않고 있다. 인삼 제품은 한국을 대표하는 건강식품인데, 건강식품을 주 업종으로 하고 있는 회사가 인삼 제품을 취급하지 않는다는 것은 이례적이다. 그러니 여기에는 그럴 만한 이유가 있다. 땅속에서 서식하는 굼벵이(메미의 애벌레)는 인삼을 좋아한다고 한다. 인삼은 생육 기간이 5~6년이나 되기 때문에 그 기간 동안 굼벵이에 의한 피해를 막으려면 최소한의 농약 사용이 불가피하고, 따라서 인삼에서는 비록 소량이라도 농약 성분이 검출된다고 한다. 그래서 '자연 사랑 인간 사랑'을 기업 이념으로 추구하는 P사는 자사 제품에서는 농약이 검출되지 않는다는 소비자의 신뢰에 상처를 주지 않기 위해 아예 인삼 제품의 취급을 포기했다. 한국의 인삼 제품이 세계 시장에서 호황을 구가하고 있는 것을 보면서도 기업이 추구하는 신뢰를 지키기 위해 경제적 이익을 희생하는 어려운 길을 택한 것이다.(윤석철, 삶의 정도, 51.)
28) www.globalissues.org/article/26/poverty-facts-and-stats#src1
29) Bryant L. Myers가 쓴 'Walking with the poor'은 빈곤과 그 해결책에 대해 매우 상세한 원칙과 방안을 제공해주는 유용한 책이다.
30) 폴 스티븐슨, 하나님의 사업을 꿈꾸는 CEO, 27-28
31) 크리스천 사업가라면 내 이웃과 그 공동체의 가난을 퇴치하는 사역을 당연히 운명으로 알아야 한다. 세계의 빈곤을 가장 오랜 기간 동안 해결하고 있는 것은 비즈니스다. 비즈니스가 제품을 생산하고, 일자리를 창출하기 때문이다. 우리가 세계의 빈곤에 대한 장기적인 해결책을 보게 된다면, 나는 이것이 생산적이고, 이익을 남기는 비즈니스를 시작하고 건사함으로 이루어질 것이라 믿는다.(웨인 그루뎀. 하나님의 영광을 위한 비즈니스, Crossway. 2003.)
32) Novak, Business as a Calling, 37.
33) 미국인과 유럽인은 애완용 동물의 식량비로 170억 달러를 사용하는데, 이는 전 세계 인구에게 기초 건강관리와 필수 영양분을 제공하고도 40억 달러나 남는 액수라고 한다. 미국인이 화장품에 쓰는 돈은 80억 달러로서 이는 전 세계 인구에게 기초 교육을 제공하고도 20억 달러가 남는 액수다.(Doing God's Business)
34) 데니스 바케, 27.
35) 폴 스티븐스. 하나님의 사업을 꿈꾸는 CEO, 161.
36) 예를 들어, 가난한 이들에게 빵으로 섬기는 사역을 아래의 넷으로 분류할 수 있다.
   (1) 가난한 자에게 빵을 주는 구제이다.
   (2) 가난한 자가 빵 만들어 먹는 방법을 가르쳐 주는 것.
   (3) 가난한 자에게 그 스스로, 또는 타인이 만든 빵을 파는 방법을 가르쳐 주는 것.
   (4) 가난한 자로 하여금 결국 빵공장과 기업을 운영하도록 투자하여 지속적인 이윤을 창출할 수 있도록 이끌어 주는 것.
위에서 1-2는 전통적 선교가 감당했던 영역이고, 3-4가 비즈니스 선교의 영역이다. 물론 2-3 사이에서 전통 선교와 비즈니스 선교가 중첩되기도 한다. 그러나 비즈니스 선교는 4의 단계를 최종 목표로 한다. 비즈니스 영역에서 직접 '가게 또는 공장 또는 기업'을 세워, 현지인을 고용하여, 이들에게 기술을 전수해 주고, 그리고 이들이 성숙한 크리스천으로 '가게 또는 공장 혹은 기업'을 직접 운영하여 지속적인 이윤을 창출할 수 있도록 까지 훈련시켜, 결국엔 이들에게 '가게 또는 공장 혹은 기업'을 이양해 주는 것은 비즈니스 사역만이 감당할 수 있는 고도의 총체적 사역이다('가게 또는 공장 또는 기업'의 유형과 규모와는 무관하다. 단 하나님 나라와 인류를 위한 선한 업종이어야 한다.) 이런 점에서 비즈니스 사역은 단지 일자리 창출 사역만이 아니다.
37) 엘드레드에 의하면 비즈니스 선교의 노력으로 실업률이 10% 이상 낮아진 나라들이 있으며, 오퍼튜니티 인터내셔널에서 하는 하나의 프로그램만으로도 1년에 25만 개의 일자리가 창출된다고 한다.(켄 엘드레드, 비즈니스 미션, 268.)
38) '개발 도상국들의 올바른 상거래와 적절한 급여 체제의 정착 원인을 기독교의 영향이라고 말한다.... 세계 어느 나라에서도 기독교 가치관은 비즈니스 문화를 바꾸어 놓는다.' (켄 엘드레드, 비즈니스 미션. 269-270.)
39) Dr. Theodore Roosevelt Malloch, 2006.
40) 내가 페이스북에 올린 영적 자본에 대한 글을 보신 권경섭 장로님께서 다음과 같은 댓글을 다셨다. "오늘 귀한 영적 자본에 대해서 배웁니다. 예은장학재단을 통해서 14년, 그리고 회사에서 22년 약 400여 명에게 장학금을 줘 왔으나 아직 그분들이 고마워하며 영적 자본을 쌓거나 사회에 되돌려 주는 사람이 별로 없다는 것이 안타깝습니다. 그럼에도 불구하고 우리 크리스천 비지니스맨들은 영적 자본을 쌓아 나가야 합니다." 정말 권장로님의 말씀대로, 그럼에도 우리 크리스천 사업가들은 영적 자본을 축적해야 한다.
41) 우수한 품질, 서비스, 보장제도 등은 다른 기업체와 확연하게 비교되거나 겉으로 두드러지는 요소는 아니다. 하지만 이런 요소는 고객의 기대치를 채워 주되 경쟁을 위해서가 아니라 주어진 재능을 최대한 발휘하고 최선을 다하겠다는 태도에서 비롯된다.(켄 엘드레드)
42) 켄 엘드레드, The Integrated Life, 65.
43) 후진국의 경우는 무형의 자산이 60%를 밑돌고, 중진국의 경우는 70% 내외, 선진국은 80%를 상회한다.
44) 관광지에 가면 바가지를 많이 씌운다. 지금의 고객이 자신들의 단골이 될 가능성이 적다고 생각할수록 바가지를 씌운다. 반대로 바가지를 경험한 고객들은 자신에게 바가지를 씌운 가게를 다시는 찾지 않는 것은 물론, 바가지를 씌운 사람을 우연히 어디에선가 만났을 때 그와 좋은 관계를 형성하지 않으려 할 것이다. 뿐만 아니라 관광지에서 바가지를 경험한 사람들의 동일한 인식이 확산되어, 결국은 관광지에서 장사하는 분들을 폭리를 취하는 악덕업자로 여기게 된다. 유명 관광지에 유명 대형마트가 들어서서 성공하는 요인 중 바가지를 안당해도 된다는 안도감과 악덕업자들의 그 가면 쓴 미소와 친절을 멀리할 수 있다는 심리적 요인도 크게 작용한다. 사랑하는 아내를 위해 귀금속을 사다 준 경험이 있는 남자들 중, 왜 이렇게 비싸게 사왔냐는 아내의

바가지를 경험한 이들은 다시는 귀금속 가게를 가지 않을 것이다. 아내에게 귀금속을 사다주는 남자들이 모든 귀금속 가게가 바가지를 안 씌우는 가게라고 동일한 인식을 가지게 되는 그날부터 모든 귀금속 가게의 매출이 급성장할 것이 분명하다.

45) 우리는 그리스도인의 탁월성을 과시함으로써 복음이 새로운 삶의 방법을 제시한다는 것을 세상에 알려야 한다. 만약 우리의 말이 이러한 탁월함으로 뒷받침되지 않는다면 우리는 세상의 주의를 끄는 데 실패할 것이요, 결과적으로 그들을 예수께 인도하는 데도 실패할 것이다.(Cogins)
기독교인들이 탁월한 업무능력을 발휘하지 못하면 일터에서 그리스도의 영광이 실추될 수밖에 없다. 우리는 모든 일을 주님께 하듯이 해야 한다(골3 : 17). 사람들의 존경을 받기 위해서는 탁월한 업무능력을 발휘해야 한다. 물론 탁월한 업무능력이 사람들을 그리스도에게 인도하는 가장 중요한 수단은 아니다. 하지만 업무능력이 탁월하지 못하면 쉽게 불신을 살 수밖에 없고, 결국에는 그리스도를 전할 수 있는 기회가 박탈된다. 우리는 필요한 경우에는 오리를 가자면 십리를 가주고, 주변 사람들을 섬기기 위해 최선을 다하며, 다른 누구보다도 일을 잘 할 수 있어야 한다.(오스 헐먼)

46) www.americandelphi.com

47) William E. Diehl, The Monday Connection, 25-26, (팀 켈러, 일과 영성. 96-97에서 재인용)

48) 황호찬, 돈 그 끝 없는 유혹, 217-220.

49) Beckett는 R.W. Beckett Corporation라는 난방보일러의 창업자이다. (www.beckettcorp.com)

50) 비즈니스의 진정한 가치는 상품과 서비스로 다른 사람을 섬기는 것이다. 이러한 목적이 올바로 달성되면 그 과정에서 이윤(이익)도 생긴다. - 중략- 이윤이 없으면 사업도 할 수 없다. 이윤은 고용원과 투자자를 보호하는 수단이다. 이윤이 없으면 기업이 성장하지 못한다. 이윤은 좋은 것이며 그 만큼 유용한 상품과 서비스를 제공했다는 증거이지, 다른 사람의 돈을 착취하는 것이 아니다. 상품과 서비스가 가격에 비해 사람들에게 유용하면 할수록 더 많은 가치가 창출되고 더 많은 이윤이 남는다. 다시 말해서 이윤이란 인류에게 더 많이 기여할 수 있게 하는 수단이며, 회사가 건강하게 성장하도록 돕는 요소이다.(비즈니스 미션. 317)

51) 예수께서 대사명을 주시면서, "가서 제자 삼으라"라고 말씀하셨는데, 이 문장의 문법적 구조는 '너는 너의 정상적인 (비즈니스) 삶을 살아가면서, 모든 족속을 자연스럽게 제자 삼아야만 한다' 는 것을 의미한다. 전임 사업가에게 시간 제약이 있는 것은 사실이지만, 우리가 영향을 주고자 찾는 사람에게도 시간제약이 있기는 마찬가지다.(2004 로잔 보고서 59번. Business As Mission)

52) ServiceMaster(www.servicemaster.com)는 하나님을 영화롭게 하기위해 다음과 같이 노력한다.
- 하나님의 형상을 품은 온 인류를 존중하라.
- 입이 아닌 몸으로 신앙을 먼저 보여주라.

- 절대로 강요하거나 설교를 하지말라.
- 예수님처럼 당신의 사람들을 돌보라.
53) 이익은 잘 운영되는 사업의 정상적인 산물이고 경영의 효율성을 재는 척도이다. 이익은 정상적으로는 양질의 서비스와 제품에 대한 경제적 보답이다. 이익이 없다면 위험을 감수한 소유자와 투자자에게 수익을 제공하지 못할 것이다. 또한 미래의 성장을 위해 투자할 자원을 갖지도 못할 것이다. 이익이 없이는 기업이 살아남을 수 없다.(이장로 교수)
54) 이익은 좋은 것이며 그 만큼 유용한 상품과 서비스를 제공했다는 증거이지, 다른 사람의 돈을 착취하는 것이 아니다. 상품과 서비스가 가격에 비해 사람들에게 유용하면 할수록 더 많은 가치기 창출되고 더 많은 이윤이 남는다. 다시 말해서 이윤이란 인류에게 더 많이 기여할 수 있게 하는 수단이며, 회사가 건강하게 성장하도록 돕는 요소이다.(켄 엘드레드)
55) 스티브 크레인
56) 돈 풀로우라의 주장대로, "우리가 살려면 피가 필요하지만 피를 위해 사는 것이 아니다. 사업이 생존하려면 이익이 필요하지만, 사업은 단순히 생존을 위해 존재하는 게 아니다." 사업은 인간의 경험을 지탱해 주고 증진시켜 주는 재화와 서비스를 생산하기 위해 존재한다는 것이다.(폴 스티븐스, 하나님의 사업을 꿈꾸는 CEO, 232)
57) 기업은 이 기업에 몸 담고 있는 사람들이 성장할 때 함께 성장할 것이다. 이익과 성장은 기업의 운영과정에서 나오는 산물이다. 우리는 그동안 생산 중심의 사회로 치달았다. 경제적인 시스템이 잘 돌아가게 하기 위해 우리는 생산한 모든 것을 소비해야 했다. 과연 우리가 경제적인 성장이라고 말하는 것은 끊임없이 물건을 생산하고 소비하는 것일까? 정말 그것이 전부인가? 진정한 성장에는 물건들을 생산하고 소비하는 것 이상의 의미가 담겨있다. 진정한 성장은 단순히 경제적인 성장을 말하는 것이 아니다. 그것은 인격적이고도 인간적인 성장이다.(롤프 오스터버그)
58) Jorg Knoblauch and Jurg Opprecht, Kingdom Companies, 189.
59) Dennis Peacocke
60) 이익을 얻으려고 가난한 자들을 학대해서는 안 된다. "이익을 얻으려고 가난한 자를 학대하는 자와 부자에게 주는 자는 가난하여질 뿐이니라" (잠언 22 : 16). 절대 가난한 자들을 상대로 돈을 벌려고 해서는 안 됩니다. 근무하고 있는 회사에서 새로운 마케팅 계획으로 이런 계획을 세우고 있다면 그 프로젝트에서는 손을 떼야 할 것입니다.(빌 하이벨스). 크리스천 비즈니스는 가난한 자를 섬기는 것이다. 가난한 자들에게 일자리를 제공해 준 것은 좋으나, 노동착취라든지 등으로 이들을 이용하여 돈을 버는 짓은 이들을 섬기라고 주신 사업체를 주신 하나님을 반역하는 것이다.
61) 이익추구란 더 많은 자원을 생산하기 위해 우리가 가진 자원을 사용하는 것이다. 예수님은(눅19 : 13, 23) 하나님이 보시는 선한 청지기란 우리가 맡은 자원이나 임무를 확장하고 증식하는 사람임을 말씀히신다. 그러므로 이익추구는 근본적으로 선하며, 하나님의 영광을 위해 사용할 수 있으며 사용해야 한다. 그러나 이익추구가 독점적

권력의 임의의 교역 체제 안에서 다른 사람을 '착취하는' 행위로만 쓰이면 죄에 빠지도록 유혹하는 것이다. 크리스천은 이 유혹에 넘어가면 안 된다.(웨인 그루뎀)

62) 나는 기업이 반드시 이익을 창출해야 한다고는 생각하지 않는다. 기업은 이 기업에 몸 담고 있는 사람들이 성장할 때 함께 성장할 것이다. 이익과 성장은 기업의 운영과정에서 나오는 산물이다. 우리는 그동안 생산 중심의 사회로 치달았다. 경제적인 시스템이 잘 돌아가게 하기 위해 우리는 생산한 모든 것을 소비해야 했다. 과연 우리가 경제적인 성장이라고 말하는 것은 끊임없이 물건을 생산하고 소비하는 것일까? 정말 그것이 전부인가? 진정한 성장에는 물건들을 생산하고 소비하는 것 이상의 의미가 담겨있다. 진정한 성장은 단순히 경제적인 성장을 말하는 것이 아니다. 그것은 인격적이고도 인간적인 성장이다.(롤프 오스터버그)

63) 켄 엘드레드, 비즈니스 미션, 317.

64) 비즈니스의 진정한 가치는 상품과 서비스로 다른 사람을 섬기는 것이다. 이러한 목적이 올바로 달성되면 그 과정에서 이익도 생긴다.(켄 엘드레드)

65) 켄 엘드레드, The Integrated Life, 45.

제3장 크리스천 비즈니스의 영성

1. 아보다와 말라카
2. 아보다 시스템의 회복을 위한 하나님의 능력들
3. 아보다의 회복을 위하여

이 사회가 기독교의 '위대한 이야기'를 거부할지는 몰라도 어떤 답을 구하고 있는 것만은 여전하다. 성경적 진단을 아무리 완강히 거부한다 해도, 좌불안석의 세태를 더 이상 외면할 수 없기 때문이다. 대지는 몸살을 앓고 바다는 오염되었으며 가정은 해체되고 사랑하는 관계에는 고통이 따르고 물질적 안락에는 만족이 없다. 진보의 신화 따위는 더 이상 안중에 없다. 어딘가 돌아갈 본향이 있음은 안 믿어도, 그것으로부터 멀리 있음은 알고 있다.(힐러리 브랜드)

신약성경에서 가장 극적이며, 문학적으로도 가장 완성도가 높은 이야기가 탕자의 비유다(눅15 : 11-32). 탕자는[1] 아버지에게 자신의 몫을 요구하였다. 재산을 물려받은 아들은 다 팔아 돈을 챙겨 먼 곳으로 갔다. 당시의 관습에 의하면, 자식이 아버지께 재산을 물려받았을지라도 아버지 생전에는 그 재산을 팔 수 없었다. 그럼에도 탕자는 그 재산을 팔아 아버지 집을(Dad City) 떠나 먼 데가볼리로 갔다.[2] 데갈볼리는 아버지의 통제도 받지 않고, 또 아버지의 말을 듣지 않아도 되고, 아버지를 의식하지 않아도 되고 아버지를 거부하는 곳(Dadless City)이었다.

탕자는 데가볼리에서 허랑방탕하며 그 재산을 낭비했다. 여기서 '낭비하다'의 원어 '디아스크로피조'는 '곡식을 키질하다'에서 파생된 단어다. '낭비했다'는 것은 '사방으로 멀리 흩날려 보냈다'는 의미이다. '방탕하여'의 원어는 '아소토스'인데, '성적 방종'을 뜻한다. 탕자는 아버지를 거부하는 도시인 데가볼리의 유흥가에서 성적인 방종을 즐기면서 전 재산을 흩날려 보내며 살았다.

결국 재물을 다 흩날리고 구차한 형편에 처하게 된 탕자는 "그 나라 사람에게 일감을 얻어, 들판에 나가 돼지 치는 일을 하게 되었다. 탕자는 너무 허기가 져서 돼지 구정물 속의 옥수수 속대라도 먹고 싶었지만 그것마저 주는 사람이 없었다(15 : 15-16)". 탕자는 늘 배고팠고, 사람들로부터 천시당하며 매우 척박한 환경에 살았으며, 아버지와 완전히 단절된, '총체적 빈곤'에[3] 처하게 되었다. 이 황폐함은 에덴동산을 쫓겨 난 아담과 하와가 처한 정글의 상황이었을 것이며, 바로 오늘의 우리가 처해 있는 지구촌의 상황이기도 하다.

인류 역사상 가장 부유하고 모든 것에 있어서 가장 풍족한 2014년에도 세계인의 절반이 가난하다.[4] 30억 명 이상이 우리가 저렴한 카페에서 마시는 커피 한 잔 값도 안 되는 2,500원 미만으로 살아가는 현실이다.

사회적 동물인 인간의 관계는 어떠한가? 사람들은 극도의 개인주의와 이기주의에 매몰되어 서로를 모르고자 하는 고립과 소외의 늪에 빠져 역사상 최악의 관계 단절과 관계파괴로 신음하고 있다. 이 황폐한 현실을 도피하여 이러 저러한 중독에 빠져 있는 현실이기도 하다. 일찍이 이러난 비극의 원인을 파악한 스코트 펙은 "알코올이나 마약류에 중독된 사람들은 실은 에덴으로 돌아가기를 원하고 열망하는 이들이다."고 말했다. 중독자들은 과거에는 "에덴동산에서 누렸으나 지금은 잃어버린, 자연의 나머지 부분들과 하나 되던 따뜻하고 포근한 느낌을 다시 얻고자 필사적으로 몸부림치고 있는 것이다."

환경은 어떠한가. 역시 대규모의 자연파괴가 자행되면서 최악의 대기오염, 이상기온, 쓰나미 등에 직면하고 있다. 이 와중에 인류는 영적으로 길을 잃고 있어 불안, 두려움, 중독으로 신음한다. 스스로 그 길을 찾지 못하는 '하나님 없는 삶(Godless Life)'을 살고 있다. 21세기에도 인류가 당면한 문제는 가난, 관계단절, 환경파괴, 그리고 하나님 없는 삶이다. 마치 아버지를 떠난 탕자가 데가볼리의 들판에서 처했던 것처럼……

탕자는 자신이 하늘과 아버지께 죄를 지었음을 깨닫고, 아버지께로 돌아간다.[5] 아버지 집에 돌아온 탕자는 물질적 풍요로움을 누리게 되었고 아버지가 주인인 공동체에서 모두와 함께 축제를 즐기게 되었으며 최적의 환경에서 아버지와의 관계 회복이라는 샬롬을 누리게 되었다.

샬롬의 원칙이 작동되는 은혜의 처소인 아버지 집은 아담과 하와가 범죄 하기 이전의 에덴동산과도 같은 곳이었다.

작금의 비즈니스 현장이 바로 데가볼리에서 탕자가 거했던 척박하고 굶주리는 상황과 다를 바 없다. 탕자가 아버지 없는(Dadless) 삶에 집착하여 그렇게 되었다면, 현대인들은 하나님 없는 삶에 집착하여, 지금의 상황에 처했다. 탕자가 뉘우쳐 아버지 없는 삶을 포기하고 아버지 집으로 돌아가서 샬롬을 누리게 되었듯이, 하나님 없은 비참한 시스템에 희생당하는 현대인들은 하나님께 돌아가 에덴의 샬롬을 누려야 한다.

바로 여기에 크리스천 사업가들의 사명이 있다. 그 사명은 데가볼리의 탕자와 같이 척박한 환경과 시스템에 처해 고통받는 이들을 구하여 샬롬시스템을 누리게 하는 것이다.

전통적인 선교는 하나님과의 관계 회복에 초점을 둔 복음(a Gospel)을 전한다. 그러나 비즈니스 미션은 빈곤을 해결케 하고, 교회를 포함한 건강한 공동체를 세우고, 환경을 회복하고 보존하며[6], 구원사역을 통한 하나님과의 관계를 회복케 하는 소위 총체적인 복음을 전한다. 이는 하나님께서 크리스천 사업가에게 주신 사역이다. 크리스천 사업가는 사업으로 샬롬을 전하는 자이다.

1. 아보다와 말라카

> 아담과 하와가 죄를 짓고 에덴동산에서 추방되기 전까지 인간의 일터는 낙원이었다. 일은 그 낙원의 주요한 요소였고, 예배였을 뿐만 아니라 성취감과 보상이었다.[7] (데니스 베커)

하나님이 세상을 창조하셨을 때 에덴동산은 '물질적 풍요로움', '건강한 관계', '완벽한 환경', 그리고 '하나님과의 친밀감'이 조화를 이룬 총체적 축복의 장이었다. 이 네 가지 축복이 완벽하게 조화를 이룬 상태가 샬롬이다. 그런데 아담의 범죄 후 세상은 물질적 풍요로움이 사라졌으며 관계도 파괴되었고 환경도 파괴되어 오염되었으며, 하나님과의 친밀감 상실로 범벅된 정글이 되었다. 샬롬의 환경이 파괴되었다. 그 결과로 인간은 정원의 법칙이 아닌, 정글의 법칙으로 생존해야만 한다.

정글의 법칙은 인간에게 끝없는 노동과 땀을 요구한다. 이 노동이 히브리어로 말라카로 에덴에서 추방된 인간의 오직 생존만을 위한 노동이다.

이 말라카의 학대부터 사람들을 구해 내는 일이 '아보다'다. 아보다는 하나님의 정원인 에덴에서의 일이다. 아보다는 하나님을 기쁘게 하는 모든 행위를 말한다. 예배하고 섬기고, 나누고, 베풀고, 그리고 안식하는 삶 전체를 의미한다.

> 실낙원한 인간은 아보다를 상실하고 예배도 없고, 섬김도 없고, 쉼(안식)도 없이 자기성취에 투쟁하는 말라카 시스템 속에 살게 되었다. 이 노동의 땀만 흘리면 인간의 생존에는 별 문제가 없다는 것인가? 결코 그렇지 않다. 엉컹퀴를 제거하고 식물을 심는 과정에서 토양이[8] 흙으로 변한다는 것이다. 실제로 지구의 생물다양성을 지탱하는 기반이기도 한 토양이 식물의 재배가 가능한 영양소가 있는 땅이라면, 흙은 재배가 불가능한 땅이다. 토양의 땅이 그 효력을 상실한 것이다(창 4 : 12). 결국 우리는 우리 몸에 절대적으로 해로운 화학 비료와 농약의 힘으로 키워진 식물을 먹게 된다. 로버트 아비스의 말은 빌리면 이렇다. "전통적 농업 방식으로 생산한 식량 대부분을 토양이 아닌 흙에서 얻는 이유는 무엇인가? 이처럼 생명이 없는 흙에서 작물을 재배하려면 비료, 살충제, 화학약품 등에 의존하게 된다. 이런 물질은 궁극적으로 수질을 오염시키고 토양의 질을 떨어뜨리고 토양 내 영양소를 파괴한다."[9]
> 그리스도인은 누구라도 흙을 토양으로 회복시켜, 토양에서 자란 식물을 먹는 축복을 누려야 한다. 이는 하나님이 원하시는 환경회복사역이다.

(1) 샬롬

하나님께서는 천지를 창조하시고 에덴이라고 하는 독특한 하나님의 축복의 처소에 아담과 하와를 두셨다. 아담과 하와가 하나님께 순종하며 이 공간에서 형통의 축복을 누렸고, 또 계속 누릴 수도 있었다. 에덴동산이라는 아보다 시스템 속에서 아담과 하와는 네 가지 차원의 복을 누렸다. 첫째는 생존을 위해 완벽히 보장된 물질적인 축복, 둘째는 관계적 축복, 셋째는 하나님께서 창조하신 자연 속에서 누리는 환경적 축복, 마지막으로 하나님과의 교통함에서 오는 영적 축복이었다.

이 네 가지 축복들을 총체적으로 누리는 상태가 샬롬이다.[10] 에덴이라는 하나님께서 만드신 샬롬시스템 안에서 아담과 하와가 누렸던 총체적 축복을 모든 하나님의 자녀들은 마땅히 누릴 자격이 있고, 누려야만 한다. 크리스천 비즈니스는 샬롬이 파괴된 악의 시스템 속에서 신음하는 하나님의 백성을 구하여 샬롬을 누리도록 하는 총체적 사역이다.

샬롬은 하나님의 치유(라파, rapha)의 결과이다. "성경에 나오는 라파라는 어근은 다른 어떤 단어보다 치유 과정을 잘 묘사한다. 이 어근에서 파생된 명사와 동사들이 구약 성경에 적어도 87번 나온다. 라파가 다양하게 쓰인 모습은 치유자이신 하나님은 한 개인의 삶에 걸쳐 있는 모든 측면, 곧 신체적, 정신적, 사회적, 영적 측면을 회복하기 원하시는 분으로 묘사되고 있다.(월트 래리모어) "나는 너희를 치료하는 여호와임이라"(출15 : 26절)는 "나는 너희에게 샬롬을 주는 하나님이다"가 된다.

(2) 아보다(Avodah, labor, service)

안식일을 기억하여 거룩하게 지키라 엿새 동안은 힘써 네 모든 일을 행할 것이나 일곱째 날은 네 하나님 여호와의 안식일인즉 너나 네 아들이나 네 딸이나 네 남종이나 네 여종이나 네 가축이나 네 문안에 머무는 객이라도 아무 일도 하지 말라 이는 엿새 동안에 나 여호와가 하늘과 땅과 바다와 그 가운데 모든 것을 만들고 일곱째 날에 쉬었음

이라 그러므로 나 여호와가 안식일을 복되게 하여 그 날을 거룩하게 하였느니라.(출 20 : 8-11)

제사장적 노동, 즉 제사장으로 여호와의 안식을 살아 내는 일, 안식하는 일 즉 생명을 풍성케 하는 일을 아보다라 하고 영어로는 labour, service이다. 아보다는 말라카를 멈추게 하는 노동이다. 제사장이 온 백성을 그들의 먹고 사는 일에서 멈추게(샤밧, sabbath) 하는 일이다. 그러므로 안식과 제 7일을 기억하고 하나님의 거룩한 안식과 하나님의 거룩케 하신 안식일을 기억하며 쉼을 통해 생명을 돌아보고 풍성케 하는 노동이 '아보다' 다.[11] 목숨 걸고 지켜 보호해야 할 노동이 바로 안식을 지키는 아보다. 아보다는 제사장적 노동, 언약적 노동, 안식적 노동, 거룩한 노동, 거룩케 하는 노동, 생명을 풍성케 하는 노동 즉 섬김이다(출31 : 12~17).

아보다의 모든 노동은 주께 영광을 돌리는 행위다. 아보다적 노동의 결과는 사람의 공로가 드러나는 것이 아니다. 하나님께서 우리를 위해 일(아보다)하셨다. 하나님이 우리를 먼저 사랑하시고, 하나님이 먼저 우리를 섬기시고, 하나님이 우리를 먼저 예배(아보다)하셨다. 인간의 예배(아보다)는 하나님이 우리를 향한 아보다 예배를 좇아가지 못한다. 우리는 주를 위해 죽을 수 없다. 주님은 우리를 위해 십자가에서 죽으셨다. 주님의 우리를 향한 또 우리를 위한 아보다적 노동인 십자가, 부활, 승천, 재림, 우리의 안식을 위해 주께서 친히 아보다(일) 하는 분이 되어 주신 것이다(대제사장, 노동, 안식, 지킴/보호 안식은 하나님의 언역, 영원한 징표, 영원한 표적(출21 : 16~17) 등). 인생의 궁극적인 노동은 '주 안에서 얼마나 안식하였는가'이다. '주 안에서 얼마나 거룩하여 졌느냐'이다. '거룩하게 하시는 하나님의 일에 얼마나 함께 동참하며 아보다(안식)했는가이다.' "내 백성을 가게 하라 그들이 광야로 가서 나를 섬길(아보다, service)것이다(출8 : 2)." 여기서 "그들이 나를 섬길 것이다"는 '그들이 나를 예배할(아보다, worship)것이다.'와 같은 뜻이다.

아보다는 물질적인 축복을 나누는 일, 이웃과 사랑과 섬김을 주고받는 일, 환경을 지키는 일, 하나님께 예배하는 일 등의 네 가지 일을 다 포함하고 있다.[12] 아보다에 그나마 적절한 영어 단어는 서비스(Service)다. 서비스는 '섬기다, 일하다, 예배하다' 라는 뜻이다. 아보다는 일이며 예배이다. 예배가 곧 일이다. 우리의 사업이 예배이고, 예배가 사업이다. 그런데 과연 우리의 사업이 예배이고 예배가 사업인가? 아보다의 의미를 상실한 일, 또 아보다의 기능이 사라진 예배가 따로 존재할 뿐이다.

아보다의 또 다른 뜻은 '멈추어 안식일을 지켜라'이다. 쉬지도 못하고 혹사당하는 종업원들이 '일을 멈추고 쉬게 하도록 하는 일'이 아보다. 크리스천 사업가라면 마땅히 아보다 시스템으로 회사를 운영해야 하는데, 그렇지 못하고 말라카 시스템으로 운영하는 경우가 있다. 하나님께서 기업을 주셔서 직원을 섬기라 하시는데, 사업가가 직원을 학대한다면, 이건 죄다. 이런 사업가를 향해 하나님은 멈춰라(샤밧, sabbath)를 명하신다. 말라카 시스템을 중지하라는 명령이다. 크리스천 사업가들이 말라카 시스템을 멈추고 샬롬시스템을 운영하는 것이 아보다이자 사역이며 선교이다. 이는 또한 아보다를 명하시고, 행하시는 하나님의 사역에 동역하는 것이다. 하나님은 말라카 시스템을 운영하는 사업가들에게 이렇게 말씀하신다. '직원들은 내가 사랑하는 사람이다. 그러니 하루는 쉬게 하라.' 이것이 안식일의 중요한 목적 중 하나인 것이다.

우리는 샬롬의 축복을(물질적인 축복, 이웃과 사랑과 섬김을 주고받는 축복, 환경의 축복, 하나님께 예배하는 축복) 다 누리고 있는가? 만약 이를 누리고 있지 못하다면, 우리는 아보다가 아닌 말라카로 살아간다는 증거다. 섬기려 하기 보다는 섬김을 받으려 하고, 나누기 보다는 챙기려 하고, 하나님의 위대하심을 증거하기보다는 자신를 증명하는 삶을 살고 있다는 것이다.

직장에서 일하는 것이 아보다이고, 목회자가 설교하는 것도 아보다이며, 교회 관리하는 일도 아보다이고, 청소하는 일도 아보다이다. 아보다를 행하는 데는 그 어떤 차별과 귀천이 있을 수 없다. 모든 아보다가 다 거룩한 하나님의 명령이기 때문이다. 주 안에서 모든 일이 아보다이고 비즈니스이며 사역인 것이다.

(3) 말라카(melakah, occupation, work)

> 아담에게 이르시되 네가 네 아내의 말을 듣고 내가 너더러 먹지 말라 한 나무 실과를 먹었은즉 땅은 너로 인하여 저주를 받고 너는 종신토록 수고하여야 그 소산을 먹으리라 땅이 네게 가시덤불과 엉겅퀴를 낼 것이라 너의 먹을 것은 밭의 채소인즉 네가 얼굴에 땀이 흘러야 식물을 먹고 필경은 흙으로 돌아가리니 그 속에서 네가 취함을 입었음이라 너는 흙이니 흙으로 돌아갈 것이니라 하시니라(창 3 : 17-19).

생존만을 위한 모든 행동과 일을 히브리어로 '말라카'다. 영어로 occupation, work, business 등으로 번역된다. 하나님께서 "멈추라(샤밧)" 하신 것은 바로 먹고 살기 위한 노동인 말라카를 멈추라 하신 것이다. 말라카는 저주받은 땅에서 사는 저주받은 모든 사람들이 저주 속에서 쉬지 못하고 지속적으로, 목표와 방향도 없이 하지 않으면 안 되는 굴레와 같은 노동이다. 하면 힘들고, 안하면 더 힘들고. … 가시덤불과 엉겅퀴와의 투쟁이다. 말라카는 생명을 좀 먹고 생명력을 감소시키며 일로 자신을 증명하고, 공로로 힘을 얻고, 직위와 직분을 통해 권세를 행사하고, 사람과 환경을 자기의 권세로 사용하고 조정하는 힘으로 쓴다. 그리하여 관계는 갈수록 약화되고, 자원은 소통되거나 유통되지 않고 개인의 사소유물로 취급되어 제 구실을 못하게 된다. 자원과 사람이 일 잘하고 공로를 세운 사람의 부로 축적되고, 부를 쌓은 방법이나 도구로 사용되며, 한 개인의 재산으로 취급되고 한 그룹의 특정한 사용물로 전락한다. 말라카의 변질과 악성을 막기 위해 크리스천 사업가는 아보다의 "지켜 거룩하게 하라"는 안식의 아보다에 관심을 집중해야 한다. 안식을 지키고 보호하지 않으면 365일이 말라카의 악성과 번성에서 해방될 수 없다.

> 다른 사람의 이마에 흘러내리는 땀방울에서 잇속을 차릴 욕심으로 감히 공의로우신 하나님의 도움심을 청한다는 건 정말 이상한 노릇이 아닐 수 없습니다. - 링컨

아담과 하와가 범죄하고 타락한 이후에 물질적으로 풍요로웠던 형통함이 사라졌다. 모두들 생존을 위해 일에 집착하게 되었다. 이러한 말라카 시스템 속에서 극도의 개인적이고, 자기중심적이며, 이기적인 삶으로 인해 주변의 관계가 다 파괴되었고, 가정도 무수히 깨어지고 있다. 그리고 그리스도인조차도 아보다의 동산에서 재

미있게 노는 대신 선악을 알게 하는 나무 주변을 맴돌며 뱀에게 미끼를 주고 서로 싸움을 일삼았다.[13)]

말라카 시스템에서는 열심히 일하면 일할수록 다른 사람의 것을 쟁취하거나 타인에게 빼앗긴다. 결국 사람들은 제로섬 게임[14)]의 원리 속에서 살아가게 된다. 뉴딜정책을[15)] 제안했으며, 세계 대공황을 극복할 수 있는 해결책을 제시했던 경제학자 케인즈가[16)] 체계화 시킨 미국의 자본주의가 성공적이라고 평가하지만, 그 이면에는 후세의 자손들이 누려야 할 물질적인 부를 미리 앞당겨서 사용하고 있다는 너무도 명백한 취약함이 있다. 우리가 미국식의 자본주의를 맹신하면 우리 후손들의 자원은 없어지고 만다. 우리의 자녀들은 지금 우리가 누리고 있는 것의 10퍼센트도 누리지 못할 것이다. 우리는 후손들의 몫을 소비하고 있다. 이것은 전형적인 말라카 시스템의 결과이다. 자신의 생존을 위해 후손들의 몫인 자연, 환경, 자원, 시스템들을 완벽하게 망가뜨리고 고갈시키는 시스템, 이것이 바로 말라카 시스템이다.

폴 스티븐스는 이 말라카의 악함을 정확히 파악했다. "죄가 하나님의 선교에 동참하는 인간 활동을 오염시켰다. 에덴동산에서 문제가 된 것은 신뢰의 결여("하나님이 정말로… 말씀하셨느냐?")였다. 그 배후에는 하나님의 선하심에 대한 의문과 생존을 위해선 우리가 모든 걸 통제해야 한다는 생각이 도사리고 있다. 그런즉 아담과 하와의 죄의 뿌리는 자율성에 대한 욕망, 즉 하나님과의 교통 없이 독자적으로 살려는 욕망이라 할 수 있다. 그 결과 저주가 초래되었다(창3 : 16~19). 여자는 고통 중에 자녀를 낳을 것이고, 땅은 개간을 저주할 것이며, 일은 지루한 것이 될 터이고, 인간관계는 - 특히 남녀의 관계 - 정치적 성격을 띠게 되겠고, 인생은 결국 죽음으로 끝날 것이다. 사업 분야에서는 죄가 자기 과시의 형태로 나타나는데, 리처드 히긴슨은 그

것은 '바벨탑' 증후군이라 불렀다. 소외와 착취, 책임전가, 도덕적 모호성, 탐욕 등이 그것이다. 다른 한편, 인간의 타락은 사회와 창조세계에도 영향을 미친다. 환경이 파괴되고, 인간 존재가 하찮게 여겨지고, 노동자가 기계와 같이 인간 이하로 취급되고, 경쟁이 약탈행위로 전락하고, 개발도상국이 착취를 당하곤 한다."[17]

(4) 정글을 에덴동산으로…

에덴동산은 하나님이 통치하시는 아보다의 처소(place)였다. 그러나 아담의 범죄함으로 에덴동산은 챙기고, 때리고, 죽이고, 우상화되고, 싸우고 하는 무법의 공간(space)이 되었으며 인류는 에덴의 법칙이 아니라, 정글의 법칙에 따라 살게 되었다.

성도는 아보다의 처소를 만드는 영적 개척자(spiritual frontier)가 되어야 한다. 먼저 우리의 가정을 아보다의 처소로 만들어야 하며, 세상 끝까지 두루 두루 다니며(마28:18) 모든 곳을 처소로 만들어야 한다.

에덴동산의 아보다 시스템은 하나님의 계획에 따라, 하나님의 때(kairos)에 작동된다. 모든 일이 하나님의 계획 속에서 하나님의 때에 이르러야 성취된다. 사업에 성공한 크리스천 사업가들은 '하나님이 사업을 주도하시고 하나님의 때에 하나님이 이루셨다'고 고백한다. 아보다 시스템 속에서는 모두가 섬기고, 나누는 은혜를 누린다.

그러나 정글이라는 말라카 시스템 속에서는 인간의 때(kronos)가 중요하다. 연륜, 경륜, 호봉이 중요하다. 그리고 먼저 이룬 기득권자들의 학대로 인해 대다수가 희생당하고, 이용당한다. 크리스천 사업가는 말라카 시스템에서 신음하는 이들을 구해 내야 하는 사명이 있다. 이를 이루는 사역에 전적으로 헌신해야 한다.

　에덴의 아보다 시스템은 완벽한 샬롬의 공간이다. 인간의 조작된 언어로는 이 완벽을 표현할 수 있는 방법이 허락되지 않았다. 그리하여 에덴에서는 지고의 사랑과 심원의 신비한 언어가 유통된다. 이 신비한 언어만이 에덴에서의 사랑을 '사랑으로' 표현할 수 있으며, 이 언어를 들었을 때에 에덴에 거하는 자들은 하나님 사랑의 깊고 넓은 의미에 더 가까이 나아갈 수 있다. 에덴에서는 이 신비한 언어가 말해지고, 그리고 이 신비한 언어가 이해되어 진다. 하나님께서는 우리는 내면 깊숙한 곳에 에덴의 신비한 소리를(Inner voice) 담아 주셨다. 우리가 이 소리를 듣게 되면 우리의 소명(vocation)은 불타오른다. 이 소명은 아보다를 이루어 에덴을 회복하는 천직이자 사명인 것이다. 그러나 정글의 말라카 시스템에서는 서로가 서로를 이용하고 희생시켜서 나만이 승자가 되고자 하는 조작된 언어가 횡행한다. 이 조작된 언어는 말라카 시스템을 경쟁과 통제와 학대로 더욱 황폐화 시킨다.

　에덴에서는 모든 것들이 섬김(아보다)으로 다스려 진다.(dominion) 그러나 정글의 법칙은 군림(말라카)으로 통제된다.(domination)[18] 크리스천 사업가는 아보다 사역자이다. 가정과 교회와 일터에서 어떤 경우라도 섬김으로 다스리는 리더십으로 행해야 한다

2. 아보다 시스템의 회복을 위한 하나님의 능력들

사탄이 장악하여 운영하는 말라카 시스템을 아보다 시스템으로 바꾸기 위해서 필요한 힘은 하나님 능력뿐이다. 이 사역을 위해 하나님께서 크리스천 사업가들을 부르셔서, 하나님의 능력을 주시어 파송하신다. 하나님께서 비즈니스 사역자들인 크리스천 사업가에게 주신 이 능력들에 대해 알아보자.

(1) 권세(엑수시아)
말라카 시스템을 파괴하고 아보다 시스템을 회복하기 위해 하나님께서 주시는 능력 중에 우선은 권세다. 세상의 권세와 하나님의 권세가 있다. 세상의 권세는 권력(power)에 의한 것이고, 하나님의 권세는 권능(dunamis, 행1:8)에 의한 것이다. 사람의 권세는 자기가 쟁취한 힘이다. 사람의 권세는 그가 가진 권력에 비례하지만, 하나님의 권세는 하나님께서 우리에게 주신 영적 존재의 본질이 밖으로 드러나는 것이다. 예수께서는 제자들을 파송하시면서 이 권세(엑수시아)를 주셨다(마20:18). 이 권세는 제자들 속에 내재된 하나님의 능력이다.

권세는 하나님께서 모두에게 주신 재능(talent)이 극대화된 탁월함으로 드러난다. 하나님께서는 이 시대의 최전방 사역자인 크리스천 사업가들에게 이 권세를 주셨다. 말라카를 아보다로 바꾸는 비즈니스 사역(미션)에 헌신할 때 이 권세는 크리스천 사업가를 통해 위대한 힘으로 발휘된다.

"영접하는 자 곧 그 이름을 믿는 자들에게는 하나님의 자녀가 되는 '권세'를 주셨으니.(요1:12)" 여기에 사용된 '권세'도 '엑수시아'다. 하나님께서는 모든 믿는 자들에게는 이미 권세를 주셨기 때문에 "믿는 자들에게는 능치 못할 일이 없다.(막9:23)" 믿는 자는 이 권세를 힘입어 하나님의 위대한 일에 동역할 수 있다. 크리스천 사업가는 일터 사역과 비즈니스 선교를 통해 하나님의 나라를 확장하는 사역자들이다. 주 안에서 이 위대한 사역에 헌신하는 크리스천 사업가들에게는 불가능이 없다.(빌4:13)

(2) 권능(dunamis)

오직 성령이 너희에게 임하시면 너희가 권능을 받고 예루살렘과 온 유대와 사마리아와 땅 끝까지 이르러 내 증인이 되리라.(행1:8)

권능은 예수께서 이 땅에 계시면서 하나님의 뜻을 이루시기 위하여 사용하셨던 초능력으로 하나님께서 주신 영적 능력이다. 예수께서는 이 권능을 사용하셔서 우리의 죄를 사해 주셨으며(마9:6), 귀신을 쫓아내셨다(마10:1). 또한 이 권능으로 예수께서 우리를 사단에게서 구출하셨으며, 영적 공동체인 제자공동체를 만들어 제자들을 양육하셨고, 마침내는 모든 권능을 제자들에게 주어 파송하셨다(마28:18~20).

예수의 권능을 이어 받은 모든 사역자들은 권능으로 사역하여야 한다.(막16:17~18) 그러나 영성이 고갈된 사역자나 삯군 사역자는 권능이 아닌 자신의 능력(power)으로 일한다. 물론 그 결과는 또 하나의 바벨탑을 건설한다거나, 자신을 증명하는 것에 불과하다.

　예수께서는 하나님의 능력인 권능을 사용하여 치유, 구원, 변화, 성숙, 사역 등의 사역을 행하셨다. 성령의 강한 인도하심 속에서 영적 관계 형성으로 권능을 제공받은 사도들은 권능으로 사역하였다. 이와 같이 모든 그리스도인들도 성령의 강한 인도하심을 받아 이 권능을 사용하여 예수님의 사역을 이루고 있는 것이다.

　비즈니스의 현장은 말라카의 현장이다. 말라카 시스템 속에서 사람들이 그토록 집착하여 인생을 걸고 이루고자 하는 것은 성공이다. 그러나 모든 성공은 결국 실패로 끝나고 마는 것이 말라카의 현실이다. 역사상 얼마나 많은 일등이 있었는가. 그러나 모든 일등들은 그 일등의 자리를 노리는 무수한 이들에게 일격을 당해 결국은 밀려 난다. 이런 말라카 시스템을 서로 섬기고 나누며 공존하는 아보다 시스템으로 바꾸기 위해 하나님은 크리스천 사업가들에게 권능을 주어 파송하신다.

① 권능과 능력
　하나님의 말씀은 우리들에게 믿음으로 살라고 명한다. 어떤 경우에도 하나님은 이 말씀을 우리들의 다른 요구와 타협하지 않으신다. 그런데 우리는 우리의 능력으로 살아가야만 하는 현실에 직면해 있다. 여기에 그리스도인의 갈등과 상황윤리가 존재한다. 그리스도인의 어떤 상황에서도, 또 모든 관계에 있어서도 믿음의 원칙을 지키도록 부르심을 받았다. 그러나 능력의 원칙에 따라 살지 않으면 도태되는 냉정한 현실이 그리스도인을 질식시키는 현실이다.

성경은 능력(power)에 대해 매우 부정적이다. 공생애를 통틀어 예수님께서 단 한 번도 능력을 사용하지 않으신 것으로 보아 알 수 있다.

능력은 다음과 같은 경우 사용된다. 소유와 통제, 그리고 자기 증명을 위한 경쟁에서 승리하기 위해서, 자기의 영역과 직위를 획득하고 지키기 위하여, 사람들의 시선과 인기를 얻기 위하여, 결국 자신을 증명하기 위하여 등등

② 권능과 능력은 다르다.

권능은 하나님의 힘이며 능력은 인간의 힘이다. 권능은 하나님이 주신 힘이고, 능력은 인간이 축적한 힘이다. 권능으로 감당하는 사역은 우리를 겸손케 하지만, 자신의 능력으로 감당하는 사역은 사역자를 교만하게 한다. 그리스도인의 최대 특권은 하나님의 힘인 권능을 받아 하나님의 일을 위해 사용할 수 있다는 것이다.

권능은 2000년 전 성육신하여 이 땅에 오셔서 하나님의 뜻을 이루시기 위해 십자가의 길을 걸으셨던 예수께서 사용하셨던 힘이다. 낮아지기 위해, 섬기시기 위해, 하나님의 사랑을 이 땅에 실현하시기 위해, 희생당하기 위해, 이용당하기 위해, 무시당하기 위해, 잊혀 지기 위해, 배척당하기 위해 순교 당하기 위해, 그러면서도 자신을 이용하고 배척했고, 죽음으로 몰고 가는 그들을 끝없이 용서하고, 섬기고 사랑하기 위해…

예수께서는 하나님의 뜻을 이루기 위한 권능의 영역에서는 초강력이셨다. 사복음서에는 권능으로 인간을 섬기시는 예수의 모

습이 역동적으로 기록되어 있다.

③ 권능의 발생

　권능은 두 가지 경우에 발생한다. 첫 번째는 "오직 성령이 너희에게 임하시면 너희가 권능을 받고…"(행1:8) 우리의 계획과 바람과는 전혀 무관하게, 하나님께서 원하시면 언제 어느 상황에서도 성령과 더불어 권능이 발생한다. 두 번째는 성숙한 사역자들이 연합하여 사역적 시너지를 만들어 내는 경우다. 사도행전 3장에 보면, 베드로와 요한이 성전에 기도하러 갈 때 앉은뱅이를 만난다. 앉은뱅이는 베드로와 요한에게 빵을 달라고 요구하자, 베드로는 말한다. "우리를 보라." 그리고 "당신이 바라는 금과 은(power)은 내게 없지만 내 안에 있는 것(권능)을 네게 주노니 일어나 걸으라." 권능이 흘러나오며 앉은뱅이가 치유되었다.

④ 권능은 사역자를 통해 나오는 하나님의 능력이다.

　사역적 연합을 이룬 베드로와 요한에게서 영적 시너지인 권능이 흘러나와 앉은뱅이를 치유했다. 베드로와 요한에게는 앉은뱅이가 구걸하는 금과 은(능력)은 없었다. 그러나 그들에게 권능이 있어 앉은뱅이를 일으켜 세운 것이다. 성숙한 두 사역자가 하나로 연합되었을 때에 그들로부터 흘러 나오는 영적 시너지가 권능이다. 권세가 제자들 속에서 흘러나오듯이, 치유의 능력인 권능도 사역자로부터 밖으로 흘러 나와 치유케 한다. 12년 동안 혈루증을 앓던 여인이 예수의 뒤로 와서 그 옷에 손을 대니 혈루증이 즉시 그친 사건이 있다. 이때 예수께서는 "내게 손을 댄 자가 있도다 이는 내게서 능력(dunamis)이 나간 줄 앎이로다."(눅 8 : 46)고 말씀하셨다. 이렇듯 권능은 사역자로부터 흘러 나가는 것이다.

⑤ 권능을 상실한 사역의 현장들

불행하게도 사역의 현장에서 사역자들이 성숙한 연합을 이루지 못하고 분리되어 있다. 교회도 그렇고, 선교지도 그렇고, 선교단체도 그렇고, 기독교 기관도 그렇다. 비즈니스 선교에 헌신하는 크리스천 사업가들도 그렇다. 물론 적지 않는 크리스천 부부들이 정서적, 감정적으로 분리되어 있어 그들 사이에서의 영적 시너지를 기대할 수 없다. 목회자들 부부, 선교사님들 부부, 일터 사역과 비즈니스 선교한다는 크리스천 사업가 부부에게서 영적 시너지인 권능을 발견하기가 쉽지 않다. 그들로부터 권능이 발산되지 않는다는 것이다. 때문에 이들이 사역하지만, 진정한 사역의 열매를 기대할 수는 없다.

⑥ 사역자들은 권능을 회복해야 한다.

가정에서부터 시너지를 흘려보내야 한다. 자녀들은 부부의 시너지를 보고 자라야 한다. 자식들은 부모의 그 권능을 보고 자라야 한다. 그런 모습을 보고 자란 자녀들은 진정한 시너지를 알기 때문에 가정을 파괴하지 않는다. 이러한 권능은 실력에서 영력에 이르는 단계까지 가야 체험할 수 있는 것이다. 사역 이전에, 권능이 너무나 중요하다. 권능 없이 사역을 기대할 수 없다. 모든 사역에는 권능이 임해야 하고, 모든 사역자들은 권능을 힘입어야 한다.

첫째는 먼저 부부에게서 자녀에게로 권능이 흘러야 한다. 우리의 자녀들이 어릴 때부터 이 권능에 힘입어 살아야 한다. 두 번째로 모든 사역자와 사역의 현장, 그리고 크리스첸의 비즈니스 현장도 권능에 힘입어야 한다. 그래야 말라카 시스템이 된 일터와 사역의 현장을 아보다 시스템으로 변화시킬 수 있다.

(3) 일용할 양식(에피우시온)

양식은 인류의 가장 기본적인 욕구다. '하나님의 자녀'라는 신성한 정체성을 가진 그리스도인들도 배고픔에 빠지면 그 정체성을 쉽게 망각할 수 있다. 실직 등으로 인해 양식 해결의 어려움에 처하면 자신의 선성한 정체성을 망각하고, 문제해결을 위한 기도에만 집착하기 쉽다.

왜 우리들은 "일용할 양식"의 문제로부터 벗어날 수 없을까? 그리고 왜 예수님께서 우리들에게 일용할 양식을 구하라 하셨을까요? 그런데 예수님께서 말씀하신 "일용할 양식"의 의미는 무엇일까?

① 예수님께서 가르쳐주신 "일용할 양식"

주기도는 예수께서 제자들에게 가르쳐 주신 기도이다. 제자들에게 "일용할 양식"을 구하라는 말은 단순한 먹을 것, 마실 것, 몸을 위하여 무엇을 입을 것을 구하라는 말이 아니라, 보다 고차원적 차원의 양식을 구하라는 거다. 일용할 양식의 헬라어 에피우시온은 신약성경의 주님의 가르켜 주신 기도(마6장과 눅11장)에만 등장하는 예수께서 특별히 만드신 유일한 단어이다. 출 16 : 4에도

'일용할 것'이 등장하는 데, 마6 : 11의 '일용할 양식'과는 의미론적으로 많은 차이가 있다. 마6 : 11의 '에피우시온'은 하늘로부터 오는 양식을 의미하고, 출16 : 4에 나타난 '일용할 것'은 '하루 동안 먹을 분량의 양식'을 뜻한다.

에피시온은 '본질'이란 뜻의 헬라어 우시아와 관련된다. '나 혹은 우리의 본질'은 '하나님의 자녀'이다. 이 땅을 살아가면서 우리의 최우선적인 사명은 우리가 하나님의 자녀라는 그 본질을 유지하는 것이며, 또 그 본질에게 맡겨진 하나님의 의도, 즉 사명을 감당하는 것이다. 하나님은 우리가 하나님의 자녀인 본질을 유지하기 위한 에너지 양식과 비용, 하나님의 자녀로서 세상을 섬기기 위한 영성과 하나님의 능력 등등을 제공해 주시는데, 이에 해당하는 단어가 헬라어 '우시온'이다. 본질을 유지하고 확장시키기 위한 에너지를 말한다. 하나님의 자녀인 우리가 영적 본질을 유지하고 그 사명을 감당하기 위한 '영적 우시온'이 필요한데, 이에 해당하는 헬라어가 '에피우시온'이다. 주기도문에서 예수께서 언급하신 "일용할 양식"이란 단어이다. 에피우시온은 당시에 사용한 물질, 빵, 비용인 우시온이란 단어에 위로부터란 접두어를 붙여 만든 예수님의 신조어이다. 에피우시온은 제자들이 하나님의 자녀로서 하나님의 일을 감당하기 위해서 가장 필요한 에너지이며 곧 하늘로부터 공급되는 총체적 양식이다. 결국 예수께서 제자들에게 구하라는 '일용할 양식'은 섬김과 사역 더 나아가 샬롬을 위한 양식이다.

일용할 양식은 리더십에 비례한다. 일용할 양식은 '필요한(충분한) 양식'을 말하며, 필요한, 충분한 비용의 뜻을 가지고 있다. 일용할 양식을 구하는 것은, 부모에게는 가정을 유지할 수 있는 필수적인 양식과 비용을 충분히 달라는 기도이며, 공부하는 학생에게는 공부를 잘 마칠 때까지의 양식과 경비를 달라는 기도이고, 회사의 사장은 회사에 속한 모든 구성원들에게 필요한 양식을 충분히 달라는 기도와 회사가 유지할 수 있는 필요한 경비를 충분히 달라고 하는 기도이며, 국가의 지도자는 모든 국민에게 필요한 양식을 충분히 달라는 기도와 국가가 유지하는데 필요한 비용을 충분히 달라고 하는 기도이다. 그리고 제자들은 "하나님의 뜻이 이 땅위에 이루어질 때까지" 일용할 양식을 위해 기도해야 한다. 제자들은 주의 복음이 "예루살렘과 온 유대와 사마리아와 땅 끝까지" 하나님의 나라가 확장되기까지 필요한 리더십과 충분한 비용과 하나님이 맡기신 사역을 이루기까지 "하늘로부터 오는 양식을 주십시오"라고 기도해야 하는 것은 마땅하다.

② "일용할 양식"을 구하는 것은 효력을 회복시키는 기도이다.

'네가 밭 갈아도 땅이 다시는 그 효력을 네게 주지 아니할 것이요 너는 땅에서 피하며 유리하는 자가 되리라.'(창2:4)에서 "효력"이라는 단어는 하나님께서 인간에게 맡기신 이 세상을 하나님이 원하는 대로 다스리도록 주시는 하나님의 능력인 권능이다(행1:8). "권능"은 예수 그리스도의 구속과 부활의 능력으로 인해 우리에게 다시 회복된 능력이다.

권능이 아닌 자신의 능력으로 살아가면 효력이 발생되지 않는다. "일용할 양식"을 위한 기도야 말로 제자들의 특권이자, 이 기도는 하나님의 능력을 인출해 내는 비밀번호이다. 자신의 사업으로 하나님의 영광을 더 높이려는 크리스천 사업가라면 가장 먼저 간구해야 할 것이 에피우시온이다.

(4) 재능(talent)

아들이 대학을 졸업할 때가 되어, 이제 저 치열한 생존경쟁의 사회로 진입할 날이 가까워졌다. 그런데 이 예비사회인이 사회에 나가기 바로 직전인 이 순간까지 교회가 이 청년에게 과연 무엇을 가르쳐 주었는지를 생각해 보면, 먹먹하다.

30년 이상 목회영역에 머물고 있고, 지금은 한 교회의 담임목사인 난, 목회는 잘 할 수도 있고 못할 수도 있다고 생각한다. 그러나 목회는 무조건 바르게 해야 한다는 소신이다. 그런데 아이를 세상으로 보내는 성도이자, 아비요, 목사로서의 나의 맘이 이리도 먹먹한 것은 내가 목회를 바르게 하지 못했을 가능성이 매후 농후하다는 걸 드러내는 것이 아닐까!

미천한 내 목회경험과 비즈니스 선교 영역에서 이러 저러한 사업에 깊이 관계하고 있는 내 입장에서 볼 때, 교회 안에서, 은사를 발휘하여 교회를 탁월하게 섬기는 매우 유능한 젊은이들 중, 많은 청년들이 세상 경쟁력을 갖추지 못해 한쪽 날개 잃은 독수리처럼 그 총체적 삶의 비실비실한 모습들을 목도할 때마다, 내 안에 일종의 자괴감과 분노감을 감출 수 없다.

교회는 한 개인의 은사(gift)를 소중히 여긴 만큼 그 개인의 재능을 소중히 여기지 않고 있다는 점이 정말 아쉽다. 은사는 그리스도의 몸이 교회 공동체를 세우고, 확장하기 위해 하나님께서 성도들에게 주시는 일시적 선물이라면, 재능은 이 세상의 모든 사람들이 세상에서 생존하고, 또 가족과 이웃, 공동체에 샬롬을 이루도록 하나님께서 개개인에게 주신 창의력과 기술, 리더십 등이다.

그리하여 성도들이 은사를 잘 활용하여 교회에 충성하도록 지원하고 격려하고 배려한 만큼, 성도들이 재능을 계발하여 세상에서 소금과 빛의 사명을 잘 감당하는 성도, 즉 선교적 존재로 살아가도록 지원-격려 또 배려했느냐를 냉정히 따져 보면, 분명 은사가 재능보다 절대적으로 소중-중요하게 여겨졌다. 이러니 크리스천의 세상에서의 삶 속에서 무엇을 제대로 기대할 수 있겠는가?

크리스천들이 세상을 살아가는 태도 그리고 소위 말하는 신념시스템(Belief system)은 비신앙인들과 거의 유사하다. 예를 들자면, 이혼율, 로또구입 비율, 또 근무태도, 그리고 사회적으로 물의를 일으키는 지도자들의 비율, 탈세, 뇌물, 사바사바질 등에 있어 크리스천과 세상인들 사이에 별 차이가 없다는 것이다. 켄 엘드레드의 말대로 분명 "교회는 주로 하나님에 대한 생각과 사고의 전환을 일으키지만 그 밖에 다른 삶의 영역에서는 철저한 변화를 주도하지 못하는 단점이 있다." 그리고 "교회는 대개 직업, 교육, 정치, 보건, 자녀 교육, 가난 등의 문제에 대해 논하지 않는다." 때문에 인간 생활에 대부분을 차지하는 이러한 문제들이 변하지 않은 채 늘 문제로 남아 있는 것이다.

교회시스템은 은사로 작동되지만, 세상은 재능으로 작동된다.[19] 그러니 누구라도 재능을 탁월하게 연마해야 한다. 크리스천은 세상의 소금과 빛이다. 소금과 빛된 자의 삶을 살면, 삶 그 자체가 하나님의 사랑과 섬김을 전하게 되는데, 이를 킹덤임팩트라 한다. 세상에 킹덤임팩트을 끼치는 제자이기 위해서 '재능의 탁월함' + '탁월함의 사역화'가 되어 있어야 한다. 재능의 탁월함이야 세상에서 훈련하는 것이라 해도, 이 재능의 사역화는 반드시 교회가 책임져야 할 일이다.

굳이 그 세세한 예를 들 필요도 없이, 교회 내부를 자세히 살펴보라. 재능에는 무능력하지만 은사가 출중한 자원들이 얼마나 많은지를… 그리고 크리스천들이 사회에서 어떻게 살아가고 있는 지를 조금이라도 관심을 가지고 바라보면, 이들이 세상에서 소금과 빛으로 살아가기가 거의 불가능할 정도로 무기력하고 관심도 없다. 물론 세상이 험악해 지고 각박해져서 그 어느때보다 살기 힘들다는 건 분명하다. 그러나 2,000년 교회 역사상 세상이 교회에 우호적이었던 때도 없었고, 또 성도들이 세상에서 소금과 빛으로 살아가도록 내버려 둔 적도 없었다. 환경은 늘 최악이었다. 그럼에도 불구하고, 소금과 빛으로 살아간, 살아온, 살아갈 성도가 있었고, 있으며 있을 것이다. 그러니 상황에 기대여 변명하지 말자.

이 문제는 비단 교회의 문제만이 아니다. 수 없이 많은 선교단체와 크리스천 단체의 문제이기도 하다. 이들 단체에서 앞길이 구만리같은 청년들을 모아 놓고, 무엇인가를 열심히 훈련시키고 학습시키는데, 그 내용은 괘도를 수정해야만 할 때가 지난 지 오래 되었다는 생각이다. 재능 가능성 100%의 청년들을 모아 놓고, 이들을 '재능 무능력자화'하는 경우가 적지 않은 것 같다. 특히 내가 섬기는 비즈니스 선교의 현장에서 소위 선교단체들에 속한 청년들과(향후 선교사 후보자) 접해 보면 그 대부분 정말 심각하여 황당하다.

크리스천의 사명은 이웃에게 킹덤임팩트를 끼치는 것이며 이는 늘 최우선적 일상이어야 한다. 킹덤임팩트는 크리스천 개인 일상과 일 속에서, 단체는 그 단체 내-외부의 관계와 사역 속에서, 기업은 기업의 모든 활동 속에서 그리스도께서 모든 성도들에게 명하신 그 마땅한 일들이 당연히 이루어지는 것을 말한다. 이것이 세상에 하나님의 사랑과 샬롬을 전하는 길이며, 전도와 선교는 그 결과이다. 그러나 역사는 킹덤임팩트을 끼치지 못하는 전도와 선교가 남긴 폭력을 자세히 기억하고 있다.

모든 그리스도인들이 최고의 자리에 오를 필요는 없다. 또 반드시 그래야만 하는 것은 아니다. 그러나 모든 크리스천은 자기가 처한 위치에서 소금과 빛의 사명을 구체적으로 실천해야 한다. 바로 킹덤임팩트를 끼치는 삶이다. 그런데 킹덤임팩트를 끼치려면 탁월함은 전제되어야 한다. 탁월함은 지각(빌4:7)과 고도로 훈련된 기량(talent)이 시너지를 이룰 때 가능하다.

지식이 학문화 되면, 지성이 되고, 지성이 신학과 되면 지혜가 되고, 지혜가 사역화 되면 지각이다. 지혜의 사역화는 지혜가 말씀과 기도와 성령과 공동체와 함께 시너지를 이루어 내는 것을 의미한다. 지각은 결국 최고의 분별력을 의미한다.

요는 바로 이 탁월함과 탁월함의 사역화이다. 세상에서 킹덤임팩트를 끼치려면 탁월함은 필수적 대전제이다. 교회는 자녀들이 재능의 탁월함과 사역화된 재능으로 무장되어 저 거친 세상으로 나아갈 수 있도록, 구체적이고, 디테일하며 실천적인 먼가를 시도해야 한다는 것이다. 은사의 사역화, 지각+재능의 사역화, 탁월함의 사역화. 이 셋이 통합화된 총체적 사역화가 모든 그리스도인들에겐 절대적으로 필요하다.

하나님은 우리의 소명을 따르는데 필요한 재능들을 우리에게 주셨습니다. 사업에 관한 저의 관심과 재능은 제가 그분께 영광을 돌릴 수 있도록 그분께서 허락하신 것입니다. 이러한 재능들은 우리가 효과적인 하나님의 대리인으로서 매일의 삶 속에서 우리가 만나는 이들에게 하나님의 사랑을 나타내기 위한 것입니다.(켄트 험프리스)

① 재능이란 무엇인가.

폴 스티븐스는 은사와 재능을 구별한다. 은사는 우리가 특정한 일을 이루어내기 위해 일시적으로 부여되는 능력이고, 재능은 하나님분의 섭리에 맞게 설계되고 창조된 우리의 영구적인 한 부분이다. 은사는 그리스도인에게만 주어지는 것이다. 은사는 그리스도의 몸인 교회를 세우기 위해 성도들에게 일시적으로 주신 선물이다. 교회 공동체는 은사를 받은 자들의 섬김으로 세워지고 유지-확장된다.

출애굽한 이스라엘 민족이 광야에서 이동하는 동안은 하나님께서 만나와 메추라기를 공급하셨다. 그러나 이스라엘 민족이 가나안에 들어가 그들 스스로 식량을 구할 능력을 갖게 되자, 만나는 거두어졌다(수5 : 12). 이후로 백성들은 하나님이 주신 재능으로 자신들의 필요를 채우게 되었다. 재능은 이 세상 모든 사람들에게 주어진다. 그리스도 밖에 있던 사람도 종말의 날에는 지옥에 가겠지만, 그전에는 다 하나님의 사람들이다. 하나님의 자녀가 예수를 믿던 안 믿던, 이 세상에서 먹고 살기 위해서 주신 것이 바로 재능이다. 그런데 이 재능을 주신 근본적인 이유는 아보다를 회복해야 하는 데 있다. 즉 재능은 사람들로 하여금 먹고 사는 것 뿐 아니라, 이 땅에서 킹덤임팩트를 흘려보내도록 하나님이 주신 것이다.

② 재능은 반드시 평가 받는다.

영적인 또한 세속적인 일터에서의 하나님의 "부르심"이라는 용어를 처음 사용한 사람은 스위스 제네바의 개혁가 칼빈이다. 우리는 목수든지 창업가든지 의사든지 하나님의 부르심을 따르는 것은 정말 중요하다.

하나님의 "부르심"을 따르는 것에 있어서 우리 세대는 퇴보를 거듭했다. "부르심"은 목회자들의 전유물이 아님에도 어떤 교회의 전임 사역직으로의 부르심을 뜻하게 되었다. 그러나 우리가 어디서 어떤 직업을 가지고 있던지 우리는 하나님께로부터 부름을 받았음을 알아야 한다. 우리가 무엇을 하든지 우리는 하나님이 우리에게 주신 소명을 알고 전심을 다해 그분을 섬겨야 한다. 하나님은 결국 우리에게 하나님이 주신 달란트로 무엇을 했느냐고 분명 물으실 것이다. "나는 너에게 회사를 주었는데, 너는 그것으로 무엇을 했느냐?"[20]

마 25장 달란트 비유에는 주인은 종들에게 각각 한 달란트, 두 달란트, 세 달란트를 주고 떠난다. 종들이 받은 달란트가 은사라면 그것을 팔아먹던, 땅에 파묻어 두었던, 장사하다 사기를 당했든, 주인이 와서 평가하지 않았을 것이다. 주인이 종에게 준 것은 달란트(재능)였고, 돌아 온 주인은 종들이 남긴 이익에 따라 엄격하게 평가했다. 재능은 엄격한 평가를 받게 된다. 크리스천 사업가들은 하나님으로부터 재능을 받았다. 이 재능을 가지고 하나님의 원하는 사업과 운영을 통해 넉넉한 이익을 남겨야 한다. 하나님은 우리가 재능으로 섬기며 이익을 남길 수 있는 충분한 지각과 기량과 리더십을 이미 주셨다. 성경을 매뉴얼로 재능을 사용하면 이익을 남기게 된다. 하나님의 이 이익으로 하나님은 가난한 자를 먹이시고, 그 가정과 지역과 국가를 아보다 시스템으로 만드신다. 그러므로 크리스천 사업가가 사업으로 잘 하는 것 그 자체가 사역이요, 선교인 것이다.

③ 재능을 극대화하라.

하나님은 우리의 소명을 따르는데 필요한 재능들을 우리에게 주셨다. 재능은 매일의 삶 속에서 우리가 만나는 이들에게 하나님의 사랑을 나타내기 위한 것이다. 130명 직원 뽑는데 100만 명이 입사하겠다고 몰려드는 구글이나 페이스북 같은 기업은 직원의 재능을 극대화하기 위해 최고의 근무환경, 실내 디자인, 최고의 식사를 제공하고 출퇴근 시간을 자유롭게 하는 등 투자를 아끼지 않는다.

재능을 극대화하는 최고의 방법은 샬롬(아보다)시스템을 제공해 주는 것이다. 샬롬시스템은 일터가 곧 예배의 처소이자, 사역지며, 성경의 원리대로 운영되는 옥토와 같은 환경이다. 옥토에 뿌려진 씨가 30배, 60배, 100배의 결실을 맺듯이, 샬롬시스템에 있으면 재능이 극대화된다. 재능의 극대화는 사랑과 섬김을 받는 것에 비례한다.

재능에서 무한한 가능성과 그 가능성을 실현할 수 있는 아이디어와 기술이 들어 있다. 누구라도 자신 안에 존재하는 가능성을 개발하는 것이 중요하다. 또한 이 가능성은 창조성이 포함되어 있다. 때문에 누구라도 어떤 특정분야에 천재성을 가지고 있다. 이런 점에서 재능개발은 가능성을 실현하는 것인 동시에 창조성을 개발하는 것이다.[21] 그러니 가진 재능으로 기회만 노리지 말고, 재능을 극대화시켜야 한다. 기회는 늘 우리 곁을 서둘러 떠나지만 극대화된 재능을 만나면 떠나는 법을 모른다. 재능은 노력(연습과 훈련)에 의해 그 탁월함이 극대화된다. 재능은 모든 이들에게 주어졌으므로 식탁에서 쓰는 소금보다 흔하지만, 엄청난 노력을 해야 성공하게 된다. 자신의 재능을 극대화하여 인류를 섬기는 것은 하나님의 뜻을 성취하는 것이기도 하다. 재능을 극대한 결과로 종두법을 개발하여 인류를 천연두에 구한 에드워드 제너[22]가 좋은 예가 된다.

19세기에는 천연두라는 질병 하나가 500만 명의 목숨을 앗아갔다. 오늘날 에이즈로 생명을 위협받고 있는 환자들보다 월등히 많은 숫자다. 다행히 20세기에 들어서면서 수많은 학자들과 의료전문가들의 헌신적인 노력에 힘입어 완전히 근절된 첫 번째 질병이 되었다. 하지만 천연두 백신이 처음 개발되었을 당시에는 내로라하는 그리스도인들이 '하나님의 뜻'을 거스리는 처사라며 접종 반대 의사를 밝혔다. 나로서는 그들과 정면으로 대치되는 얘기를 할 수밖에 없다. 백신을 개발한 에드워드 제너야말로 하나님의 뜻을 성취해낸 용감한 인물이었다. 주님이 그토록 사랑하는 백성들을 치료해서 건강하게 만들지 않았는가?[23]

④ 재능을 사역화해야 한다.

해당 분야에 탁월한 능력을 발휘할 수 있다면 더 말할 것도 없다. 남을 돕는 일이 아니더라도 모든 노동은 본질적으로 이웃을 사랑하는 행위다. 크리스천은 굳이 직접 목회를 하거나 비영리 자선단체에 들

어가지 않더라도 스스로 하는 일을 통해 이웃을 사랑할 수 있다.[24]
(팀 켈러)

재능을 사역화해야 한다. 재능은 하나님께서 우리에게 말라카를 아보다로 회복하라고 주신 것이다. 재능을 사역화하기 위해서는 믿음과 재능을 통합하는 고도의 영적 훈련과 담대한 결단이 필요하다. 이는 참으로 힘든 작업이다. 그러나 우리의 재능에서 소명을 발견하고, 재능을 사역화 하는데 이젠 머뭇거릴 여유가 없다.

야구에 탁월한 재능이 있어 프로선수로 성공가도를 달리는 분이 있는데 믿음 안에서 별 은사를 못 찾아 고민하고 있다. 하나님께 영광을 드리기 위해선 교회에서 무언가에 최선을 다해 봉사해야 한다고 생각하지만, 딱히 그럴만한 영역도 없고 기쁨은 없고 … 그렇다면 이분이 야구를 포기하고 어찌하든 은사에 맞는 전문사역을 찾아 헌신해야만 하나님께 제대로 영광을 올리는 것일까? 꼭 그렇지는 않다. 그보단 자신의 야구재능을 사역화하는 노력이 필요하다. 이분은 자신의 은사를 아직 찾지도 사역화하지도 못하였지만, 그러나 자신의 탁월한 재능을 사역화한다면, 자신의 직업과 믿음을 통합한 사역자로서의 전적으로 헌신하면 하나님께 보다 더 위대한 영광을 올려 드릴 수 있을 것이다.

찬양사역자 중 일반가수로 성공하여 세상에 매우 강력한 킹덤임팩트를 끼치는 분들이 있다. 이런 분들은 은사와 재능이 동일하고, 그 은사이자 재능을 전문화-사역화하는데 성공한 이들이다. 그런데 이런 분들이 과연 얼마나 될까? 찬양사역자 중, 일반가수로 자립할 수 있는 분은 분명 상당히 줄어들 것이고, 게다가 킹덤임팩트까지 끼칠 수 있는 이들은 극소수가 될 것이다. 이런 점에서 보면 재능화 안된 은사를 세상의 직업으로 택하기는 꽤 힘들고, 또 은사를 재능화했더라도 그 재능을 사역화하지 않으면 세상에 킹덤임팩트까지 끼치기는 더욱 더 힘든 것이 분명하다.

나는 지금, 은사자들이 재능을 사역화한 이들보다 더 열등하다는 그런 터무니라곤 전혀 없는 주장을 하는 것이 아니다. 그리스도인이라면 마땅히 자신의 재능을 사역화해야 한다는 점을 강조할 뿐이다. 그래야 모든 그리스도인이 세상의 자기 일터에서 바로 그 세상을 변화시키는 대리인이 될 수 있음이다. 또 하나, 이제부터는 재능을 포기하고 은사자로만 돌아서는 행위에 대해 영적 여과 없는 의미를 왕창 부여하는 데는 인색할 필요가 있단 것이다.

하나님께서 한 크리스천 가수에게 찬양사역에만 헌신하라시면, 그는 주저 말고 가수직을 포기해야 한다. 그런 경우가 아니라면, 그가 가수의 재능을 버리고 은사에 몰입하기 보단, 그 재능을 사역화한 가수로서 세상에 하나님의 사랑과 그리스도인의 섬김, 그리고 복음을 전해야 한다. 이렇게 할 때 그의 삶은 하나님이 보다 기뻐하시는 전적인 헌신이 될 것이다. 이리되면, 그에게 노래하는 일은 직업을 넘어 소명이 되며, 직업의식의 굴레에서 벗어나 소명의식의 감격으로 헌신하는 사역이 될 것이다.

교회가 총명한 목수를 대하는 걸 보면, 보통은 취하도록 술을 들이키지 말고, 여유 시간에 망아니짓을 하지 않으며, 주일마다 꼬박꼬박 예배에 출석하라고 타이르는 게 고작이다. 하지만 교회가 해 주어야 할 얘기는 따로 있다. 신앙을 쫓아 살려면 무엇보다 훌륭한 테이블을 만

드는 게 우선이라고 가르쳐야 한다.[25] (도로시 세이어즈)

(5) 소명

하나님을 따르는 이들을 우리는 세상의 '빛과 소금'이라 부른다. 그러나 우리가 비즈니스 영역에서의 하나님의 제자들의 삶을 본다면 우리의 사명을 잃고 지내는 것이 아닌가 하는 생각이 든다. 웹스터 사전에서는 Vocation(소명)을 정의하기를 "정해진 또는 적합한 일"이라고 했으며 Calling은 직업, 거래, 비즈니스, 전문영역으로 정의하고 있다. 우리의 사명을 감당하기 위해서는 하나님의 목적뿐만 아니라 사회에서 우리가 감당하는 특정한 영역의 직업의식을 조합할 줄 알아야 한다. 하나님이 이 세상을 주님의 질서대로 창조하셨다. 주님은 모든 생명체들이 자신의 영광과 품성을 드러내도록 계획하였다. 따라서 사회의 각 영역에서의 기초 일원이 되는 것은 그의 인격을 드높이는 일에 참여하는 것이다.(마륵스)

① 소명을 발견해야 한다.

소명이란, 주께서 내게 주신 재능을 사용해서 그분의 계획에 따라 영원히 의미 있는 방법으로 일하라고 부르시는 하나님의 개인적인 초청이다.[26] (존 맥스웰)

자신의 일에서 소명을 발견하는 것은 매주 중요하다. 그러나 오늘날 기독교인들은 신앙생활 가운데 헬라철학의 영향과 세속화로 인해 잘못된 이분법적 사고를 가지고 소명과 비전에 대하여 왜곡된 생각을 가지고 있다. 특별히 교회와 세상, 목회자와 평신도, 주중 6일과 주일, 교회생활과 직장생활, 주일학교와 공교육 등의 결과 세상 가운데 빛과 소금으로서의 영향력, 하나님의 창조사역에 동참하도록 부르신 동역자로서의 일상과 직업, 하나님의 능력을 흘려보내기 위한 경제활동과 일상은 그 힘을 상실하였다. 로버트 프레이저에 따르면, 더욱이 교회 안에서 가지는 소명의식의 오해는 모든 그리스도인들 중 3% 정도만 전임 사역자로 부름을 받았고 97%는 자신의 삶의 일터사역자로서 그들 일을 통해 천직으로 하나님 나라를 이루는 것임에도, 하나님으로부터 부르신 소명은 오직 소수의 전임 사역자들만의 것인 양 인식되어 오고, 대부분의 크리스천들은 헌금을 통해 재정적으로 돕는 것으로만 이해되어 버렸다는 것이다.[27]

> 사람들이 자기 직업에 대해 소명감을 갖고 천직으로 여기면 그의 내면은 크게 변한다. 자신의 직업에 강한 소명을 느낄 때, 이는 신앙과 사회 활동 간의 교량 역할을 한다. 소명감이 생긴 자는 행동과 직장생활에서 드러난다. 그러나 소명의식이 직업의식으로 바뀌면 사람의 개인적인 삶(주일)과 공적인 삶(월요일부터 금요일까지) 사이에 연결고리가 약해진다.
> 따라서 직업은 거룩한 사명이라기보다는 개성의 표현이며 부르심에 대한 순종이라기보다는 개인적인 성취 수단이다. 그리고 사회적인 변화라기보다는 개인적인 충족감이다.[28] (로버트 뱅크스)

결과적으로 그리스도인으로서의 영향력을 상실하게 되었다. 오늘날 대부분 교회가 사역으로 인정한 일만이 영적인 일이라고 생각해서 그것에 더 많은 헌신을 요구하고 있고 -교사로서, 중직자로서 교회 프로그램을 위해 일하는 것이 영적이며- 일터와 직업을 가지고 세상에서 하는 일은 영적인 목적과 전혀 관계없는 것으로 여기고 있다. 교회에서 기도하는 일은 영적이지만, 설거지하고 시장을 보는 주부의 일, 거래처 사람들을 만나고, 물건을 파는 일은 영적인 일이라고 생각지 않는 오해를 가져오게 된 것이다. 그리고 때로는 교회봉사를 하지 못하는 것 때문에 죄책감을 가지기까지 한다. 그 어떤 직업도 영적이지 않은 직업이 없으며, 그 어떤 일도 영적이지 않은 일이 없다.

우리는 우리의 일상 가운데 부름을 받은 자이다. 히브리적 사고에서 일과 놀이와 예배의 어원이 같다는 것은 우리가 세상에서 하나님의 백성으로, 하나님의 창조적인 동역자로서의 소명과 비전의 본래적 의미를 다시금 되새기게 한다. 성경은 우리의 일상의 자리, 그 환경과 그 일터와 그 관계 가운데 하나님과 동행하는 것, 그리고 그 속에서 하나님의 창조사역에 동참하는 것, 하나님의 나라를 확장하는 것으로 부름을 받았다. 교회만이 영적인 자리가 아니다. 또 비영적 시스템의 직장과 관계 가운데 눌려서 지내는 것 역시 하나님의 뜻이 아니다. 하나님께서는 지금 거하는 그 자리 그 환경에서 거룩한 하나님의 일하심의 통로로 우리를 부르셨다. 이것이 소명이다.

② 직업의식인가, 소명의식인가?

우리 모두는 독특한 능력과 기술을 가지고 있다. 우리는 나름 다양한 직종의 재능과 능력을 선물로 받았다. 그런데, 왜 많은 사람들이 자신의 능력을 사용하는데 있어서 좌절하고 있을까? 우리의 능력으로만 일을 잘 해결해는 것으로는 충분하지 않은가? 이 질문에 대한 답은 NO다. 우리가 우리의 능력으로만 일을 해결하려고 한다면 우리는 모두가 원하는 만족감, 의미, 또는 성취감을 느끼지 못할 것이다.

우리의 직업과 우리의 삶을 설계할 때에 우리 마음속에 꼭 가져야만 하는 큰 그림으로써 소명을 생각해야 한다. 우리의 삶에서의 차이를 만들어내는 것은 우리의 소명이며 우리에게 의미를 부여할 것이다. 우리의 소명을 따르는 이들 중 일부는 세월이 흐른 후에 우리가 우리의 삶으로 세상에 얼마나 많은 영향력을 끼쳤는지를 알게 될 것이다. 스티브 코비가 말하기를 우리는 "살고 사랑하고 배우고 유산을 남기기" 원한다고 했다. 그러나 유산을 남기는 것이 우리가 소명을 따르는 것보다 나은 것은 아니다. 유산은 영적 필요와 연결되는데 영적 필요는 의미와 목적과 기부함이다. 우리의 일은 단지 우리의 행해야만 하는 어떤 일만은 아니다. 오히려 일은 매일의 일상에서 우리의 소명의 응답하기 위한 최고의 기회이며 공급적으로 영적 유산을 남기는 것이다. 사람들은 당신의 재능적 가치를 오랫동안 기억하지 않겠지만 당신이 소유한 영원한 가치를 기억할 것이다. 소명이란 단어는 라틴어 vocalre에서 왔는데 '부르다'라는 뜻이다. 소명은 당신보다 더 큰 어떤 것과의 커넥션, 바로 그 것이다(소명은 당신 안에 있는 영원한 가치에 대한 소리를 듣는 것이다. 파커 팔머).

테러와 자연재난 그리고 일상에서의 존재의 불확실성이 세상을 뒤흔들어 놓을 때에 작금의 사명감과 우리의 일 속에서의 소명을 찾는 일은 대단히 놀라운 일이다. 인생에는 몰게이지와 자동차 할부금보다 더 중요한 것이 존재한다는 사실을 알아야만 한다. 우리는 세상을 어느 정도 진전시키는 차이를 만들어내는 그 소중함과의 커넥션을 찾아야 한다. 이런 점에서 리더들이 이러한 사실들을 깨닫는다면 세상은 보다 행복해 질 것이다. 그러나 무엇을 어디에서 시작해야 할까? 나는 당신이 가장 즐거워하는 일 (당신이 가장 열광하는 일)을 찾아야 한다고 주장한다. 열정(Enthusiasm)이란 단어는 그리스어로 en+theos 그런데 문자적으로는 '우리 안에 계신 하나님(God in us)'의 뜻이다. 진정한 열정이란 것이 단순한 오락이나 즐거움 이상의 것이라는 것을 깨닫는 것은 종교인이 아니어도 알 수 있는 것이다.

이는 우리 내면 깊숙한 곳에서 나오며 우리를 소명과 의미 있는 것으로 연결시켜준다. 프레드릭 듀크너에 의하면 "신이 당신에게 지명한 곳은 당신의 진정한 기쁨과 세상의 깊은 갈증이 만나는 곳이다." 스스로에게 물어보라. 세상이 지금 필요로 하고 갈급해 하는 것이 무엇인가? 어떻게 하면 고유하고 독특한 나의 재능들과 기술들로 그 필요와 갈급함을 채울 수 있을까? 이에 대한 해답을 찾기까지 쉬지 말라.

직업은 바뀐다. 그런다고 해서 소명을 포기해서는 아니 된다. 우리가 헌신하는 모든 일에는 다음의 세 가지가 있어야 한다.

㉠ 능력과 기술

특정한 직업의 일을 해낼 수 있는 능력들과 기술들이 있어야 한다. 그러나 능력들과 기술들만으로는 소명의식과 성취감을 찾을 수는 없다.

㉡ 성격과 성향(Tendencies)

어떻게 사람들과 관계하는가? 어떤 종류의 환경들에서 당신은 가장 편안한가? 당신은 표현이 풍부하고 비전에 사로 잡혀 있는가? 아니면 분석적이고 논리적이고 섬세한가? 당신의 가장 강한 성향을 이해하는 것이 진정으로 의미 있고 즐거운 일을 찾는 첫 걸음이다.

ⓒ 가치, 꿈, 그리고 열정

가장 즐거워하는 것은 무엇인가? 돈이 문제가 아니라면 어떻게 당신의 시간을 보내겠는가? 당신의 어떤 주제로 끊임없이 돌아오게 되는가? 어렸을 때 진정으로 즐거워하였으나 직업으로 삼기에는 비현실적이고 실리적이지 못한다는 이유로 포기해야만 했던 활동들이 있는가?[29]

③ 소명으로서의 일

우리 모두에게는 할 일이 있다. 그것도 아주 고차원적인 일인 하나님의 피조물을 경영하는 것이다. 이것은 이 땅의 모든 남녀노소가 하나님께 받은 소명이다. 모든 직업, 우리가 살아가기 위해서 또 한 끼 양식을 얻기 위해서 하는 모든 일은 그것이 아무리 사소한 것이라 할지라도-버스를 운전하는 일이든, 표지판을 칠하는 일이든, 전화 받는 일이든, 컴퓨터 프로그램을 만드는 일이든 간에-세상을 경영하라는 이 명령에 비추어 볼 수 있다. 스스로 이 진리를 발견할 때, 우리가 누구며 우리의 참된 행복이 무엇인지를 발견할 수 있을 것이다. 그 때 우리 각자가 가진 독특한 빛깔들이 우리의 존재 안으로 되돌아오게 될 것이다.[30] (벤 패터슨)

하나님의 피조물인 인간의 삶의 목적은 '하나님을 영화롭게' 하는 것이다. 무엇으로 우리가 하나님을 영화롭게 할 수 있는가? 우리는 일을 통하여 하나님을 영화롭게 할 수 있다. 일은 신성하고 존엄하며, 하나님의 나라를 건설하는 사역이고, 그리스도인의 소명이다.

사람들이 자기 직업에 대해 소명감을 갖고 천직으로 여기면 그의 내면은 크게 변한다. 자신의 직업에 관한 강한 소명을 느낄 때, 이것은 신앙과 사회 활동 간의 교량 역할을 한다. 소명감이 생긴 자는 행동과 직장생활에서 드러난다. 그러나 소명의식이 직업의식으로 바뀌면 사람의 개인적인 삶(주일)과 공적인 삶(월요일부터 금요일까지) 사이에 연결고리가 약해진다. 따라서 직업은 거룩한 사명이기보다는 개성의 표현이 되며 부르심에 대한 순종이라기보다는 개인적인 성취수단이 된다. 그리고 사회적인 변화라기보다는 개인적인 충족감이 된다.[31]

(6) 스콜레(Skole)

우리는 쉽게 사도 바울을 목회자나 신학자로 생각을 하게 되나, 사도 바울 역시 사업가(businessman)이었습니다. 그의 선교여행은 비즈니스 루트(business route)를 따랐으며, 주중에는 사업을 하며, 함께 일하는 사람들과는 소그룹과 제자 훈련에 힘쓰며 안식일에야 말씀을 선포하였습니다. 로마로 가기 위하여는 에베소의 예언자들의 반대를 무릅쓰고 예수살렘으로가 황제에게 재판받기를 항소하며, 로마정부가 그의 모든 여행경비와 체류비까지 지불하게 하였습니다. 바울에게는 복음을 전하는 것과 사생활과 그의 비즈니스가 구분되지 않았습니다. 바울의 모델이야 진정된 선교사적 삶을 사는 성도요, 우리의 모범된 BAM 사역자의 모델이 아닌가 합니다!(이준성)

비즈니스의 모든 영역이 영적 거점이다. 영적 거점은 하나님의 사역이 이루어지는 토대를 제공하는 처소이다. 예수께서 영적 거점을 활용하셔서 치유와 선포를 통하여 하나님의 나라를 전하신 것은 신약 성경의 도처에서 확인할 수 있다(마4 : 12-13; 막1 : 29-31, 8 : 11-9 : 50; 요11 : 1-57, 13 : 1-). 이 본문들은 예수께서 파송되는 제자들에게 이 영적 거점 활용법을 전해 주고 계심을 나타내고 있다. 이 영적 거점 활용법은 사도 바울을 비롯하여(행13 : 1-3, 15 : 35, 16 : 12-14, 18 : 1-4, 11, 19 : 1-9), 2,000년이 지난 지금에까지 선교와 사역의 현장에서 주의 제자들에 의해 가장 많이 사용되고 있는 가장 효과적인 사역 방법이다.

'모든 거래와 경제 활동이 이루어지는 세계'인 사업을 예수께서 주도하시며, 하나님께서 경배 받으시며, 성경적 원칙이 적용되며, 성령이 활동하시는 처소로 만드는 일이 모든 크리스천 사업가들의 마땅한 사역이다. 크리스천 사업가는 자신의 영역을 처소를 만드는 사역자이며, 직원은 자신에게 허락된 공간과 시스템과 관계를 처소로 만드는 사역자이다. 이렇게 해서 형성된 처소를, 하나님께서는 영적 거점으로 사용하신다.

최초의 자비량 선교사였던 바울의 비즈니스는 가죽 세공업이었다. 이 점은 바울이 전형적인 도시선교사였다는 점과 더불어 바울이 자신의 사업과 사역의 통합을 이해하는 데 많은 도움은 준다.

바울은 창업을 통해 선교했다. 사도바울은 가죽 세공업자로 일하였다. 당시 유목민들의 이동 거주지 및 전쟁에 참사하는 군대의 막사가 가죽 텐트였고, 불화살을 막는 방패의 겉이 물이 흡수된 가죽이었고, 말안장, 군화 등이 가죽이었다는 점을 고려하면 가죽세공업은 대단히 활성화된 비즈니스였을 것이다. 아굴라와 브리스길라는 여러 도시에서 가죽제품을 사 모아 로마군에 납품하는 사업가였으며, 바울이 자신이 만든 가죽 제품을 이들에게 납품했다는 주장도 유력하다. 이러한 주장은 제1세기 도시선교사였던 바울이 다닌 도시들이 가죽제품들을 모아 로마에 납품하기에 매우 적절한 교통의 요지였다는 점에서 더욱 설득력이 있다.

바울이 2년간 머물면서 사업하고 선교했던 에베소도 교통의 요지다. 아시아의 물자를 유럽으로 보내는 최고의 항구였다. 바울은 사업과 선교를 분리하지 않았으며, 선교를 위해 사업을 이용한 것도 아니다. 이 점을 이해하기 위해서 우리는 바울이 두란노 서원을 따로 구했다는 사실에 주목할 필요가 있다(행19 : 9). 서원은 영어 School이고, 헬라어로는 스콜레(Skole)이다.

> 바울이 회당에 들어가 석 달 동안 담대히 하나님 나라에 관하여 강론하며 권면하되 어떤 사람들은 마음이 굳어 순종하지 않고 무리 앞에서 이 도를 비방하거늘 바울이 그들을 떠나 제자들을 따로 세우고 두란노 서원에서 날마다 강론하니라 두 해 동안 이같이 하니 아시아에 사는 자는 유대인이나 헬라인이나 다 주의 말씀을 듣더라 하나님이 바울의 손으로 놀라운 능력을 행하게 하시니 심지어 사람들이 바울의 몸에서 손수건이나 앞치마를 가져다가 병든 사람에게 얹으면 그 병이 떠나고 악귀도 나가더라.(행19 : 8-12)

지배서사(dominant narative)란 용어가 있다. 힘 있는 자 중심으로 사건을 기록하고, 해석하는 것을 말한다. 특히 성직자들은 자신들의 사관으로 성경을 일방적으로 해석하고, 그 눈으로 세상을 비판하는데, 비성직자들은 이에 반론을 제시할 수 있는 시스템도 없었고, 또 반론과 대안을 제시할 능력이 없었던 역사가 있었던 것은 사실이다. 종교개혁 이후, 소위 비지배서사적 시각과 해석에 문이 열렸고, 지금은 비지배서사의 당사자들의 사역이 중차대해졌다. 모든 지배서사에는 장·단점이 있다. 그러나 성경의 용어 해석과 주해에 있어 비지배층의 시각을 무시한 것은 분명 오류다.

예를 들어, 행19 : 9의 서원(skole)의 경우, 이 서원을 지배서사적 시각으로 번역되었을 수 있는 단어이다. 사도바울은 에베소에 2년 간 머물며 사역했는데, 이때 그가 사역을 위해 따로 준비한 곳이 행19 : 9에 나오는 두란노 서원(School)이다. 유진 피터슨은 메시지 성경에서는 '두란노 학교'로 번역했다. 그런데 이 school이란 영어 의 헬라어는 σχολη(스콜레, Skole)이고, 현재북구 유럽에서는 Skole란 단어가 '학교'라는 뜻으로 사용되고 있다.

그런데 2,000년 전 당시의 신약성서시대의 사회학을 연구하는 학자들에 의하면, 스콜레는 작업장(workshop)으로도 사용했다는 주 장이 매우 유력하다. 이를 뒷받침 해 주는 근거가 12절에 나오는 손 수건(soudarion)과 앞치마(simikinthion)다. 이때나 지금이나 가죽을 세 공하는 이들에게 손수건과 앞치마는 반드시 필요한 작업복의 일부 였다. 바울은 스콜레에서 일하면서 성경을 가르쳤다.

> 행19 : 12절에 바울의 '손수건', '앞치마' 이런 말이 나오잖아요? 이거 는 바울이 매뉴얼 레이버-아마 가죽 세공-복장으로 보입니다. 당시 많은 workshop(작업장) 들이 skole란 이름으로 불렸고… 그래서 아마 바울 혹은 바울 그룹의 멤버들이 작업장(가내 수공업 공장)을 빌 려 썼을 것이라는 것이 가장 유력한 추측입니다.(박영호)

이런 형태의 스콜레는 지금도 여러 곳에서 발견된다. 거대 디아 스포라인 중국인 크리스천의 경우, 일터가(주로 식당 등) 주일에는 교 회가 되고, 또 일터가 공동체의 중심이 된다. 이런 현상은 디아스포 라 모슬렘들에게서도 발견된다. 스콜레는 작업장이자 복음을 전하 고 성경을 가르치는 곳이었다. 이런 의미에서 "초기 기독교인들은 자신들의 일터와 집을 복음을 선포하는 거점으로 사용하였다."는

켄트 헙프리스의 주장은 매우 신뢰할만하다.[32]

가죽 세공업에 종사했던 사도 바울은 그 일터인 스콜레에서 일하며 복음을 전했을 가능성은 너무도 당연하다. 당시의 가죽세공이란, 일상에 필요한 가죽제품을 만드는 일도 있었지만. 로마군에게 군수품(군화, 말안장, 군용천막 등)을 납품하는 일은 매우 큰 비즈니스였다. 바울이 다니면서 복음을 전하는 지역은 당시의 대도시들로 예외없이 상업의 중심지였다. 바울은 대도시의 비즈니스 네크워크를 접촉하며 비즈니스와 선교를 동시에 진행하였다. 브리스길라와 아굴라의 경우는 로마가 통치하는 나라들의 중요 도시에서 군수용품을 조달받아 로마에 납품하는 납품업자였을 것으로 여겨진다. 이런 점에서 이들 부부와 바울의 관계는 비즈니스 파트너이면서 동시에 선교 동역자였던 것이다.

행19 : 12의 바울의 손수건과 앞치마가 치유의 도구로 사용된 것은 비즈니스 선교적 시각에서는 매우 중요한 의미를 지닌다. 사람들이 바울의 손수건과 앞치마를 가져다 자신들의 몸에 댔다는 것은 또한 의미 있다. 바울은 복음 전하는데, 성경을 가르치는 데만 능했던 것이 아니라, 가죽세공기술에도(재능) 탁월했던 것 같다. 그가 만든 제품의 질이 탁월했을 것이다. 해서 사람들은 그가 쓰던 도구들에 대해 특별한 의미부여를 했을 것이다. 오늘날 운동스타들이 입던 옷들과 운동도구들, 혹은 그들의 사인 된 물품들에 집착하는 메니아들을 보면 상상할 수 있다. 바울은 사역과 비즈니스에서 많은 매니아를 거느리고 있었다는 것을 추론할 수 있게 한다. 매니아는 하나의 운동을 일으키는 핵심 세력이 될 수 있다. 그리고 매니아는 자기들이 좋아하고 따르고자 하는 주인공의 일거수일투족에 깊은 관심을 보일 뿐만 아니라, 그의 모든 필요를 해결해 주는데 아까워하지 않는다.

스콜레는 바울의 전도자의 은사와 가죽 세공업자의 재능이 극대화되어 탁월한 비즈니스 선교로 승화되었던 사업과 사역의 거점이었음이 분명하다. 그리고 바울은 자신의 은사와 재능을 극대화시킨 결과인 탁월함으로 위대한 일을 감당해 냈던 것이다.

사도 바울의 선교여행들의 경비

목적이 있는 여행이라면 접촉자와 접촉지가 있어야 한다. 2,000년전 예수님 시대나 예수 사후 복음이 활발하게 전파되던 초대교회 시절엔 여행은 아무나 할 수 있는 건 아니었다. 특히 로마 식민지 국가인 이스라엘에서 유대인들의 통행은 철저하게 통제당했다. 통행허가증을 받는 이들만이 여행을 할 수 있었다. 예수님은 소위 방랑랍비였다. 뿐만 아니라 적지 않은 이들이 예수님과 동행했다. 그렇다면 다음과 같은 의문을 가지게 된다. 먼저, 과연 누가 예수님 일행의 통행권을 해결해 주었는가? 그 다음, 여행 경비는 어떻게 충당했는가? 마지막으로 여행의 목적을 이루는데 있어서 경유지와 목적지에서 예수가 만난 이들은 누구이고, 그 장소는 어디였는가?

바울은 세 번의 자의적 선교여행을 마치고 로마로 압송되었다. 물론 바울은 로마시민권자였기에 통행증 확보는 어려운 문제는 아니었겠지만 다음과 같은 의문이 든다. 그 여행 경비는 누가 제공했으며, 혹은 어떻게 마련했는지와 그가 방문하여 머물던 도시들은 당시 로마 문화권의 상당한 규모의 도시들이었다. 바울은 이 도시의 어디를 거점 삼아 선교했을까? 가정집들인가 또는 작업장(workshop, skole) 또는 사업체들인가? 행19 : 9에 의하면 바울이 서원(skole)에서 일하며 증거했다.

스탠포드대학에서 로마시대 때 여행경비를 연구한 결과를 가지고 사도 바울 1인이 선교여행에 얼마를 사용했는지를 추정해 보면 다음과 같다.
- 1차 선교여행시 1581 마일을 53일간 여행하면서 237 데나리온을 사용하였고,
- 2차 선교여행시 3050 마일을 100일 동안 여행하면 314 데나리온을 사용하였고,
- 3차 선교여행에서는 3307 마일을 92일 동안 움직이며 481 데나리온을 사용하였다.

바울이 로마로 압송될 시 2344 마일을 36일 동안 이동하며 699 데나리온을 사용하였다.

바울이 3 번의 선교여행과 로마행에 들어간 비용은 1731 데나리온으로, 1 데나리온은 일반 노동자의 하루 일당이었다는 점을 감안하면, 한국인 평균 일당을 대략 100,000원으로 잡아 환산하면 173,100,000원이 들어간 것이다. 엄청난 돈이다. 물론 바울이 죄수로 잡혀가 로마행의 비용은 로마정부가 헌금(?) 하였으니, 실제적으로는 103,200,000원이 들어간 것이다.

바울의 1~3차 선교여행의 기간은 245일, 바울 개인이 이 기간 동안 사용한 경비는 103,200,000, 이 기간 중 일일 평균 430,000원이다. 상당히 많은 비용이다. 물론 많은 사람들과 교회가 이 경비를 후원했지만, 자비량 선교를 원칙으로 하던 바울의 선교원칙을 보면 당시 사도 바울의 비즈니스의 규모가 결코 적지 않았을 것으로 여겨진다.[33]

3. 아보다의 회복을 위하여

(1) 아보다 회복을 위한 총체적 시스템

마가복음 1장에 보면 예수님께서 회당에 들어가자, 귀신들이 먼저 예수님을 알아본다. 이미 사탄의 세력이 패배한 영적 전투가 벌어진다. 그런데 영적 전투는 개인적인 충돌이 아니다. 예수의 세력과 사탄의 세력과의 시스템의 충돌이다. 예수께서 리더이신 시스템과 사탄의 시스템이 충돌하면 예외 없이 사탄의 시스템에 억눌려 있던 희생자가 나타난다. 성경에서 나오는 정신이상자, 귀신들린 자가 바로 그들이다. 그런 자들이 나타났다는 것은 이미 현장의 사탄의 시스템이 붕괴되어 마귀는 도망가고 그간 마귀에게 사로잡혔던 희생자들의 정체가 드러나면서 회복된다. 크리스천 사업가라면 마땅히 예수가 리더이신 아보다 시스템을 구축해야 한다. 그래서 사탄의 말라카 시스템에 억눌린 희생자들을 구출해야 한다.

C 감독이 국가대표 축구감독을 맡고, 이러한 시스템을 구축하려고 했는데 통하지 않았다. 결국 히딩크 감독이 한국 국가대표 감독을 맡게 되면서 한국축구는 선진화된 시스템 구축이 시작되었다. 그 후, C 감독은 축구 중계할 때마다 축구는 시스템으로 해야 한다고 강조한다. 축구는 개인기를 바탕으로 한 시스템으로 전략을 구축하지 못하면 승리하지 못한다. 이번 2014 브라질 월드컵을 보면 강팀일수록 개인기 갖춘 선수들이 만들어 내는 시스템이 탁월하다

는 것이 분명하다. 브라질과 독일의 준결승전이 이를 잘 증명했다. 브라질의 화려한 개인기를 7 : 1이란 스코어로 가차 없이 붕괴시킨 건 독일의 시스템이었다. 이 경기는 제 아무리 개인의 힘이 강하다 해도 시스템에서 나오는 시너지를 이겨낼 수 없다는 사실을 다시 한 번 보여 주었다.

그리스도인은 이 땅에서 아보다 시스템을 구축해야 한다. 이것은 모든 그리스도인의 사명이다. 비즈니스를 하든, 가정을 지키는 일이든, 선교지에서 사역을 하든 모든 영역을 아보다 시스템화 해야 한다. 그래야 사탄의 그 어떠한 공격이 와도 시스템으로 이겨낼 수 있다. 아보다 시스템은 믿음시스템, 가정시스템, 재정시스템, 사업시스템이 이루어진 총체적인 시스템이다.

① 믿음의 시스템

그리스도인은 누구나 주님과의 개인적 관계에서 믿음을 소유하게 된다. 성경은 은둔수사처럼 홀로 떨어져 믿음 지키는 것을 허락하지 않는다. 모든 그리스도인들을 영적 공동체인 믿음의 시스템 속에 함께(sun) 있으면서 샬롬을 누리고, 또 이 영적 시스템에서 창출되는 영적 시너지로 어떤 환란과 유혹과 어려움도 이겨낼 수 있다. 그래서 자신이 믿음의 시스템에 있다는 것은 매우 중요하다. 모든 힘은 시스템에서 나온다. 목사님들 당회가 힘들다고 하지만 그 안에 있을 때 힘이 있는 법이다. 회사도 마찬가지다. 회사에서 아무리 힘들다고 해도, 그 조직 안에 있을 때 힘이 있다. 시스템이 중요하다. 아버지가, 어머니가 병이 들어도, 실직을 당해도, 집이 망해도, 차압 딱지가 붙어도 그런 상황 속에서도 좌절하지 않고, 가정 전체가 믿음을 지키는 그런 믿음의 시스템이 중요하다. 하나님은 갈대아 우르에 있는 아브라함을 불러 믿음의 시스템을 구축하도록 하셨다. 그렇듯 모든 그리스도인들은 믿음의 시스템을 구축하는 사명을 부여받았다.

② 가정시스템

가정시스템이 건강하면 건강한 가정이 되고, 그 반대면 허약한 가정이 된다. 성경적으로 건강한 가정시스템이 작동하려면 세 가지 조건이 필요하다. 첫째는 가족이 하나 되는 믿음이다. 믿음으로 하나 된 가족은 어떤 상황에서도 성숙한 믿음에 이르게 한다. 둘째, 성경적 가정이다. 역사적으로 '이것이 가정이다'를 외치면서 수많은 가정모델과 시스템들이 등장했었지만, 하나님은 영적 공동체로서의 가정을 원하시고, 이를 통해 열국을 축복하신다. 성경의 원리로 움직이는 가정은 곧 에덴동산이자 세상에 믿음을 전하는 가장 효과적인 사역공동체이다. 셋째 부(wealth)다. 돈이 어느 정도 모이게 되면 재물(riches)이다. 이 재물은 건강-성숙하게 모으기도 하지만 모든 수단과 방법이 다 동원되기도 하기에 재물, 그것만이 하나님의 축복이고, 또 부라고 할 순 없다. 부는 하나님의 방법, 지혜, 자원의 지혜로운 사용들로 모으고 구축된 돈, 건강, 리더십, 존경받음(respected)을 말한다. 가정은 하나님이 주시는 부의 축복이 시작되는 곳이다. 또한 이 부는 건강한 가정을 통해 대를 이어 확장된다. 이런 의미에서 가정은 부를 창출하는 거룩한 사업체이다.

건강한 영적 시스템으로 작동되는 가정은 부를 창출하는 곳이자, 이 부를 세상에 유통하는 곳이고, 이로 인해 하나님의 나라가 확장되는 것이다. 부와 사명을 최초로 부여받은 이가 믿음의 조상 아브라함이다. 그로 인해 그 자손이 부를 누리게 되고, 부를 통해 열국이 부하게 되리라고 성경은 전하고 있다(창18). 가정이 성경적 시스템으로 작동하게 되면, 가정은 하나님이 축복하시는 거룩한 처소가 되고. 이 가정에서 양육된 자녀들로 인해 세상의 메마른 '정글과 광야'를 영적 정원으로 변화되며, 말라카 시스템에서 신음하는 하나님의 자녀들을 그 고통과 신음에서 구출할 수 있다.[34]

③ 재정시스템

성경적으로 세상을 열심히 섬겨서 이익을 창출하는 수입구조와 하나님께서 이익을 마음껏 사용하시도록 하는 재정시스템을 구축해야 한다. 이런 시스템 없이 후손에게 돈만을 넘겨주면 안 된다. 자녀에서 건강한 재정시스템을 넘겨주지 않고 돈만 넘겨주면, 자녀들은 돈을 사유화하여 자기가 돈의 주인이 되려 한다. 자신의 주인이 되고자 하는 이를 즉시 노예화시키는 돈의 특성상, 돈의 주인의 되고자 하는 이들은 예외 없이 돈의 노예가 된다. 이렇게 되면 더 이상 하나님께 '아멘' 하지 못하고 돈에게 '맘몬(아멘과 동의어)'하게 된다.

성경적 재정시스템 없이 돈만을 물려받은 자녀들을 결국 맘몬의 노예가 된다. 늘 돈에 쪼들려, 돈에 지배당하고, 그러다 보면 삶의 여유도 없어지고, 타인을 향한 배려가 사라지고, 나누고 베푸는 사역에 적극적이지 못하게 되어, 결국 하나님에게서 멀어지게 된다. 삶의 여유와 타인을 향한 배려가 사라지고, 나누고 베푸는 사역에 적극적이지 못하게 되어, 결국 하나님의 일에서 멀어지게 된다. 사업도 마찬가지다. 성경적 재정시스템을 구축하지 못하면 사업은 어느 새 사탄의 도구가 되고 맘몬이 숭배받는 터가 된다. 돈은 오직 예수님이 통제하실 때만 가장 선하게 사용된다. 재정시스템은 수입과 지출의 모든 과정이 예수께서 통제하시는 시스템이다.

④ 사업을 사역적으로 시스템화 해야 한다.

사업은 단지 이익을 창출하기 위한 시스템만은 아니다. 사업은 말라카 시스템을 아보다 시스템으로 회복시키기 위해 하나님께서 허락하신 사역의 시스템이며, 사업이라는 영역에서 발생하는 영적 전투의 진지다. 사업의 모든 과정에서 사탄의 시스템을 몰아내고 사탄이 틈타지 않게 하는 것이 중요하다. 먼저 사업가가 영적으로 늘 깨어 있어 사업가로서의 소명을 잃지 말아야 한다. 그리고 경건한 삶과 영적 분별력으로 사업을 운영해야 한다.

출근하여 사무실 들어가서 성경을 펴고, 기도하고 큐티하는 것만으로 만족하지 말고, 사무실이라는 공간과 사업 전체가 아보다 시스템이 되게 해야 한다.

> 오, 모든 크리스천으로 하여금 하나님과 함께 걷도록 하라. 자신이 소명을 가지고 일을 할 때, 자기의 일터에서 하나님을 바라보는 눈으로 행동할 때, 그리고 하나님께서 내려다 보시는 눈 아래에서 행동할 때, 일이란 하나님을 영화롭게 하고 이웃에게 봉사는 기회이다.
> (코튼 마터)

(2) 교회는 왜 아보다 시스템을 제공하지 못하는가?
내 일을 대신하라 했지 내 자리에 앉으라 하진 않았다.

이 세상에서 아보다 시스템을 가르치고 본이 되어야 할 곳은 교회뿐이다. 그런데 왜 교회는 세상에 아보다 시스템을 제공하지 못하였는가? 첫째는 성직과 비성직을 구별했기 때문이다. 에덴에서는 모두가 사역자며, 또한 모두가 예배자다. 그런데 말라카 시스템에서 성직과 비성직을 이분한다. 이에 대한 마틴 루터의 비판은 참으로 신랄하다.

> 교황, 주교, 신부, 수도사들을 '신령한 기분'으로 칭하면서 왕족, 귀족, 장인, 농부들을 '세속적 직분'이라고 부르는 건 모두 지어낸 소리(허구)다. 철저한 기만이요 위선이 아닐 수 없다. 그러므로 누구도 거기에 주눅들 이유가 없다. 크리스천이라면 누구나 진정으로 신령한 직분을 가졌으며 직무의 종류가 다르다는 것 말고는 아무런 차이가 없기 때문이다…. 사도 베드로의 말처럼 세례와 함께 제사장으로 드려졌기 때문이다. "너희는… 왕 같은 제사장이요 거룩한 나라요"(벧전2:9). 묵시록은 이렇게 가르친다. "피로 사서… 나라와 제사장들을 삼으셨으니 그들이 땅에서 왕 노릇 하리로다"(계5:9~10)[35]

둘째, 일을 영적인 일과 비영적인 일로 이분하였기 때문이다. 에덴의 아보다 시스템에서는 에덴에서는 일이 예배이고, 예배가 곧 일이다. 그러나 말라카 시스템에서는 일과 예배가 엄격히 이분되었다. 일에 관하여 인간적인 눈으로 신성함의 정도를 정하는 일은 이제 중단되어야 한다. 성직과 세속직으로 분리하고, 일을 영적인 것과 비영적인 것으로 분리했으니 영적 시너지는 처음부터 불가능한 것이었다.

미주

1) 탕자(蕩子, a prodigal)는 술, 성적 쾌락, 노름 따위에 과도하게 빠져 바르게 살지 못하는 사내를 칭한다.
2) 학자들은 집은 떠난 탕자는 데가볼리로 갔다고 한다. 예수님을 거절했던 데가볼리는 (막7) '열 성읍'을 뜻하는 헬라 말 '데카폴리스'에서 왔다. 예수님 당시에 주로 유대인 아닌 사람들이 살았고 헬레니즘 문화가 지배하던 여러 성읍이 동맹을 맺었는데, 이들은 본디 열 개로 대부분 요단 동쪽에 있었다. 이 지역은 성지 안의 이교권으로 통했다.(독일성서공회판 해설성경전서)
3) 빈곤이 어떤 하나의 특정한 원인에서 기인한 것이라기보다는 경제적, 사회적, 정치적, 영적인 것 등이 하나로 복잡하게 어우러져 생긴 것이라는 의미에서 이를 총체적 빈곤이라고 부르는 것이며, 이 빈곤의 해결 역시 어떤 특정한 하나의 원인을 제거함으로 가능한 것이 아니라 경제적, 사회적, 정치적, 영적인 것을 다 포함해야 하기 때문에 총체적 해결이라고 부른다.
4) 2013년 1월 7일 현재 Global Issue에 의하면, 약 30억 명 이상이 하루에 미화 2.5 달러 미만의 돈으로 연명하고 있다. 그리고 6억 명 이상이 하루 미화 1 달러로 연명하고 있다. 하루에 22,000 명의 어린 아이들이 빈곤으로 죽는다. 세계 22억 명의 어린 아이 중 10억 명이 빈곤에 시달린다. 세계 인구의 절반 이상이 도시와 그 주변 도시에 거주하는데, 그 중 1/3인 약 10억 명이 빈민 환경에서 거주한다.
(www.globalissues.org/article/26/poverty-facts-and-stats#src1)
5) 한계 상황에 처해, 회개하는 것도 은혜다. 그러나 그런 상황에 처하지 않도록 미리 믿음으로 대처하는 것이 지혜이다. 지혜는 회개를 거부하는 것이 아니라, 회개할 짓을 하지 않는 것이다.
6) 비즈니스는 환경의 청지기 역할을 장려한다. 비즈니스는 마음만 먹는다면 더 나은 환경의 청지기가 되게 할 수 있다. 또한 끊임없이 자연과의 새로운 관계 형성에 관여한다. 비즈니스는 제작될 제품과 제공될 서비스의 형태와 위치선정, 제작 방식, 사용될 자원, 그리고 폐기물 처리에 관한 결정들을 통해 청지기직을 수행하게 된다.(2004 로잔 보고서 59번. Business As Mission)
7) 데니스 베커, 280.
8) 토양은 살아있고 흙은 죽어 있다. 한 숟가락의 토양 안에는 수십억 개의 박테리아와 균류, 원생동물, 선충류 등이 들어 있다. 그리고 토양 한 움큼 안에는 지렁이, 절지동물, 기타 육안으로 확인할 수 없는 벌레 등이 많이 들어 있다. 건강한 토양은 다양한 생물체들이 모여 사는 아주 복잡한 세계라 할 수 있다.(크리스 마틴슨, 크래시코스)
9) 크리스 마틴스, 크래시코스
10) Mark L. Russell, 47-50.
11) 안식일이란 개념은 훗날 로마시대에 채택되어 인류를 당시의 혹독한 노동 환경에서 적어도 일주일에 하루는 구해 주었다.(홍익희, 54.)

12) 인터넷에서 검색하면 Avodah 이름으로 사역하는 세계적인 자선단체들이 많다. 또 BAM기업에서도 아보다는 핵심 영성이자 핵심 가치다.
13) 레너드 스윗, 관계의 영성, 22-24.
14) 이긴 사람의 득점과 진 사람의 실점의 합계가 zero가 되는 게임. 승자의 득점은 항상 패자의 실점과 연결되므로 치열한 경쟁을 야기하게 된다.
15) 뉴딜 정책(New Deal)은 실업자에게 일자리를 만들어 주고, 경제 구조와 관행을 개혁하고, 대공황으로 침체된 경제를 되살리기 위해 프랭클린 D. 루스벨트 미국 제32대 대통령이 1933년~1936년에 추진하기 시작한 경제 정책이다.
16) 케인즈(1883~1946)는 영국의 대표적인 경제학자이다. 이전의 학설들을 토대로 하여 '케인스 경제학'이라는 독창적인 이론을 창시해, 경기후퇴와 불황에 대해서 재정정책과 금융정책을 사용할 것을 강력하게 주장하였다. 케인스의 이론들은 다른 거시 경제학파들에도 큰 영향을 미쳤고, 그로 인해 현대 거시경제학의 창시자들 중 한명으로 널리 알려져 있다. 또한 20세기에서 가장 큰 영향을 미친 경제학자로 인정받고 있기도 하다. 1930년대, 미국에서 경제 대공황을 극복하기 위한 뉴딜정책의 이론적 기반을 제공하였으며, 최근 세계 금융위기로 인하여 다시 한 번 재조명받고 있는 경제학자이다. 그러나 그의 경제이론은 경제를 너무 단기적으로 분석하여 단기적인 성과에 집중하게 했으며, 그 과정상의 문제를 배제하고 오직 결과만 부각시킨다는 약점이 있다. 그는 지독한 동성연애자로 젊은 시절을 보내고, 30대에 결혼을 했지만 여성을 존중하지 않았다. 철저한 개인주의자인 그의 성향은 그가 정립한 경제 사상에도 영향을 주었다.
17) 폴 스티븐스, 하나님의 사업을 꿈꾸는 CEO, 117-118.
18) 하나님께서는 당신의 자녀를 섬기기 위해 종을 파송하셨는데, 종이 성직자란 이름으로 성도들 위에 군림하는 것은 양의 탈을 쓴 이리의 짓이며, 삯군 목자의 짓이다. 이런 환경 속에서는 세상의 말라카 시스템을 파괴하고 아보다 시스템을 구축해 낼 수 있는 영적 시너지가 발생하지 않는다.
19) 그러나 재능은 노력(연습과 훈련)에 의해 그 능력이 탁월해진다. 연습이 천재를 만든다. 재능은 식탁에서 쓰는 소금보다 흔하다. "재능 있는 사람과 성공한 사람을 구분 짓는 기준은 오로지 엄청난 노력뿐이다. 타고난 재능을 가지고 있다는 것은 출발선에서 조금 앞에 섰다는 의미에 불과하다."(스티븐 킹)
20) Jorg Knoblauch and Jurg Opprecht, 189.
21) 때문에 "우리 모두는 창의학자(創意學者)들이자, 혁신가이며, 발명가이자, 창조적 천재여야 한다. 이러한 명칭들은 더 이상 선택된 소수에게만 한정되는 것이 아니라, 싫든 좋든 개개인에게 모두 주어진다." 우리에게 창조성이 있다는 것은 존재론적으로 우리가 창조주이신 하나님의 형상이기 때문이며, 소유론적으로 보자면, 하나님이 주신 창의성으로 하나님의 뜻을 이루어야 하기 때문이다.(레너스 스윗).
22) Jenner, Edward(1749.5.17~1823.1.26) 영국의 의학자로 우두접종법을 발견하였다.

23) 필립 얀시, 기도, 470.
24) 팀 켈러, 97.
25) 팀 켈러, 94에서 재인용
26) 존 맥스웰, 크리스천이 직장에서 성공하는 법, 114.
27) 로버트 프레이저, 마켓플레이스 크리스천, 19.
28) 크리스토퍼 크레인, 마이크 하멜, 왕 같은 제사장 경영자의 영향력, 52.
29) 댄 밀러, 35-37.
30) 벤 패터슨, 일과 예배, 11.
31) 크리스토퍼 크레인, 마이크 하멜, 52.
32) 켄트 험프리스, 102.
33) www.openbible.info/blog/2012/07/calculating-the-time-and-cost-of-pauls-missionary-journeys/
34) 징기스칸의 사망 이후, 칸이 없는 상황이 2년, 5년씩 이어지는데도 제국은 분열되기는커녕 더 발전했다. 모든 제도도 정상적으로 운영됐다. 끊임 없이 전쟁을 치르는 국가가 최고 자도자를 두지 않아 권력 공백이 지속됐다니… 몽골 유목제국의 시스템이 얼마나 단단한지 미루어 알 수 있다. 이는 몽고제국이 인치국가가 아니라 법치국가, 시스템국가였음을 뜻한다."(김종래)
35) 팀 켈러, 85.에서 재인용

제4장 비즈니스 선교

1. 총체적 선교(Wholistic Mission)
2. 일터사역운동(Marketplace Ministry Movement)
3. 비즈니스 선교란 무엇인가?
4. 비즈니스 선교사

비즈니스는 "모든 족속에게" 가는 것을 용이하게 한다. 기독교인들에게 적대적이거나 혹은 폐쇄적인 국가들도[1] 기독교인들이 전도유망한 사업이나 경제적 이득을 가지고 들어갈 때는 환영을 받는다. 이것은 정직하게 그대로 행해져야지, "실제 영적 사역"을 행하기 위한 입국 전략으로 한다거나, 불법적인 전도를 가장하는 은밀한 포장이 되어서는 안 된다. 소금과 빛이 되어, 기업을 통한 긍정적인 영향을 사회에 끼치는 그리스도의 축복의 대사가 되어, 크리스천 사업가들은 궁극적으로 사람들을 하나님께로 인도할 것이다.[2]

1. 총체적 선교(Wholistic Mission)

하나님의 선교를 이루는 데 있어서 두 개의 큰 틀은 수직적 선교와 수평적 선교이다. 수직적 선교가 영혼 구원에 집중한다면, 수평적 선교는 하나님의 구체적인 사랑을 전하기 위해 그들의 경제적, 사회적, 영적 필요를 채워 주는 하나님의 뜻을 실천적으로 이루는 사역이다. 역사적으로 수직적 선교를 더 강조했다면, 수평적 선교는 경제를 포함한 다양한 매개체를 통하여 이 땅에 하나님의 나라를 실현하면서 하나님의 사랑을 구체적으로 전하는 사역으로 수직적 선교에 비해 매우 근자에 등장한 다차원적 선교이다. '총체적 선교'는 수직적 선교와 수평적 선교를 통합한 것으로 그리스도인들이 모든 자원을 총력화하여 개인의 영혼구원과 사회구원을 도모하는 총체적 사역인 것이다. 비즈니스 선교는 총체적 선교의 매우 효과적인 도구이자 하나님이 이 땅의 백성을 사랑하시는 핵심 전략이다. 경제활동을 창안하신 하나님은 크리스천 사업가에게 이 경제활동이라는 도구를 사용할 수 있는 능력을 주셨고, 이 능력으로 우리는 총체적 선교를 감당할 수 있는 것이다.

> 총체적 선교는 삶과 신앙의 모든 면들이 유기적인 성경적 통일체가 되게 하려는 시도이다. 이것은 경제 발전, 고용과 실업, 경제 정의, 사람들 사이에서 천연자원과 창조적 자원의 사용과 분배와 같은 비즈니스에 관련된 주제들을 향한 하나님의 관심을 포함한다. 이러한 주제들은 예수 그리스도와 교회를 통한 하나님의 구속 사역의 한 범주이다. 선교와 사회적 관심은 아직도 서로 분리되어 서로 무관한 것처럼 여겨진다. 이는 '성스럽다'거나 '영적'이라고 여기는 것들과, '세속적' 혹은 '물질적'이라고 여기는 것들 사이에 어떤 분리가 있음을 암시한다. 그러나 성경적 세계관은 삶의 통합된, 일관된 총체적 시각을 증진시키는 것이다. 사역은 '영적인 것'과 '육체적인 것'으로 나누어져서도 조각나서도 안 된다.[3]

2. 일터사역운동(Marketplace Ministry Movement)

일터사역운동은 지난 25년간 하나님이 역사하신 영역으로 총체적 선교가 그 뿌리이다. 일터사역운동은 전 세계의 크리스천 사업가들이 사역에 헌신하고 있는, 21세기의 지배적인 선교 운동이다.[4]

오늘날 수백만 명의 남녀들이 비즈니스, 교육 그리고 정부의 영역, 즉 일터에서 풀타임 사역자와 같은 부르심을 받고 있다. 주식거래인, 변호사, 기업인, 농부, 뉴스 리포터, 교사, 경찰, 배관공, 공장장, 리셉션리스트, 요리사 등등과 그 이상의 업종. 이들 중에는 주류 사회에서 영향력을 행사하는 이들도 있고, 수입이 적은 무명의 영웅들도 있지만, 이들 모두는 도시의 중심에 하나님의 나라를 이루는 사역에 거룩한 부르심을 받은 이들이다…하나님께서는 그들을 숨김없이 부르셔서, 이 사역을 위해 그들에게 기름을 부으셨다(사역자로 임명하셨다). 그들은 단지 증인 그 이상이다. 그들은 자신 직업에, 그 다음 그들이 거하는 도시에, 일세기 발생했었던, 그 변화를 이룰 수 있다.(에드 실보소)

일터사역운동의 시작은 다음과 같다. 약 25년 전부터 미국에서 직장인들이 모여서 기도하는 모임이 생기기 시작하였다. 그런데 회사의 CEO가 이 모임을 관찰해 보니 이들이 회사를 위해 기도하고 있다는 사실을 알게 되었다. 이후 어떤 기도 모임은 회사의 지원을 받기도 했다. 1990년에서 1995년 전후로 많은 회사들 안에서 직원들의 기도모임이 불붙듯이 일어났다. 일터사역의 아버지라 불리는 피트 해먼드는 직장 내에서 진행되는 기도모임과 성경공부 모임이 일터에 어떤 변화를 주었는지, 그리고 일터에 커다란 영적인 변화를 일게 했는지를 연구하기 시작했다. 이어 다양한 영역과 유형의 일터 관련 전문가들이 합세하면서 이 현상은 일터사역운동으로 확산된 것이다.

19세기 미국을 휩쓴 제2차 대각성 운동이 적어도 부분적으로 뉴욕시의 비즈니스맨들이 모여 함께 기도한 결과였다. 그런데 우리 시대에 발생할 3차 대각성 운동은 비즈니스 종사자들에 의해 초래될 가능성

이 있다…하나님 경제의 측면에서는 사역과 비즈니스 간의 구별이 없다.(빌 맥카트니)

일터사역운동은 이 총체적 사역을 이루는 일터와 비즈니스 영역에서 생겨난 비즈니스 사역으로, 일과 비즈니스에 성경적 원칙을 적용하도록 하며, 이 영역에 속한 이들이 자신들의 신앙과 일을 통합할 수 있도록 하고, 또 소명의식을 발견하여 사역에 헌신하도록 돕는 사역이다. 일터사역운동은 그 필요에 따라 일터사역, 자비량선교, 기업개발, 사회적 기업 그리고 BAM 등과 같은 5 개의 진영(camp)으로 확장되었다.

(1) 일터사역(Markerplace Ministry)[5]

> 일터의 현장에서, 단지 1%의 영적 잠재력만을 발휘하고 있는 수백만의 그리스도인들에게 만약 50%의 영적 잠재력을 발휘할 수 있도록 힘을 실어 준다면, 이 지구상에 엄청난 영적 능력이 역사하게 될 것이다. 매일의 삶속에서, 모든 사람들의 사역이 다시 한 번 교회의 생명력을 불러오는 원동력이 될 것이다.(로버트 프레이저)

하나님께서는 모든 역사 속에서 강력하게 움직이신다. 종교개혁과 16세기에 출현한 재세례파, 17세기 후반과 18세기 초의 청교도주의와 경건주의, 18세기의 모라비안, 감리교 운동, 미국의 대각성 운동, 1793년 인도로 항해해 간 윌리엄 캐리에 의해 시작되었던 19세기 여명기까지의 현대선교 운동, 19세기의 중국내지 선교, 학생기독 운동, 여성선교사 운동, 에든버러 회의와 에큐메니칼 운동, 20세기의 오순절 운동과 같은 다양한 운동들을 통하여 하나님께서는 잃어버린 영혼들을 구원하셨다. 일터사역 운동 역시 이 시대의 잃어버린 자를 구원하시려는 하나님의 강력한 구원의 방법으로 등장하고 있다.

이러한 의미에서 비즈니스 영역을 섬기는 선교 단체의 대안으로서 일터사역의 등장은 새로운 것이 아니다. 이미 100여 년 전, 찰즈 쉘던은 『주님의 발자취를 따라』란 자신의 책에서 모든 비즈니스 CEO들에게 "WWJD, 그리스도라면 어떻게 하실까?(What Would Jesus Do?)"[6]라는 기준을 제시했다. 같은 시기에 베를린 비즈니스 영역을 그리스도께로 인도하기로 결정한 '독일 그리스도인 비즈니스맨'이란 그룹은 일터에 있는 형제들을 전도하고 제자화하기 위한 CiW(Christian in the Workplace) 그룹을 조직하였다. CiW는 아직도 유럽의 독일어권 나라에서 강한 힘을 발휘하고 있다. CiW의 국제 파트너 중 일부만 소개하면 다음과 같다 : 유럽의 스위스 소재의 IVCG; 아시아에 소재한 FGBMA; 남미와 중앙아시아에 있는 La Red("비즈니스 네트워크"의 "The Net"이란 단어의 스페인어).[7] 이러한 하나님의 구원 사역은 역사 속에서 교회와 그리스도인들에게 강력한 영향을 주었다.[8]

'일터사역 운동'은 21세기 최초의 선교 운동이 될 수 있다. 풀러 신학교의 전 학장이었던 피어슨 교수에 따르면 모든 선교 운동은 '일반적인 위기감'에서 생겨난다고 한다. 하나님의 백성들과 교회가 하나님의 선교에 대한 열정에서 멀어지고, 자기들의 문화와 관습에 빠져 있을 때인 선교적 위기의 시기에, 하나님께서는 비주류의 사람(역사상 기득권자인 주류들에 의한 개혁과 변혁을 발견하기가 결코 쉽지 않다. 물론 이는 선교 운동에도 동일하다)들을 부르셔서 당신이 강력하게 역사하시는 선교 운동을 일으키신다.[9]

단일 문화권의 일터를 하나님께 드리기 위한 운동인 일터사역은 [10] 첫 번째로 일터에서 일터사역에 소명을 가진 위대한 무명의 그리스도인들에 의해 행해지는 사역들로서 조찬 기도회, 소그룹 사역, 성경공부, 자신의 일을 성경적 원칙을 바탕으로 적용하려는 모임, 비즈니스 관련 전문성 교육 등이 있다. 두 번째로는 주로 일터사역에 직·간접적으로 헌신된 사역자들의 필요에 의해 조직된 단체나 기관을 중심으로 이루어지는 사역으로서 한국을 포함하여 96개국에 200개 이상의 일터사역 단체와 기관들이 적극적으로 활동하고 있다.

세 가지 유형의 일터사역이 있다. 먼저 '일터를 대상으로 하는 사역'이 있다. 자신의 일터를 대상으로, 그곳을 영적 거점화하여 일터 내에 하나님 나라의 영향력이 끼쳐지고, 하나님의 원칙이 작동하는 것을 목표로 하는 사역이다. 두 번째로 '일터 내부에서 이루어지는 사역'로서 일터 내에서 이루어지는 사역으로 일터 내의 크리스천을 대상으로 하는 사역과 일터 내의 넌크리스천을 대상으로 하는 사역이 있다. 직장 사역이라든가 킹덤컴퍼니들이 이 유형에 속한다.[11] 마지막으로 '일터의 시스템과 역량으로 하는 사역'이 있다. 일터에서 나오는 영적 시너지로 세상을 섬기는 유형으로 BAM이 가능한 사역이다.

일터에서 증거하기

　이 세상에서 우리 그리스도인은 전도에 필수불가결한 존재다."라는 전도에 대한 로잔 언약의 정의는 일터에서의 복음 증거의 중요성을 강조하고 있다. 우리는 일터에서의 전도를 전통적으로 일터 내에서 회심자를 설득시켜 그리스도께로 인도하는 것으로 이해하고 있다. 일반적으로 사람들은 일 그 자체를 복음을 선포하는 일에 비해 상대적으로 덜 중요한 것으로 생각한다. 우리가 일을 중요한 것(복음 선포)과 덜 중요한 것(일 자체)으로 분리하면 일터에서의 복음증거사역을 대단히 방해하게 되는 것이다. 결국 이러한 현상은 정직성 결핍과 또 문화명령(창1 : 28)을 경시함으로 발생하게 된다.

　대신에 이 이슈 그룹은 삼위일체적 접근을 추천한다. 이 방법은 일과, 우리의 일을 위해 존재하는 일터에서 믿음의 일관된 실천을 통해 말과 행실로 복음을 충분히 선포하고 증거하는 것이다. 우리의 일을 위한 존재로서 우리는 하나님의 선한 창조물들을(창1 : 26; 사43 : 7) 지혜롭게 다스림으로 하나님의 영광을 나타내도록 아담에게 주어진 문화명령을 수행한다. 일을 통하여 말과 행실로서 복음을 선포함으로(벧전3 : 15; 골4 : 6), 우리는 하나님의 아들, 죽었다가 다시 살아나셔서, 우리에게 죄와 죽음의 권세로부터 우리가 자유롭게 하는 새 방법을 제공해 주신 예수 그리스도께 영광을 올린다(마5 : 13a; 고후2 : 15-18; 롬12 : 1-2). 일터에서 언행일치와 정직하게 믿음을 실행함으로서, 우리에게 생명을 주셔서(롬8 : 11) 일에 남다르게 노력하게 하시고(딛2 : 9-10), 하나님의 부르심에 합당한 삶을 살도록 하시는(엡4 : 1) 하나님의 영(행1 : 8)께 우리는 영광을 올린다.

　그리스도인의 인품(Presence)과 복음 선포(proclamation)와 복음적 삶의 실천(practice)은 일터에서 다원론과 박해의 도전에 대처하는 수단들이다. 다원론적인 일터에서 우리의 일하는 방법을 통하여, 우리는 바른 평판을 얻어야 한다(벧전2 : 11-12; 고전9 : 19-22; 요17 : 14-15). 박해의 기간에 우리의 믿음이 시험을 받게 될 것인데(요15 : 18-20; 딤후3 : 13), 만약 우리가 박해와 시련을 믿음으로 이겨

낸다면, 이는 복음을 들었지만, 복음이 실제적으로 행해지는 것을 보지 못했던 사람들에게 강력한 증거가 될 것이다(벧전1 : 6-7).

우리가 '인품'과 '선포'와 '실천'을 통해 증거하면 제자를 결실로 얻게 될 것이다(마28 : 18-20). 이렇게 생겨 난 제자들에게는 하나님을 신실하게 섬기기 위한 수단으로 '일터 모델'이 필요하다(빌4 : 9). 하나님의 말씀을 일과 관련된 상황에 적용하고자 하는 목적으로 조직한 일터의 소그룹은 새로운 제자들에게 도움을 줄 것이다(히10 : 25). 일터는 일터 그리스도인들이 회심한 일(converted work)을 증거하는 곳이며(골3 : 24), 이곳에서 신자들은, 돈이 아닌, 돈과는 상이한 하나님을 섬긴다는 증거가 되어야 한다(마6 : 24; 히13 : 5). 지역 교회들의 연합은 목회 사역에 새로운 일터 제자들을 제공하여, 공동체 안에서 그리스도의 몸을 세우게 될 것이다(갈6 : 10).

결론적으로, 일터에서의 증거는 특히 경제 세계화의 정황 속에서 세계복음화의 필수적인 요인이다. 구체적이지 못하게 구현되는 복음의 진리는 완전한 것으로 인정받을 수 없다. 예수께서 당신의 세상을 위해 육신을 입으시고 오셔서 하나님이 사랑을 실체적으로 드러내셨듯이 일터의 신자들도 이 세상을 위해 그렇게 살아야 하는 것이다. 바울이 지적했듯이 우리는 "이는 너희가 흠이 없고 순전하여 어그러지고 거스르는 세대 가운데서 하나님의 흠 없는 자녀로 세상에서 그들 가운데 빛들로 나타내며 생명의 말씀을 밝히는" 자녀인 것이다(빌2 : 15-16).[12]

(2) 자비량 선교(Tent Making)

국외 거주자들을 위한 법적 근거, 재정적 지원, 그리고 선교적인 명분을 마련해 주는 것이 가능하다. 예를 들어, 한 한국인 가정이 무슬림 국가에서 선교하는 것이 가능하다. 한국인이 무슬림 국가에서 소매상점을 차리게 되면, 그 상점은 그들에게 월수입을 가져다 주며 동시에 선교의 명분도 제공하기 때문이다. 이를 위해 필요한 기술을 배워 현지에 파견되는 비즈니스 선교사들도 있고, 파견단체도 있다. 예를들어 멕시코의 한 집단에서는 사람들에게 도자기 공예 또는 레스토랑 비즈니스와 같은 특별 훈련을 시킨 후 해외로 파견하기도 한다. 프로젝트를 위한 대출 기금 마련, 기술, 제품, 공급, 또한 해외 커넥션, 이러한 모든 비즈니스의 컨셉은 해외에 있는 선교컨설턴트의 도움을 얻는다.[13]

> 자비량 선교는 원칙적으로, 비즈니스에 고용되어 일하거나 비즈니스에 종사함으로 스스로 재정을 충당하는 크리스천 전문가들의 활동을 뜻한다. 이들은 후원자에 의지하지 않고 또 자신들이 섬기는 사람들에게 부담을 지우지 않고 사역을 수행할 수 있다. 텐트메이킹은 성직자나 전문 사역자가 아닌 평신도 크리스천에 의한 선교를 강조하는, 일과 복음증거가 하나로 통합됨을 의미한다. 텐트메이커가 선교 목적을 수행하기 위한 비즈니스 벤처에 속하게 되면, BAM과 사실 상의 중복이 생긴다. 그러나 텐트메이커들이 비즈니스의 한 부분일 수는 있지만, 비즈니스 그 자체는 BAM에서 그자체가 선교의 한 통합적 부분인 것과 달리, 비즈니스 그 자체는 선교와 전혀 관련이 없을 수도 있다. BAM은 비즈니스를 매체와 메시지, 이 양자로 본다. BAM 사역의 통합적인 한 부분으로써 '일자리 창출'이 있다. 텐트메이킹 역시 일자리 창출을 포함하고 있을 수 있으나, 그것보다는 단순히 선교를 용이하게 하기 위해 어떤 곳에 고용되는 취업('job-taking') 경우가 훨씬 빈번하다(2004 로잔 보고서 59번. Business As Mission).
>
> 매츠 튜네핵은 'BAM 입문서'에서 BAM은 1. Job makers, 2. 기업가들, 소유자들, 비즈니스 운영자들, 3. 비즈니스 발달, 4. 비즈니스를 통한 개인적 & 사회적 변화에 집중하고 텐트메이킹은 1. Job takers, 2. 모든 종류의 노동자들과 전문가들, 3. 일반적인 일, 4. 일터에서 또 일을 통해 증거하고 증인이 되는 것에 집중한다고 이 양자를 구별한다.

남동 아시아에서 오랫동안 텐트메이커로 사역했던 페트릭 라이는 텐트메이커들을 T-scale로 분류했다.

T-1은 고국의 회사의 직원으로써 외국의 회사에 파견 나간 사람이다. 이들이 외국에 나가게 된 주요 동기는 일 때문이다. 전적으로 회사에서 지원을 받으며 그 나라의 언어를 알지도 못하고 알려고 하지도 않는다. 또 그 해외 선교를 위하여 주님의 특별한 소명을 받지도 않았고 사명감도 없으며 훈련 받지도 않았고 특별한 선교에 대한 계획도 없다. 다른 말로 말하자면 살기는 외국에서 살지만 자기 나라에서 사는 것과 똑같이 살아간다.

T-2는 그들을 파송한 회사에서 전적으로 지원한다는 점에서 T-1과는 유사하나 이들이 외국에 나가는 주요 목적은 주님을 섬기고 특정 사람 그룹들에게 접근하는 방법으로 일을 모색한다. 이들은 현지 언어를 알고 있지만 유창하진 않고 현지인들에 대한 주님의 부르심이 있고 선교 경험도 있으며 훈련도 받았다. 그리고 그 지역을 전도하고자 하는 분명한 계획도 가지고 있다. 현지에서 선교 단체 혹은 교회와 연합한다(신앙적 지원과 상담을 위하여). T-2는 우선적으로 일자리를 잡고 그 다음 그 지역에서 교회를 개척하고자 하는 목적이 있다. T-2 사역은 그들의 직업이며, 그들의 직업이 곧 그들의 사역이다.

T-3는 T-1과는 굉장히 다르지만 T-2하고는 유사하다. 전도 대상 그룹에 접근하기 위한 수단으로서 직업을 갖는 것이 최우선적인 관심이며 두 번째는 아웃릿지플랫홈이고, 세 번째는 생계를 유지하는 수단이다. 이들은 주로 3년 이상의 선교적 또는 선교와 비즈니스 훈련을 받으며 전도와 제자 삼기와 교회 개척에 특별한 기획을 가지고 있다. 이들은 고국에서 보내오는 수입으로 사역하는 선교사들로서 현지인들에게는 전혀 기독교적인 인물로 보이지 않는데 세속

적인 직업으로 현지에서 살아가기 때문이다. 파송한 교회에서는 이
들을 당연히 선교사로 여긴다.

T-4는 풀 타임 사업자도 아니고 선교사도 아닌 신종이다. T-4는 실
제 직업도 있고 실제 하는 일도 있지만 세속적인 직업을 가지고
있는 T-3와 달리 T-4는 주로 가난한 사람들 사이에 사랑을 베푸
는 NGO로 활동한다. 예를 들어, 치과 의사, 간호원, social
worker, 경제 개발 worker, 현지 대학에서 유학하는 학생들이다.
이들은 자신들이 일해서 사는 것이 아니라, 고국의 후원 단체나 교
회에서 돈을 보내온다. 이들을 파송한 교회에서는 이들을 선교사라
고 여기지만 현지에서는 이들은 비종교적인 신분을 가지고 있다.

T-5는 전혀 텐트메이커가 아니다. 이들은 선교사들의 입국이 엄격하
게 제한된 국가에 비자를 가지고 입국하기 위하여 비즈니스를 사
용하고 있는 선교사들이다. 현지 회사에 소속되어 있지만 현지 회
사의 일은 거의 하지 않는다. 그들이 주로 하는 일은 물론 선교이
며, 소속된 회사에서 돈을 받지 않는다. 이들은 고국이나 선교단체
또는 교회에서 보내주는 돈으로 생활한다.

T-6는 텐트메이커의 부인들이다. 이들은 적어도 두 가지 일을 하는
데 첫째는 아내로서의 일과 두 번째는 본인 자체의 사역 혹은 남
편의 사역 속에서의 역할이다.

(3) 기업개발(Enterprise Development)

기업 개발은 민간 영리 부분의 크리스쳔 기업개발은 주로 총체적
지역 개발과 빈곤 구제에 전념하는 비영리 단체들로 이루어져 있
다. 이러한 비영리 단체-NGO들은 세계의 빈곤지역들을 섬기는 풀
타임 사역들로서 현지 사업개발을 통해 현지인들의 삶의 개선을 시

도한다. 일반적으로 가장 심각한 가난에 시달리는 이들이 섬김의 대상으로 이들이 스스로 빈곤에서 벗어날 수 있도록 돕는다. 미소기업개발(MED), 중소기업개발(SME), 소액금융기관/소액금융대출(MFI) 같은 세 유형으로 마을은행 같은 역할로 가난한 이들을 돕는다. 기업 개발은 '경제 개발' 또는 '재난 구조'와는 다른 개념이다.

'재난 구조'는 지진, 태풍, 기근, 전쟁, 등과 같은 비극이 발생할 시, 사람들을 돕기 위한 단기적인 도움이다. '경제 개발'은 인프라 구축, 사회건강복지 서비스, 환경보호 프로젝트, 그리고 경제적인 기회창출, 등을 이용해 빈곤이 일상인 사람들의 생활을 장기적으로 돕는 것이다. '기업 또는 사업 개발'은 경제 개발의 한 부분에 집중한다. 일자리 창출로 인한 지역사회의 경제가치 창출과 개발이 그 예이다. 대표적인 크리스천 기업개발기관들은 다음과 같다.

- Alliance of Philippine Partners in Enterprise Development(APPEND)
- Business Professional Network(BPN)
- The Center for Community Transformation,
- PE International,
- World Vision

(4) 사회적 기업(Social Enterprise)

사회적 기업이란 기업의 최고 우선순위를 공공의 이익 창출에 두는 기업을 말한다. 사회적 기업은 비즈니스 모델 및 원칙 그리고 시장의 힘을 활용함으로써 사회, 환경, 그리고 인간의 정의와 관련한 사회적 문제들을 개선하고자 한다.

사회적 기업은 다른 일반 사업체, NGO, 또는 국가 기관과는 다른 성격을 지닌다. 첫째, 기업의 상품 또는 서비스를 통해, 또는 사회적 취약 계층의 채용을 통해, 그 동안 다루기 어렵다고 인식되어 왔던 사회적 문제를 표면화시키며 공익을 창출한다. 둘째, 기업의 경제활동(상업활동)이 수익의 원천이다. 마지막으로 공익이 기업의 주요 목적이다. 이러한 목적의식은 말 그대로 조직의 DNA에 깊이 뿌리 박혀 있으며 이는 다른 어떤 것보다도 조직 내 우선 순위로 여겨진다.

초창기의 사회적 기업이라 함은 주로 조직의 선교을 실현하기 위해 비즈니스 모델을 활용해 수익을 거둬들이는 비영리 단체(NGO)들을 일컬었으나, 오늘날에는 사회적 가치 실현을 주 목적으로 하는 영리 조직까지도 포함한다. 사회적 기업들이 추구하는 사회적 요구는 다양하다. Social Enterprise Alliance에서 2009년에 시행한 한 연구에 의하면 사회적 기업들이 추구하는 주요 다섯 가지 선교은 다음과 같다; 인력개발, 주택 공급, 커뮤니티 및 경제 개발, 교육, 그리고 건강.

사회적 기업의 비즈니스 모델 역시도 다양하다. 소매업, 서비스, 제조업, 인력 서비스 공급 업체, 수수료 기반의 컨설팅 및 리서치 서비스, 커뮤니티 개발 및 재정 운영, 요식업 서비스, 예술, 그리고 기술 사업체에 이르기까지 범위가 다양하다.

① 사회적 기업 : 잃어버린 중간(Missing Middle)

이 시대를 살고 있는 우리는 현재 특이한 변곡점에 서 있다. 이 말은 우리가 마주하는 사회적 문제들이 우리의 역량을 뛰어 넘고 있다는 것이다. 전통적인 제도와 관습은 더 이상 사회적 문제를 해결하기에 충분하지 않다.

사회적 기업은 정부, 비영리 단체, 사기업들로 이루어진 세계에서 이른 바 "잃어버린 중간" 영역으로서 급부상하고 있다. 이들이 사회적 문제를 표면화 하는 방법은 다음과 같다.

㉠ 정부보다 더 효율적으로 : 정부가 모든 사회적 문제들을 해결하기에는 권한 부여 능력과 자원이 충분하지 않다.
㉡ 비영리 단체보다 더 지속가능하고 더 창의적으로 : 비영리 단체들은 자금 부족과 이노베이션 창출이라는 압박에 동시에 시달리고 있다.
㉢ 사기업보다 더 관대한 자세로 : 사기업은 주주의 이익 창출을 주 목적으로 하지만, 동시에 건강하지 못한 사회 내에서 기업이 성공할 수 없다는 제약 또한 인식하고 있다.

줄어만 가는 정부 재정 및 직원, 그리고 턱없이 부족한 사회적 안전망 시스템 속에서, 오늘날 사회적 기업은 사회의 문제를 해결하기 위한 지속 가능한, 시장 기반의 비즈니스로서 효율적인 방법론을 제안하는 조직체로 부상하고 있다.

② 사회적 기업의 효과

사회적 기업은 다른 어떤 비즈니스 모델보다도 높은 '투자 대비 사회적 수익'을 생산한다. 사회적 기업은 직접적이면서도 측정 가능한 공공의 이익을 창출한다. 예를 들어 구직 창출을 목적으로 하는 사회적 기업의 경우, 아래와 같이 네 가지 분야의 공익을 창출할 수 있다 : 첫째, 재정적 책임으로 구직에 어려움을 겪는 사회적 취약 계층을 대상으로 한 정부의 재정적 지원 부담을 덜어주고, 이들이 취업 후 경제적으로 자립할 수 있는 길을 열어준다. 둘째, 공익 안전으로 빈곤, 범죄 및 마약 중독 문화 등을 감소시킴으로써 사회적 기업체가 소속된 커뮤니티 내 치안을 더욱 강화하는 효과를 기대할 수 있다. 세 번째, 경제적 기회 창출로서 커뮤니티 내 인적 자본 향상 및 구직 창출을 통해 경제적 재건을 꾀할 수 있다. 마지막으로 사회적 정의 실현으로 사회의 도움을 가장 필요로 하는 사회적 취약 계층에게 취업의 기회를 제공해준다.

아이러니한 것은 사회적 기업체는 공공 재원 및 후원금 의존도를 줄이면서도 이 모든 사회적 이익을 창출할 수 있다는 점이다. 이들 기업체의 근로 소득은 후원금 또는 기부금을 대체하며 높은 ROI(투자 수익률)을 창출한다. 예를 들어 재정의 50%를 사회적 기업을 통해 충당하는 한 비영리 단체의 경우, 공공 재원으로 얻은 수익이 시장 활동을 통해 벌어들인 수익과 동일 금액이지만, 동시에 공공 재원으로 창출된 사회적 이익은 두 배가 되는 효과를 거두는 셈이 된다.[14]

③ 열매나눔재단(www.merryyear.org)

한국의 열매나눔재단은 사회적 기업과 관련된 한국 기독교의 자부심이다. 열매나눔재단은 사회적 기업을 다음과 같이 정의한다.

> 사회적 기업(Social Enterprise) 또는 사회적 목적기업(Social Purpose Enterprise)이라는 용어는 저소득층이나 노숙자, 소외된 사람들에게 일자리와 직업훈련 기회를 제공하기 위해 비영리 활동가가 설립한 기업을 지칭하는 말로 미국에서 처음 사용되었습니다. 이후 사회적 기업은

일반적으로 '영리활동을 하면서 수익을 창출'하는 동시에 '직업교육 및 일자리 제공 등의 사회적 목적을 달성'하며, 창출된 이익은 사회적 목적을 위해 재투자하는 기업을 뜻하게 되었습니다.[15]

새터민들이 남한 사회에 안정적으로 정착할 수 있도록 지원하는 열매나눔재단은 물질적-정신적 자립을 목적으로 세워졌으며, 새터민들에게 다음과 같은 세 가지를 제공한다.[16]

㉠ 일자리 창출 : 사회적 기업/취업알선
㉡ 자립교육/인권교육 : 새터민들의 기초 정착교육에서 자립 심화교육까지
㉢ 정책계발 : 탈북민들의 안정적 자립모델계발을 통한 정책연구 및 제안

열매나눔재단의 새터민 사역은 cross cultural 상황에서 진행된다는 점에서 일터사역과 BAM 사역을 다 포함하는 사역이다.

④ 블리스 앤 블레스(Bliss & Bless)[17]

미국 아이다호 보이즈(Boise)에 Boise Fry Company가 난민을 훈련시켜 고용하는 패스트 푸드 레스토랑이라면, 시카고 인근의 'I have a bean'[18]은 '출옥자를 위한 커피 스토어'이고, 대한민국 서울에는 새터민(탈북인)을 총체적으로 섬기기 위한 '블리스 앤 블레스'가 있다. '블리스 앤 블레스'는 '열매나눔재단'의 의미 있는 열매이다. 이 재단은 일터사역과 관련된 한국 기독교의 자부심이다. 이 자랑스러운 재단은 그 스스로가 표방하듯이 사회적 기업으로 스스로

사회적 기업을 다음과 같이 정의한다.

> 사회적 기업(Social Enterprise) 또는 사회적 목적기업(Social Purpose Enterprise)이라는 용어는 저소득층이나 노숙자, 소외된 사람들에게 일자리와 직업훈련 기회를 제공하기 위해 비영리 활동가가 설립한 기업을 자칭하는 말로 미국에서 처음 사용되었습니다. 이후 사회적 기업은 일반적으로 '영리활동을 하면서 수익을 창출'하는 동시에 '직업교육 및 일자리 제공 등의 사회적 목적을 달성'하며, 창출된 이익은 사회적 목적을 위해 재투자하는 기업을 뜻하게 되었습니다.[19]

새터민들이 남한 사회에 안정적으로 정착할 수 있도록 지원하는 열매나눔재단은 물질적-정신적 자립을 목적으로 세워졌으며, 새터민들에게 다음과 같은 세 가지를 제공한다.[20]

① 일자리 창출 : 사회적 기업/취업알선
② 자립교육/인권교육 : 새터민들의 기초 정착교육에서 자립 심화교육까지
③ 정책계발 : 탈북민들의 안정적 자립모델계발을 통한 정책연구 및 제안

열매나눔재단의 새터민 사역은 다문화적 상황에서 진행된다는 점에서 일터사역, 사회적 기업, BAM 사역을 다 포함하는 사역이다. 공식적으로 표방하지는 않지만 기업의 사회적 책임, 그 이상을 지향하는 킹덤 기업의 취지에서 시작된 블리스 앤 블레스는 새터민 청년들에게 안정적인 일자리를 주기 위해 처음으로 문을 연 카페 체인점으로, 2014년 8월 현재 새터민 8명이 정직원(바리스타)으로 일한다.

블리스 앤 블레스는 열매나눔재단, 서울시, 푸른나눔, 영풍문고 등 4개의 협력 단체가 역할을 분담하고 있다. 이들의 역할을 각각 세부적으로 살펴보면, 다음과 같다.

- 열매나눔재단 : 사업주관 운영, 설립자금 투자, 취약계층 선발/교육
- 서울시 : 예비사회적기업 위탁, 사업지도 점검, 정책사업화 추진
- 푸른나눔 : 사업장소 무상제공(45평, 15평, 무상임대기간 5년), 자원봉사자 제공
- 영풍문고 : 신간도서 현물후원, 민간기업 사회공헌

블리스 앤 블레스의 사업비전은 내적으로는 취약계층에게 안정적인 일자리 제공 및 창출, 성장을 통한 지속적 일자리 창출(연간 5~6명 취약 계층 고용 창출), 복지와 환경을 고려한 일자리 창출(단계적 도입)이며, 외적으로는 수익의 사회 환원(수익의 60% 이상을 사회적 자본으로 형성 - 또 다른 사회 취약계층의 자립을 위한 지원 및 투자, 매년 결산을 통해 지원 대상 선정), 취약계층 직업적응 훈련프로그램 실시(탈북 청소년 취업 적응 훈련을 통해 사회복귀 및 우수자 일자리 기회 제공) 등이다.

(5) BAM(Business Aa Mission)[21]

코카콜라가 중국의 가장 외진 곳에도 있다는 이야기는 세계 어느 곳에도, 특히 복음이 들어가기가 가장 어려운 곳들에도 사업이라는 매개체가 얼마나 큰 영향력을 줄 수 있는지를 알려준다. 이는 선교/사역을 재정적으로 돕는 것이나 교회의 활동과 기도들을 섬기는 것을 넘어서서 이전에는 전문적인 선교사의 영역이었다고 생각되는 부분들에도 확장되고 있다.(스티브 런들)

10/40창 지역, 그리고 전통 선교사들이 거부당하는 지역, 공식적으로 복음을 증거할 수 없는 지역에서 비즈니스를 그 자체로 총체적 복음인 샬롬을 전하는 사역이 BAM이다. 그런데 지금은 10/40창이 아닌 지역이더라도 BAM 사역의 고유함이 유지-확장되는 것도 BAM이라고 부르기 시작했다. 예를 들어 미국 사람들이 남미 도심지에 가서 비즈니스를 하는 것은 BAM이라 부르지 않았었는데 지금은 BAM이라고 칭하고 있는 것이다. 미국에서 한인 교포가 멕시코인이나 중-남미 직원을 고용하여 섬기는 것 또한 BAM이다. 전통적으로 BAM 사역은 매우 독특한 지리적 특성을 가지고 있었는데, 이 특성이 영역적 개념으로 확장하기 시작한 것이다.

자비량 선교와 BAM은 상당히 비슷하다. 차이가 있다면 자비량 선교사들은 주로 취업자(Job Taker)인 반면, BAM 사업가들은 일자리 창출자(Job Maker)라는 점이다. '일터사역'과 제외한 세 분야는 선교영역에서 이루어지는 비즈니스 선교이다.(기업개발은 국내 사역과 비즈니스 선교을 다 수행한다.)

> **E-Scale**
> 1974년 로잔대회에서 랄프 윈터는 사도행전 1장 8절에 예수님의 말씀을 가지고 전도-선교 활동을 네 가지로 나누었다. E-0는 크리스천이 같은 문화권의 교회다니는 크리스천을 전도하는 것이다. E-1는 전도로서 예루살렘과 유다(언어와 문화가 같은 지역의 자기 백성들에게) 그 전도할 수 있는 경계는 크리스천 공동체와 비크리스천 공동체, 교회와 세상 사이에 있다. E-2 전도는 사마리아 지역을 말하며 언어와 문화가 다르다. E-3는 땅 끝까지를 얘기하며 문화와 언어가 다른 것뿐만 아니라 지리적으로도 외국을 말한다. 선교를 말한다. 선교를 위해서 타국에 가서 그들과 함께 살며 그들과 말하고 걷고 그들의 문

화적인 패턴을 같이 하는 것이다. E-0, E-1는 전도의 영역이고(일터사역) E-2와 E-3는 대사명을 성취하기 위해서 절대적으로 필요한 선교, 그 중에서 비즈니스의 영역이다.

총체적 선교 → 일터사역운동
- 일터사역(E1, 예루살렘과 유다)
- 텐트메이킹(E2, E3, 땅끝까지)
- 기업개발(E2, E3, 땅끝까지)
- 사회적 기업(E1, E2, E3, 땅끝까지)
- BAM(E2, E3, 땅끝까지)

일터사역운동은 일터사역, 자비량 선교, 기업개발, 사회적 기업 그리고 BAM 등의 다섯 영역(camps)으로 확장-분리되었다. 각 진영은 그 독특한 특성을 지닌 매우 효과적이며 강력한 사역들이지만, '총체적 선교'가 비즈니스 선교의 현장에서 이루어지면서 생겨난 사역이라는 공통점이 있다. 때문에 일터사역운동이라는 전체적인 맥락에서 함께 사역의 시너지를 창출해 내는 지혜가 필요하다.

3. 비즈니스 선교란 무엇인가?

선교(Mission)와 사역(Ministry)을 어떻게 구별하는가? 선교와 사역 어원은 섬김으로 "사람들의 필요를 채워주는 것"이다. 선교는 두 개 이상의 문화가 공존하는 영역에서의 총체적 섬김이고, 사역은 단일문화 영역에서의 섬김을 말한다. 모든 그리스도인이 다 자신의 생업을 버리고 선교지로 떠나야만 하는 것은 절대 아니다. 자신의 생업의 현장에서 그 생업을 성실히 수행하면서 복음을 노출시키는 삶이 바로 소금과 빛의 사명을 감당하는 선교이자 사역이다.

"비즈니스 그 자체는 영적인 필요뿐만 아니라 물질적인 필요를 채워주는 총체적 선교의 매우 핵심적인 전략"이고[22) 비즈니스 선교는 "세계 복음화를 목적으로 이윤을 추구하는 기업 활동이다."(켄 엘드레드). 그리고 그 목적은 "개발도상국에 안정된 기업을 설립하고 현지 교회의 부흥과 더불어 일자리와 재정 수입원을 제공하는 것이다."[23) 단일문화의 영역에서 일터사역과는 달리 두 개 이상의 문화들이 만나는 영역에서 이루어지는 비즈니스 사역인 자비량 선교, 기업계발, 사회적 기업, 그리고 BAM은 비즈니스 선교에 속한다.

자신의 일터에서 소명으로 일하지 않는 이가 비즈니스 선교하겠다는것은 어불성설이다. 비즈니스 선교는 다문화 상황 속에서의 일터사역이기 때문이다. '일터사역이 이루어 지지 않는 BAM은 불가능하다. 이런 점에서 이장로 교수의 지적은 정확하다. "사실, 그리스도인들이 현재 살면서 일하는 현장에서 선교사의 사명을 감당하지 못한다면, 다른 곳에 갈 준비가 아직 안 된 것으로 여겨야 한다. 하나님께서 이웃에게 하지 못하는 것을 전혀 낯선 사람에게 하라고 부르시는 경우는 매우 드물기 때문이다."

비즈니스 그 자체가 사역(선교)인 섬김이다. 자신의 비즈니스를 하나님께서 하나님의 백성을 섬기시는 통로 혹은 수단으로 인식하고 비즈니스의 모든 원칙과 관행에서 킹덤임팩트를 발산하는 섬김이다. 비즈니스 선교는 하나님의 주도하시는 샬롬 시스템의 확산으로 그 결과 말라카시스템을 몰아낸다.

비즈니스 선교를 거창하게 생각하고, 특별한 사람들만 하는 사역으로 착각하시는 분들이 제법이다. 이에는 아래의 세 가지 전제 중 하나 혹은 두 가지 그 이상이 우리의 의식 중에 너무 깊숙히 깔려 있기 때문인 것 같다. 첫째는 선교의 개념과 영역을 우리의 일상에서 너무 멀리 두고 있기 때문이고, 둘째는 현재 자신들의 비즈니스를 너무 가치 하락시키고 있기 때문이며, 마지막으로 이 사역은 하나님께서 특별히 부르신 이들의 몫이라고 생각하기 때문이다. 그러나 모든 크리스천 사업가는 비즈니스 사역자들이다.

예수님은 제자들에게 온 천하를 두루 다니면 섬기라 명령하였고, 이 사역은 모든 성도의 권리이자 의무이다. 사도 바울을 포함해서 그리스도를 따른 제자들 중 수많은 이들이 비즈니스(사업)를 하는 이들이었을 것이다. 아래의 세 가지 주장들은 성경적 근거들이 충분하다.

> 첫째, 사람은 독실한 그리스도의 제자임과 동시에 선하고 성공적인 비즈니스인일 수 있다.
> 둘째, 하나님은 탁월한 하나님의 방법대로 오늘 날의 시장 안에서 살아가는 비즈니스인들과 일반인들에게 하나님의 손을 내밀고 계시다.
> 마지막으로 사람은 어떤 이가 풀타임/파트타임 설교자, 목회자, 또는 선교사로서 부르심을 받았듯 사업가도 하나님의 부름을 받을 수 있다.

기독교인들에게 적대적이거나 혹은 폐쇄적인 국가들도[24] 크리스천 사업가들이 전도유망한 사업이나 경제적 이득을 가지고 들어갈 때는 환영한다.[25] 크리스천 사업가들은 소금과 빛이 되어, 사업을 통한 긍정적인 영향을 사회에 끼치는 축복의 대사가 되어야 한다. 분명한 것은 비즈니스의 선교는 하나님 나라를 확장하는 강력한 도구라는 것이다. 토마스 수딕은 비즈니스 선교의 강력한 잠재력을 다음과 같이 말한다.

> 비즈니스가 선교 사역에 영향을 줄 수 있는 방법, 특히 접근 제한국가에서 행하는 선교사역을 살펴보면 나는 흥분을 감출 수 없다… 미국 교회와 선교단체에서 보조하는 270억 달러 가운데 5,400만 달러만 접근제한 국가를 위한 선교 사역에 사용된다. 미국은 이 접근제한 국가들에서 180억 달러가 넘는 생산품들을 수입한다. 만일 우리가 이 무역 규모의 1%만이라도 끌어내어 하나님 나라의 사역으로 바꿀 수 있다면, 접근제한 국가에 투자되는 돈을 배 이상으로 늘릴 수 있다. 우리는 더 많은 기금을 하나님 나라 사역에 쏟을 수 있을 뿐만 아니라 전통적인 방법보다 더 전략적이고 유연성있게 사역할 수 있다.[26]

4. 비즈니스 선교사

성경에 등장하는 대부분의 위대한 영웅들은 세속적인 직업에 부름 받은 사람들이었다. 아브라함은 요즘으로 보면 부동산 개발업자였고, 야곱은 목장의 일꾼이었다. 요셉은 국무총리였고, 에스더 왕후는 미인 대회 입상자였고, 루디아는 직물 짜는 사람이었다. 그 외 많은 영웅들은 군인들이었다. 내가 좋아하는 다니엘은 바벨론의 하버드대학을 졸업한 정치인이었다. 이들은 목회자도 아니었고, 목회자를 돕는 직업에 종사하지도 않았다. 사실상 그들은 자신들이 믿는 신념과는 반대편에 있는 조직 속에서 리더로 일했다. 한 마디로 그들은 세속적인 조직을 위해 일했다.[27]

일터사역운동(일터사역+비즈니스 선교)은 평신도 사역이다. 비즈니스는 2,000년 동안 하나님의 선교 현장에서 소외되어 온 비주류 영역이었으며, 또한 크리스천 사업가들 역시 하나님의 선교와 교회 사역에 있어서 늘 이류였다. 그런데 하나님께서는 선교 역사 속에서 비주류 영역의 사람들을 사용하셔서 강력한 선교 운동을 일으키시고 계신다.[28]

그리스도 안에서 모든 인류는 평등하다. 그리고 하나님의 백성(laos)은 주류-비주류, 종-자유자, 성직자-평신도, 남-여, 노-소, 부자-가난한 자, 배운 자-못 배운 자, 백인-유색인, 유대인-이방인 등등 그 어떤 형식과 명분으로도 구별될 수 없다. 모든 그리스도인들은 하나님 사역의 동역자이다. 이 소중한 동역 안에서 어떤 형식과 명분으로도 구별이 있으면 안 된다. 하나님의 백성을 이류라고 불러서도 안 되며, 이류라고 불림을 받아서도 안 된다. 또한 하나님의 백성은 타인을 이류라고 인식해서도 안 되고, 스스로를 이류로 인식해서도 안 된다. 이는 우리 모두는 우리를 화목케 하게 하시기 위해 오신 그리스도의 피공로로 구원함을 얻어 회복된 하나님의 형상이기 때문이다(엡2 : 13-18).

> "성경은…어디에서도 사역하는 자와 사역하지 않는 자를, 몸의 활동적인 지체들과 수동적인 지체들 사이를, 주는 자와 받는 자를 분리하지 않을 뿐 아니라 구별하지도 않는다."(에밀 브루너)

2004년 로잔 BAM 분과위원회는 전세계의 크리스천 사업가들에게 다음과 같이 추천하고 있다.

비즈니스는 본질적으로 하나님께 영광을 돌릴 수 있는 활동이다. 또한 비즈니스는 대사명과 대계명을 성취할 수 있는 전략적인 수단들이다. 이를 고려하여 다음을 추천한다.

1. 비즈니스의 직업적 소명을 인정하라. 어떻게 비즈니스 업무와 이익이 하나님으로부터 받은 은사이며 선한 것이 될 수 있는지 그 신학적 기반을 더 이해하기 위해 노력하라.
2. 당신의 비즈니스에 대한 하나님의 특별한 목적을 발견하라. 재정적 수익뿐만 아니라 왕국 수익(Kingdom returns)을 확인하도록 노력하라. 지역 경제와 환경에 대한 비즈니스와 영향력을 확인하라. 비즈니스가 어떻게 지역 교회와 일반 교회들과 함께 일할 수 있는가를 밝혀라.
3. 경제적, 사회적, 환경적 그리고 영적 영향의 관점에서 비즈니스를 위한 선명한 책임감과 지원 체제를 수립하라.
4. 멘토로서 가능성을 지닌 사람들을 파악하고, 리더십을 개발할 수 있는 관계들을 확인하라.

만약 하나님께서 당신을 부르셔서 무장시켜 비즈니스를 하게 하신다면, 당신에게 다음과 같은 질문을 하라.

1. 어디에서 비즈니스를 해야만 하는가? 예수님의 이름을 거의 듣지 못한 곳이거나, 또는 가장 가난하고 빈곤한 공동체나 국가로 부르심을 받은 것은 아닐까?
2. 나는 어떻게 하나님이 영광을 받으실 방식으로 비즈니스를 할 수 있을까? 어떻게 비즈니스를 통해, 또 비즈니스 자체를 통해 하나님의 나라를 드러내고 증명할 수 있을까? 나는 비즈니스 계획뿐 아니라 나의 비즈니스에 대한 하나님 나라의 계획을 갖고 있는가? 누군가를 비즈니스의 "왕국 감사관(kingdom auditor)"으로 초빙해야 하는가?
3. 조국과 타국의 사람들에게 멘토로서 섬길 수 있을까?
4. 나는 BAM의 비전을 가진, 다른 크리스천 사업가와 동맹할 수 있는가?

(1) 비즈니스 선교사란?

 선교는 지상명령이다. 모든 그리스도인들은 각자의 영역에서 이 명령에 순종해야 한다. 이 명령을 일상에서 살아내는 삶을 선교적 삶(Missional life)이라 하고, 이러한 삶을 사는 이들은 누구나 선교사이다. 그러나 기독교 2,000년 역사에 있어 '선교는 특별히 부름 받은 선교사들만의 몫'이라는 주장은 참으로 오해였다. 이로 인해 '가는 선교'와 '보내는 선교'라는 정체불명의 이분법적 용어가 생겨났고, '가는 선교'에 일생을 헌신하는 분들만을 '선교사'라 칭하게 되었다. 지금까지 보내는 선교사에 비하여 정말 최극소수인, '가는 선교사'들의 생명을 건 헌신으로 '하나님의 선교'는 위대한 업적이 이루어져 오고 있다. 이런 점에서 나는 선교사들만 만나면 절로 고개가 숙여진다. 진정으로 이분들을 존경한다.

 작금은 '총체적 선교의 시대'이다. 다양한 유형의 선교방법이 시도되면서, 소위 '가는 선교사'의 경우도 또한 이러 저러한 용어로 분류되는 상황이다. 지금까지 우리가 일반적으로 알고 있던 선교사들은 전통 선교사로 칭하고, 텐트메이커, NGO, 사회적 기업, 그리고 BAMer 등을 비즈니스 선교사로 칭하는데, 이중에서 소위 다문화 영역에서 사업 그 자체로 하나님께 영광을 올리며[29] 선교적 삶을 살아가는 사업가들을 BAMer라고 칭하기도 하고 '킹덤사업가(Kingdom Businessman 또는 Kingdom Entrepreneur[30])'라고 칭하기도 한다. 2,000년 전 복음을 받아들였던 로마 교회의 장로였던 한 사업가가 비즈니스 선교사의 좋은 예가 될 것이다.

그리스도 사후 300년간 번영했던 기간 동안은 성직자도 없고, 신학교도 없고, 그리고 교회 건물도 없었다. 그 당시 교회는 종교 전문가가 아닌 지역의 장로들에 의해 유지되었다…로마의 한 장로는 가죽일을 하는 사람이었는데, 도로변 가게 위에서 다른 가죽공들, 제화공들과 함께 살고 있었다…. 그의 사역(섬김)의 대상은 그의 가족, 친구들, 고객들, 동료들, 심지어는 그의 거리와 골목의 위, 아래에 있는 경쟁자들이었다. 이러한 신앙인들의 삶과 사역 때문에 그리스도의 몸은 늘 그 현장 속에 살아 있는 것이었다.[31]

이것이 바로 전형적인 비즈니스 선교사의 모습이다.[32] 기독교 초기 300년 동안은 바로 이들 비즈니스 선교사들에 의해 하나님의 선교가 역사상 가장 활동적으로 이루어졌다. 초기 기독교인들은 자신들의 일터와 집을 삶으로 복음을 선포하는 거점으로 사용하였다. 우리도 이와 같은 방법을 사용해야 하는데, 혹시 이렇게 효과적인 방법을 잊고 살아 온 것은 아닌가?

'비즈니스 선교사'란 비즈니스적인 기술과 자격을 갖추고 자신의 재능을 비즈니스 선교에 사용하여 세계선교에 동참하는 사람들을 말한다.(켄 엘드레드) 이들은 또한 "하나님께로부터 사명을 받고 적절한 훈련을 받은 뒤 자신의 영적인 은사를 비즈니스라는 상황에 적용하는 사람들이다." 비즈니스 선교사는 교회 부흥에도 관심과 열정을 기울인다. 그리고 사업을 사역의 걸림돌로 여기지 않고 오히려 말과 행동으로 복음을 전파하는 중요한 사역 매개체로 인식한다.[33]

킹덤 사업가란 적어도 비즈니스 행정이라는 분야에서만큼은 그 능력이 입증된 믿을 만한 사람이다. 그들은 전통 선교사처럼 영적인 자질은 있으나, 비즈니스라는 환경에서 은사를 사용하도록 부름 받고 준비되었다. 킹덤 사업가는 영적으로 가장 메마른 지역에 신앙 공동체가 일어나는 것을 보려는 참된 소망을 품고 있으며, 그러한 일을 일으킬 곳에서 기꺼이 일하며 살아간다. 하나님 나라 기업가는 비즈니스를 사역의 일부분이 아닌, 선교를 구체화하는데 필요한 것으로 인식한다. 기한을 맞추고, 소비자를 만족시키며, 부패에 피해를 입는 일상적인 갈등을 통해 킹덤 기업가는 날마다 기독교 제자도를 분명하게 보여줄 수 있다.[34] (스티브 런들)

미주

1) 현재 세계 69개국에서 전통적인 선교사들의 입국을 금지하고 있다.(켄 엘드레드, 비즈니스 선교. 261)
2) 2004 로잔 보고서 59번. Business As Mission.
3) 2004 로잔 보고서 59번. Business As Mission.
4) 1999년 11월 《비즈니스 위크》는 5년 전만 해도 직장 내의 신앙 운동과 관련된 모임이 단 하나뿐이었지만 지금은 수백 개에 이른다고 보도했다. 기사에 따르면, 정기적으로 모임을 갖는 직장 내의 기도 모임과 성경공부 모임이 10,000개를 웃돈다고 한다. Michelle Conlin, 'Religion in the Worlplace', 오스 힐먼, 105.에서 재인용)
5) 또는 'Workplace Ministry', 'Jobsite Ministry' 라고도 한다.
6) Chales M. Shelton, In His Steps : What Would Jesus Do?(1897 : Nashville : Thomas Nelson, 1999 재판).
7) C. Neal John, "Business As Mission", IVP. p. 130.
8) 풀러신학교 목회학 박사 프로그램의 디렉터였던 그렉 옥덴(Greg Ogden) 교수에 따르면 20세기에 발생하여 그리스도인에게 강력한 영향을 주었던 여덟 개의 갱신 운동이 있었다. ① 은사주의 운동; ② 소그룹 운동; ③ 예배 갱신 운동; ④ 영적 은사 운동; ⑤ 에큐메니칼 운동; ⑥ 교회 성장 운동; ⑦ 구도자 교회 운동; ⑧ 뉴패러다임 교회 운동 [Greg Ogden, Unfinished Business : Returning the Ministry to the People of God(Grand Rapid : Zondervan, 2003), 19.]
9) 성경 어디에도 하나님이 선교나 목회, 종교와 관련된 직업을 다른 소명이나 직업보다 좋아하신다는 증거가 없다. 성경에서 최초로 하나님의 영으로 충만하였다고 언급된 사람은 브살렐이다. "하나님의 영을 그에게 충만하게 하여 지혜와 총명과 지식으로 여러 가지 일을 하게 하시되"(출 35 : 31). 그 영예를 받은 사람은 모세나 여호수아가 아니었다. 브살렐이 목사였는가? 그는 하나님이 이스라엘 사람들 가운데서 뽑은 지도자였는가? 브살렐은 성막을 디자인하고 건축하는 장인이었다.(위의 책. 269-270.
10) '일터사역'은 전형적으로 집이라든가 교회 혹은 특별한 곳과 반대되는 세속적인 일터를 대상으로 하는 '전도' 혹은 '다른 그리스도인 활동'을 말한다. 또는 특별히 이러한 대상을 목적으로 하는 선교단체를 말하기도 한다. 1980년대 유사한 사역을 강조하던 그룹들이(예를 들어 the Christian Business Men's Fellowship) 사용하면서 알려진 이 용어는 이후에도 계속 사용되고 있다. 이 용어는 주로 전도적인 의미로 사용되지만, '일터를 주께로' 라는 의미의 일터구속(marketplace redemption)의 의미로도 사용되고 있다. 일터사역이란 용어에는 '전도'가 포함되지는 않지만 '전도'보다 광범위하다. 이는 일터에서 하나님을 섬기고 갈망을 채울 수 있다는 사실을 말하는 것이다. 이로 인해 이미 일터에서 '전임사역'을 감당하고 있는데도, 흔히 말하는 '전임 사역에 뛰어들지' 못해 죄의식을 품고 있는 이들의 죄의식을 없애 줄 수 있다. 그런데 이 용어는 일과 예배를 동일하게 취급하므로, 대사명과 문화위임에 혼동을 줄

수 있다는 비판이 있다. 그러나 성경에 사용된 히브리어 Avodah는 일, 소명, 예배로 사용될 수 있다. 보다 문자적으로 번역하자면, '예배의 정신으로 일하다.'로 번역할 수 있다.(위키백과)

11) CBMC도 이 유형의 대표적인 사역 단체이다. '일터 내부의 사역'은 보다 복잡하다. 일터 내부인이 일터 내부의 사람들에게 복음을 증거하는 사역으로 두 가지 유형이 있다.

(1) 일터의 그리스도인이 일터의 또 다른 그리스도인에게 접근하는 방법으로 다양한 활동이 일터사역의 주류를 이룬다. 그들을 격려하고 제자화하고 코칭하는 그리스도인 CEO와, 회장들을 대상으로 그들을 무장시켜서 그들의 회사를 그리스도를 위하여 성격적 원칙으로 운영하도록 하는 것이다. 특별히 소그룹으로 모여서 매주 실제 비즈니스 문제들을 토론하고 성경적 내용을 기준으로 어떻게 의사결정을 내릴지 모색함으로써 예수님을 영화롭게 하는 것이다.

(2) 일터 내 그리스도인이 일터 내 비그리스도인에게 복음을 전하는 것이다. 이 사역에서는 전도와 제자화가 중요하다. 그 대상으로는 종업원과 그들의 가족들, 고객들과 공급자, 투자자, 업종 연합회, 무역 연합회, 경쟁자들이다. 이들이 예수님을 믿게 되면 그 사람을 교회에 인도해서 그리스도 안에서 잘 성장하도록 한다. 두 번째 유형인 '일터 내에서의 사역'의 모범적인 실례는 '한국교세라정공'이다 (http://www.kptk.co.kr). 이 회사를 방문해 보면 누구라도 곧 알게 되는 사실은 일터사역이 가져다 준 사업적 열매와 사역적 열매이다. 사업적 열매는 매출의 급성장을 말하는 것이며, 사역적 열매는 회사 내에 충만한 영적 시너지를 말한다. 이 충만한 영적 에너지는 회사의 전 직원이 소그룹 모임을 통해 삶을 나누고 중보하면서 그리스도 안에서 치유가 발생하는 영적 친교를 생생하게 체험하고, 성령이 이끄시는 사내 예배에서 강력한 영적 체험들을 통해 창출되는 하나님의 능력인, 권능(dunamis, 행 1 : 8)인 것이다.

12) 2004년 로잔 'Issue Group on Marketplace Ministry'
13) David R. Befus, Economic Development and Holistic Mission
14) SocialEnterpriseAlliance.Retrievedfromhttps : //wwww.se-alliance.org/why(lastaccesson29thMay,2014
15) www.merryyear.org/new/business/business_02.asp
16) www.merryyear.org/new/business/business_05.asp
17) www.facebook.com/#!/blissnbless
18) Boise Fry Company가 난민들을 훈련시켜 고용한다면, 시카고 인근에 소재한 이 'I Have A Bean'은 출옥자들을 훈련시켜 고용하고, 이들에게 꿈을 가지게 한다. 'I Have A Bean'의 목적을 보면 이 사실이 더욱 분명하다. "Our company was created for a purpose-to positively impact the lives of post-prison men and women, their families, and the communities in which we live. 우리 회사의 목적은 출옥자들과 그들의 가족의 삶에, 그리고 우리가 사는 지역 공동체에 긍

정적인 영향을 끼치는 것이다." 지난 2년 반 동안 매달 매출 인상이 13%였다 한다. 아직은 어떻게 될지 모르지만, 여러 지역공동체에 영향을 미치기 위해서 지점을 여는 방향으로 나가려 한다.(www.ihaveabean.com)

19) www.merryyear.org/new/business/business_02.asp
20) www.merryyear.org/new/business/business_05.asp
21) 비즈니스라는 영역을 통하여 복음과 하나님의 천국을 사회에 전파하는 일
22) Steve Rundle and Tom Steffen, Business and Mission : Globalization and the Emerging Role of Great Commission Conpanies, 2003, 8.
23) 비즈니스 선교. 76.
24) 현재 세계 69개국에서 전통적인 선교사들의 입국을 금지하고 있다.(켄 엘드레드, 비즈니스 선교. 261)
25) 이를 전통적 선교를 위한 입국전략으로 사용해서는 안 된다.
26) 데쓰나오 야마모리 외 1인, 킹덤 비즈니스, 최형근역, 241-242.
27) 데니스 바케, 270.
28) 피어슨은 역사적으로 주요한 교회 운동들이 지니고 있었던 영적 운동과 부흥을 일으키는 11개 요소들을 제시한다.
　① 선교 운동은 일반적으로 "위기감"에서 생겨난다.
　② 운동은 "놀라운 사람들을 통하여 놀라운 방법으로" 대형교회의 비주류에 의해 생겨난다. 피어슨에 따르면 "운동들은 중심부로부터 생겨나기보다는 비주류에서 생겨난다."
　③ 실체를 정의하는 새로운 콘셉트와 새로운 세계관.
　④ 중요 인물들의 참여.
　⑤ 운동은 엘리트층에서가 아니라, 하부구조에 있는 일반인들로부터 시작된다(성직자들이 아니라 평신도로부터…).
　⑥ 결과적으로 리더십에 배제되었던 사람들과 함께 하는 새로운 리더십.
　⑦ 운동을 통제하지 않고, 느슨히 통제하는 새로운 리더십이 생겨난다.
　⑧ 이 운동들은 "대나무가 땅 속에서 자라나다가 한 순간 갑자기 땅 밖으로 솟아오르듯" 그런 식으로 운동이 세상에 솟아오른다.
　⑨ 리더십과 따르는 사람들 사이에, 인종적 장벽, 사회 계층적 장벽, 성별적 장벽, 성직자와 평신도의 장벽들이 적어진다.
　⑩ 기존의 신학적 장벽을 깨트리는 신학적 재발견.
　⑪ 새로운 사람에 의해 새로운 신학이 새로운 사람들에 대해 새로운 방법과 새로운 장소에서 새로운 영적 역동성을 가지고 진행된다.
　〈Paul E. Pierson, "Historical Development of the Christian Movement," MH520/620. class syllabus(Pasadena, Calf. : Fuller Theological Seminar, Shooll of Word Mission, 1998), 136〉.
29) 성경적인 관점에서 보면 일은 존엄하다. 모든 직업이 다 거룩한 일이다. '목회사역

에 부름을 받았다'거나 '전임사역'이라는 말은 의미 있는 일에 대한 하나님의 생각을 이 사회와 문화가 잘못 해석하는 것이다. 일에 관하여 인간적인 눈으로 신성함의 정도를 정하는 일은 이제 중단되어야 한다. 일터에서는 2등 시민이란 존재하지 않는다…어느 날 갑자기 '전임목회사역'에 소명을 발견했다는 사람의 편지를 받는 일은 이젠 내게 지겨워졌다. 그러한 고백은 부름을 받은 사람과 그렇지 않은 사람을 분리하는 잘못된 이분법을 만들어 낸다. 그리고 왜 오랜 기간 실직을 경험한 후에야 사역으로의 부르심을 발견하는 사람이 그렇게 많은지, 그 이유가 궁금하다. 하나님의 부르심이라는 것이 마지막 수단인가? 오히려 첫 번째 선택이 되어야 하지 않는가?(댄 밀러, 78.)

30) 모든 것이 주께로부터 왔으니, 주께서 주신 모든 것들을 주를 위해 사용하는 것은 너무도 당연하다.
31) 이를 '킹덤 비즈니스'라 부르는데 이 용어는 크라이슬러의 이전 CEO, 토니 블랙이 명명했다. 킹덤 비즈니스는 '사람들의 삶에 진정한 영향력을 미칠만한 서비스와 제품을 가지고 그들에게 진정성 있게 다가가는 것' 크리스천 비즈니스이다.
32) '킹덤 사업가'란 다문화 비즈니스를 통해 진정으로 필요한 그들의 필요를 포착하고 자신들의 사업을 선교의 수단으로 삼는 주님의 사도들로서 토착민들을 제자훈련하고 그들의 경제를 교육시키는 이들을 말한다.
33) 로버트 슬로컴, 평신도 목회의 극대화, 서병택 외 1인 역(평신도목회자연구소, 2004), 191-204.
34) 비즈니스 선교란 비즈니스 자체가 기독교 색채를 띠는 게 아니라 그 안에서 일하는 사람이 그리스도인일 뿐이다. 따라서 초점을 경제계에서 일하는 그리스도인들의 특징에 맞추어야지 기독교 비즈니스에 둘 수는 없다. 차이가 없어 보여도 이것은 대단히 중요한 문제다. 사람이 헌신하는 것이지 비즈니스가 헌신하는 것이 아니다.(켄 엘드레드, 비즈니스 선교, 64-65.)
35) 위의 책, 64.
36) 킹덤 비즈니스, 339.

제5장 BAM(Business As Mission)

1. BAM 역사
2. BAM이란?
3. BAMer
4. BAM의 성장 단계들
5. BAM 비즈니스
6. BAM 창업
7. 'BAM 운동'에 동참하는 6 가지 방법들

BAM은 작금 선교계의 대세이다. 한국에 소개되고 불과 몇 년이 안 되었음에도 불구하고, 크리스천 사업가와 교회들 그리고 많은 기독교단체가 깊은 관심을 가지게 되었다. 매우 긍정적인 현상이다. 이 여세를 몰아 하나님께서 원하시는 BAM 사역의 현장마다 말라카 시스템이 사라지고 아보다 시스템으로 구축되는 놀랍고 위대한 일이 진행되기를 기대한다.

그러나 사랑 없는 사역자가 지나간 자리엔 무수한 영혼의 죽음만이 나뒹군다는 말이 있듯이, 소위 짝퉁 사역자(fake BAMer)들이 지나간 자리마다 BAM을 거부하는 현상이 생겨나고 있다. 이런 이유로 BAM을 행하고, 전하는데 헌신하고 있는 많은 이들에 의해 BAM이 잘못 알려지고 있지 않은지를 한 번쯤 되돌아 볼 필요가 있다. 열심히 홍보하기 이전에 BAM을 제대로 알고 바르게 전해야 하는 일에 매우 신중해야 한다.

BAM은 그 유형도 다양하고, 이론도 다양하기에 이것이, 또는 저것이 BAM이라는 주장에 다 나름 근거가 분명할 것이다. 그러나 자신들이 주장하는 BAM만이 진짜라고 주장하면서 '그들끼리 모여 그들만의 리그'에 열심이어서는 안 될 것이다. 어떤 단체가 자신들이 주장하는 BAM을 강조하기 전에, BAM에 대한 역사와 유형, 흩어져 있는 현장마다의 그 독특함과 다양성들에 대한 진지하고도 깊은 연구에 집중할 필요가 있다. 그렇지 않으면 정작 BAM을 향한 하나님의 마음은 알지 못한 채 BAM에 관한 모든 것을 알고 있다고 착각할 것이다.

분명 BAM이 대세다. 그러나 BAM 실천은 기대에 못 미치고 있다. 몇 가지 원인이 있다. 첫째는 BAM을 정확하게 정의하기가 어렵고, 둘째는 BAM에 관심을 가지는 이들은 많으나, 그 실행방법을 제대로 이해하는 이들은 극소수이고, 마지막으로 BAM 사업가들조차도 이 사역에 얼마나 많은 수고와 에너지가 들어갈지 종을 잡지 못하기 때문이다.

어째든 잘 준비된 BAM은 계속 시도되어야 한다. BAM은 "이 시대의 최전방사역으로 10/40 창과 그 이상의 영역에 있는 과제들을 해결할 적합한 전략이다."[1]이기 때문이다.[2]

1. BAM 역사

BAM이란 용어가 처음 사용된 것은 1998년 영국 옥스퍼드 선교 연구센터에 모인 일군의 선교리더들의 모임에서 시작되었다. 전통 선교사들의 접근이 원천적으로 금지된 10/40창 지역에서 기대하지 않았던 선교의 열매가 맺어지는 추수가 반복되며 점차 확장되는 현상을 발견한 최전방선교의 전문가들과 현지의 크리스천 사업가들이 모여 토의하면서 BAM이란 용어를 사용하였다.

BAM은 기독교 초기부터 함께 해 왔다. 역사학자인 하이즈 슈터와 마르코 그무르에 의하면, 기독교 2,000년 역사 동안 무역은 복음을 전파하는 수단이었는데, 때론 선교를 위해 의도적으로 무역을 이용하기도 하였다. 오순절 다락방 성령강림 이후부터(행 2 : 9), 예루살렘 크리스천에 대한 대박해가 시작되면서 비즈니스와 무역, 그리고 충실한 크리스천 전문가들에 의해 복음은 실크로드를 타고 전파되었는데, 15세기까지 계속되었다는 명백한 증거들이 넘쳐난다.³⁾

(1) 2,000년의 기독교 역사 속에서 비즈니스 선교의 자취를 남긴 개인과 단체들이 있다.

① 사도바울, 브리스길라와 아굴라.

가죽세공업에 종사했던 사도바울은 자신의 일터인 스콜레(skole)에서 일하며 복음을 전했다. 당시의 가죽세공이란, 일상에 필요한 가죽제품을 만드는 일도 있었지만 로마군에게 군수품(군화, 말안장, 군용천막 등)을 납품하는 일은 매우 큰 규모의 비즈니스였다. 도시 선교사였던 바울이 다니면서 복음을 전했던 지역은 당시의 대도시들로 예외 없이 상업의 중심지였다. 바울은 대도시의 비즈니스 네트워크들과 접촉하며 비즈니스와 선교를 동시에 진행하였다. 브리스길라와 아굴라의 경우는 로마가 통치하는 나라들의 중요 도시에서 군수용품을 조달받아 로마에 납품하는 납품업자였을 것으로 여겨진다.⁴⁾ 이런 점에서 이들 부부와 바울의 관계는 비즈니스 파트너이면서 동시에 선교 동역자였다. 바울은 스몰 비즈니스 사업가였지 텐트 메이커만은 아니었다(David R. Befus).

② 네스토리안

시리아의 네스토리안은 역사상 선교에 대한 사명이 가장 투철했다. 네스토리안 상인들은 6~7세기에 비단길을 따라 비즈니스와 선교로 당시 중국의 로마(대진)라고 불리던 서안에 도착하여, 경교로 알려진 기독교를 전파하였으며, 현재 서안에는 수많은 선교 유산이 남아있다. 그 대표적인 유물이 대진경교비(大秦景敎碑)다. 2013년 11월 나는 BAM 여행 중 중국 시안을 방문했다. 현지 사업가의 안내를 받아 비림박물관(碑林博物館)을 방문하여 그곳에 보관된 수많은 비석 중에 하나로 보관된 이 대진경교비를 보았다. 기독교 교리와 기독교가 당나라에 전파된 경위가 한문과 시리아 어로 새겨져 있다. 1995년 당시 미국에서 출간되었던 '아시아교회사'를 한국말로 번역하는 일에 동참했을 때, 대진경교비의 영역본을 한국말로 번역했던 기억이 나며 감회가 새로웠다. 경교의 영향이 통일 신라에까지 이어져, 경주에서 불보살상모양의 마리아상과 경교돌십자가 등이 발굴된 바 있다. 네스토리안 사업가들을 통해 유럽에 비단길 무역이 소개되었다.

③ 모라비안

10년 전 체코의 한 모라비안 공동체를 방문했었다. 이들은 포도농사와 와이너리를 운영하고 있었는데 심각한 경영난을 겪고 있었다. 더 이상의 사역과 선교는 없어지고 오직 생존에만 발버둥치는 그들의 모습을 보며 나는 참으로 마음 아파했다. 그러나 모라비안은 누구인가? 비즈니스 선교 역사상 가장 탁월했던 선교 공동체가 아니었던가? '모아비안 형제회'는 남아공, 청나라, 페르시아, 북극 등에서 활발한 해외선교를 벌였는데 전형적인 비즈니스 선교 방식을 따랐다. 각자의 직업에 종사하면서 외국에서 현지인들과 함께 일하며 일상 속에서 말과 행동으로 복음을 전했다. 18세기 당시 개신교 선교사의 절반이 모라비안이었다는 주장도 있다(폴 피어슨). 모라비안은 유럽에 공동체 기업운영을 실행하였다. 소금정제, 의복 생산 그리고 양조장도 운영하였다.[5] 모라비안들이 1741년 북아메리카의 인디안들에게 선교사들을 파송할 때 그들은 전체 프로그램이 직물, 도예, 무두질, 그리고 양조등과 같은 경제활동으로 인해 후원될 수 있다고 추측하였다.[6] 존 웨슬리는 모라비안의 교의에는 반대하였음에도 불구하고 그들의 경제 프로그램들에 대해서는 칭찬하였다.[7]

④ 윌리엄 캐리

현대 선교의 아버지인 윌리엄 캐리는 상업과 무역이 선교에 매우 효과적인 수단이 될 것을 알고 일찍이 비즈니스를 통한 선교의 가능성을 예견한 인물이었다. 윌리엄 캐리는 구두수선공으로 시작하여, 인디고 식물농장 감독자, 그리고 탁월한 산스크리스트 학자로 또 한 대학에서 언어학 교수직으로 있을 때는 봉급을 받았는데 그 중 95%를 선교비로 사용했다고 한다. 복지와 교육 선교 프로그램의 창시자인 윌리엄 캐리는 선교사가 되기 위해서는 자신이 선택한 선교 환경 속에서 자신의 필요를 충족시켜나갈 수 있을 만한 기술이 필요하다고 가르쳤다. 윌리엄 캐리는 복지와 교육 프로젝트를 추진했으며, 또 인도에 '저축은행'의 개념을 들여왔고, 제지 산업을 설립할 수 있도록 도왔으며 증기기관을 소개하기도 했다.[8]

⑤ 스위스 바젤 선교회

　바젤 선교회는 그 회원들이 대부분 무역회사나 현지 제조공장 등을 통해 일하며 복음을 전한 단체로 중국, 아프리카, 인도뿐만 아니라 많은 나라에서 비즈니스 선교로 위대한 사역을 감당했다.

(2) 유럽 식민지 정책과 놀아난 교회

　엔니오 모리꼬네의 영화음악은 20세기의 위대한 유산이 되고도 남음이 있다. 이 거장이 지휘하는 '넬라 판타지아' 동영상을 보고 듣는 기쁨은 그 무엇으로도 대체할 수 없다. 그리고 이 곡은 저 위대한 영화 "선교"의 주제곡이라는 점과 연관되니, 설명불가의 긴장감이 스민다. 그리고 그 환상적인 보컬, 그것은 과연 울음인지, 비명인지, 탄성인지, 살해당하는 소리인지, 잔악한 군인들의 승전가인지, 아니면 모든 존재의 절규인지, 신의 계시인지… 헌데 이 영화 '선교'가 진행되던 시기는 근대 서구유럽의 폭력팽창이 확산되며 전세계를 식민지화하던 때였다. 주경철 교수는 이 당시의 가장 큰 특징 중 하나는 '폭력의 일반화' 혹은 '폭력의 세계화'라고 한다.

> 근대의 가장 큰 특징 중 하나는 폭력의 일반화 혹은 폭력의 세계화라고 할 수 있지 않을까? 물론 그 이전 시대라고 해서 모든 사람들이 평화롭게 사는 이상사회였던 것은 아니다. 그러나 근대에 들어서 군사 기술과 무기가 더 발달하고 군사력이 훨씬 강력해졌으며 또 그렇게 강화된 군사력을 더욱 빈번하게 사용하였다. 소위 '군사혁명'이 일어난 유럽의 근대는 전쟁의 시대라고 해도 과언이 아니다. 그리고 이렇게 발전한 폭력은 곧 전 세계로 확산되었다.[9]

이 폭력의 확산에 힘입어 선교도 확산되면서 '땅끝 선교'를 기치로 '칼끝 선교'의 피바람이 거세게 불었다. 물론 이는 "기독교 신앙을 지키고 확대하기 위해 칼을 휘두르다 죽은 자는 곧바로 천국으로 가리라"는 교황의 축복과 그 종교적 확신 속에서 자행되었던 십자군의 폭력의 대를 잇는 것이기도 하였다. 역사적으로 보면 십자군 전쟁의 숨겨진 목적이 탐욕이었고, 이 탐욕이 가장 확연히 드러났던 예가 1204년 십자군의 콘스탄티노플 약탈이다.[10] "세상이 창조된 이래 그토록 많은 전리품을 가지고 돌아온 예는 없었다. 금은보화와 값진 물건들을 담은 자루는 헤아릴 수도 없이 많았다."[11]고 전해 진다.

　'서구열강의 선교정책이 과연 얼마나 순수했었던가?'에 대한 의문은 차치하더라도, 그 선교의 결과는 과연 무엇인가? 그들은 '원주민의 피를 묻혀 복음을 전하고, 선교지의 하나님의 백성들을 착취하고, 자원을 싹쓸이로 빼내어 가고, 그 문화재와 보물을 다 강탈해 가고… 솔직히 당시 서구열강의 복음을 받아드릴 수밖에 없었던 나라들이, 21세기 현재의 처해 있는 현실에 조금이라도 관심을 가지면, '그것이 과연 진정한 선교이었을까?'에 대한 깊은 회의를 품게 되지 않을 수 없다.[12] "근대 초에 세계 각지로 나아가는 선교사업에 피 냄새가 묻어 있는 것 역시 자연스러운 일이었다."[13]는 말에 수긍하지 않을 수 없다. 이런 연유에서 일까, 영화 '선교'의 주제곡인 넬라 판타지아를 듣자면, 저 과라리 족의 비명과 피내음이 내 전신에 스며 전율이 인다. 물론 이 곡이 "유럽의 기독교 전파는 많은 경우 칼끝으로 이루어졌다."는 유럽의 한 선교학자[14]의 고백은 더욱 아닐테지만…

영화 '선교'에서처럼, 유럽교회는 백성들과 국가들을 정복하고, 통치하고, 지배하고, 개종시키면서 고문하고 죽이고 약탈했던 식민정부와 결탁했다. 16세기 남미를 점령한 스페인이 표면상 내세운 이유는 잉카인들을 개종시킨다는 것이었지만[15] 실패했다. 실패한 이유를 묻자, 정복자 프랜시스코 피사로는 노골적으로 대답했다. "나는 페루의 금을 가지러 이곳에 왔을 뿐 다른 이유는 없다."[16] 이런 폭력적 찬탈은 아프리카, 동남아(말라카, 호치민, 인도네시아 등등), 아메리카 대륙 전체에서 무자비하게 자행되었다. 중국에 있던 영국인들이 앞에서는 성경을 퍼트리고, 뒤에서는 마약을 퍼트리는 못된 짓을 저질렀던 것은[17] 빙산의 일각에 불과하다.

2012년 멕시코 사업가와 목회자들에게 '선교와 폭력' 또는 '선교와 자원 강탈'이란 소주제로 강의할 때, 다들 깊은 한숨을 들이쉬며, 매우 진지하게 경청하는 모습이 10여 년 전 아마존이나 남미에 가서 이 주제로 강의했을 때 현지인 목회자-사업가들이 보였던 반응과 다름이 없었다.[18] 과거의 선교에는 선교가 전혀 의도하지 않았던 '노골적으로 다차원적 폭력'이 자행되어 왔었고, 그 피해자들의 후손들이 이러한 사실을 아주 정확히 인식하고 있었다. 물론 당시나 지금이나 선교사들이 이 못된 짓을 자행했다는 건 결코 아니다. 선교사들은 '금, 보물, 자원'을 강탈하러 가는 자국의 군인 및 사업가들의 배를 얻어 타고 현지에 갔을 뿐이고,[19] 군인과 사업가들이 세운 '식민과 착취'라는 '말라카 시스템'에 교회를 세우고, 선교했을 뿐이다. 영화 '선교'는 이 사실을 폭로하고 있는 것이다.

또한 선교지를 점령한 유럽인들의 삶이 너무 비도덕적이고 잔인하여서 복음을 거부하는 현상도 팽배했다. 아래의 라스 카사스의 글은 선교적 삶을 살아가는 모든 그리스도인들에게 꽤 심각한 도전을 준다.

> 쿠바의 한 부족의 추장인 하투에이는 기독교들을 피해 도망다니다가 붙잡혀서 사형에 처해지게 되었다. 사형 직전에 프란체스코파 수도사가 그에게 구원과 천국, 지옥 등에 대해 설명하고 회개하라는 말을 하였다. "추장은 만일 기독교 신앙을 받아들이지 않는다면 지옥에 가서 영원히 고통을 받는다는 말을 들었다. 추장은 수사에게 모든 기독교도들은 천국에 갔느냐고 물었다. 그렇다는 대답을 듣고 그는 차라리 지옥으로 가겠다고 말했다."(Las Casas)[20]

그리고 500년이 지난 아우츠비츠에도 기독교는 없었다. 2차 대전 중 아우츠비츠에서 유대인 대학살이 이루어 질 당시 독일군 장교의 약 20%가 기독교인이었다고 한다. 그런데 그 기독교 장교 중 천인공로할 대학살을 단 한 명도 공개적으로 반대하지 않았다. 그러니까 그 인류 최악의 비극의 상황에서 정작 기독교는 없었다. 그렇듯이 500년 전, 식민지 확장 시절의 선교지에도 정작 기독교는 없었다.

현재 남미 인구는 일반적으로 봐도 흑인의 비율이 두드러지게 많은 것을 알 수 있는 반면, 유럽 이주민들의 영향은 눈에 덜 띈다. 콜롬비아에서 수행한 유전학 연구를 보면 남미와 중미 대륙의 스페인 식민지에서 유럽인 남성 DNA의 압도적인 우위가 확인되었다. 반면 아메리가 원주민 mtDNA(모계 DNA)의 다양성을 확인한 현대 유전학의 아버지 제림스 왓슨은 그 이유를 이렇게 설명했다.[21]

밀려드는 스페인 남성들은 현지 여성들을 아내로 삼았다. 아메리카 원주민의 Y 염색체가 사실상 거의 존재하지 않는다는 것은 식민지에 비극적인 대량 학살이 있었음을 의미한다. 다시 말해 정복자들은 아메리카 원주민 남성들을 살해하고, 원주민 여성들을 성적으로 흡수했던 것이다.[22]

분명 당시 선교사들은 생명을 바쳐 선교했다. 그러나 현지의 악한 말라카 시스템 속에서 영혼 구원에만 전념했지, 그 악한 말라카 시스템을 아보다 시스템으로 변화(Transformation)시키는 데는 무기력했다. 그 결과로 500년 후 RANs(restricted access nations, 접근제한국가)과 CANs(creative 또는 closed access nations, 닫힌 국가 또는 창의적 접근국가)가 생기게 되었다.

말라카 시스템을 아보다 시스템으로 변화시키지 못한 선교가 가져 온 최악의 불행 중 하나가 르완다 사태이다. 르완다 사태에 대해 매츠 투네헥은 이렇게 기술했다.

> 아프리카의 르완다는 선교 "100년도 채 되지 않아 '손길이 닿지 않던' 나라 전체가 '교회'가 되었다. 인구의 약 90%가 교인이 된 것이다. 교회개척과 교회 성장이 성공의 기준이라고 한다면 이것은 기독교 선교 역사에 있어서 최고의 성공이다. 그러나 1994년 봄 100일이 조금 넘는 동안 시민들과 교인들에 의해 다른 교인을 포함하여 거의 백만명이 살해되었다. 복음전파와 교회개척에 있어서 엄청난 성공이 있었지만 인종간 관계에 복음이 거의 스며들지 못했다. 교회에 사람은 있었지만 사람들의 마음에 교회는 없었다. 오늘날 아프리카의 사하라 사막 이남 지역에는 세계에서 가장 기독교화된 국가들, 세계에서 가장 가난한 국가들, 세계에서 가장 타락한 국가들이 함께 있다. 무엇이 문제여서 이렇게 된 것인가? 이것을 과연 성공이라고 할 수 있는가?[23] (매츠 투네헥)

(3) RANs와 CANs

RANs이란 용어가 생겨난 것도 실은 자랑스럽지 못한 선교의 결과였다. 식민지 기간 동안 교회는 식민정부와 손잡고 식민지 백성들과 국가들을 정복하고, 통치하고, 지배하고 개종시켰다. 교회는 식민정부의 권력의 중심에서 결국 그 적개심을 초래케 했다. 식민 국가들이 독립하게 되자 교회의 활동과 선교사의 입국을 금지하는 법과 정책을 정한 건 지극히 당연한 결과였다. 이 국가들을 RANs라 부른다.

접근제한국가들 중에서 비즈니스를 통하여 창의적으로 접근할 수 있는 나라들을 CANs라고 부른다. 독립한 신흥국가들이 경제 개혁과 국가의 경제 성장을 일으키기 위해 비즈니스를 발전시키고자 거의 필사적이었다. 이들 국가는 교회의 사역자들이나 선교사들의 입국은 허락하지 않지만, 서방의 사업가들은 그들이 기독교인이든 아니든 상관없이, 적극적으로 환영하였다. 선교사들은 비즈니스 목적으로 입국하여 사업가로 가장한 선교사로 활동하게 되었다. 이런 식으로 입국이 가능한 국가를 CANs이라 부른다.

전통적인 방식으론 선교가 불가능한 나라들이 갈수록 많아지고 있다. 선교사들은 선교사 나름대로 이 어처구니없는 사태에 이르기까지의 과정에 대한 충분한 변명이 있겠지만, 소위 말하는 능률(efficiency)지향적 사고방식이(선한 목적을 이루기 위해서는 유연한 방법(?)도 불사하는) 만들어 낸 결과다. 하나님의 선교는 그 방법도 선해야(right)[24] 한다는(effectiveness) 사실을 무시했기 때문이었다.

능률에서 효율(Effectiveness)로

물론 '하나님의 나라'에 대해 세상 사람들은 관심이 없을 것이다. 그렇다면 크리스천은 어떠할까? 솔직히 말하자면, 별 관심이 없다고 보아야 한다. 전세계 교회와 신학자, 목회자, 선교사들에 의해 2,000년 간 외쳐진 '하나님의 나라', 성도들의 입장에서 그 동안 너무 많이 들어와서 별로 관심이 없다는 것이다. 이뿐이 아니다. '하나님 나라'가 성도들에게 전해지는 과정에서 너무 많이 외쳐지고(overuse), 잘못 전해지고(misuse), 남용 또는 악용되어(abuse), 이제 그 본질이 변질되어 전해지고 있다. 이는 누구의 탓인지 이젠 좀 냉정히 반성할 때가 되었다. 물론 이 지경이 되도록 만든 장본인은 듣기만 하였던 성도들이 아니라, 순진하듯 목이 터져라 외친 자들이었다. 그러나 그토록 외치기 전에 하나님의 나라를 제대로 알고 바르게 전해야 하는 일에 매우 신중했어야 했다. 바른 일을 바르게 하는 것을 효과적이라고 하고, 바른 일을 적당히 혹은 바르지 않게 하는 것은 효율적이라고 한다. 대부분의 조직이 초기의 그 위대했던 정신과 목적을 상실하고 사라지는 가장 큰 이유 중 하나가 바로 '능률의 덫(Efficiency Trap)'이다. 착하고 선하다는 뜻의 Good을 억만번 외쳐도 God이 될 수 없고, 또 그런 짓은 해서도 안 되듯, 수 억 번의 능률이 결코 효과가 될 수 없고, 그런 접근은 애시당초 시도조차 말아야 한다. 적어도 우리 BAM 사역자들은 이 사역과 관련하여 '능률의 덫'에 안 넘어지도록 서로가 서로를 사랑으로 격려하고, 지지하는 지혜 있는 하나됨에 힘을 모아야 한다. 그래서 그 시너지로 BAM의 본질이 변질되지 않도록 하자는 것이다.

그러나 창의적 접근 국가에서 사업가를 가장한 선교사들이 국가 경제 발전에 그 어떤 도움도 되지 못한다는 사실을 현지인들이 알게 되기까지는 오랜 시간이 걸리지 않았다.[25] 결국 이들 짝퉁 사업가들은 추방당했고, 선교 활동이 금지되었다.[26] 켄 엘드레드에 의하면 "현재 세계 69개국에서 전통적인 선교사들의 입국을 금지하고 있다."27)

이런 일로 일부 국가의 관료들과 국민들은 기독교는 거짓을 말하고, 속임수를 쓰는 외국의 서방종교라고 인식했고, 또 서방종교의 하나님, 서방종교의 예수와 그 제자들은 정직하지도, 성실하지도 못하며, 신뢰할 수 없는 존재로 인식하였다. BAM 사업차 이러 저러한 나라들을 적지 않은 세월 동안 다니다 보니 알게 된 현지의 관료들이 있다. 그 중 몇 명은 선교사 또는 선교사로 의심되는 외국인들을 집중 감시하는 담당자들이다.28) 담당자들은 오랜 세월 이 일만 하다 보니 선교사들과 또 소위 짝퉁사업가들에 대한 모든 것을 상세히 알고, 정확히 파악하고 있었다. 이들은 속고 있는 것이 아니라, 전략적으로 모르는 척하고 있을 뿐이다. 물론 이 관료들이 속아 주는 척하고 있다는 걸 알고도 능청스럽게 일상대로 행동하는 선교사나 짝퉁 사업가들도 없는 건 아니지만…….

결국 복음을 전하러 들어가서 오히려 현지인들과 관리들에게 기독교에 대한 부정적 이미지를 심어 주게 되어, 이들에게 복음이 노골적으로 거부당하는 현상을 초래하였다. 복음 전파를 가로막는 장애 중 이미지 장애가 주범이라는 사실은 어제 오늘의 일이 아니다. 조지 헌터 3세에 의하면 기독교에 대해 부정적인 감정을 가지고 있는 사람들이 있는데 이들이 복음을 받아들일 가능성은 참으로 희박하다.29) BAM 사역의 핵은 현지에 킹덤임팩트를 끼치는 것인데 창의적 접근 국가들에서 짝퉁 사업가들은 기독교에 대한 부정적 이미지만 남겼다.

(4) 다시 시작된 BAM

이러한 상황에서 BAM은 다시 생겨났다.[30] 선교사들이 배척과 추방을 당하는 현실에서도, 실제 사업가들은 환영받는다는 사실에 주목한 크리스천 사업가들은 매우 적극적인 선교 전략을 수립했다.[31] 크리스천 사업가들은 '실제적으로 이익을 창출하는 사업체를 운영하는 것이 합법적으로 현지에 거주하면서 현지인들 고용창출, 제품, 그리고 서비스를 제공하므로 현지 사회의 가치를 높이고, 복음을 위하여 신용과 신뢰를 발전시킬 수 있다'는 사실을 알게 되었다. 그래서 크리스천 사업가들이 자신들의 사업을 선교화한 것이 BAM의 재등장이다.

(5) 도시화와 함께 등장하는 BAM

1990년 세계 인구는 53억 명이었고 2020년에는 76억 명에 이를 것으로 추정된다. 인류 역사상 처음으로 70억 명이 넘은 세계인의 절반 이상이 현재 도시 지역에 살고 있다. 게다가 매년 1%의 인구 성장률을 기록하면서, 그 중 12억 명은 선진국 지역에 살게 될 것이다. 이는 불과 30년 전과 비교할 때 극적인 인구학적 이동이다.

현재 세계의 최대 도시들에는 수백만 이상의 인구가 거주하면서 사회적, 경제적, 문화적, 정치적 그리고 인프라 문제 등 많은 인구들이 근접하여 삶으로 해서 많은 문제가 생겨나고 있다. 이는 지난 수십 년간 발생한 거대 이주가 그 원인이기도 하다. 제 삼 세계 국가의 도시들에서의 이주 비율은 이들 도시가 유입 인구를 받아들일 수 있는 수용능력을 훨씬 초과하고 있다. 또한 대부분의 도시들은 오랫동안 단일 문화가 지배적이었지만, 오늘날 다수의 인종과 다수의 언어 집단이 거주하지 않는 도시는, 그 도시의 규모에 관계없이 세계 어느 곳에서도 찾아보기가 힘들게 되었다. 하나의 좋은 예로서, LA가 그렇다. 이 지역의 천사백 오십만 명의 인구 중 27%가 외국 태생이며, 이들 중 52%가 1980년에서 1990년 사이에 도착했다. LA 카운티에는 전 세계에서 모인 집단들에 의해 224개 언어가 (사투리를 제외하고) 사용되고 있다. 카운티 인구의 38%가 집에서 영어가 아닌 다른 언어를 사용하고, 그들 중 69%가 스페인어를 사용한다. 세계의 주요 도시에서도 이와 유사하다. 과거에는 단일문화였던 대도시들이 다양한 언어, 다양한 관습, 다양한 신앙이 어우러지는 다양한 문화권을 형성하게 되었음을 뜻한다. 이러한 현상이 일반적인 선교와 특히 BAM의 영역을 확장시키는 것이다. 두 개 이상의 문화가 공존하는 지역은 선교지다. 이젠 이웃도 BAM 선교의 대상이고, 우리가 사는 지역도 BAM 선교지인 것이다.

2. BAM이란?

비즈니스를 환영하지 않는 나라는 없다. 이 세상에서 가장 폐쇄적인 국가인 북한조차도 서방, 중동, 중국, 대만, 한국 등 자신들에게 경제적으로 도움이 될 만한 국가들로부터 투자와 사업을 유치하여 자국의 경제를 발전시키려는 노력이 집요하다. 10/40 창의 국가들도 외국으로부터의 투자와 사업 유치에 대한 집요함이 북한보다 결코 뒤지지 않는다. 이와 같이, 크리스천 전문가들과 전통적인 선교사들[32] 그리고 크리스천 노동자들에게는 문을 열지 않지만, 크리스천 사업가들의 비즈니스와 투자를 환영하지 않는 나라는 없다. 비즈니스는 국가가 당면한 실제적인 문제들을 해결하고, 일자리와 훈련을 제공하므로 국가의 경제적인 발전을 도울 뿐만 아니라, 국민 개개인의 경제적 성장을 통해 국가재정이 확대되고 숙련된 노동 기술을 확보할 수 있게 하기 때문이다. 여전히 전통적인 선교에서는 '닫힌 국가들'과 '제한적 접근 국가들'을 분류하나, 실제 비즈니스를 하는 사업가들에게 '닫힌 문'은 결코 없다.[33] 세상의 모든 국가들이 사업가들을 그 국적과 종교와 관계없이 환영한다.[34]

데이빗 바렛 박사와 그 동료들은 전 세계에 산재해 있는 11,847개 종족을 복음화의 정도에 따라 A, B, C지역으로 분류하였다.

> A지역은 복음을 거의 들어보지 못한 지역으로, '소수가 복음을 접한 종족(some outreach)'이 3,915개 종족이고, '거의 들어본 적이 없는 종족(little outreach)'이 1,000개 종족이다. B 지역은 50% 이상이 복음을 접하였으나 거의 반응하고 있지 않는 지역으로 2,546개의 종족이 있다. C지역은 국민 중 60% 이상이 모두 구원의 확신을 지닌 기독교인에 의해 구성된 광의의 기독교 지역으로 5,413개 종족이다.
>
> A지역은 서아프리카의 대서양 연안으로부터 중동과 아시아를 거쳐 태평양에 이르는 지역에 분포하고, 육적으로나 영적인 면에서 매우 가난하며, 복음에 가장 소원할 뿐만 아니라 대부분의 정부가 기독교를 금지하고 있는 지역으로, 그간 '저항지대(resistant belt)'라고 불리웠으나 지리적으로 위도 10~40도 사이의 아프리카와 아시아 지대에 위치하고 있기 때문에 '10/40 Window' 혹은 '창의적 접근지역(CAN)'로 알려졌다.
>
> A지역과 B지역은 세계 인구의 약 67%를 차지하고 있다. 이들 지역은 세계 전체에 퍼져 있으며 우선적으로 복음선포를 위해 접근해야

될 대상 지역이다. 그런데 데이빗 바렛은 "전 세계 기독교인들의 재원 중 99.9%가 C지역, 0.09%가 B지역을 위해 헌신하고 있으며, 0.01%만이 A지역을 위해 사역하고 있다."며 선교의 심각한 편중성을 지적한다.[35]

BAM은 A지역을 총체적으로 섬기는 사역에서 시작된 최전방 사역이다.[36] A지역은 중남미 일부 지역과 주로 '북위 10도-남위 40도, 서아프리카-동아시아' 영역이다. BAM은 이 지역에 사는 세계의 가난한 자들에 대한 깊고도 지속적인 관심에서 생겨나고 있다. 이 지역은 세계 인구의 반에 이르는 32억이 살고 있으며, 전도가 거의 불가능한 55개국에 세계의 미전도인이 95%가 살고 있으며, 역시 세계에서 가장 가난한 사람의 85%가 집중되어 살고 있다. 이 10/40창을 지배하는 종교는 이슬람, 힌두교, 그리고 불교이다. 역사적으로 교회와 선교사들은 이들 가난한 자들을 섬겨왔고, 선교지원을 위해 비즈니스가 사용되어 왔지만, 20년 전까지만 해도 비즈니스가 곧 '선교의 독특한 전략'이 되리라곤 상상하지도 못했다.

'선교로서의 사업' 혹은 '사업을 통해 총체적 선교를 행하는 사역'을 칭하는 BAM은 크리스천 사업가들이, 복음 전달 자체가 불법인 나라들, 복음이 거의 전해질 수 없는 상황에 처한 나라들, 또는 복음이 전해진다 해도 복음이 이해되지 못하는, 문맹률이 매우 높은 나라들을- 대부분 최극빈국들인데- 찾아가서 지속적인 수입이 가능하고 경쟁력 있는 사업으로 현지인들에게 일자리를 제공한다.[37] 그래서 기본권과 존엄성을 회복시켜 주고, 사업의 수익을 가지고 학교와 병원, 복지시설 등을 지어 운영하면서 지역을 섬기고, 지역의 리더십을 키우고, 배양시키는 사역 등의 총체적인 선교를 통하여 풍성한 결실을 맺어오고 있는 가장 효과적인 사역이다. 이 사역은 사역 그 자체가 선교이고 이에 드는 비용을 현지사업의 이익으로 충당한다는 것이 독특한 점이다.

BAM의 또 다른 독특한 장점은 사업을 통해(through), 또 사업의 현장 속에서(in), 그리고 사업에 연루된 사람들의 관계에서(with) 그리스도의 메시지가 자연스럽게 드러난다는 것이다. 사업과 관련된 현지들과 지역 공동체는 이 사업에 속한 사람들과 직·간접적으로 연루되면서, 사업의 진행 과정과 사업가들의 일상의 인격에서 드러나는 복음의 메시지에 노출되게 되어 현지인들이 주께로 돌아오는 추수가 이루어진다. 하나님께서는 BAM을 통해, 그렇지 않았으면 구원의 기회를 얻지 못했을 이들을 구원시키시고 계신 것이다.

P족이 사라지기 전에…

현지에 제2호점을 오픈한다. TW가 시작된 BAM Shop이 순항을 하고 있는 상황에서 아주 특별한 사명을 가지고 제 2호점을 계약했다. 주께서 우리 팀에게 주신 이 고귀한 사명은 지구상에 유일한 자기들만의 전통을 유지하고 있는 P족을 구체적으로 섬기기 위한 것이다.

우리 팀은 어느 정도는 관광지화가 되어, 관광객들이 자주 방문하는 P족 지역에 BAM Shop를 오픈할 계획이었으나, 심도 있는 대화 끝에, P족 거주지 외부의 도시에 가게를 열기로 했다. 그 이유는 정부가 P족의 독특한 전통과 문화를 보전하려는 강력한 정책을 펴고 있기 때문에 이들의 문화를 파괴하는 그 어떠한 외부적 접근을 허락하지 않기 때문이다. 이런 상황에 이들의 거주지에 현대식 가게를 오픈한다는 것에 무리가 있다. 또한 관광객이 아닌 외국인들의 현지 거주 자체를 원천적으로 막고 있는 상황이고, 또한 타종교와 타문화를 매우 거부하는 P족의 특성상 P족 크리스천을 통해 총체적 복음을 전하려는 계획도 한동안은 미루어야 할 상황이다.

그런데 하나님의 은혜로 이들을 섬길 수 있는 방법이 있다. P족의 10대 후반과 20대 초중반의 청년들이 외지의 도시에 유학을 나와 현재 이들 중 한두 도시에서 20~30명이 모여 공동체를 이루어 모이고 있는 크리스천들이 있다. 우리 팀은 이들을 적극 지원하고, 또 이들을 통해 P족의 총체적 변화를 모색하려 한다.

H시에 BAM 숍을 운영하면서, P족 청년들에게 BAM 거점을 제공하고, 이들을 통해 현지의 P족으로 총체적으로 구원하는 사역에 정진코자 한다.[38] 얼마 전, P족 크리스천 리더들을 만나 대화하면서, 아버지의 개념과 실체를 모르고, 또 기독교에 극하게 반하는 문화 속에서 성장한 젊은이들이 예수를 믿기는 거의 불가능한 일이며, 또 설령 이들이 구원을 받아 영적 공동체에 속해 생활한다 하더라도 이후의 믿음 생활은 참으로 어려운 십자가의 길이라는 것을 들었다.

우리 팀은 P족을 위해 기도하면서, 첫째 총 인구가 수만 명 정도의 매우 소수인 P족이 사라지기 전에, 가능하면 그들에게 총체적인 복음을 전해야 하는 급박한 사명을 품게 되었다. 가능한 그 젊은이들을 유학 혹은 비즈니스 등의 이유로 도시로 불러내어, 그들을 복음과 또 영적 문화에 노출시키고, 더 나아가 이들을 사역적-사업적, 즉 BAM 사역자로 무장하여, 그들의 민족을 구원케 하고, 그들의 고향을 아보다 정원으로 변화시키는 사역의 역군이 되도록 섬길 것을 결의했다. 이런 이유들로 제2호점을 오픈한다.

분명 하나님께서 준비하신 비즈니스는 닫힌 문들을 연다. 우리의 사명이 하나님께로부터 온 것이라면, 우리 주변의 사람들과 지역사회는 분명 우리를 주목할 것이다. 10/40 지역을 포함하여, BAM 사역이 절실한 지역에서 비즈니스를 하는 경우에, 정직한 방법이 아닌 현지의 관례를 따라 비즈니스한다면, 우리의 주변에 있는 이들은 우리를 정직하지 않고, 남을 위하지도 않고, 고용인들을 학대하고, 세금을 피하고, 뇌물을 주는 사업가로 여길 것이다.[39] 이렇게 되면 닫힌 문을 열 수 없다. 우리가 하나님의 방법대로 정직하고 투명한 삶을 살고 또 모범적인 비즈니스를 함으로 이웃에게 우리가 하나님과 동행하는 자임을 보여 준다면, 그들은 우리에게서 하나님의 형상을 발견할 것이다. 그리고 닫힌 문이 열리게 될 것이다.

우리가 BAM 지역에서 킹덤임팩트를 끼치는 사업을 한다면 비즈니스가 실패하더라도 우리의 성실함이 하나님께 쓰임 받아 닫힌 마음과 닫힌 문들을 열 수 있게 될 수도 있다. 우리가 실패하더라도, 우리가 하나님에 대한 사랑과 그분의 이름에 대한 증거가 고난을 겪으면서도 바르다면, 사람들은 우리를 주목할 것이다. 그들이 보기에 우리는 분명 남다를 것이다. 성공만이 남들의 주의를 끄는 것은 아니다. 세상의 관점에서 보기에는, 주님께서도 실패하셨다. 그러나 이 실패가 바로 세상에 대한 그분의 구원의 역사였다. 우리가 주님의 이름을 위해 실패하고, 배를 굶고, 수고하고, 그분의 그분되심을 사랑하고 찬양할 때에, 아직 구원을 받지 못한 이들은 우리가 왜 그런 것인지를 알고 싶어 하게 될 것이다. 그렇다면 BAM은 과연 무엇인가? 그 형태와 규모가 너무도 다양하여, '이게 곧 BAM이다'라고 정의하기는 정말 불가능할 정도이다. 그러나 권위 있는 BAM 실천가들과 선교사들의 모임인 2004년 로잔의 BAM 분과에서 BAM의 정의에 대한 적절한 기준을 잡았다.

(1) 2004년 로잔

2004년 로잔 활동 [그룹 30(BAM)]은 8개 국에서 모인 68명의 BAM 활동가들로 구성되어, 1주일간 모임을 가졌다. 그 결론은

BAM에 대한 그 어떤 정의를 내리는 것이 실질적으로 불가능하다는 것이었다. 당시 모임을 통해 얻은 최고의 수확은 비즈니스와 선교 사이에 거의 무한적으로 다양한 연합이 가능하다는 것을 인지한 것과 또 BAM의 주요 특성들에 대해 토론한 것이었다.

① BAM은 총체적 선교(WHOLISTIC MISSION)의 원칙을 기초로 한다.
② BAM에는 하나님 나라의 관점인 '왕국 비즈니스'가 있다.
③ BAM은 '일터 사역'과는 다르지만 관련이 있다.
④ BAM은 '텐트 메이킹'과는 다르지만 관련이 있다.
⑤ BAM은 선교를 위한 비즈니스(BUSINESS FOR MISSIONS)와는 다르다.
⑥ BAM은 비사업과 비선교(NON-BUSINESSES & NON-MISSIONS)를 묵과하지 않는다.
⑦ BAM은 이익을 추구한다.
⑧ BAM은 그 형태와 규모가 다양하다.
⑨ BAM은 본질적으로 직업과 돈에 관한 것이 아니다.
⑩ BAM의 가장 중요한 핵심은 '하나님의 보다 더 위대한 영광을 위하여'이다.[40]

(2) 비즈니스 선교와 BAM 사역에 헌신해 온 몇 분들의 BAM에 대한 언급을 소개하면 다음과 같다

BAM은 믿을 만한 비즈니스 활동을 전략적으로 사용하여 총체적 변화를 목적으로 비즈니즈의 영향권에 있는 영역에서 사역하고 전도할 수 있는 cross-cultural 기회들을 만드는 것이다.(탐 수디)

BAM은 광의적으로 하나님의 선교[41] 수단으로 이용할 목적으로, 국내적-국제적으로 문화가 교차하는(cros-scultural) 환경 속에서 크리스천이 운영하는, 이익을 추구하는 영리 벤처 사업이다.(닐 존슨)

BAM은 발전도상의 세계라는 선교필드에서 크리스천 비즈니스 전문가들이 영적, 사회적, 경제적 필요를 채우는 것을 모색하며 이익을 추구하는 사업이다.(켄 엘드레드)

BAM은 하나님과 열방의 백성들을 섬기는 전통적 수단을 대체하고자 함이 아니다. BAM은 모금 방법도 아니며, 또 교회가 행하는 활동들에 비즈니스를 부속시키는 것도 아니다. '선교로서의 비즈니스'인 BAM은 기업의 사회적 책임(CSR)을 포용해야 하는 중요성을 인식하지만, 실은 그 이상이어야 한다. 뱀은 'CSR+'이다.[42]

위의 전문가들의 다양한 정의에서 알 수 있듯이 '두 개 이상의 문화가 공존하는 지역에서 비즈니스 영역에서(within)와 비즈니스를 통한(through) 선교'라는 공통점이 있지만, 그렇다고 쉽게 정의될 수 있는 것은 아니다. 혹자의 정의대로 BAM은 '선교 사업+지역 계발'이다.

(3) 마크 러셀은 BAM과 관련된 7 가지의 유형을 분류한다.[43]

① business and mission - 비즈니스와 선교가 별개인 활동들
② business for mission - 선교를 재정적으로 후원하기 위하여 비즈니스를 운영
③ business as a platform for mission - 세상과 선교를 연결하는 통로로서의 일과 전문가적 삶
④ business in mission - 넌크리스천을 고용하여 그들을 그리

스도께로 인도하기 위한 목적으로 예배를 제공하는 것

⑤ business as mission – 세상에서 하나님의 선교의 한 부분으로서의 비즈니스

⑥ mission in business – 넌크리스천 직원들을 그리스도께 인도하는 목적으로

⑦ Business as a cover for missions – 선교자에 합법적으로 거주할 목적으로 거짓으로 비즈니스 비자를 받는 경우로, 이 경우는 실제 비즈니스를 하지 않기 때문에 BAM은 아니다[44]

(4) BAM은 '총체적 선교'다.[45]

BAM은 총체적 선교에 대해 집중한다. BAM은 영적인 필요뿐만 아니라 물질적인 필요를 채워주는 총체적 선교 전략으로[46] 비즈니스를 이용하여 다문화적 상황에 있는 독특한 필요들을 해결해 주는 데 매우 적절하다. 전도와 제자화를 훨씬 넘어서는 총체적 접근 방법을 취함으로서, BAM 회사는 회사의 직원들과 회사가 섬기는 지역이 직면한 필요의 범위보다 압도적으로 해결하기 위한 보다 광범위한 계획을 실행화 하여 옮길 수 있다.[47]

BAM은 '총체적 선교'의 원칙 하에 '총체적 복음'을 전하므로, 총체적(전인적)인 건강한 샬롬의 시스템을 전수하는 총체적인 사역으로, '개인과 지역에 아보다 시스템을 구축하는 것'을 목표로 한다.

① BAM은 전인치유의 환경인 샬롬 공동체 형성에 집중한다.
② BAM은 영혼구원을 소중히 여기고 억압받는 여성들과 어린이들, 착취당하는 노동자, 그리고 가난한 자들을 아보다 시스템으로 인도하는 사역에도 정진한다.[48]
③ BAM은 영혼구원-제자훈련-교회개척에 우선하여 선교에 접근한 전통 선교적 과업에 충실함과 동시에 현지인들의 시급한 필요(가난 해결과 취업 등)를 해결해 주는 사업으로 접근한다.
④ BAM은 하나님께서 하나님의 자녀를 구체적으로 사랑하시는 방법이다. 하나님께서는 BAM을 통하여 당신의 자녀에게 아보다 시스템을 제공하신다.
⑤ BAM은 총체적 복음을 전하는 총체적 선교로 곤궁한 사람들 각각을 전인적 존재로 섬기고, 그들의 필요와 고통에 역점을 두면서 예수의 사랑을 그들에게 보여주는 것이다.
⑥ BAM은 RANs나 CANs 국민들 사이에 만연한 가난과 미계발 상태를 총체적으로 해결하는데[49] 필요한 총체적 선교 전략이다. 이는 비즈니스의 막강한 영향력을 전제로 한다.

비즈니스는 영향력이 있다.

우리는 비즈니스의 능력을 과소평가해서는 안 된다. 개인과 지역에 대한 주요 영향력을 가진 비즈니스의 가능성은 거대하다. 이 가능성은 긍정적이기도 하고 부정적이기도 하다. 비즈니스와 기업 사이에 있는 놀라운 네트워크를 무시해서는 안 될 선물이다. 비즈니스에 입문한 크리스천들에게는 자원을 투자할 수 있는 능력을 소유한 유력한 인사에게 긍정적인 영향을 줄 수 있는 놀라운 기회가 있다.

주요 무슬림 국가의 한 핵심 지도자는 다음과 같이 말했다. "크리스천 전문가들(예를 들면, 선교사들)의 일하는 방법은 문화적으로 자연스럽지 않고, 유지와 재생산이 분명히 불가능하다. BAM은 실제적이며, 소금과 빛으로서 일과 비즈니스를 통하여 사람들과 자연스러운 관계를 형성하고, 그들의 삶에 동참할 수 있다."

특히 이슬람 국가들에서 합법적인 목적 없이 "나라 안에" 있는 외국인들에 대한 의심이 증가하고 있다. "당신 무슨 일을 하십니까?"라는 질문에 납득할 만한 답변을 주지 못함으로써 가장 단순한 관계형성 조차도 어렵게 된다.

BAM은 크리스천의 원칙들과 윤리들을 모범으로 소개하고 보여줄 수 있는 일터 환경을 조성하는 플래트 홈일 수 있다. 우간다에 있는, 성경적 원칙과 진리를 기초로 해서 세워진 매니지먼트 컨설팅 회사는 비즈니스와 정부, 이 양자의 영역에서 리더십과 관리 기술을 계발시키는 것을 모색하고 있다. 회사가 세워진 이후 9년 동안, 이 회사는 우간다 국내의 비즈니스 리더들뿐만 아니라 아프리카 12개국의 비즈니스 리더들에 대한 영향력을 행사해 왔다.

예수께서 대사명을 주시면서, "가서 제자 삼으라"라고 말씀하셨는데, 이 문장의 문법적 구조는 '너는 너의 정상적인(비즈니스) 삶을 살아가면서, 모든 족속을 자연스럽게 제자 삼아야만 한다'는 것을 의미한다. 전임 사업가에게 시간 제약이 있는 것은 사실이지만, 우리가 영향을 주고자 찾는 사람에게도 시간제약이 있기는 마찬가지다.(2004 로잔)

(5) BAM은 '총체적인 건강함'인 '샬롬시스템'을 구축한다.

세계보건기구는 건강을 다음과 같이 정의하였다. "건강은 단지 질병이 없거나 허약하지 않는 것만이 아닌 신체적, 정신적·영적·사회적인 '웰빙' 상태를 말한다." 세계보건기구는 신체적인 건강을 넘어 총체적인 건강을 누리는 것이 인간의 기본권리 중 하나로 제시한 것이다. 그렇다면 성경은 건강에 대해 어떻게 말하고 있을까? 메디컬 닥터 월트 래리모어와 트래이시 멀리스의 주장에 경청해 보자.

성경에 나오는 건강은 복합적인 개념이다. 건강이 질병 없는 상태만을 의미하는 것이 아니듯이, "평화"라는 뜻을 지닌 샬롬도 단순히 '이따금 갈등이 없는 상태'만을 뜻하지 않는다. 샬롬의 어원적 의미는 온전함(wholeness)과 완전함(completeness), 총체적인 건강이다. 그렇다고 해서 단지 신체적, 감정적, 영적 건강만을 뜻하는 것도 아니다. 이 단어에는 관계상의 건강을 강조하는 뜻도 있으며, 그 중에서도 특히 하나님과의 관계를 강조한다. 실제로 성경은 참된 샬롬이 하나님에게서만 나온다고 가르친다.(시29 : 11)[50]

하나님께서 에덴동산을 만드셨을 때, 당시 에덴동산의 환경은 샬롬이었다.[51] 샬롬은 물질적, 사회적, 환경적, 영적인 것이 완벽하게 조화를 이룬 상태이다.[52] 기독교는 샬롬을 회복하는 종교이다. 예수 그리스도가 오셔서 죄 문제를 해결해 주시고, 우리에게 샬롬을 회복시켜준 종교인 것이다. 이런 점에서 전통 선교는 "먼저 가서 전하는 사역"에 중점을 두었기 때문에 '가서' 말씀으로 증거하는 사역에 집중했다면 BAM은 '가는 과정'에서부터 총체적 복음을 전하는 사역이다.[53]

유대교의 샬롬 개념은 바른 관계, 평안과 웰빙의 상태다. 이는 인간과 피조 세계 사이의 바른 관계와 조화로운 세계 사이의 바른 관계와 조화로운 상호 작용의 파생물이다. 예수님께 삶의 목표는 샬롬 즉 타락 이전의 본연의 창조 상태였다. "땅에서는… 평화로다"라는 말은 지상에 실현 중인 천국에서 삼위일체 하나님이 누리시는 조화로운 관계를 보여주는 이미지다. 그러나 샬롬은 우리가 얻어내는 것이 아니라 하나님의 선물로 주어진다. 성령께서 우리 안에 조화와 평화의 관계를 이루실진대 자연과 동물에 대한 우리의 관계도 마땅히 조화와 평화가 특징이 되어야 한다.[54]

샬롬은 하나님의 주권 아래에서만 가능하다. 그러나 인간의 의를 앞세운다거나 이익만을 추구한다면 샬롬은 불가능하다. 세계의 경찰을 자처하는 미국은 1990년대, 100만 명이 동족상잔으로 희생된 르완다 사태에는 개입하지 않았지만, 소말리아 내전엔 개입했다. 소말리아의 석유에 눈독을 들였기 때문이다. 미국은 착한 사마리아인이 되기를 외면하고, 자국의 이익을 챙기기에만 급급하여 샬롬은 안전에도 없었던 것이다. 그러나 하나님은 크리스천 사업가들이 전 세계 구석구석에서 샬롬을 구축하는 착한 사마리아인이 되라고 명하신다.

> 예수님은 강도 만난 사람을 발견한 선한 사마리아인(유대인이 아니었음은 물론이지만 어느 면으로든 '그리스도인'이 아니었다)의 비유를 말씀하셨다. 강도 만난 이를 발견한 이 여행객은 단순히 기도하는 데 그치지 않고 당시로서는 최선이었던 치료법을 동원해서 환자를 돌봤다. 그렇게 이웃을 자기 몸처럼 사랑함으로써 주님이 가르쳐주신 가장 핵심적인 두 가지 가운데 하나를 충실하게 이행한 것이다.[55] (필립 얀시)

이 시대는 BAM을 통한 샬롬의 회복이 더욱 시급하다. BAM은 전인치유의 환경인 샬롬시스템 형성에 집중한다. 샬롬시스템을 형성하여 세계인들이 가난을 퇴치하고, 삶의 질을 높이는 것은 이제 크리스천 사업가와 BAMer들의 절대적 과제가 되었다.

(6) BAM은 장기 사역이다.

현대 선교의 아버지인 윌리엄 캐리 시대에는 선교사들이 선교지에서 수십 년간 사는 것은 당연했다. 선교사들은 선교지에서 외국인들과 함께 살며, 그들의 언어와 문화를 배우고, 자녀들을 낳아 기르고, 교회를 개척하여 현지인 성도를 섬기고, 잃어버린 자들을 구하는 일에 선택된 크리스천들이었다.

오늘날 상황이 달라졌다. 아직까지도 장기간 동안 심지어는 자신의 일평생을 선교에 헌신하고자 하는 선교사들이 많기는 하지만 선교지에서 일평생을 받치는 헌신은 과거의 것이 되어버렸다. 현재는 파송 단체와 교회의 선교 전략과 구조가 급진적으로 변하여 서양에서는 3년을 장기적 헌신 기간으로 인정하고 있으며 많은 교회들이 단기 선교에도 집중하고 있는 등, 선교가 과거에 비해 대단히 단기화되었다. 그러나 BAM은 비즈니스의 특성상, 오랜 기간 심지어는 현지에서 일평생 살아야 하는 장기적 사역이다.

(7) BAM은 개인과 지역의 '총체적 변화'를 목표로 삼는다.

BAM컴퍼니가 이익을 얻기 위한 목적은 회사가 성공만을 위한 것만이 아니라, 총체적 선교에 집중하여 개인과 지역에 강력한 킹덤임팩트를 끼치는 것이다. 비즈니스를 통해 킹덤임팩트가 개인에게 끼쳐지면 개인에게 총체적 변화가 시작되고, 지역에 끼쳐지면 지역의 총체적 변화가 시작된다.[56]

구체적으로 BAM은 인종차별을[57] 당하거나 억압받는 이들과 가난한 이들을 섬겨야 할 사명이 있다. 이 사명을 실현하기 위하여 실제적 목표를 세워야 한다. 예를 들어, 직원 건강, 임산부 케어, 직원 가족 보험, 영양, 읽고 쓰기, 어린이 케어 센터, 교육 프로그램들, 지역사회 장애인들을 도움, 지역사회 불가촉천민의 고용, 청소년 사역, 이동 가능한 식수 만들기, 사업개발, 마약, 재활활동, 학교, 공원, 운동장, 깔끔한 도로 등등이 있다.

총체적 변화란 기업의 사회적 책임(CSR)을 성취하고, 더 나아가 BAM의 영적 책임을 성취하는 것이다. 총체적 변화란 'CSR + 영적 책임'이며 이는 곧 BAM의 목표이자, BAM의 사명이다.

(8) BAM은 '킹덤비즈니스'(Kingdom Business)다.

킹덤비즈니스는 모든 크리스천이 '네 마음을 다하고 목숨을 다하고 뜻을 다하고 힘을 다하여 하나님을 섬기고 사랑하고 네 이웃을 섬기고 사랑하라'[58]는 소명을 가지고 있다는 신학적 전제에서 출발한다. 하나님께서 백성들을 부르셔서 모든 유형의 선교와 선교 벤처에서 일하도록 하시는 것과 같이, 비즈니스 영역에서 하나님의 나라를 위하여 일하라고 백성을 부르신다. 어떤 상황 속에서도 비즈니스를 통하여 하나님의 나라가 확장되어야 한다. 그러나 특별히 성경의 명령은 아직 복음을 받아들이지 않고 있는 지역에 살고 있는 가난한 이들과 억압받는 사람들을 섬길 것을 강조하고 있다. 그러므로 우리는 타문화권 선교에 집중해야 하고, 빈곤으로 허덕이는 지역과 비복음화지역에 관심을 가져야만 한다. 물론 이 모든 활동이 다 국경을 넘어가야만 함을 의미하는 것은 아니다. 이 활동은 문화적으로 근접한 지역 내에서도 필요하다. BAM은 크리스천 사업가들에게 영감을 주고 격려하여 그들이 특별히 개발도상국에서 비즈니스를 하게 하며 또 그들을 비즈니스 영역에 머물도록 촉진한다.(2004 로잔 BAM)

(9) BAM은 실제 사업이다.[59]

크리스천 사업가들은 선교사들이 배척당하고, 심지어는 추방당하는 국가에서 사업가들이 환영받는다는 사실을 발견하고 이를 선교전략화 했다. 이들 나라에서 실제적이며 지속적인 이익을 창출할 수 있는 사업이 가능하다면 총체적인 선교가 가능한 것이다.[60)]

BAM 이익

BAM에서 이익이 그 목적은 아니지만 반드시 필요하다. 제임스 콜린스와 제리 포라스는 세계 초일류 기업을 연구한 결과 이익과 관련하여 다음과 같이 말했다. "이익이란 존재를 위한 조건이며 보다 더 중요한 목표를 위한 수단이다. 많은 비전 기업(불멸의 성공 기업)에서 이익이 목적 그 자체는 아니다. 이익은 신체에 필요한 산소, 물, 음식, 혈액과 같은 것으로, 비록 그 자체가 인생의 목적은 아니지만 없으면 살아갈 수 엇는 것이다."

BAM은 지속적 이익 창출을 전제로 하며, 이 이익 창출 위에 BAM 사역이 가능하다. 이익창출의 모든 과정이 하나님을 영화롭게 하는 것이어야 하며, 이런 의미에서 이익창출의 모든 과정 그 자체가 BAM사역이다. 전통선교는 누군가로부터 주어진 이익(도네이션과 헌금)을 가지고 사역을 하기 때문에 전통 선교사들은 사역에 필요한 돈을 구하기 위해 사업을 할 필요가 없었고, 또한 비즈니스 능력이 절대적으로 필요하지 않았다.

그러나 BAM은 이익창출 과정 그 자체가 하나님께 영광을 올리는 사역이며, 이익창출을 전제로 가능한 사역으로 BAM은 선교 이전에, 이익창출 사업이다. 때문에 크리스쳔 사업가가 해야 하는 일이고, 이익창출 과정이 하나님께 영광을 올리는 사역이기에 매우 성숙하고 노련한 크리스쳔 사업가의 사역이 되어야 하는 것이다.

1. 이익을 내는 과정 자체가 BAM 사역이고, 그리고 이 이익창출사역으로부터 BAM 사역은 지속적으로 확장된다. 때문에 BAM 사역을 통해 어떤 선교를 하고 있느냐 보다는 우선은 이익창출 과정이 얼

> 마나 성경적이고 공정했느냐에 대해 매우 신중하게 집중해야 한다. 이익창출과정이란 비즈니스 전 영역을 포함한다. 종업원에 대한 매우 성숙한 처우, 공정거래, 성실한 납세, 부당한 비즈니스 관행(뇌물과 부정적 상납) 거부, 기업의 사회적 책임에 솔선수범 등.
> 2. BAM은 선교를 위한 새롭고 독특한 프로젝트라든가, 탁월한 수단이 아니다. BAM은 그 자체가 건강한 사업이자 선교로, 전문적 사업 능력이 있는 크리스천 사업가의 사역이다.
> 3. BAM은 전세계의 크리스천 사업가를 통해 하나님의 샬롬을 전하는 실제 사업과 사역이다. 이런 의미에서 BAM 사업가는 하나님 사업의 대리인이다. 하나님은 모든 크리스천 사업가들의 마음 속에 BAM의 소명이 불타오르길 강력히 소망하신다.

그래서 크리스천 사업가들은 이익을 창출하는 실제 사업체를 운영하여 현지인들에게 혜택을 주는 고용창출, 제품, 그리고 서비스를 통하여 그 사회의 가치를 더하고 삶으로 복음을 전하게 되었다. 이점에서 실제 사업을 통해 총체적인 선교를 하는 BAMer들은 전통 선교사와 구별된다.[61] 그러나 후진국이 가지고 있는 전형적인 문제들은 사업에 많은 어려움을 준다. 인프라의 절대적 부족, 국가 전체에 만연하는 부정부패, 기술력과 전문성 부족, 갱, 마피아, 탐관오리, 정치가들의 부패 등등의 최악의 상황이었다. 그런데 놀라운 것은 역설적이게도 이러한 부정적인 것들로 인해 BAM의 가치가 드러난다는 것이다. 부조리와 나쁜 관행 속에서 하나님의 방법으로 선하고 바르게 운영되는 BAM은 강력한 킹덤임팩트를 끼칠 수 있게 된다.

(10) BAM은 고용 창출을 목적으로 한다.

2002년 가을 국제 기아대책위원장으로 17년간 재임했던 테드 야마모리와 사업가인 켄 엘드레드는 킹덤비즈니스 포럼(KBF)을 창립하여 총체적 기업가들을(holistic Entrepreneur)[62] 위한 컨설테이션을 소집하였다. 그 목적은 BAM의 주제를 찾는 것이었다. 이 컨설테이션에서 BAM 사업은 비즈니스와 영적인 차원에서 고용 창출, 가치 향상, 가난한 이들을 부유케 하고, 제품과 서비스의 분배를 바르게 하는 것이라는 분명한 결론을 내렸다. 이를 이루기 위해서 BAM은 고용 창출에 집중해야만 한다는 의견을 모았다.

켄 엘드레드에 의하면 비즈니스 선교의 노력으로 실업률이 10% 이상 낮아진 나라들이 있으며, 오퍼튜니티 인터내셔널에서 하는 하나의 프로그램만으로도 1년에 25만 개의 일자리가 창출된다고 한다.[63] 그러나 러시아 마피아도 일자리를 만들어 사람들에게 돈 벌 기회를 제공하고 있는데, 고용창출 그 자체만으론 BAM의 목적을 다 이룬 것이라 말할 수는 없다. BAM은 예수님의 기도인 "나라가 임하옵시오며, 당신의 뜻이 이루어지이다"를 위해 적극적으로 기도하며 이를 일터에서 구현하는 것이다."[64]

(11) BAM은 현지교회를 건강하게 돕는다.

"비즈니스 선교는 영적, 경제적 필요를 모두 염두에 두는 것이 중요한 특징이다. 형태는 다양해도 수익성과 안정성, 현지인들을 위한 일자리와 부의 창출, 현지 교회의 부흥 이 세 가지 목표는 반드시 충족시켜야 한다."(켄 엘드레드) BAM컴퍼니인 TW에서 몇 년 전 10/40창 지역의 인구 300 명이 사는 한 고산지 마을에 건축물 자재 공장을 시작하여 현지인이 운영하고 있다. 이 지역에도 교회가 있고, 지역인의 10% 수준인 30 명 정도의 크리스천이 교회를 섬기고 있다. 현재 성인 교인 대부분이 TW 팀의 공장에서 일하고 있는데, 이분들이 열심히 일하여 공장 운영이 잘 되어 적절한 월급을 제대로 받는다. 가시적으로 세 가지 긍정적 변화가 발생했다. 첫째는 지속적인 수입이 생기기 때문에 가정 경제가 안정되었다는 점, 두 번째는 부모가 안정적인 직업을 가지게 되므로 가족 부양의 자신감이 생기면서 부모의 권위가 살아나고, 아이들도 당당한 부모님들의 모습을 보고 매사에 기가 살고 신나 한다는 점, 세 번째는 수입의 십일조가 드려짐으로 인해서 교회의 재정이 좋아져 지역을 섬기고 전도와 선교가 활성화 된다는 점이다.

　최근에 고산에 지진이 하루 수십 차례, 한 달에 800여 차례가 발생하면서(여진포함), 정부에서 주민들에게 집에 머물지 말고 밖에서 지낼 것을 권했다. 그러나 지역이 워낙 험산준령의 고산지라 마땅한 터가 없었다. TW BAM 팀은 공장의 마당을 제공하고 교회는 교회의 마당을 제공해서 현지인들이 천막을 치고 한 달 이상 거주하도록 도와주었다. 공장과 교회에서는 주민들에게 여러 가지 편의를 베풀고 정성껏 환대하여 지역에서 교회와 크리스천의 이미지가 대단히 좋아졌다. 하나님은 이 기회를 이용하셔서 현지인들에게 킹덤임팩트를 전하셨다. 이는 매우 최근에 발생한 기쁜 소식이다.

① BAM 사업체와 가까운 곳에 있는 현지 교회와 킹덤비즈니스를 시작하는 것이 매우 중요하다. 그렇지 않고 BAM 사업체가 자체 교회를 시작하면 현지교회를 강화시키기는 커녕, 교

회의 권리를 빼앗게 될 위험성이 있다. 지역 교회를 강화시키는 것은 모든 킹덤비즈니스의 목적이 되어야 한다.

BAM과 지역 교회 사이의 그 어떤 동역도 서로에게 혜택을 주고 상대를 인정하는 윈-윈 상황이 되도록 애써야만 한다. 이는 하나님 나라에 대한 비전을 공유하는 곳에서 가능하다. 교회는 사업가들이 그들의 부르심을 따라 사역하도록 완벽하게 준비시키고 활기를 불어 넣으며 그들을 위한 교제권을 제공한다. 그러기 위해서 교회와 목회자들은 비즈니스 소유자와 전문가들을 위한 교육과 훈련을 하고 나아가 목회적 지원을 제공할 수 있다. 사업가들은 그들의 경영기술로 그리스도의 몸으로 사는 삶에 공헌할 수 있다. 킹덤비즈니스는 교회 구성원들에게 고용을 제공하기도 한다. 이는 실업으로 인해 심각하게 약화일로를 걷고 있는 교회 지역에 절대적으로 필요하다.

기도하고 서로 격려하는 파트너십과 공동체 내에서 함께 하는 사역 프로젝트에 파트너십이 필요하다. 지역 교회는 새로운 BAM 벤처를 교회 자체의 구제활동의 일환으로 시작할 수도 있다. 또는 교회 멤버들을 격려하여 기업가의 은사를 받은 BAM 리더들을 지원할 수도 있고, 또 BAM 리더로 진출시킬 수도 있을 것이다.(2004 로잔 BAM)

② 비즈니스는 교회를 세우기 위해 미개발된 자원들을 방출해야 하며[65] 교회가 없는 현지에서는 전략적으로 비즈니스 개척과 교회 개척을 동시에 할 수 있다.[66] 이 점에서 BAM은 그 적대적인 환경을 극복하고 지역 교회 성장의 초기 단계에서부터 동역의 모델이 될 수 있다. 전통적 선교 모델들과 교회의 대외 활동이 금지된 지역에서 BAM은 변화를 꾀하는 사역을 위해 문호를 개방하는 역할을 할 수 있다.

예를 들어, 중동 지역의 한 아랍부족의 리더는 그 지역의 BAM 소유 자이다. 그는 지역 정부와 탁월한 커넥션이 있으며, 그 지역에서 유일한 기독교인이다. 지역 공동체는 그를 존경한다. 이는 그가 자기 사람들의 물질적 필요에 대해 진심에서 우러난 관심을 보이기 때문이다. 회사의 이익 중 미리 작정된 부분은 지역 발전 프로젝트에 투자한다. 다음 세대에는 이 지역에 교회가 생겨날 것으로 기대된다.[67]

하나님은 어떻게 비즈니스 선교를 사용하여 교회를 부흥하게 하실까?" 캔 엘레드는 다음과 같은 답을 제시한다.[68]

① 회교국들을 포함하여 선교에 적대적인 나라들도 비즈니스 선교는 환영한다.
② 전세계에 새로 개척된 1만 개의 교회는 비즈니스 선교의 결과로 생겨났다.
③ 비즈니스 선교로 인해 지역 사회가 발전하고 현지 교회들은 더 이상 원조에 의존하지 않게 된다.
④ 비즈니스 선교는 후원에 의존해야 하는 선교 사역을 돕는 재정 자원이다.
⑤ 비즈니스 선교는 그리스도의 몸 안에서 교파와 문화 간의 장벽을 없애고 서로 협조하며 돕도록 애쓴다.

12) BAM 사업을 위해 반드시 선교지로 떠나야만 하는 것은 아니다.

자신의 생업의 현장에서 그 생업을 성실히 수행하면서 복음을 노출시키는 삶이 바로 소금과 빛의 사명을 감당하는 선교이자 사역이다. 이런 의미에서 BAM의 사역 정신은 모든 그리스도인들의 사역과 일에 반드시 필요한 정신이기도 하다.

　BAM은 만연한 가난과 미계발 상태에 있는 모든 사회에 필요한 전략이다. 그래서 도시 빈민자들이 우글거리는 선진국의 대도시에서도 BAM 사역이 필요하다. 미국 내에서만 보더라도 LA와 뉴욕, 앨버커키와 디트로이트, 시애틀, 뉴올리언즈의 도심지는 BAM을 시작할 수 있는 적절한 지역이다. 세계적으로 멕시코시티, 상 파울로, 파리, 런던, 카이로와 요한네스버그, 도쿄, 홍콩, 알마티, 모스크바 등도 BAM 사역이 가능하다. 도심지 문화에 친숙한 사람이라면 오렌지 카운티나 남가주에서 온 크리스천이 방글라데시에 들어가는 것과 같은 이질적 문화를 경험을 하게 될 것이다. 어느 곳에서나 가난한 변두리인들은 꿈을 꾸며, 야망을 품고 가족과 더불어 보다 나은 삶을 갈망한다. 그들에게 직업이 필요하고, 희망도 필요하다. 또 그들에겐 예수님이 필요하다. BAM은 이들의 필요를 실제적으로 채울 수 있는 사역이다.

　한국도 BAM 사역지가 되었다. 인력수출국이었던 우리나라가[69] 1990년 중반부터 인력수입국이 되면서[70] 우리나라에서 BAM 사역의 필요성이 더욱 많아지고, 더욱 시급해졌다.

> 1990년대 이후의 구로구 가리봉동이 '구로구 연변동'이라 불린다. 조선족 자치주인 연변을 닮았다는 이야기다. 이 지역에 살고 있는 조선 동포의 수가 4-5만명으로 추정하고, 대림동, 가산동, 독산동 일대로 넓혀가고 있다. '코시안 타운'으로 불리는 경기도 안산역 앞 원곡동에는 이미 한국인보다 외국인 노동자가 더 많다. 외국인에세 피선거권만 있으면 외국인 출신 구의원당선도 따놓은 당상이라는 얘기가 나올

정도다. 또한 경기도 남양주시 마석에는 동남아시아와 아프리카 등에서 이주한 외국인 노동자들이, 봉제 공장이 밀집한 창신동 일대는 손기술이 좋은 베트남 노동자들이, 성동구 성수 공단에는 태국 등 동남아시아 노동자들이 나라별로 작은 공동체를 이루며 살고 있다. 이들 외인촌에 가보면 누가 '주인'이고 누가 '손님'인지 구분하는 일이 무의미하다.[71]

참고로 2011년 이미 합법적으로 국내에 거주하는 외국인 노동자는 130만 명을 넘어섰고, 2014년 1월 현재 불법 노동자를 포함하면 200만 명에 근접할 것으로 여겨진다. 2013년 외국인 근로자 임금 등으로 우리나라에서 해외로 나간 돈이 100억 달러에 육박했을 정도이다. 외국인 노동자들의 인권과 의료, 복지 등의 어려움을 돕기 위해 많은 기관과 종교 단체(교회, 사찰 포함) 등이 나서고 있다. 이제 크리스천 사업가들, 특히 외국인 노동자들을 고용하고 있다거나 외국인 노동자가 있는 업체에 납품, 하청의 일에 직·간접적으로 연관된 크리스천 사업가들은 하나님께서 주신 소중한 BAM 사역의 기회를 놓치지 말기 바란다.

(13) BAM은 전 지구적 현상이다.

요즈음 BAM에 대한 정보가 많아지면서 많은 분들이 BAM에 대해 많은 관심을 가지고 접근하는 것 같다. 좋은 현상이다. 또한 유사 사역의 현장에서 많은 경험을 가지신 분들이 나름 BAM에 대한 이러 저러한 정의들을 내리고 있다. 역시 좋은 현상이다. 삶의 현장에 BAM이 뿌리를 내리고, 넓고 크게 자라나야 한다. 그러기 위해서 BAM에 관해서 왈가왈부하기 보다는 BAM을 살아가는(Living in

BAM) 실천이 우선되어야 한다. 그래서 위대한 실천적 사역인 BAM을 너무 이론화하고 체계화하며, 조직화를 앞세우며 현장과 거리가 먼 소위 '전문가의 논리로 가장된 매우 부실한 정보'를 퍼트리는 빅마우스들을 경계해야 한다.

역사적으로 우리는 복음이 일상에서 실천되기 보다는 철학화, 관념화, 조직화됨으로 인해 얼마나 많은 상처를 받아왔는지를 기억해야 한다. 복음을 말하는, 찬양하는 사람들의 홍수 속에, 이미 모든 일들에게 권위를 상실한 그들의 화려한 외침 속에서, 우리는 복음을 삶으로 노출시키는 복음의 실천가로 살아야 한다. 또한 이런 삶을 사는 분들을 존중하고 그들과 협력해야 한다.

마찬가지로 일상에서 BAM에 관해 외치기만 하기 보다는 기꺼이 BAM을 살아가야 하며, BAM을 살아가는 분들과 협력하여 BAM을 통해 총체적 복음을 노출시키는 지혜로운 실천가로 정진해야 한다.

> TW가 운영하는 BAM 사업체가 있는 현지에서 F족 사역자인 K를 만난 것은 하나님의 전적인 은혜였다. F족은 현재 30만 명 정도되는데, 그 중에 기독교인은 200 명 정도다. 그러니까 F족의 0.066%만이 기독교인이란 비극이다. 헌데 0.066%의 F족 기독교인 중 사역에 헌신한 이들은 손가락에 꼽을 정도고 이번에 만나 K는 그 중에 가장 헌신된 사역자이다.
>
> K는 전도와 티칭, 그리고 가정교회 런칭에 탁월한 은사가 있어 10여년간 참으로 거칠고 소외되고 넓은 지역을 다니면서 위대한 사역을 감당했었다. 수년 전부터 정부의 감시와 미행, 추적이 계속되고 거의 일거수일투족이 관찰-도청당하는 상황에 이르자, 사역을 포기하고 지난 몇 년 동안 현지에서 식당을 운영하고 있다. 사업에도 남다른 재능이 있어 지금은 돈도 많이 벌었다. 내가 BAM 동업자인 S의 집에서 K를 만난 것은 K가 명절을 맞이하여 자신의 동역자이자 내 동업

자 S 가족에게 선물을 가져왔기 때문이다. 고기와 과일, 그리고 메밀 반죽 등등.. 어쨌든 점심을 같이 먹고, 전통차를 몇 잔 마신 후, K와 내 동업자 부부와 함께 두어 시간 매우 깊고 감동적이며 전략적인 대화를 나누었다. 그 내용들은 밝힐 수 없고… 정말 K는 대단했고, 또 주변에 K와 같은 현지인 비즈니스 사역자들과 동역하는 S부부도 대단했다. V족을 섬기기 위해 모여 든 사역자들의 수가 제법이다. 이들은 한결 같이 비즈니스 사역자, 즉 BAMer들이다. 물론 이들은 자신들이 BAMer라고 불리워지는 것조차 모르고, 또 관심도 없다. 크리스천이라면 마땅히 그래야 한다는 것이다. 이들은 크리스천이라면 마땅히 살아야 할 그 순종의 길, 제자의 길을 사는데, 현재 그들이 처한 사역이 BAM이지, BAM 사역을 하기 위해 특별이 헌신하는 것은 아니었다. 이들에게 있어 BAM은 일상이지, 대단한 사역이 아니었다. 이번에 K와 또 다른 일상의 BAMer들을 만나면서 소위 BAM을 하겠다고 이런 저런 모양으로 떠드는 나를 비롯한 우리네 BAMer들의 모습을 뒤돌아보지 않을 수가 없었다.[72]

마크 러셀에 의하면, 21세기에 이르러 BAM을 가속화시키며 그 현장에서 활발하게 진행될 수 있도록 하는 다섯 가지 요인들이 있다.

① 세계화

창세기부터 요한계시록까지 읽어보면 하나님께서 나라들을 향한 특별한 마음이 있으심을 알게 된다. 시편 2:8에서 말하듯 "내게 구하라 내가 열방을 유업으로 주리니 네 소유가 땅 끝까지 이르리로다." 세계화가 진행되면서 세상은 과거 그 어느 때보다 더 작은 공간이 되어 가고 있다. 사업가들은 이전에는 접근 못했던 시장에도 자유롭게 진입한다. 사람들은 국제적으로 대륙을 이동하며 일자리를 구하고 있다. 부유한 국가들을 중심으로 무리가 형성된다. 국가들은 빈곤 완화와 일자리 창출에 목이 메여 있다. 자신들의 부르심을 알고 사업을 하는 이들에게 이는 정말 좋은 기회가 아닐 수 없다.

② 접근성

특히 기독교에 대해서 적개심을 가지고 있는 국가들에서도 크리스천 사업가들은 환영한다. 크리스천 사업가들은 이들 국가에 거주하며 사업을 한다. 특히 제조원가가 보다 낮은 지역으로 사업체를 옮기게 되는데 이들 나라들은 거의 가 10/40창의 불교, 이슬람, 힌두교를 믿는 국가들로 그 대부분의 국가들이 선교사의 입국을 엄격이 금지한다. 그러나 크리스천 사업가들의 입국은 자유롭게 보장된다.

③ 평신도 사역의 활성화

20 세기 중후반 이후 목회자 중심의 사역이 평신도 중심의 사역으로 이동하여 평신도 사역이 발전해왔다. 이와 더불어 일과 비즈니스의 사역화는 국내의 사역과 국외의 선교를 더욱 활성화 시키고 있다. 크리스천 사업가는 비즈니스 선교, 그 중에서도 BAM을 주도하고 있는 평신도 사역의 선봉장이다.

기독교 2,000년 역사 속에서 일어난 대부분의 신앙 부흥 운동과 마찬가지로 BAM 역시 평신도가 주도해 온 선교운동이다.[73]

소위 평신도라 일컫는 사람들은 직업이나 신분이 종교인으로 분류되지 않는 하나님의 사람들로서, 위기의 시대마다 예기치 않은 방법으로 지도자를 배출해 내는 인력풀(pool)이라 할 수 있다. 평신도들은 구습에 찌든 세상에 예수 그리스도의 복음이 지닌 긴박성과 투명함을 밝히고 드러내는 자들이다.(유진 피터슨)

④ 가난과 고통에 대한 인식의 확산

여행 수단이 발달되고, 여행이 잦아지면서 전세계의 가난과 고통에 대한 인식이 확산되었다. 붙본 매스 미디어의 영향도 컸다.

⑤ 비즈니스에 대한 사회적 의식의 발전 등이다.

역사적으로 자유시장자본주의는 비즈니스의 목적을 투자자들에게 최대의 이익을 가져다주는 것을 정의했다. 이 정의는 크리스천이 사업가에 대한 부정적 이미지를 가지게 했다. 그러나 1980년 이후부터 기업의 사회적 책임이라든가, 윤리경영 등을 강조하면서 크리스천들은 비즈니스를 긍정적으로 보게 되었고, 특히 비즈니스를 선교적 눈으로 보게 되었다.

위와 같은 5 가지 요인들로 인해 BAM은 세계적인 현상이 되었다. 초기에는 BAM이 서양의 백인들의 사역이었으나 이제는 세계의 모든 지역에서 인종을 초월한 크리스천 사업가들 사역이 되었다. BAM은 더 이상 백인 남자의 해결책도 아니고, 서방의 현상과 개념도 아니다. 5대양 6대주 거의 모든 국가에서 BAM은 BAM을 살아내는 사람들에 의해 활발하게 진행되고, 또 확산되고 있다.[74]

(14) 더욱 확장되는 BAM

이 글은 메츠 튜네그의 "Business as Mission is bigger than you think"라는 글의 번역이다. BAM이 확장되고, 변형되는 특징들을 총체적으로 이해하는데 도움이 되는 글이라고 생각되어 메츠의 허락을 받아 번역하여 '더욱 확장되는 BAM'이란 제목으로 이 책에 포함시켰다.[75]

'선교로서의 비즈니스'인 BAM은 때론 다루기 힘든 용어일런지 모르지만, BAM은 중요한 개념이며 본질적 실천이다. BAM은 묘책, 즉 궁극적인 전략은 아니다. 그러나 BAM은 '어떻게 하면 비즈니스로 사람들을 섬기고, 하나님의 목적에 따르며, 이 땅의 선한 청지기가 되며, 이익을 창출하느냐?'를 추구하는 세계적인 일터 크리스천 운동으로 성장하고 있다.

BAM은 하나님과 열방의 백성들을 섬기는 전통적 수단을 대체하고자 함이 아니다. BAM은 모금 방법도 아니며, 또 교회가 행하는 활동들에 비즈니즈를 부속시키는 것도 아니다. '선교로서의 비즈니스'인 BAM은 기업의 사회적 책임(CSR)을 포용해야 하는 중요성을 인식하지만, 실은 그 이상이어야 한다. 뱀은 'CSR+'이다

우리는 비즈니스 영역 안에서와 선교외 비즈니스를 통한 선교를 담당하고 있다. 예를 들자면, 정의의 선교(a mission of justice)이다. 정의로서의 선교라고 말할 수도 있다. 정의로의 선교 그리고 또 다른 용어들은 BAM의 총체적이며 변형적 특성을 이해하는데 도움을 줄 것이다. 이 리스트는 더 많아질 수도 있지만 이 12개의 예는 BAM이 "교회성(churchianity)"만을 목적으로 비즈니스하는 것은 아니라는 것을 보여주길 기대한다.

① 정의로서의 비즈니스(Business as Justice)

하나님은 정의를 사랑하시나 불의는 미워하신다. 하나님께서는 거듭 불의에 맞서 외치는 예언자들을 보내셨으며 그 변화와 수정을 요구케 하셨다. 부패, 노동착취, 그리고 이민자들과 같이 취약한 사람들에 대한 학대 등의 불의가 명백히 들어나는 곳은 일터이다.

대중은 옷이 생산되는 곳의 위생 상태에 대해 관심을 가졌는가? 노동자들이 강요당하는 고통스러운 긴 노동 시간에 대해 우려했는가? 뛰어놀고 성장하며 살아갈 권리를 박탈당한 어린아이들을 걱정했는가? 대중은 그런 잘못을 바로잡고 학대받는 그들에게 정의를 가져다 주려고 시간을 쓴 적이 있는가? 반대로 이 무관심한 '일반' 대중은 계속해서 흥정을 하고 싼 옷을 찾으며…… 인간 생명의 낭비와 손실에 대해선 거의 생각하지 않는다… 착취당하는 노동자나 정상적인 어린 시절을 박탈당한 어린이가 생산하는 물건을 구입하는 것은 장물거래를 하는 것과 마찬가지다. 그런 물건을 구입하는 상황에서 당신 자신에게 던져야 할 물음은 '이 물건을 싸게 구입하는 것일까?'가 아니라 '하나님은 내가 어떤 행동을 하길 원하실까?'가 되어야 한다.(랍비 죠셉 델루슈킨)

정직한 비즈니스를 추구하고, 직원들을 보호하는 것이 '정의로서의 비즈니스' 이다. 고객들과 부품제조업자들을 잘 대하는 것이 하나님을 영예롭게 하는 일이다. 부패와 뇌물과의 투쟁도 '정의로서의 비즈니스' 에 속한다.

② 참 종교로서의 비즈니스(Business as True Religion)

진정한 예배는 고아와 과부를 돌보는 것이다(약 1 : 27). 고아와 과부는 오늘날 일터에서 착취당하는 취약한 이들이다. 인신매매범들은 홀로 있는 어린아이들을 노리고, 환경과 교활한 이들로 인해 과부들은 매춘에 끌려간다.

이러한 현상은 이 세상의 도처에서 실제로 발생하고 있다. 고아와 과부들에게 위엄 있는 일자리를 제공해 주어서, 그들이 자신들과 타인들을 부양할 수 있는 그런 미래를 누가 제공해 줄 것인가? 이를 제공하는 것이 '참 종교로서의 비즈니스'일 것이다.

③ 샬롬으로서의 비즈니스(Business as Shalom)

샬롬은 선하고 조화를 이루는 관계를 일컫는 성경적인 개념이다. 하지만 그 관계는 창세기 3장의 사건으로 인하여 깨어지고 상처를 받았다. 하나님, 다른 사람들 그리고 다른 창조물들과의 관계를 회복하는 길이 그리스도를 통하여 존재한다. 비즈니스라고 하는 것은 직원들, 동료, 친구, 고객, 공급자, 의뢰인, 가족, 공동체, 세무담당자 등등의 사람들과 가지는 관계라고 봐야 할 것이다. 비즈니스에 종사하는 기독교인으로서 우리는 어떻게 그 샬롬, 샬롬으로서의 비지니스를 지향할 것인가?

④ 청지기로서의 비즈니스(Business as Stewardship)

모든 사람들은 재능과 은사를 가지고 위임을 받았다. 비즈니스에 있어서 우리는 자산에 대해 언급한다. 청지기라고 하는 것은 또 다른 중요한 성경적인 개념이다. 우리가 섬기기 위해 가진 것을 어떻게 사용할 것인가? 우리가 비즈니스를 소유하거나 운영할 때 청지기는 무엇을 의미하는가? 하나님은 일부 사람들에게 뛰어난 사업적인 재능을 주셨다. 그것들은 비지니스를 통하여 하나님과 공동의 선을 위하여 이용될 수 있다. 관리의 재능, 회계나 판매의 재능 또한 마찬가지이다. 우리는 다양한 사업적 재능을 가진 사람들이 선한 청지기가 되도록 격려해야 한다. -이것이 청지기로서의 비즈니스이다.

⑤ 섬김의 리더십으로서의 비즈니스(Business as Servant Leadership)
 예수님은 섬기러 오셨다. 주님은 선하고 경건한 리더십의 모범이다. 주제를 가지고 많은 사람들이 책을 썼다는 사실은 섬기는 지도자상의 개념에 대한 중요성을 보여주는 것이다. 주님을 지향하는 비즈니스를 한다는 것은 비즈니스 현장에서 섬기는 리더십의 의미가 무엇인지에 대해 우리가 연구한다는 것을 뜻한다. 이것은 간단한 공식이거나 간단하게 설명할 수 있는 접근법이 아니다. 이것은 다른 산업이나 다른 문화에서는 다르게 보일 수도 있다. 하지만 밑바탕에 깔려 있는 핵심 원칙은 사람, 공동체, 국가, 그리고 하나님을 섬긴다고 하는 것이다. 비즈니스에 있어서 좋은 리더십이 부족함에 대해 자주 언급 되는 것을 보게 된다. 섬기는 리더십으로서의 비즈니스는 단순히 필요한 것 이상이다.

⑥ 인간의 존엄성으로서의 비즈니스(Business as Human Dignity)
 이 지구상의 모든 사람들은 하나님의 형상을 따라 창조되었다. 우리 모두는 창조주께 연결된 가치와 존엄성을 가지고 있다. 하나님은 우리가 다른 사람들과 우리 자신을 위해 선한 것을 창조하라고 창조적인 존재로 창조하셨다. 창조한다는 것은 매우 인간

적이고 신성한 것이며, 인간의 존엄성의 본질적인 부분인 것이다. 이러한 창조성이 발전한 결과로 인간의 존엄성이 일부 깨어지긴 했지만, 예수 그리스도를 통한 회복의 능력이 존재한다. 직장을 잃는 것은 죄가 아니지만 실직하는 것과 일을 하여 자신과 가족을 부양하는 능력을 잃는 것은 타락의 결과이다. 이것은 인간 존엄성의 상실이다. 사람들로 하여금 일을 하게 하고, 존엄성을 가지고 일자리를 제공하는 것은 신성한 행위이다. ―이것이 인간 존엄성으로서의 비즈니스다.

⑦ 화해로서의 비즈니스(Business as Reconciliation)

사도 바울은 그리스도인들은 화해의 대사라고 한다. 일터에서조차 깨어진 관계와 갈등이 흔하다. 우리는 또한 인종적, 종교적 집단 사이의 긴장과 폭력을 목격하기도 한다. 비즈니스는 화해를 위한 토론의 장을 제공할 수 있을까? 비즈니스인은 인종적, 종교적 분리들을 연결하는 가교가 될 수 있을까? 인도네시아의 무슬림과 크리스천 사이에는 가혹한 불신과 긴장으로 점철된 오랜 폭력의 역사가 존재하고 있다. 그러나 나는 인도네시아에 사는 중국계 그리스도인 사업가들이 정의로서의 비즈니스, 청지기, 샬롬, 섬김의 리더십 등을 의도적으로 행함으로써 인종간의 역학과 종교간의 관계에서 변화를 이끌어내는 것을 보았다. 하나님의 대사로서 우리는 화해자로서의 비즈니스를 행하는 선교를 감당하는 비즈니스인이 될 수 있다.

⑧ 피조물 돌봄의 비즈니스(Business as Creation Care)

하나님께서는 세상을 창조하시면서 매일 평가를 하셨는데 이를테면 당신의 창조물에 대하여 품질 관리를 한 셈이다. 창조물에 대한 하나님의 평가는 "보기 좋았더라"였다. 아울러 하나님께선 그의 창조물에 대한 청지기 역할을 우리에게 맡기셨다. 하나님처럼, 우리는 이 물질적 영역에서 창조적 존재인 것을 기뻐하며 사람과 피조물들에게 선한 제품과 서비스를 생산해 낼 수 있다. 비즈니스 세계에서 창조적 존재가 되어 일을 하는 것은 우리에게 주어진 첫번째 성경적 위임이다. 친환경적 비즈니스의 중요성은 경제적으로, 사회적으로, 환경적으로 긍정적 영향력을 주기 위해 노력하는 3중 목표(the triple bottom)에 포함된다(이익, 사람, 지구). 2012년 남아시아를 방문하면서, 나는 주요 제조회사들에 대한 관리 컨설턴트로 일하는 커플을 만났다. 이 커플은 분명 BAM에 사명감이 있었고, 이들 회사들이 보다 더 많은 이익을 얻고, 작업환경을 증진시키고, 에너지를 절약하며, 방대한 양의 물을 정수하도록 도울 수가 있었다. 깨끗한 물을 많이 확보하고 보존하는 것은 세계적으로 우리가 당면한 가장 큰 도전이다. 창조물 돌봄의 비즈니스는 필수적이다.

⑨ 이웃 사랑으로의 비즈니스(Business as Loving Your Neighbor)

두 번째 성경적 위임은 지상명령으로, 네 이웃을 네몸처럼 사랑하는 것이다. '비즈니스는 사람을 섬길 수 있으며 또 섬겨야만 하고, 아울러 사람들의 다양한 필요를 채워줄 수 있다'고 이해한다. 예를 들면 '실업'은 영양결핍, 기아, 노숙, 인신매매, 질병,

치료기회 제한 등과 또한 부채와 범죄의 원인이 된다. 따라서 사람들에게 일자리를 제공주는 일은 이러한 비참한 상황들을 줄이고 예방할 수 있다.

인적자원관리(내게는 매우 비인격적이며 기술적으로 들리는 용어)는 이웃을 사랑하는 표현이어야만 한다. 비즈니스하면서 이웃의 물리적 환경을 참작하는 것 역시 이 책임의 한 부분이다. 그러므로 기업의 사회적 책임(CSR)은 새로운 것이 아니며 성경적 원칙에 기초한다. 또한 우리는 역사를 연구하고, 역사로부터 배울 수 있다. 예를 들어 잉글랜드의 퀘이커교도들과 노르웨이의 한스 니엘센은 이미 수백년 전에 비즈니스를 통한 총체적 변화를 이루는 대리인들이었다. 그들은 '이웃 사랑으로서의 비즈니스'를 했다.

⑩ '지상명령'으로의 비즈니스(Business as Great Commission)

하나님 사랑, 이웃 사랑에 이은 세 번째 성경적 위임은 모든 민족과 나라들을 향한 세계적 원심 추진력이자 BAM 운동의 주요 주제이다. 우리가 비즈니스 내부에서 그리고 비즈니스를 통해 성령 충만함을 받아 "예루살렘과 유다와 사마리아와 땅끝까지" 어떻게 섬길 수 있을까?

BAM은 비즈니스를 통해 세상 끝까지 특별히 경제, 사회 그리고 영적으로 어둡고 도움이 필요한 지역에서 예수를 따르는 이들에 관한 것이다. 이는 CSR+이며, 이 차원은 선택과목이 아니다. 우리는 모든 민족들 가운데서 하나님의 나라가 임하는 것을 보기 원한다. 이것이 '지상명령로서의 비즈니스'다.

⑪ 그리스도의 몸으로서의 비즈니스(Business as Body of Christ)

하나님께서 비즈니스로 부르셔서 무장시키시는 이들이 있다. 우리는 비즈니스인들의 전문성과 탁월함과 성실함으로 그들의 소명을 발휘하도록 확인하고 격려할 필요가 있다. 마틴 루터는 이에 대해 다음과 같이 쓰고 있다.

> 구두 수선공, 대장장이, 농부, 이들은 각자의 일이 있고, 나름의 직책이 있다. 그들 모두는 성직임명을 받는 신부와 주교와 같으며, 그 자신을 일과 직책으로 서로에게 유익을 주고 섬기고 있다. 몸의 모든 지체가 서로 서로 섬기듯이, 이런 식으로 공동체의 육체적(물질적)이며 영적인 복지를 위해 많은 종류의 일들이 행해 지고 있다.

⑫ 하나님의 영광을 돌림으로서의 비즈니스(Business as Glorifying God)

BAM은 Business as Mission의 약성어다. 또 다른 관련된 약성어는 AMDG이다. BAM의 궁극적 목적은 AMDG - ad maiorem gloriam- '하나님의 보다 더 위대한 영광을 위하여!'이다.

3. BAMer[76]

BAM 사역은 특별한 사람들만 하는 사역으로 착각하시는 분들이 있다. 이 분들은 선교의 개념과 영역을 일상에서 너무 멀리 두고 있기 때문이고, 현재 자신들의 비즈니스를 너무 의미하락-가치하락 시키고 있다. 그리고 이 사역은 하나님께서 특별히 부르신 분들의 몫이라고 생각하기 때문이다. 일상 중 성경적 원칙으로 사는 것이 체질화된 사람은 무엇을 해도 사역자이듯이, 성경적 원칙으로 비즈니스하는 이는 비즈니스 사역자이고, 성경적 삶이 체질화된 사업가가 BAM 영역에서 사업하면 BAMer이다.

지난 5년 동안 H시에서, BAM 비즈니스를 시작하기 위해 K국 7개 지역에서 모인 현지인 크리스천들과 TW 팀이 매주 중보기도로 모임을 계속하고 있다. 그런데 5년이 지나면서 보니 이들은 어느덧 비즈니스를 하고 있었고 우연의 일치인지 다 같은 업종이다. 이들 7인방은 타 민족의 젊은이들을 고용하고 있는데, 전도의 효과가 대단하다.

현재 그 총인구가 30만 정도의 U족의 경우는 크리스천이 수백 명 이내인데, 7인방의 업체들이 전략적으로 이 U족을 고용하여 그리스도께 돌아오는 이들이 있다. 고용된 개인뿐만 아니라, 그의 가족에게까지 구원의 은혜가 임하고 있다. 참으로 놀라운 일이 아닐 수 없다.

이 7인방들은 BAM에 대해서는 전혀 문외한이다. 우리 팀에서 이 7인방에게 BAM에 대해 제대로 알려주자는 이야기도 있었으나, 나는 'no' 했다. 많은 크리스천 사업가들이 그러하듯 이들은 태생적으로 BAMer이다. 단지 자신들이 하는 사역이 BAM이라는 용어만 모를 뿐이다. 이런 그들을 모아서 BAM이 어쩌고 저쩌구 하는 것은 별 의미가 없다. 7인방은 초기 한동안 다 같이 모여 예배를 드렸는데, 지금은 다 각기 자신의 처소에서 예배한다. 사업과 사역이 확장되고 있다는 증거이다.

나는 7인방을 만날 때마다 'BAM의 체질화'를 생각하게 된다. 7인방은 BAM에 대해서는 모르지만 삶이 BAM으로 체질화된 이들이고, 우리 팀은 BAM을 조금 안다고 하지만, 그것이 체질화되려면 아직 요원하다. BAM이 머리가 아니라 몸에 스며 있어야 그 체질화가 이루어진다. 체질화는 직접적인 경험이 지속적으로 반복되면서 이루어진다. BAM이 몸에 스민 사람은 삶으로 킹덤임팩트를 끼치며 복음을 노출시킨다.

지금은 BAM이 체질화된 현장이 필요하다. 주변에 보면, 현장 없이 떠드는 BAM 이론들이 난무하다. 마치 쪽집게 강의하듯 BAM을 강의하고 특강한다. 그 요란한, 명분 있는 BAM 이벤트 속에 체질화된 BAM을 찾기가 쉽지 않은 현상은 나만의 착각이었으면 좋겠다.

모든 그리스도인들은 제사장이고 사역자이듯, 모든 크리스천 사업가들도 제사장이며 비즈니스 사역자이다. 크리스천 사업가로 자신의 사업을 사역과 선교로 사용하고자 원하는 분들은 아래의 글을 읽으면 자신이 어느 유형의 비즈니스 사역자(혹은 선교사)인지, 또는 어느 유형의 비즈니스 사역이 자신에게 적절한지에 도움을 얻기 바란다.

첫째, 만약 당신이 선교에 관심이 있는 직장인이라면, 'BAM'과는 무관하다. BAM은 사업하는 크리스천 사업가들의 사역이다.[77] 직장인인 당신은 '일터사역자'가 될 수 있다.[78]

둘째, 당신이 선교에 관심을 둔, 한국에서 사업하시는 분이라면, 'BAM'과는 무관하다. BAM은 두 개 이상의 문화가 공존하는 지역에서 이루어지는 비즈니스 사역으로 비즈니스 선교이다. 만약에 당신이 사업을 해서 돈 벌어, 선교를 돕겠다면 당신의 사업은 '선교를 돕는 사업(Business For Mission, BMF)'이다.

셋째, 만약 당신이 두 개 이상의 문화가 공존하는 지역에서 사역하는 전문인이라면, 역시 'BAM'과는 무관하다. 당신은 자비량 선교사이다. BAM은 두 개 이상의 문화가 공존하는 지역에서 사업하는 크리스천 사업가(Job maker)의 사역이다. 데디 야마모리는 텐트메이커와 BAM 사업가의 차이를 다음과 같이 말한다.

> 대부분의 텐트 메이커들은 "취업자"들이다…. 이 일반적인 텐트 메이커들과 반대로, 킹덤 기업가들은(BAM 창업가들) 그 규모가 작은 것에서부터 큰 것에 이르기까지의 이익 창출을 위한 비즈니스를 고용 창출자들이다. 이 사업들은 닫힌 국가에 부대적인 윤리적 문제들과 더불어 앞서서 들어갈 뿐만 아니라, 실제적인 인간의 필요들을 채워주는 실제 사업들이다…. 이 비즈니스의 목적은 실체적인 상품과 서비스를 생산하는 이윤 창출을 위한 사업을 시작하여 유지하면서 문화적으로 다른 지역에서 복음을 전하고, 제자삼는 것이다…. 뱀사업가

(킹덤 기업가)들은 하나님의 부르심을 받아, 비즈니스를 통해 사역하는 소유주들이다. 이들은 비즈니스 고용인이 아니라 비즈니스 소유자들이다. 이들은 월급쟁이가 아니라, 기업가들이다. 이들은 비즈니스에 풀 타임으로 종사한다. 그들을 대부분은 바울과 같다기 보다는 아굴라와 브리스길라와 같다.(행 18 : 5, 24~26)[79]

넷째, 두 개 이상의 문화가 공존하는 지역에서 복음을 증거하는 선교라면, '굳이 자비량 선교와 BAM을 구분할 필요가 있나?'고 생각할 수 있다. 이 둘이 복음을 증거하는 사역에서는 동일하다. 그러나 자비량 사역인 텐트 메이킹은 전통 선교사들처럼 영혼구원이 목적이다. 그러나 BAM은 그 사역이 이루어지는 영역과 시스템에 직·간접적으로 연관된 모든 이들과 시스템을 아보다 시스템으로 변화시키는 것을 목적으로 한다. BAM 사역은 보다 총체적이다. 영혼구원을 포함하여 일자리 창출을 통해 현지인들이 하나님의 백성으로서 축복을 누리게 하고, 킹덤임팩트를 끼쳐서 지역 사회를 바르게 회복시키고, 하나님의 창조물인 환경을 보존하며, 현지인들의 지역 공동체와 더 나아가 사회와 국가를 변화시키는 총체적 사역이다.

다섯째, 선교사에겐 비자가 발급되지 않는 나라에서 비즈니스 비자를 받기 위해 사업체를 유지한다면 이 경우는 BAM이 아니다. 물론 그러다가 실제 비즈니스를 하면서 그 수익으로 선교할 수도 있고 일자리를 제공해 줄 수도 있다. 이 경우는 겉으로 BAM의 모습을 갖추고 있는 것은 분명한데, 좀더 깊숙이 그 내면을 들여다 볼 필요가 있다.

(1) BAMer는 누구인가?

전통 선교사들과 BAMer들은 목회자와 선교사들이 다르듯 많이 다르다. 마치 바둑 프로기사와 장기 프로기사와의 차이라 할까? 물론 목사나 선교사의 사역에 대한 그 숭고한 영성은 크게 다를 바 없듯이, 바둑기사와 장기기사의 각각의 판에 임하는 각오와 정신적 그 무엇 역시 별로 다를 바는 없다. 일단 멀리서 봐선, 장기를 두는 것인지, 바둑을 두는 것이지 구별이 힘들다. 또한 가까이 가 봐도 두 기사들의 자세만 봐선 구별이 안 된다. 결국 그 판을 내려다보면 비로소 확연히 구분이 된다. 바둑과 장기가 구별되기 시작하면, 그 내용, 즉 그 방법론적 원칙이나 전략에 있어서는 유사점을 발견하기란 힘들다. 전통 선교와 BAM 선교 역시 이 양자가 구별되는 영역에서부터는 그 내용, 즉 그 방법론적 원칙이나 전략에 있어서는 유사점을 찾기가 매우 힘들다. 목사이자 BAM 사역자로서, 수많은 현장의 전통 선교사들과 다차원적인 교제를 나누는 입장에서 내 결론은 이렇다. '서로 인정하고, 격려하고, 협력하기에 최선을 다해야 한다.'

① BAMer는 비지너리(bizzionary)다.

"비즈니스에 소명을 받는 사람들은 이종(異種, hybrid) 또는 사업가와 선교사를 합친 이중합체인 '비지너리' 이다"(메츠 튜네헥). BAMer는 이 시대에 하나님께서 특별히 쓰시는 신인종인 비지너리이다.

② BAMer들은 '비즈니스 노마드'다.

BAM은 하나님께서 전세계의 크리스천 사업가들을 불러 사용하시는 매우 독특한 선교전략이다. 총체적인 평신도 사역으로 선교운동을 일으키기에 적절하다. 하나님 나라 사역에 대한 새로운 부르심의 일환으로 하나님의 역동적인 역사를 경험하고 있는 전세계 수십만의 크리스천 사업가들이 BAM이라는 거대한 물결을 일으키고 있다. 하나님은 이들 비즈니스 노마드들을 움직이셔서 5대양 6대주에서 역사하신다.

③ BAMer들에게 사업은 하나님의 부르심에 대한 응답이요, 하나님을 섬기는 표현이다.

BAMer들은 사업가로서 자신의 소명을 확인받고, 하나님 나라를 확장하는 도구로 쓰임 받고 있다. 하나님께서는 더 많은 사업가들이 비즈니스에서 얻은 그들의 경험과 기술을 세계 선교라는 과제와 어떻게 통합할 수 있을지 전략적으로 구상하게 하신다.[80] 이 새로운 선교의 패러다임 안에서 온 열방에 나아갈 더 많은 크리스천 사업가들을[81] 부르셔서 세상 끝까지 보내길 원하신다. 이 부르심에 BAMer과 크리스천 사업가들은 응답해야 한다.

> 하나님은 몇몇의 사람들에게 지적, 영적 자원을 은사로 주셔서 사업가로 부르신다. BAM은 이러한 은사를 받은 이들을 돕고 격려하고자 하며, 주께 하듯 비즈니스하는 것에 관심과 헌신을 불러 일으키고자 한다. BAM은 사업가들을 도와 그들이 기회를 얻고 기술과 은사를 활용함으로써 세계에서 가장 가난하고 빈곤한 지역에 사는 사람들을 축복하고, 나아가 그리스도를 증거하고 선포할 확실한 기회를 얻을 수 있기를 갈망한다.(해리 굿휴)

④ BAMer는 비즈니스 선교의 리더이다.

크리스천 사업가에게 BAM에 대한 소명이 있음이 확신되었다면 이것이 구체적으로 그 개인에게 무엇을 뜻하는지를 알아야 한다. BAMer는 그리스도를 대신해 회사를 이끌어야 한다. 이를 위해 먼저 자신이 회사(기업)의 주인이 아님을 인정해야 한다. 자신과 자신의 기업은 전적으로 하나님의 것이고, 자신은 청지기일 뿐이다. 성경적인 원칙, 그리스도의 가르침들을 전적으로 따라야 한다. 전적인 헌신, 엄청난 노력들, 그리고 희생을 요한다. 이에 상응하는 단기적인 그리고 영구적인 상이 있을 것이나 이는 전통적인 비즈니스에서 말하는 성공은 아니다. 영적 성숙과 성장, 그리스도와 친밀한 관계는 필수다.

그리고 BAMer는 BAM팀과 그들의 가족들, 그리고 사업에 직·간접적인 관련자들에게 자신의 삶으로 그리스도를 증거해야 한다. 이를 위해 BAMer에게는 그리스도와의 지속적인 아주 친밀한 관계가 요구된다. BAMer는 회사 안에서 그 문화의 핵심이기 때문이다. 주일성수, 성경공부, 기도, 묵상, 성경의 원칙대로 사는 것, 섬김과 헌신, 하나님과의 깊은 시간이 필요하며, 겸손함, 관대함, 긍휼, 성령의 열매들이 발산되는 태도가 요구된다.

(2) BAM 소명의 특징과 분별

비즈니스의 소명이 있다고 BAM의 소명이 있는 것은 아니다. BAMer는 비즈니스의 소명도 있고 비즈니스로서의 선교의 소명도 있어야 한다. BAM은 고용을 창출하고, 자본주의적이며, 구체적인 기술을 요하고, 자원에 의지하고, 이 문화적인 배경(주로 타 국가)에서 다른 문화, 언어, 화폐, 음식, 환경, 정치, 경제, 법적 시스템 속에서 이루어진다. 때문에 이는 누구나 감당할 수 있는 삶이 아니다. 특히 결혼을 했거나 자녀가 있는 이들에게는 더욱 그렇다. BAMer들의 가정은 현지에서 시간이 지날수록 삶에 위협을 받을 정도로 더 힘들어 진다.

BAMer가 되려면 다음의 세 가지가 반드시 필요하다. 먼저 선생터와 다름이 없는 BAM 현장에서 발생하는 상상할 수 없는 어려움들이 있다. 이를 믿음으로 이겨낼 수 있는 성숙한 그리스도인이어야 한다. 두 번째로 "하나님께서 주신 비즈니스에 대한 능력이 필요하고, 비즈니스에 대한 열정과 기쁨이 있어야 한다"(마이클 노박). 마지막으로 세계의 가난을 해결하려는 열정이 있어야 한다.

(3) BAMer의 사역적 영성

① BAMer는 훈련소 영성이 아닌, 전쟁터 영성을 소유해야 한다.

단일 문화의 환경이든 두 개 이상이 공존하는 문화의 환경이든 일터는 전쟁터 영성을 요구한다. 전쟁터 영성은 AD. 313년, 콘스타니우스에 의해 기독교가 로마 국교로 공인된 이전까지의 영성의 주류였으며 AD. 313년 이전의 크리스천들에게 최고의 영성의 단계로 인정받던 순교영성과 맥을 같이 하는 믿음으로 살아 내는 (Going through) 영성이다.

AD. 313년 이후, 믿음이 현세에서의 죽음과는 무관케 되자 교회 지도자들은 기독교 영성의 괘도를 수정하여 소위 속세를 떠난 수도원 영성을, 그 중에서 동정을 지키는 것이 이 땅에서의 최고의 영성임을 강조하였다. 그리하여 AD. 4세기 이후, 수도원이 우후죽순처럼 생겨나고, 소위 영적 성숙을 갈망하던 남녀들이 형제공동체, 자매공동체로 모여 동정을 지키는 소위 훈련소 영성이 시작되었고, 이후 속세의 일상을 떠난 영성이 21세기에 이르기까지 영성의 주류를 유지하고 있다.

훈련소 영성은 전투보다는 훈련 그 자체에 대한 영적 의미부여를 강조한다. 금식의 경우, 금식에 이르는 모든 사람들이 다 그런 것은 아니지만 금식 행위 그 자체가 영성이 되어서는 안 되는 것이 듯이, 훈련소 영성은 그 영성에 이르는 방법과 과정에 너무나 많은 의미부여(spiritualize)와 심지어는 그 방법과 과정을 우상화할 정도에 이르게 된다.

그로 인해 그리스도인의 진정한 전쟁터인 일상과 일터에서의 영성, 즉 전쟁터 영성은 무시당하거나, 하류층의 것으로 취급받고, 또 일상과 전쟁터에서 살아가는 이들은 영적 위계질서상 가장 하류로 취급하는 비성경적인 과오를 저지르고야 말았다. 반면 속세를 떠난 수도원, 훈련소 영성주의자들은 '주상의 성자'처럼 영성의 진정한 목적을 상실한 채 수행 방법 그 자체를 영성화하였고, 일상을 도피한 자들을 경건하고 심오한 영성을 소유한 자로 인정하는 어처구니없는 누를 저질렀던 것이다. 나는 수도원의 영성을 무시하거나 일상의 영성과 그 우열을 따지고자 함이 아니다. 이제는 전투적 영성이 제 위상을 찾아야만 할 때라고 주장하는 것이다. 양어장이라기 보다는 산란장인 BAM 현장에서 BAMer에게는 전쟁터 영성이 필요하다.

② 위험감수(Risk Taking)의 영성

BAMer는 '위험이 없는(riskfree) 상황이 가장 위험한(risk) 것'을 알고 위험감수에 자발적이어야 한다. 이러려면 소위 성인 두려움이 없어야 한다. 대표적인 성인 두려움의 하나가 '실패에 대한 두려움'이다. 성인이 되면 '실패에 대한 두려움'이라는 심리적 메커니즘이 작동되므로 어린아이 때의 지칠 줄 모르는 도전 정신과 행동이 고갈되어 버린다. 천국은 시도하는 자의 것이다. 천국은 시도하지 않으면서 그 실패의 두려움에 겁먹는 성년의 것이 아니라, 천국은 재미있는 놀이처럼 새로운 시도에 열중하는 어린아이의 것이다. BAMer는 천국의 어린아이처럼 실패를 두려워하지 말아야 한다. 실패 없는 성공은 없다. 성공은 실패의 난장 같은 향연이 끝나고서야 찾아오는 보상이다. 피코크가 말했던가. "성공의 향기는 실패의 눈물로 자란 꽃의 향기라고…"

그리스도인은 '말쟁이'라고 불려진다. 이는 그리스도인은 참되고 선한 일에 뛰어들지 않으면서 이러저러한 변명과 합리화의 전문가가 되어버렸다는 말이다. 창피한 일이다. 그러나 BAMer들은 선한 일, 거룩한 일에 뛰어드는 용기를 가져야 한다. 안정된 욕조에서 바득거리지 말고, 저 거친 바다에 성난 파도와 해일과 싸우는 그런 당찬 용기가 필요하다. 이를 위해 위험감수를 즐겨야 하지 않을까. 성경은 강한 자의 위험감수에 대한 그 어떤 언급과 격려도 없다. 시종일관 약하고 연약한 자들에 대한 위험감수에 대한 도전 일색이다.

BAM의 현장은 마치 골리앗에 짓눌린 이스라엘군과 같이 BAMer를 짓누른다. 그러나 믿음으로 골리앗을 물리친 다윗처럼

BAMer는 믿음으로 위험을 감수하는 용기가 필요하다. BAMer에게 위험감수는 실패를 다루는 전략이자, 성공공식이다.

> 반어적으로 들리지만 그리스도인의 삶에 있어 승리의 열쇠는 실패를 다루는 법을 배우는 데서 발견된다. 그리스도의 능력은 연약함 안에서 온전해진다. 자신을 연약하다고 말하지 않는다면, 삶에 있어 그분의 힘을 필요로 하지 않는다. 반대로 우리가 자신의 한계와 연약함을 인정할 때 주님과 다른 사람으로부터 스스럼없이 도움을 받을 수 있다. (플로이드 맥클랑)

③ 아쿠아스케이핑(Aguascaping) 영성

21세기를 제대로 살아가려면, 세상을 랜드스케이핑(landscaping)의 시각이 아니라 아쿠아스케이핑의 시각으로 바라보는 것이 관건이다. 랜드스케이핑이 고정된 육지에서 세상을 바라보는 것이라면, 아쿠아스케이핑은 출렁거리는 물(agua, wave) 위에서 세상을 바라보는 것이다. 이런 뜻에서 아쿠아스케이핑을 웨이브스케이핑(wavescaping)라 부를 수 있다.

20세기는 늘 흔들리는 목표물을 정조준하기 위해 일단은 안정적인 사격자세를 취하는 것(landscaping)이 중요했는데, 21세기는 안정적인 자세를 취할 수 있는 곳도 취할 수 있는 기회도 없다. 격랑 치는 파도 위에서 그 파도를 따라 부초처럼 빠르게 움직이는 목표를 정조준해야 한다(aguascaping). 21세기는 불안정이란 기반 위에서 흔들리는 목표를 정조준하는 퓨전적 삶의 태도가 절대적으로 필요하다. 이를 거부하면 쪽박을 찬다는 거다. 그러니까 아쿠아스케이핑은 개인과 기업의 생존 문제이다. 그렇다면 아쿠아스케이핑을 즐기고 누리는 지혜가 필요하다.

생존의 특성

　미국의 한 심리학자는 [생존자]라는 책에서 전쟁포로, 나치병 환자 등 절망적 상황에서 마지막까지 살아남은 사람들의 특징을 분석했다. 그가 밝혀낸 이들의 생존 특성은 양면성, 유연성, 공감능력이었다. 퓨전 경영과 관련해 특히 눈여겨볼 부분은 양면성 측면이다. 생존자들의 성격은 한마디로 설명하기 매우 어려웠으며 독할 때는 독하게, 착할 때는 한 없이 착하게 언뜻 보면 수긍하기 어려운 성격을 소유한 사람들이 많았다는 것이다.
　기업도 마찬가지다. 변화가 극심한 미래의 경영 환경에서 '한 우물만 파는' 외곬 경영은 망하는 지름길이다. 앞으로는 퓨전 경영과 다양성을 시도하는 기업만이 살아남아 번성할 확률이 높아진다. 우리는 이미 과거의 철칙이 더 이상 통하지 않는 시대에 살고 있다. 퓨전 경영도 크게 보면 이와 같은 불확실성의 시대에서 번영하고 생존하기 위한 기업의 전략이다. 핵심을 보존하면서 환경에 대응해 끊임없이 기업을 변화시키는 힘, 그것이야 말로 미래 퓨전 경영의 실체다.[82]

　랜드스케이핑의 시각으로 21세기를 살아가는 이들과 아쿠아스케이핑적으로 살아가는 이들의 차이는 대단하다. 정착민과 유목민의 차이 그 이상이다. 랜드스케이핑적 시각은 선명함, 확실함, 그리고 정답을 선호하지만, 아쿠아스케이핑적 시각은 황당할 정도로 그렇지 아니하다. 마치 하루 24시간 계속되는 격랑이 이는 BAM 현장과도 같다. 21세기 이 급격랑 치는 파도 위를 살아가자면, '먹먹함'과 '오리무중', 그리고 '답이 없는 절박감', 이 세 개의 혼돈 속에서도 평안을 호탕하게 즐기고 누릴 줄 알아야 한다.

　물론 우리는 지나치게 수학적이고 계산적인 성향을 띠고 있어 불확실성을 나쁜 것이라 생각한다…. 확실성은 평범한 삶의 특징인 반면 불확실성은 영적인 삶의 특징이다. 따라서 하나님의 존재를 확신한다는 것은 우리 삶이 모든 면에서 불확실하다는 뜻이다. 하루하루가 어떻게 변할지를 모른다는 뜻이다. 이런 삶에는 대체로 서글픈 한숨이 더해지지만, 오히려 숨 막힐 듯한 기대감의 표현으로 여겨야 할 것이다.(오스왈드 챔버스)

나이들어 눈 앞이 희미해지는 것과 비례하여 지혜가 '깊고- 넓고- 높아' 진다. 지혜란 '뚜렷한 걸 더 선명하게 보고 이걸 방정식화 하는 능력' 이라기 보다는 모호함-먹먹함-칙칙함의 일상 속에 짱박힌 절대 진리와 삶의 우선 순위를 찾아내는 운명이다.

'뚜렷한 걸 더 선명하게 보고 이걸 방정식화 하는 능력'은 18세기의 산업혁명이 지금까지 이어 온 지식과 전문성의 영역으로, 이 덕에 우리는 결국 인생의 요점정리에 능하게 되어 인생의 모든 영역을 재단하고, 편집질하는 전문가들이 되었다. 그 결과 요점정리질이 안 된다는 이유로 무시하고, 버린 그 모호-먹먹-칙칙함 속에 있는 소중한 가치들을 제대로 상실한 바이기도 하다.

작금이 제2의 디지털혁명의 극점인 그 호황기라는 데는 이견의 여지가 없다. 디지털은 공식화, 선명함의 결정체로 이 영역에서는 비공식화는 완전히 무시되고, 또한 결점과 찌꺼기들이 명확히 드러난다. 이러 저러한 이유로 '제1 디지털 혁명'보다 더 디지털스런 '제2의 디지털혁명' 시대에 벌벌 떠는 사람들이 제법 많을 것이다.

그러나 21세기는 모호함 먹먹함, 칙칙함의 시기라고 말한다. 디지털의 원리와 혜택이 자신의 삶 속 깊숙이 끌어와, 이를 일상화한 세대 일색이기는 하지만, 이들 중에서 진정한 '총체적 성공'

을 누리는 사람들 보다는 디지털이 거부하는 디지털이 접근불가한 그 애매모호, 막막, 칙칙함을 즐기는 사람들이 보다 형이상학적 행복과 고질의 성공감을 향유한다는 것이다.

내 결론은 분명하다. 디지털적 삶이 분명-분석적 예측과 그 결과에 의지하는 삶의 방식이라면, 애매모호함으로 일컬어지는 모호-먹먹-칙칙적 삶은 불투명-비분석적 예측과 그 결과를 즐기는 삶이다. 디지털적 삶을 위해서는 지식과 전문성이 총동원되어야 하지만, 애매모호한 삶을 건강-성숙하게 살기 위해서는 지혜가 필요하다. 내 젊은 날 즐겨 읽던 희랍의 희극에 일관되게 등장하는 거렁뱅이 맹인들이 생각난다. 당대의 권력자, 전문가들의 인생의 수렁에서 헛다리질 갑론을박으로 심각할 때, 지나가던 맹인이 이렇게 말한다. "쯔쯔. 앞 못보는 나도 뻔히 보는 것을 눈 버젓이 뜨고도 못보다니…"

미래학자 레너드 스윗은 작금은 아쿠아스케이핑의 세대라고 말한다. 그간 인류는 안정적인 땅(land) 위에서 세상을 바라보고 살았다면 21세기의 우리는 그럴 수 없는 상황이라는 거다. 총체적인 의미로 땅이 물로 변했고 그 물은 쉴 사이 없는 물결질로 우리를 불안정화 한다는 것이다. 겁나게 출렁이는 물결-파도 위에서, 그러니까 감당불가로 격랑질치는 기반 위에서 세상을 보는 눈이 필요하다는 것이다. 이런 식으로 생존하는 세대가 아쿠아스케이핑의 세대이다. 이 말은 우리에게 두 가지로 도전한다. 하나는 디지털급의 급변화의 세대를 감당할 '제2 디지털 세대'적 지식과 전문성이 더욱 필요하고, 두 번째, 동시에 거센 웨이브에서 바라보이는 저 애매모호-막막-먹먹-칙칙함 속에서 절대진리를 놓치지 않고, 삶의 우선순위를 제대로 정하는 아쿠아스케이핑적 지혜가 필요하다는 것이다.

첨단 디지털의 영역과 먹먹 애매모호함의 영역을 동시에 살아가야 하는 BAM의 현장이다. 지식과 전문성과 지혜를 아우르는 통합적 시각이 절실하다. 물론 불안정과 모호-먹먹함을 즐기는 깡모험심과 용기를 제대로 즐기는 당찬 운명이 되어야 하는 건 당연하다.

> 너희 중에 누구든지 지혜가 부족하거든 모든 사람에게 후히 주시고 꾸짖지 아니하시는 하나님께 구하라 그리하면 주시리라 오직 믿음으로 구하고 조금도 의심하지 말라 의심하는 자는 마치 바람에 밀려 요동하는 바다물결 같으니.(약 : 5~6)

④ 효율(Effectiveness)의 영성

영어 'right'는 상황에 따라 이러 저러하게 해석되지만, '하나님의 원하시는' 또는 '하나님께 합당한'으로 이해하면 기독교적으로는 나름 제대로다. 정혼한 마리아가 임신했다는 소릴 들은 요셉은 당시로서는 대단히 혁명적인 처신을 한다. 성경은 이 위대한 결정을 내리는 요셉을 "의로운 자, 즉 디카이오스"라고 표현하고 있다. 이는 '바른', '곧은', '의인', 풀어 쓰면 '하나님을 경외하고 그의 계명을 지키며 오직 믿음으로 사는 자'를 말한다. 영어론 righteous 또는 good 등이다. 의롭다는 말은 결국 하나님이 원하시는 합당한 결정을 내리고, 그 스스로의 결정에 순복하는 일상을 사는 이이다. 이런 의미에서 BAMer 요셉과도 같은 결정을 내리는 걸 몸이 기억하고 있을 정도가 되어야 한다.

성경엔 세상만사 온갖 추잡한 것으로부터 거룩하신 하나님의 이야기까지 다 나오는데, 이것들을 한 마디로 정리하자면, 'right하게 살아라'이다. BAM 현장에서 right를 말로만 떠벌이는 분들이 많다.

그래서 주변에 right한 삶을 사는 이들을 찾아내어 기독교인의 이목이 집중되는 무대에 세우려는 이들이 많다. 이는 매우 의미 있는 일이다. 그러나 그 저의가 의심스런 경우가 많다. 소개하는 이들 중 일부는 나름의 비영적 셈법을 가지고 있기 때문이기도 한 까닭이다.

하나님의 계시된 말씀인 성경은 초지일관 우리더러 'right한 삶을 살으라'고 한다. 하나님은 우리더러 허튼 짓, 허튼 변명 말고 바르게 살라하신다. 헌데 또 있다. The Right를 right하게 행하는 것을 효율(effectiveness)라 하고, The right를 자기들 식으로 한다던가, 또는 자기들이 원하는 것을 right하게 하는 것을 능률(efficiency)이라고 한다.

영적이란 The Right를 right하게 살고, 행하는 것, 곧 효율이다. 혹자는 효율의 상태 즉 The Right를 right하는 과정, 그 자체가 성공이라고 한다. 그러니까 성공은 바른 것을 바르게 행하는 과정 그 자체인 것이다. 그런데 이렇게 되려면 우리가 단 한시도 성령에 이끌리지 않으면 안 된다. 물론 '영적'이란 이렇게 성령에 이끌리는 상태이며 성공 그 자체라는 것이다.

그러나 일반적으로 영적이라 부르는 행동, 삶을 조금 신경써서 보면 거의 능률이라는 사실이 허망한 실태다. 이 허망한 짓을 영적이라고, 우리들끼리 그리 부르는 순간부터 우리가 숭고히 여기는 본질은 사라지고, 단지 본질처럼 보이는 것들만 남고, 그걸 지키고 수호하는 것이 믿음으로 여겨지기 시작하고, 그리고 이리되면 우리의 믿음을 세상에 맛이 간 소금 또 굴절된 빛으로 허접질만 해댈 뿐이다. 그렇게 되면 세상은 우리게서 등을 돌릴 것이고, 결국 다른 이 아닌 바로 우리로 인하여 세상은 말라카의 정글이 되고야 만다.

말라카의 정글에서는 The Right를 right하게 살고, 행하는 효율은 애당초 불가능한 것으로 여기기 때문에 시도조차 되질 않는다. 세상은 헛된 신화일 뿐인 능률이란 성공을 향해 열심히 무한 경쟁질주한다. 허당인 성공공식과 허접한 성공신화만이 판을 치며 사람들을 현혹할 뿐이다. 지금의 우리 세상이 이런 몰골이다.

그러나 성경은 타협하지 않는다. 그리고 일관적으로 우리에게 명한다. Do The Right right! 이 바르고 의로운 삶을 위하여 우리는 늘 성령에 사로잡혀야 하며 계시된 말씀에 믿음으로 결단해야 한다. 그리하여 BAMer는 세상 사람들이 이구동성으로 '미친 짓'이라 외치는 그 효율의 좁은 길을 초연히 가야만 한다.

"좁은 문으로 들어가라 멸망으로 인도하는 문은 크고 그 길이 넓어 그리로 들어가는 자가 많고 생명으로 인도하는 문은 좁고 길이 협착하여 찾는 이가 적음이니라"(마 7 : 13~14)

⑤ 적절한 노동과 참휴식의 영성

BAM 현장은 늘 바쁘고 긴장의 연속이다. 때문에 BAMer들은 늘 육체적으로나 정서적으로나 영적으로 경직되어 있을 가능성이 매우 높다. 이 경직을 해결하기 위해, 텃밭을 간다든가, 사무실과 집안 정리를 하는 등의 적절한 육체 노동이 필요하다.

적절한 노동은 최고의 회복과 재충전을 가져다 준다. 그간의 복잡하던 생각들을 잊고, 정신이 맑아지고, 또 새 마음과 새 생각이 들면서 기분도 좋아지고, 자신감도 생기고, 뿌듯함도 내 마음에 가득 차게 된다. 바쁨은 우리에게서 휴식과 기도 그리고 유머를 빼앗아 가지만, '성실한 노동은 참휴식을 준다.'

참휴식 속에서 참기도가 가능하다. 그리고 기도 속에서, '기도는 하나님의 유머를 가장 확실히 배우는 통로'라는 사실을 확인하면, 기도 제법 한다고 얼굴 근육에 은근히 힘주던 짓이 얼마나 하수질이었는가를 실감하게 된다. 영적 대가들의 흔치 않은 공통점 중 하나가 일상에서 베어 나오는 그분들의 유머이다. 유머는 우리에게 경직이 사라졌을 때 주어지는 하나님의 선물이다. 유머는 경직이 치유된 열매이다. 분명 적절한 노동 후에 애써 휴식을 취하며 기도에 몰입되면 하나님은 우리를 은밀히 치유하신다. 간디는 '노동 없는 휴식'의 위험천만을 경고했고, '윌키 오'는 '유머 없는 기도'의 폭력을 말했고, 또 '공동체 없는 고독'의 황망함을 강조했는데, 노동과 휴식 그리고 기도는 이 말들에 참으로 공감하게 한다.

예수께서 그 바쁜 사역 중에서 새벽미명에 한적한 곳(solitary place, 막1:35)을 찾으신 것은 기도와 홀로 있는 고독(solitude)의 시간을 가지시기 위함이셨다. 이 장소에서 예수는 바쁨과 유명세란 명분으로 일중독과 시선몰이질 중독으로 빠져드는 자신 스스로를 구출해 낼 수 있었다. 이렇게 자신의 영적-사역적 좌표를 확인한 예수는 제자와 무리라는 다차원적 공동체에서 건강한 관계

형성과 유지, 그리고 사역에 정진할 수 있었다.

영적-사역적 좌표 확인을 못하는 고독은 외로움(loneliness)이다. 극도의 이기심과 개인주의적 자기 확인질에 몸부림치는 짓이다. 그리고 자기 주변에 사랑하고, 섬기고, 일상을 나누는 이들이 그 누구도 없음을, 또 망신창이가 되어 돌아갈 때 자신을 반겨 포옹해 줄 이 아무도 없음을 확인하는 짓이다. 그 마음이 부드럽지 못한 이들의 전형적인 모습이다. 우리는 건전한 노동과 휴식과 기도를 통해 고독의 자리를 출입하게 된다. 이 고독의 자리에서 자연스레 우리 가족과 공동체, 그리고 사역을 포함한 모든 사역과 관련된 분들에 대한, 또 불특정 다수들에 대한, 부족하지만 나름 열려져 있는 개방성이 우리 안에 있음을 발견하고, 이 마음을 주신 하나님께 감사하게 된다. 그리고 우리 가족과 공동체, 이웃과 타인들을 향한 보다 적극적인 섬김을 다짐하게 된다. 아가페를 주고 받을 수 있는 공동체에 헌신케 하는 고독은 결국 내가 치유-변형-재조립되는 것이며 이런 나를 통해 가족과 공동체와 이웃에 치유가 확산되는 것이다.

⑥ 바로 '지금'이라는 지극히 단조-평범한 일상의 영성

최고의 저질러파 당수인 베드로가 스승인 예수로부터 3년간 매우 혹독한 정(chisel)질을 당해 모난 성격들이 파편으로 깨지고 깎기어 나가며 다듬어진 인물이라면, 사랑의 사도 요한은 예수님의 집중적인 사랑으로 덧 입혀져 만들어진 분이었다. 정질과 덧입힘질은 3년이라는 짧은 기간 집중적으로 제자들을 양육하시면서 사용하셨던 예수님의 대표적인 제자다듬기 방법이다.

당신의 창조의 목적에 따라 선택한 사람들을 선교적 존재로 삼으시기 위해 하나님께서 가장 보편적으로 사용하시는 방법은 풍화다. 제 아무리 단단한 거석거암도 영구한 세월의 바람에 깎기고 부수워지듯 한 사람의 전생애를 걸쳐 세월이라는 일상의 바람질을 통해 우고풍고만고풍상(雨苦風苦萬苦風霜)의 기법으로 죄성으로 강화된 한 사람을 '깎으시고, 드러내심'으로 하나님은 우리를 선교적 존재로 다듬으시는 것이다. 이런 점에서 사역화는 다듬질 당한 성숙의 결과인 것이다.

그리스도인에게 있어 바로 '지금'이라는 지극히 단조-평범한 일상은 하나님의 우리를 다듬으심의 과정이다. 성공은 결과가 아니라 과정이라 한다. 우리가 하나님의 다듬으심의 과정 중에 있다면 우리는 누가 뭐래도 성공의 가도를 달리고 있는 '선교적 존재'가 존재가 되고 있는 것이다.

반대로 스스로 가면을 쓰고 '다듬어진 척, 성숙한 척, 준비된 척'하는 이들이 있다. 이들에게는 성숙이 없다. '지금'의 소박한 다듬질을 거부하고, 성공의 축지법에 현혹되어, 짝퉁학위, 표절 등등으로 헛된 가면이 벗겨지는 순간 썩은 내가 진동하고, 그 가증스런 야욕과 정욕이 발악을 하고 있는 참상이 백일하에 드러날 것이다. 짝퉁성공은 개인에게는 비극이요, 주변 분들에게는 참상이다.

'BAMer들께 두 가지를 제안한다. 먼저 '지금'이라는 지극히 단조-평범한 일상 중에 기쁨-적극으로 하나님의 다듬질에 응하자는 것이고, 두 번째는 비록 BAM 사역이 현장과 교회가 가면과 짝퉁의 난장일찌라도, 그럼에도 불구하고 가면과 짝퉁을 포함한 모든 분들과 함께 건강한 공동체를 만들어 나가자는 것이다. 건강한 공동체를 이루려면 건강한 일치가 반드시 필요한데 이 일치를 이루려면 이를 이룰 수 있는 건강한 사람들이 필요하다. 건강한 사람들은 '하나님의 정질과 덧입힘질, 또 풍화질을 통해 다듬어 지는 이들'이 아니고 누구겠는가.

(4) BAMer는 '선한 사업가'다.

선한 사업가는 '착하고 충성된 종이다(마25 : 21, 23)'. 여기서 '착한'이란 형용사는 헬라어 아가도스(agathos). '뛰어난', '선한'의 뜻이다. 모든 BAMer는 '착하고, 뛰어나고, 선한' 크리스쳔 사업가이며 역시 '착하고, 뛰어나고, 선한' 비즈니스 선교사이어야 한다.

3년 전 F국에서 BAM Shop을 오픈했다. 사업가를 가장하고 사역하던 서양 선교사 A에게서 운영권을 인수하여 정상적인 BAM 사역으로 돌려 놓았다고 보는 편이 정확하다. BAM 사역이 반드시 활성화되어야 할 지역에서 소위 사업가로 가장한 선교사로 거주하는 후원받는 선교사들이 먼저 거점을 확보하고 있어서 BAM 사역에 적지 않은 장애가 되는 경우가 있다.

우리가 운영권을 인수한 A의 경우를 보자면, 자신은 본국에서 후원을 받으며 생활하였고, 가게는 현지인 크리스천인 B을 고용하여 운영하였는데, 운영의 분명한 목적은 A 자신의 합법적인 비자 확보였다. 그래서 가게는 월세와 현지 고용인의 월급만 지급할 수 있는 정도의 수입만으로 운영하였고, 만약 수입이 부족할 경우 A 선교사가 자기 받는 후원금으로 보충하였다.

전통 선교사인 A는 비즈니스에는 문외한이었고, 현지 고용인 B

는 가게를 방치해도 되는 시스템을 즐기면서 영적으로 재정적으로 보다 이익을 창출할 수 있는 모든 가능성에 그 어떠한 응답도 하지 않았다. 전통 선교사들이 합법적으로 거주 비자를 얻기 위해 모색하는 가장 흔한 유형이다.

  A는 자신의 선교사 신분을 유지하기 위한 목적으로 최소한 미화 8만 불 이상이 드는 '현지영업허가'를 받아 짝퉁 비즈니스를 시작했는데, 그는 이 비즈니스에는 전혀 관여하지 않고, 현지 사역자를 고용하여 운영하게 하였다. 물론 A 선교사는 애초부터 이 사업에서 수익을 낼 생각이 없었다. 그냥 비즈니스를 유지하면서 자신의 비자문제를 해결하는 목적이었고, 자신은 본국에서 보내오는 넉넉한 후원비로 살았다. 게다가 현지인들과의 접촉은 거의 전무하였으며, 그의 주사역은 주변의 현지 교회와 현지인 사역자들을 재정적으로 후원하는 것이었다. A뿐만 아니라 이런 유형의 짝퉁 사업가들은 거의 예외 없이, 현지인 혹은 현지의 그 어떤 영역에서도 변화의 촉진자로서의 삶을 살지 못한다. 500년 전 유럽의 선교사들처럼 말라카 시스템에 속해 있으면서 개인구원에만 헌신했을 뿐이다. A는 자신의 비즈니스를 우리에게 양도하고 본국으로 돌아갔는데, 그의 현지 사역 기간은 5년 이내였다.

  반면 우리 BAM Shop에서 200km 떨어진 도시에서 빵집과 잼(Jam)공장을 운영하는 C의 경우는 달랐다. C는 도시에서 빵집을 운영하면서 외국인 출입이 금지된 지역 안에 잼공장을 가동하고 있다. 사실 현지의 그 넓은 영역 중 아직 외국인의 출입이 불가능한 지역이 적지 않다. 물론 너무 열악한 거주 환경 속에 사는 주민들의 모습을 공개하지 않으려는 당국의 정책 때문에 외국인 관광객과 선교사들의 출입은 철저히 통제된다. 그 지역을 꼭 들어가야 한다면, 경찰에 가서 그곳에 들어가야 하는 이유서를 작성하고 신고해야 하는데 관광이 목적이라면 허락받지 못한다. 그러나 그곳에 현지인들에게 일자리를 제공하는 공장을 설립한다고 하면 OK이다(물론 정부의 공장 설립조건에 따른다는 전제 하에).

얼마 전 독립을 요구하는 현지인들의 유혈사태와 경찰서 습격사건, 또 지역 수명의 리더들의 동시 분신자살사건들이 계속된 이후로 많은 외국인들이 추방당했지만 고용을 창출하고 세금을 제대로 내는 실제 사업가들은 오히려 보호받았다.

나는 개인적으로 C를 선한 사업가 JAMer라고 부르기도 한다. JAMer는 귀국한 A와는 달리 자신의 비즈니스 영역에서는 최소한의 아보다 시스템을 구축했다. 현지 정부의 입장에서 보자면, JAM이라는 제품보다는 JAM을 만들기 위해서는 고용창출이 더 중요한 것이다. 소규모 잼 공장에는 불과 십수명의 인력만이 필요하지만 워낙 낙후된 지역에서는 이마저도 지극히 환영받는다. JAM이 만들어져 판매되기 위해서는 가시적 비가시적 여러 공정이 필요하고 이 공정마다 고용이 창출된다는 것이다. 양질의 과일을 생산하는 과일 생산업자, 잼을 가공하는데 필요한 전문인력들, 잼을 담은 유리병과 레벨, 뚜껑 제조업자, 운반자들, 그리고 베이커리의 판매원들과 관리원들 등등…. BAM 사역은 이들 모두에게 경제적 영향력과 더불어 킹덤임팩트를 끼칠 수 있는 참으로 효과적인 사업이자 사역이다.

이 빵집에서 발견한 또 하나의 사실은 매장의 직원들이 영어사용능력이 우수하다는 점이다. 이 외국인 관광객이 주고객인 이 빵집의 특성상 매장 판매원들이 영어가 가능해야 하는데, 직원들은 다 이 가게와 와서 주인에게 혹은 주인의 배려로 영어를 배웠다고 한다. 때문에 직원들이 가지는 자부심이 대단하다. 단지 영어를 말할 줄 안다는 것을 넘어서서, 많은 복지혜택과 더불어 견문을 넓힐 수 있는 기회와 자신도 이러한 가게를 독자적으로 운영할 것이라는 당찬 기대감 때문이다. 이러니 잼을 만들고 판매하는 일을 망서릴 이유가 없는 것이다.

선한 사업가인 C는 현지인들을 고용하여 그들을 일터 사역자로 양육했으며, 또 그들을 비즈니스 사역자로 파송하였다는 좋은 결실뿐만 아니라, C 자신이 그들과 하나가 되어 진정한 공동체를 이루고 있었다. 그리고 종국에 BAMer를 만들어 낼 것이다. C는 '외모는 서양인이지만, 그 속은 이미 현지화'된 전형적인 장기 거주 BAMer이다. C를 만나 몇 마디를 나누다 보면 이 분이 50여 년 전 현지에 도착할 그 당시부터 자신은 현지인으로 살면서 '현지인들과 하나되어 그들을 섬기겠다는 결단을 했었을 것은 분명하다.' 또한 C는 비즈니스에서 창출되는 이익은 지역을 섬기고 변화시키는 일에 사용하고 있었는데 이 사역 역시 자신이 관여하지 않고 자신이 양육한 현지 사역자들이 담당하고 있다. C의 현지에서의 사역 기간은 B의 10배가 넘는 약 반세기에 이른다.

BAMer는 하나님의 선한 사업가로 말라카 시스템을 아보다 시스템으로 변화시키는 자이다. 당연히 그래야 한다. 나는 짝퉁 BAMer으로 있다가 귀국한 A를 비난하려는 의도는 전혀 없다. 그분은 그분을 파송한 선교단체와 긴밀히 소통하며 자신의 사명을 잘 감당하였을 뿐만 아니라 자신의 비즈니스를 많은 돈을 받고 양도할 수 있었음에도 불구하고, 애써 우리를 찾아 자신의 비즈니스를 1/5 가격에 양도한 분으로, 사실 우리가 그 비즈니스를 BAM화하도록 촉진하신 분이다. 그러나 BAMer는 A선교사처럼 해서는 절대 안 된다.

> 비즈니스 선교사는 복음의 불모지에서 살아가는 현지인들의 영적, 경제적, 사회적 상황을 개선하고자 전심전력을 기울이는 가운데 기꺼이 그들 속에 들어가 살며 일하고자 자원하는 사람들이다. 그래서 비즈니스 선교사가 지닌 선교 사명은 광범위하다. 현지의 고용원, 동업자, 생산자, 구매자들에게 좋은 영향을 미치기 위해 노력하고 사업 활동 자체에 성경적인 원칙과 가치관이 드러나도록 애쓴다. 더불어 유용한 상품과 질 높은 서비스를 제공하며 현지인들을 고용하여 그들이 재능을 발휘하고 생활비를 벌도록 한다. 또 성경적인 사업 원칙과 예수 그리스도의 사랑을 바탕으로 그들이 운영하는 사업체 안팎에 기독교 문화를 형성하고자 노력한다.[83] (켄 엘드레드)

(5) BAMer와 BAM 팀은 유능한 전문가들이어야 한다.

BAMer는 업무를 효율적이고 능숙하게 처리할 수 있는 '유능한 비즈니스 전문가'이어야 BAM 사업에 성공할 수 있다. BAMer가 될 사람이 세상의 기업에서 고용될만한 실력을 갖추지 못했다면 BAM 회사가 그를 고용할 이유가 없다. 단순히 그리스도인이고 열정이 있다고 해서 실력이 없는 이를 고용해서는 안 된다. BAM은 실제 사업이기 때문이다. BAM 팀은 BAM에 적절한 선한 직원이 필요하다. 그러나 실력보다는 인격이 구비된 직원이 우선이다. 선교 자비량 선교의 아버지 페트릭 라이는 자신의 오랜 경험을 통해 다음과 같은 결론을 내렸다. "만일 유능한 이와 인격이 있는 이 중 하나를 골라야 한다면 인격이 있는 이를 선택하라. 인격이 있는 이가 유능한 이보다 가르치기 쉽다" 페트릭 라이는 비즈니스 선교에 헌신한 사역자들이 갖추어야 할 10 가지를 제시한다. 영적 성숙, 사회적(사교적) 능숙함, 건강한 감정, 참을성, 전도의 열성, 사람들을 모으는 능력, 유창한 언어 능력, 팀 플레이 능력, 명확한 목표, 책임감 등이다.

(6) BAMer가 명심해야 할 다섯 가지[84]

그 어느 때보다 BAM에 대한 관심도 많아지고, 또 BAM 사업을 하시겠다는 분들도 꽤 되고, 스스로가 BAMer라고 하는 분들이 여기저기에 많이 계시다. 매우 긍정적인 현상이다. 차제에 BAMer에 반드시 필요한 5 가지 기준을 공개하는데, 이는 저자가 부대표 겸 디렉터로 섬기는 BMA(Business Mission Academy)의 멤버를 모시는 기준이기도 하다. 이 5 가지 중 하나라도 부족하거나, 확인이 불가능한 분들은 BAMer로 인정하는 데는 매우 신중해야 한다.

① BAMer는 가족에 대한 책임을 다하여 가족의 존경과 사랑을 받아야 한다.

가족에 대한 책임이 사업이나 선교에 대한 책임보다 우선이다(딤전5:8). 하나님은 우리에게 여러 직책을 맡기셨으나 우리의 가장 기본적인 소명 중 하나는 부모로서의 소명이다. 결혼과 자녀 양육은 굉장히 중요하다. 사업, 선교를 위해 가족을 희생하는 것은 건강하지 않고 하나님께 불순종하는 일이다. 사업과 선교 그리고 자녀양육의 균형을 잡는 것이 너무나 중요하다.

② BAMer는 개교회를 전적으로 섬기는 성실한 성도이어야 한다.

　모든 그리스도인들은 사역자 이전에 성도이다. 성도는 마땅히 그리스도의 몸인 교회를 섬겨야 하되 먼저 지역교회에 헌신해야 한다. "사업계의 지도자들과 교회는 공생의 관계를 가져야만 한다. 사업계 지도자들은 그들의 은사로 교회에 힘을 실어 주고 능력을 제공해야 한다."[85]

③ BAMer는 직원과 해당 업계와 회사에서 존경받는 분이어야 한다.
　㉠ BAMer는 통합된 믿음생활이 일상이어야 한다. 일단 자신의 속과 겉이 일관적으로 투명해야 하며 가정, 일터, 교회에서 삶도 일관적이야 한다.[86] 속으로 잘 믿는다 하면서 겉으로 그렇지 못한 것과, 또 교회에서 드러나 믿음과 일터나 가정에서 드러나 믿음이 다르다면, 소위 하나님의 권세가 없다. 주변인들에게 궁극적으로 신뢰를 못 얻을 뿐만 아니라, 성숙한 대인관계를 맺지 못한다. 물론 존경도 못 받는다.
　㉡ BAMer는 전문성이 탁월해야 한다. 탁월하다는 것은 이웃의 필요를 최고의 양질로 해결해 줄 수 있다는 것이다. 스펙은 좋으나 탁월하지 못하다거나 열심히 일하는 것 같은데 탁월함을 드러내지 못하면, 역시 이 영역에서 동료와 주변인들에게 신뢰를 받지 못한다.
　㉢ BAMer는 섬김으로 날마다 작아지는 사역자로(mini-ster) 섬기는 리더십이 있어야 한다. 한 일간지의 N기자를 만

나, BAM과 비즈니스 선교 등에 대하여 이야기를 나눈 적이 있다. N기자의 BAM에 대한 지식과 식견은 깊고 날카로웠다. 그는 BAM을 떠들고 가르치는 것이 아니라 현장에서 행하고 섬기는 총체적인 섬김임을 정확히 알고 있었다. 지금 이 시점에서 우리에게 필요한 것은 BAMer가 BAM 현장에서 보여준 삶과 그 삶에서 노출된 복음이지 그 어떤 이론과 분석, 계획, 심지어는 삶으로 뱀을 보여준 BAMer라면 삶 자체가 참 보고서이기에 형식적으로 제출하는 보고서는 필요 없다는 점을 서로 인정했다.

사역자는 사역하며 날마다 작아지는 자이다. 사역자를 통해 복음과 주님만이 증거되고, 사역자를 향했던 사역의 조명이 꺼지면서 사역자는 그냥 사라지는 존재여야 한다. 이는 사역의 매체들에게도 동일하게 적용된다. 특히 성-속, 사업-사역을 통합하는 통합적 믿음에서 시작해야 하는 BAMer들에게 이 영성은 어쩌면 자신의 태생적 정체성보다도 중요할 수 있다. 도네이션 베이스로 사역하는 사역자와 매체와는 철저하게 구별되는 BAMer들은 그 칼집은 조악해 보일 수 있지만, 그 칼집 속에는 수술용 메스보다 수천 배는 더 날카롭고 예리한 날 선 칼이 항시 준비되어 있어야 한다.

리더십은 문제를 해결하는 능력이 아니라 문제를 찾도록 도와주는 능력이다. 이 말은 주변인들의 시선을 같은 방향에 머물게 하는 능력이 리더십이란 거다. 그 시선을 모으려면 존경받을 만한 매력이 있어야 한다. 직원, 동료,

심지어는 경쟁자에게서도 존경받는 사람이어야 한다.[87]

BAM 사업가에게 가장 필요한 것은 '종의 리더십'이다. 이 리더십은 삶 속에서 자연스럽게 발산되기 때문에, 리더이기 때문에 종의 리더십을 지녀야 한다고 생각하고 이 리더십을 전략적-전술적으로 취하면 실패한다(우리는 종의 리더십을 표방하면서 화려하게 등장했던 리더들의 끝이 얼마나 황망했는가를 너무도 잘 알고 있다). BAM의 성패는 BAMer가 리더가 되기 이전부터 '종된 자로 살아온 삶'에 얼마나 충실해 왔느냐에 달려 있다. 윌리엄 폴라드의 말을 빌리면 "리더십의 본질은 섬김이다(요13 : 12~15). 자기가 하기 싫은 일을 남에게 시키지 말고, 남들이 따를 만한 본을 보이고, 그들에게 유익한 결과를 만드는 데 헌신하는 것이 바로 리더십이다"[88]

마르쿠스 멜리커에 의하면 종의 리더십은 다음과 같다. '남을 우선시한다', '남을 일으켜 세운다', '사람들을 성장시키는데 헌신한다', '사람들을 격려한다', '사람들에게 능력을 부여한다', '경청하는 사람이다', '대화를 촉진한다', '진실한 감정을 만들어간다', '공동체를 세운다', '사회의 선을 위해 일한다', '남의 유익에 대해 관심을 가진다', '실수를 인정한다', '충실한 청지기이다,' 마지막으로 '본이 되어 이끈다'

상사에게 조종당하거나 이용당하는 것을 좋아하는 직원은 상사를 존경하지 않는다. 그러나 직원들이 상사를 존경하면 직원들은 마음을 열고 상사를 지지할 것이다.[89] BAM 사업가에게 이런 리더십이 필요하다.

짐 블렌차드는 시노버스 금융그룹의 전 CEO를 지냈으며 2006년에 은퇴했다. 시노버스 그룹은 포춘지가 인정한 미국에서 일하기 가장 좋은 회사들 중 하나다. 한번은 그의 회사가 성공했던 비결을 묻자 그는 이렇게 대답했다. "우리 회사에는 오로지 단 하나의 법칙만이 존재합니다. 바로 황금률입니다." 이어서 황금률이 회사의 규범으로 선포된 지 첫 2년 동안 간부의 3분의 1이 퇴직당했다고 말했다. 왜냐하면 그들은 사람들을 합당하게 대우하지 않았기 때문이다. 또한 짐은 매년 회사의 연례미팅에서 모든 직원에게 자신의 휴대전화 번호를 알려주면서 시노버스에 소속된 누구든 황금률에 반하는 대우를 할 경우 즉각 그에게 전화해서 말해달라고 했다. 이것이야말로 진정 삶 속에서 말과 행동이 일치하는 예다.(존 맥스웰)

④ 비즈니스 그 자체와 비즈니스 전반적인 과정이 선해야 한다.
사실, 그리스도인들이 현재 살면서 일하는 현장에서 선교사의 사명을 감당하지 못한다면, 다른 곳에 갈 준비가 아직 안 된 것으로 여겨야 한다. 하나님께서 이웃에게 하지 못하는 것을 전혀 낯선 사람에게 하라고 부르시는 경우는 매우 드물기 때문이다.(이장로교수)

BAM 지역에서 사업하시는 한국 사업가들 중 탈세와 뇌물[90], 또 부정직한 방법으로 사업하는 분들이 없다고는 말할 수 없는 현실이다. 그런데 이 분들의 경우 대개가 과거 한국에서 사업할 때도 부정직하게 사업했던 분이다.

또 BAM 지역에서 사업을 하다 보니, 자신도 BAM 사역을 하겠다는 크리스천 사업가들도 있다. 그러나 BAM은 특별한 소명이 필요하지만 일단은 꾸준히 정직하게 사업을 해 왔던 분들에게나 가능한 사역이다.[91]

뇌 물

선교지에 만연한 부패가 선교에 윤리적 딜레마를 안겨다 준다. 네 가지 견해 가운데 첫 번째 견해. "뇌물"이라는 단어 자체에 내포된 뜻이 지저분하다. 많은 경우, 뇌물은 부정직, 기만, 부패와 동의어로 쓰인다. 그러나 모든 선물이 다른 사람의 환심을 사려고 하는 부도덕한 것일까?

뇌물이 부도덕한 것으로 정의된다면, 이 문제는 더 이상 재론의 여지가 없다. 출애굽기 23 : 8은 뜻이 모호해 보인다. "너희는 뇌물을 받지 마라. 뇌물은 멀쩡한 눈을 가려 올바른 사람들의 소송을 뒤엎는다."(공동번역) 신명기 27 : 25에서는 "뇌물을 받고 죄 없는 사람의 피를 흘리는 자에게 저주를!"라고 선언한다.

그러나 뇌물을 부추기는 것처럼 보이는 구절도 있다. 잠언 17 : 8에 이르기를, "뇌물은 요술방망이 같아 어디에 쓰든 안 되는 일 없다"고 했다. 또 21 : 14에 "은밀히 안기는 선물은 화를 가라 앉히고 몰래 바치는 뇌물은 거센 분노를 사그라 뜨린다" 대부분의 배우자(아내)들은 이런 이치에 익숙하다.

이런 모순을 어떻게 풀 것인가? 두 가지 중요한 점을 분명히 하면 모호함이 상당히 해소될 것이다. 첫째, 뇌물로 번역된 대부분의 히브리어는 '선물', '헌금', '기부'로 바꿔도 별 문제가 없다. 때로 그것이 사실이다. 분명하게 적절한 장소에서 선물은 기회를 만들어 내고, 분노를 식게 만들고, 갈등을 잠재운다고 성경은 가르치고 있다.

하지만 뇌물의 어두운 측면도 역시 언급되고 있다. "나쁜 사람은 남 몰래 뇌물을 받고 그릇된 판결을 내린다(17 : 23)." "왕은 공의로 나라를 견고케 하나 뇌물을 억지로 내게 하는 자는 나라를 멸망시키느니라(29 : 4)" "이를 탐하는 자는 자기 집을 해롭게 하나 뇌물을 싫어하는 자는 사느니라(15 : 27)"

위의 성경 구절은 모두다 뇌물을 비난하고 있는 분위기를 풍긴다. 문제는 영향력을 행사하기 위해 주는 선물(다른 말로 뇌물)에 있지 않다. 선물이 의도하는 '공의를 굽게 하는 것'에 비난의 초점이 맞춰져 있다.

성경은 일관되게 공평과 정의를 저버리게 만드는 뇌물에 대해 책망한다. 에스겔은 "피를 흘리게 하려 뇌물을 받는(22 : 12)" 사람들을 고발하고 있다. 시편 저자는 "뇌물을 받고 무죄한 자를 해치지 아니하는 자(15 : 5)"를 의인으로 칭찬하고 있다. 당장의 불의한 결과가 없을지라도, 선물은 가난한 사람들을 쉽게 외면하게 만들 수 있다. 왜냐면 그들은 자신들의 편의를 부탁할만한 재산이 없어 선물 주는 사람과 경쟁할 수 없기 때문이다.

이러한 뇌물의 악한 성격에도 불구하고 어떤 경우에는 뇌물이 필요할 때가 있다. 다른 상황 아래서라면 분명히 잘못된(뇌물 주는) 일을 해야만 하는 딜레마에 직면한다.

이런 상황을 가정해 보자 : 다른 나라에서 운전하다가 경찰이 길을 막을 때, 경찰에게 '선물(뇌물)'을 주지 않으면 통과할 수 없는 경우. 아니면 당신의 선교 사역이 담당 공무원에게 '적절한 배려(뇌물)'를 하지 않는 한 일을 진행시킬 수 없을 경우. 이럴 땐 어떻게 할 것인가? 이런 요구는 분명하게 옳지 않다. 하지만 이런 요구를 무시할 경우의 결과는 더 끔찍하다.

아직도 일부 국가에서는, "선물은 그 사람의 길을 너그럽게 한다(잠언18 : 16)", 부패지수가 높은 그 나라에서 직무를 수행하기 위해 문화적으로 뇌물이 요구된다. 이런 비용은 어쩌면 특수 지방세와 거의 비슷하다.

결론 : 공의를 굽게 하려는 뇌물은 금지되어야 한다. 하지만 사역의 기회를 위해 "길을 열기" 위한 뇌물은 피할 수 없다. 불의한 결과를 가져오지 않는 때에 한해서 선물(뇌물) 주는 것에 찬성한다.[92]

BAMer는 삶으로 복음을 전하는 자이어야 한다. 삶 자체가 그리스도의 사랑과 구원에 대한 가장 큰 영향력을 지니기 때문이다. 특히나 외국 환경에서 BAM 사업가와 BAM 팀과 그들의 가족들이 어떻게 삶을 살고 나누는가는 현지인들에게 면밀히 관찰된다. 그래서 섬겨야 할 이들의 라이프스타일에 눈높이를 맞추어야 하는 경우도 있다.[93]

> 하나님은 아브라함에게 문화와 가족이라는 상황을 떠나라고 지시하셨다. 사람의 사고와 생활방식에 가장 큰 영향을 미치는 것이 바로 문화와 가족이다. 결국 아브라함은 새로운 세상을 보기 위해 끼고 있던 안경을 벗어 던져야 했다. 하나님은 대화하고 가르칠 수 있는 곳으로 그를 데려가신 것이다. 하나님은 이처럼 그들의 고유한 문화를 벗어나도록 이끄시기도 하지만 문화 가운데 머무르면서 변화를 일으키게도 하신다. 비즈니스 선교가 역점을 두는 부분이 바로 후자다.
> 하나님은 그분의 백성들을 다른 문화권으로 파송하여 그들의 가치관, 신념, 행동에 변화를 일으키신다. 사람들에게 말과 행동으로 새롭게 살아가는 방식을 가르치는 것이다. 우리는 그들의 전인적인 면, 즉 삶의 모든 영영을 다루어야 한다. 우리는 다양한 영역에서 사람들에게 경건의 본이 될 수 있고 비즈니스는 그런 면에서 매우 유용한 도구다.(존 엘드레드)

BAM 사업 그 자체도 비즈니스 선교에 합당한 사업이어야 한다. 그리고 사업상 정당한 거래, 세금납부, 종업원과 거래인에 대한 신실하고 정중한 태도, 또 양질의 제품 생산 등으로 킹덤임팩트를 발산할 수 있어야 한다.[94] 뿐만 아니라 공정거래와 윤리경영은 중단 없이 시도되어야 한다. 공정거래와 윤리경영이 크리스천 비즈니스 현장에 자리잡게 된다면, 말라카적인 비즈니스 관행이 상당히 타파될 것이다.

윤리경영

말라카 시스템 환경에서는 공정거래와 윤리경영은 늘 사업가들의 관심 밖이었지만 20세기 후반부터 공정거래와 윤리경영에 대한 관심이 높아졌고 크리스천 사업가들을 중심으로 과거 어느 때보다 많이 시도되고 있다. 그러나 공정거래와 윤리경영이 비즈니스 현장에서 제대로 자리 잡기까지는 아직 많은 시간이 필요하다. 이 와중에 공정거래에 비해 윤리경영에 대한 인식이 상대적으로 낮다. 그 한 예로 하버드 비즈니스 스쿨에서 있었던 일을 소개한다.

전 SEC회장인 존 새드(John Shad)는 1980년대 미국 기업들의 스캔들에 일류 비즈니스 스쿨 졸업자들이 연루되어 있는 것을 보고 경악을 금치 못했다. 그리하여 존 새드는 자기가 졸업한 하버드 비즈니스 스쿨에 윤리 프로그램을 설치하라고 2,000만 불을 기부하였다. 학교측에서는 위원회를 구성하고, 그 중 25만 불을 들여 윤리를 정의하고, 무엇을 가르쳐야 하는지를 정하도록 했다. 몇 달간 위원회는 논의를 계속하였고 그 마지막 모임에 이르자 3가지 의견이 지배적이였다.

첫째, 하버드 비즈니스 스쿨은 학문을 가르치는 곳이지 윤리를 가르치는 곳이 아니다. 둘째, 누구의 윤리, 어떤 가치를 가르쳐야 한다는 말인가? 셋째, 우리학교 학생들은 이미 집이나 교회에서 윤리를 배워온 성년들이니 윤리를 가르칠 필요가 없다. 위원회가 끝난 후, 이 프로젝트는 중단되었고, 존 새드의 기부금은 사용되지 않았다.

또 하나의 예가 있다. 자신 혹은 자신의 회사에 100,000불 이상의 이익이 생기는 불법행위가 있는데, 걸려서 감옥에 갈 확률은 1%…'이 경우 어떻게 할 것이냐'고 미국의 한 비즈니스 스쿨의 학생들에게 물었다. 잔머리들을 이리 저리 능력 것, '불법을 저지르겠다'고 대답한 학생이 1/3이었다(켄 엘드레드). 공정거래와 더불어 윤리경영은 크리스천 사업가들이라면 마땅히 시행해야 한다.

⑤ 수입의 출처가 분명해야 한다. 수입의 출처가 분명해야 할 뿐만 아니라, 소유재물이 깨끗하게 모은 것이어야 하고, 선하게 사용해야 한다. 'BAM 사업' 하신다는 분의 수입의 출처를 확인할 수 없는 경우 이분을 BAMer로 인정할 수는 없다. BAMer는 하나님께서 원하시는 정당한 방법으로 수입을 벌고, 이 정당하게 모은 재물을 하나님께서 원하시는 곳에 하나님께서 원하시는 방법으로 사용하는 분이어야 한다.

(7) BAMer는 삶과 사업으로 킹덤임팩트를 발산해야 한다.

TW가 공동으로 운영하는 BAM Shop이 있는 H국에 싱가포르인 60대 여성인 Y는 현지에서 컨설팅 회사를 운영하고 있다. Y는 12년 이상 회사를 운영하면서 삶과 사업을 통해 큰 사랑을 베풀어 주 고객인 현지인들과 관련 공무원들에게 대단히 존경받는 분이다. TW BAM Shop의 업종변경 및 업종 추가와 현지 체류문제, 또 현지 당국의 과도한 투자비 증액 요구 등등의 문제가 생길 때마다 Y는 TW를 정성껏 도와 해결해 준다. 일반적으로 외국인에게는 거의 허락이 안 되는 일들도 Y가 나서면 된다. 현지 관리들이 Y를 그만큼 신뢰하기 때문이다. Y의 아가페적 삶과 또 진정한 섬김의 태도로 업무를 처리하는 모습을 통해 현지인들과 관리에게 넉넉한 관계자산을 쌓아 오면서 킹덤임팩트를 끼쳐왔기 때문에 가능한 일이다. 우리 입장에서만 보자면, Y는 TW BAM 사업을 돕기 위해 하나님께서 우리에게 보내신 천사이다. 그러나 넓게 보자면, 그 지역에 아보다 시시템을 구축하시려고 하나님께서 보내신 것이다. 후에 알게 된 사실이지만 그 지역에 세계 각지에서 몰려 온 선교사들과

BAMer들 치고 Y의 도움을 안 받은 이들이 없다고 한다. BAMer는 일상의 삶과 사업으로 증거해야 한다. 그러려면 일상과 일에서 킹덤임팩트가 흘러 나와야 한다.

(8) 킹덤임팩트

> 믿음을 사람들에게 공개하십시오. 주저하거나 두려워하지 말고 기도로 회의를 시작하는 방식 등… 적절한 상황에서 당신의 믿음을 드러내십시오. 꾸준히 신실하게… 행동은 우리가 믿음과 항상 일치해야 합니다. 이는 직장에서 크리스천의 말과 행동이 일치하지 않는 모습을 보아 왔었을 모든 사람에게 우리 신앙을 공개하는 것입니다(베리. 먼)

자신들의 사업을 킹덤비즈니스라고 말하는 흔히 크리스천 사업가들이 있다. 하지만 자신이 하는 비즈니스에 킹덤을 앞에 붙이려면 자신이 비즈니스에서 킹덤임팩트가 나와야 한다. 골프공에 임팩트를 정확하게 주어야 제대로 나간다. 공에 임팩트를 주는 것이 여타의 기술보다 우선이다. 하나님께서 자신에게 주신 비즈니스로 얼마를 벌었느냐 보다 그 과정에서 킹덤임팩트를 제대로 발산하는 것이 더 우선이어야 한다. 이것으로 하나님이 우리를 평가하실 것이다. 회사에서 열심히 기도하고 말씀은 보는데 킹덤임팩트를 흘려보내지 못했다면 이는 겉으로 들어난 종교적인 활동에 불과하다. 크리스천 회사에서 매주 예배드리고, 찬양대회를 하고, 사회봉사를 하고, 단기선교를 정기적으로 간다 해도, 킹덤임팩트가 나오지 않는다면 킹덤컴퍼니가 아니다.

한국의 어느 지역엘 가면 큰 십자가를 세워놓고, 예수 천당, 불신

지옥을 외치는 사람들을 볼 수 있다. 물론 그렇게 열정적으로 복음을 외치는 그들의 뜨거운 헌신은 충분히 인정받아야 한다. 그러나 그분들이 그 장소에서 수십 년을 넘도록 사역을 했음에도 주변사람들에게 킹덤임팩트를 끼치지 못하고 있다. 행인들은 오히려 그 열정적인 전도자들을 피해 다닌다. 킹덤임팩트는 크리스천의 삶으로 노출되는 복음으로 불신자들을 향한 하나님의 매우 구체적 사랑이자 사역이다.[95] '예수천당', '불신지옥'을 외치는 분들의 삶이 주변사람들에게 킹덤임팩트를 끼쳤었다면, 그 자리에서 아무 소리 안하고 서 있기만 해도 주변사람들에겐 복음을 증거되고도 남음이 있을 것이다.

 2,000년 전 이스라엘 초대교회 크리스천들에게 핍박이 있었다(행 8:3-8).[96] 당시 집을 떠날 수밖에 없었던 모든 그리스도인들이 이동하는 선교사(missional nomad)가 되었던 것과 같이 오늘 날 이러저러한 이유로 본거를 떠나 외국에서 사업하게 된 그리스도인 중에 선교적 삶을 사는 이들도 생겨났다. 이들이 비즈니스 선교사이자 BAMer이다. 20세기 후반부터 생산원가가 보다 적게 드는 지역을 찾아서 사업체를 운영하는 현상이 생겨나면서, 제조업을 하는 크리스천 사업가들은 디아스포라의 삶을 살게 되었다. 이 지역들은 거의 예외 없이 미개발국가들로 대부분 10/40창이라든가 그 언저리에 집중되어 있다. 이곳은 복음이 적대시되거나 무시되는 지역으로 말로 복음을 전하는 것이 불법인 나라들이다. 이 지역에서 크리스천 비즈니스를 통해 킹덤임팩트를 끼치는 사업이 BAM이다.

 킹덤임팩트는 모든 크리스천의 일상에서 그 직업과 직책, 그리고 환경과 관계없이 발생되어야 한다.[97] 이를 발생하는 것이 모든 크리스천에게 가장 우선되어야 사역이다. 이 킹덤임팩트를 단일문화 영역에서 발생하는 분들을 일터 사역자라 하고, 두 개 이상의 문화가 공존하는 영역에서 킹덤임팩트를 발생하는 분들을 선교사라 한다. 이런 점에서 모든 그리스도인은 사역자 또는 선교사이다. 그리고 단일문화 영역에서 킹덤임팩트를 발생하는 회사를 킹덤컴퍼니라 하고, 두 개 이상의 문화가 공존하는 영역에서 발생하는 회사는 BAM 컴퍼니라 한다.

① BAMer의 삶에서 킹덤임팩트가 흘러 나와야 한다.

BAMer의 삶 자체가 전도이자 선교이어야 한다. 기독교에 대해 우호적이지 않거나, 적개심을 가신 나라에서 BAM 사역자와 가족들이 '어떤 삶을 살고, 또 이웃과 어떻게 삶을 나누며 사는가'가 늘 면밀히 관찰된다. 이 상황에서 BAMer와 그 가족의 삶 자체가 현지인들에게 큰 영향력을 끼친다. 때문에 BAMer와 그 가족은 소금과 빛의 삶으로 복음을 노출하는 것이 킹덤임팩트를 끼치는 관건이다.[98]

② BAM 사업의 모든 영역에서 킹덤임팩트가 발산되어야 한다.

하나님은 우리에게 저마다 다른 의무를 주셨습니다. 우리의 일터에서 우리가 어떻게 살기를 원하시는 지 하나님이 기대하시는 바가 다릅니다. 누구는 보스이기도 하고 누구는 직원이기도 합니다. 우리가 일을 열심히 하고, 상대방을 존중하고, 일터 안에서 기뻐한다면 고객들은 우리의 행동을 통해 긍정적인 감정을 느낄 것입니다. 만약 하나님이 우리의 배후에 계시다면 우리는 좋은 인상을 남길 수 있습니다. 이것이야 말로 가장 좋은 복음 전달의 방법입니다. 따라서 우리가 일터에서 하는 행동이 바로 사회와 기독교 공동체를 연결해주는 가장 좋은 다리인 것입니다. 성경은 우리에게 말합니다. '무슨 일을 하든지 마음을 다하여 주께 하듯 하고 사람에게 하듯 하지 말라(골3 : 23). (에드워드 수)

BAM 사업의 모든 부분(문화, 정책, 과정, 실천, 제품, 서비스, 결정들, 관계들, 등)에 성경적 가치가 올바로 적용되어야 한다. BAMer와 가족은 성격적 가치들을 자신들의 삶의 모든 부분에서 적용하고 실천하며 살아가야 한다. BAMEer들이 말로는 그리스도를 따라 산다고 하면서 그들의 행위가 복음에 합당하지 않다면 이는 실패이다. 공장바닥이던 회의실이던 간에 사람들은 끊임없이 관찰하고 있고 잘못을 쉽게 찾는다. 잘못을 찾았을 때는 풍문들과 심지어는 개인의 부정행위(사실이건 사실이 아니건)에 대한 고발들이 따른다. BAM 사업가와 BAM팀, 그리고 가족들이 이렇게 행동한다면 BAM은 회복할 수 없는 타격을 입는다. 때문에 일상의 삶에서 뿐만 아니라 일과 회사 운영의 모든 영역에서도 복음이 노출되는 삶을 살아야 한다. 아메리칸 델파이의 회장인 제임스 라이트의 말에 귀를 기우려 보자.

아메리칸 델파이 회사는 우리가 섬기는 이 업계 내 고객들에게 질 좋은 제품과 아무도 따라올 수 없는 서비스로 헌신할 것입니다. 우리는 비즈니스의 모든 영역에서 예수님을 대변하는 자들로서 성경의 원칙과 도덕, 그리고 윤리를 준수할 것입니다. 그렇게 함으로써 우리는 우리의 직원, 공급업체, 그리고 고객들을 존중할 것이며 이 모든 것을 하나님의 영광을 위해 할 것입니다.[99]

③ 구체적으로 축복해 주어야 한다.

그리스도인이 아닌 이들은 그리스도인의 믿음생활에 대해서 전혀 관심이 없다. 결국 이타적-복음적 사랑과 섬김으로, 그들에게 하나님의 샬롬을 전할 때, 즉 총체적 복음으로 그들에게 다가갈 때에만 그들에게 킹덤임팩트를 끼칠 수 있다. 현지인들은 자신들이 만나 그리스도인들을 통해 무엇인가 선한 영향력을 받아야 마음을 열고, 그 열린 마음에 복음이 들어간다. BAM이 운영되는 지역의 가난한 이들은 일단 그리스도인들을 통해 가난의 문제가 해결되고, 자신이 그리스도인을 만난 것이 축복임을 인정할 때 그들의 마음을 연다. 기독교를 거부하거나 기독교에 대한 적개심을 품은 국가에서도 자신들에게 경제적 축복을 제공하는 크리스천 사업가들을 환영한 것이다.

사업가를 가장한 전통 선교사들은 선교지에 있는 사람들을 회심(converting)시키기는 것이 목적인 반면, BAMer들은 비즈니스를 통해 현지인들을 축복(blessing)하는, 그러니까 저들의 경제적인 필요뿐만 아니라 사회적, 환경적, 영적 필요를 채워주어 저들과 저들이 살아가는 환경을 하나님이 원하시는 '아보다환경'으로 변화하도록 하는 것이 목적이다.

BAM 사업가들은 자신을 복주는 자(blesser)로 생각하고, 사업가를 가장한 전통 선교사들을 스스로 회심시키는 자(converter)로 생각하는 경향이 있다. 이들 두 부류는 자신들이 현지인들을 인식하듯이 현지인들도 자신을 그렇게 인식한다고 믿는다. 그러므로 복주는 이들은 자신들이 비즈니스 선교사란 신분을 타인들이 긍정적으로 여긴다고 생각하고 스스로 긍정적인 존재로 생각하기 때문에 자신이 비즈니스 선교사로서의 정체성을 더 공개적으로 밝히고 또 자신들의 믿음을 타인들과 자유롭게 나눈다. 반대로 사업가를 가장한 선교사들은 자신들이 부정적으로 인식될 것이라고 믿기 때문에 자신의 선교사로서의 정체성을 은폐하고 은밀한 전략을 모색하여 발전시킨다. 믿음을 나눈다는 것은 자신들의 위장이 발각되는 일이기 때문에 자신들의 믿음을 나눌 수 있는 이들을 택하는데 매우 선택적이다. 그래서 전도의 기회가 많지 못하다.[100]

그렇다면 왜 전통 선교사들은 복음 전도 기회가 적은 것으로 보고되고 있는가? 마크 러셀은 그 이유 세 가지를 말한다.

㉠ 전통 선교사들은 자신의 선교사라는 정체성에 대해 불안해하는 경향이 있다. 그래서 자신의 믿음을 나누는 데에 대한 자신감이 없다. 스스로 불교도들을 전도하는데에 부정적 응답을 예상하며 스스로 어려워한다. 반면에 BAMer들은 자신들이 비즈니스 선교사라는 정체성에 대해 확고하기 때문에 자신들의 믿음을 나누는데 자신감이 있으며, 이로 인해 보다 긍정적으로 믿음을 나누고, 긍정적인 경험을 하게 된다.

㉡ 전통 선교사들은 개종을 자신들의 사역의 중심으로 보기 때문에 자신들의 사역을 개종으로 평가한다. 그래서 기독교에 긍정적인 현지인들이 빨리 개종하도록 긍정적인 응답을 위한 시간을 주지 않고 몰아붙이는데 이로 인해 전도가 효과적이질 못하다. 자신들 스스로 받은 이러한 압력

때문에 또한 이들을 개종시키는데 실패하지 않기 위해, 그 적절한 시간을 기다린다. 이와 반대로, BAMer들은 상대가 결정하도록 밀어붙이지 않고, 자연스럽고, 적절한 기회에 복음을 받아들이도록 장기간 복음에 노출시킨다. 이는 BAMer들로 하여금 높은 수준의 자신감을 주어 자연스럽게 자신들의 믿음을 나누게 한다.[101]

ⓒ 전통 선교사들은 비즈니스 사역이 자신들이 해야만 할 영혼구원 사역의 시간을 빼앗아 간다고 생각한다. 비즈니스 때문에 사역할 시간이 부족하다고 불평한다. 이들은 사역이 일터와 비즈니스 현장에서 이루어진다는 사실을 모른다.[102]

사업가를 가장한 전통 선교사들이 하는 6개의 회사와 BAM 회사 6개를 비교하여 회심하는 수를 비교해 보았다. 전통 선교사들이 운영하는 6개 회사들의 총 사업년수 36년 동안 1명을 회심케 한 반면 BAM 회사들의 경우 6개 회사의 총사업 24년 동안 36명이 회심했다. 그렇다면 BAM 회사들의 사업년수를 36년으로 하면 48명이 된다. 결국 전통 선교사들의 6개 회사가 합해서 36년간 전도하여 1명이 회심했고, 6개의 BAM 회사가 같은 년수 사업해서 48명을 전도한 것이다.[103]

어떻게 이런 차이가 날 수 있었을까? 불신자들은 믿는 사람들에게 예수를 증거받기 전에, 예수 믿는 사람들을 통해 무언가 자신들의 삶이 절박한 문제들이 해결되길 바라는 우선적 욕구(need)가 강하다. 특히 낙후된 지역일수록 더욱 그러하다. 사역은 저들의 필요를 해결해 주는 것(행 2 : 45)에서부터 시작된다. 과거엔 이 문제를 해결해 주며 복음을 전하기 위해 빵과 생필품, 교육의 기회 등을 무상지원해 주었다. 물론 이도 매우 중요한 사역이지만, 무상지원이 결국 현지인들의 '일하고자 하는 욕구와 자립심'을 저해하고 제한하는 선행이 되어서는 안 된다. BAM은 '저들의 일하고자 하는 욕구와 자립심을 실천하도록 구체적으로 격려하고 동반하는 사역이다'.

BAM은 현지인들에게 빵을 주는 사역이 아니다. 또한 BAM은 그 현지인들을 고용하여 그 월급으로 빵을 사도록 하는데 만족하지 않는다. BAM은 현지인들에 빵 만드는 공장을 세워 총체적으로 운영하는 법을 전수하는 사역이다. 하나님께서 하나님의 백성을 먹이시기 위해 자신들을 선택하셨다는 사명으로 양질의 빵을 만들고, 또 이 빵을 만드는 직원들과 그 가족들을 하나님께서 이들을 섬기기 위하여 자신들을 선택하셨다는 사명으로 섬기고, 소비자와 이 비즈니스와 직·간접적으로 관련된 모든 이들에게 아가페를 행동으로 전하고, 또한 철저히 성경을 매뉴얼로 사용하여 공장을 운영하는 이 모두다 BAM 사역이다. 그리고 이렇게 하면 직원, 고객, 그리고 직·간접적인 관련자들에게 킹덤임팩트가 끼쳐지는 것은 의심할 여지가 없다.

그러나 킹덤임팩트와 관련하여 매우 경계해야 할 것도 있다. 예를 들어, 사원들에게 복지정책을 써야 생산성이 오른다는 사실을 알게 된 사장이 회사의 생산성을 높이기 위해 복지정책을 쓴다면 이는 킹덤임팩트를 끼치는 것이 아니다. 이 의도를 직원들이 먼저 눈치 챌 것은 뻔하다. 이는 킹덤임팩트를 끼치는 것이 절대 아니다. 정말 하나님의 마음으로 직원들을 하나님의 사람이라고 여기고, 그들을 구체적으로 섬기고 사랑을 줄 때, 킹덤임팩트가 발생한다. 그러면 저들에게 변화가 시작되는 것이다. 회사의 단순한 복지정책만으로는 사람들에게 킹덤임팩트를 끼칠 수 없다. 분명한 것은 BAM 사역은 비즈니스 그 자체와 또 비즈니스를 통해 킹덤임팩트를 창출하고 이를 매우 자연스럽게 발산하는 것에서 시작한다는 것이다.[104]

④ 경제파급 효과

어떤 지역에 공장을 세우고 현지인을 고용하면 경제파급 효과는 6~10배에 이른다. 예를 들어 현지인 직원이 십만원을 월급으로 받는 경우, 이 돈이 지역 공동체에 순환되면서 60만원에서 100만원의 경제 효과를 창출하게 된다. BAM은 이 경제파급 효과를 매우 적극적-전략적으로 이용한다. BAM 지역에 사업체가 세워지면 고용된 현지인들은 그로 인해 먹고 사는 문제가 해결되고, 동시에 자녀 교육 문제가 해결되는 것을 경험하는 것은 물론, 경제파급 효과가 발생한다. 또 현지인들은 진심으로 직원들을 섬기는 사업가의 삶을 보게 된다. 여기에 그치지 않고 뇌물 안 주고, 방탕하지도 않는 그 사업가와 그 가족, 그리고 그 회사를 보면서 현지인들은 '그는 왜 남과 다른지', 또 '그 회사는 다른 회사와 다른지' 또 '이 회사가 만들어 내는 제품은 왜 그리 품질이 좋은지'. 그리고 '왜 직원들의 삶의 태도가 매우 긍정적으로 변하는지' 등등에 대한 궁금증이 생기기 시작한다. 이렇게 지역 사람들의 삶에 킹덤임팩트를 끼치는 것이 바로 BAM이다.

BAM은 불신자를 그리스도인화(Christianizing)하는 활동이 아니라 킹덤임팩트를 끼치는 활동이다. 별다른 차이점이 없는 것 같을 수 있으나 이 둘은 분명 다르다. BAM 팀은 세속적인 환경에서 직원들과 고객들에 대한 서비스와 사랑을 극대화하기 위해 복음적 원칙들을 적용해야 한다. 이 과정은 종교적/신학적 용어를 전혀 사용할 필요가 없다. 보편적인 관점에서 선한 것이면 된다. CEO가 그리스도인이고 이러한 가치들의 근본이 성경이라는 것은 비밀일 이유가 없다. 그러나 이 사실이 가지는 의미는 절대적으로 긍정적이어야 한다. 회사 안과 밖의 모든 이들에게 절대 위협이 되어서는 안 된다. 대신 사람들은 다음의 질문들을 하게끔 하여야 한다. 왜 이 기업은 이렇게 다른가?[105]

⑤ 킹덤임팩트가 흘러 나오면 지역의 잘못된 관행들이 사라진다.

TW BAM Shop과 같은 지역에 있는 B의 경우다. B는 자국인 J에서 비즈니스할 때처럼 법에서 정한 세금을 철저하게 냈다. 이는 B로서는 당연한 일이었다. 그런데 이게 문제였다. 세무당국 직원이 찾아와 이렇게 말했다. "이 조그만 가게에서 이렇게 세금을 많이 내면 곤란합니다. 이 동네에 이 가게보다 몇 배가 큰 가게들, 대박난 가게들도 이렇게 못냅니다. 그러니 다른 가게 입장을 생각해서 세금을 반으로 줄이세요." 결국 이 말은 세무 담당자가 지역의 다른 가게주인들에게서 뇌물을 받고, 그들의 탈세를 눈 감아 주고 있다는 것이다.

TW 운영하는 가게와 공장은 현지의 정직한 회계사와 정식 계약을 맺고, 철저하게 세금을 낸다. 뿐만 아니라 소방법, 환경법 등 역시 철저하게 지키다 보니, 이제는 명분 없는 돈을 요구하며 찾아오는 현지 관리들은 없다. 불법이 판치는 나라에서는 법만 잘 지켜도 매우 강력한 킹덤임팩트를 끼질 수 있다.[106] 현지인들은 그리스도인이 예배드리고, 금식하고, 큐티하고, 예언하고 방언하는 거엔 전혀 관심이 없다. 그들은 크리스천의 바르고, 정직하고, 배려하는 삶에 관심이 있다. 그리곤 이렇게 말한다. "저들은 왜 저렇게 진실하고 바르게 살까?" 현지인들이 이런 시각으로 BAM을 바라보면 킹덤임팩트가 저들의 심장에 스미기 시작하는 것이다. 물론 법을 잘 지키는 바른 사업가들을 존경하기도 하고, 두려워도 하고, 존경하기도 하고, 매우 복잡하게 바라볼 뿐인 이들도 있겠지만⋯.[107]

BAM 세뇌가 절대적으로 필요하다.

BAM 사역에 있어서는 교육이 아니라 세뇌가 필요하다는 신념이 더욱 확실해 진다. 되풀이 되는 경험이다. 현지 사업가들과 또 현지인으로 우리와 BAM 사업을 같이할 소위 BAMer 되기를 원하는 분들과 같이 몇일을 지내며 BAM 사역 철학을 나누고 사업계획 등을 세세하게 정하고, 모두의 업무분담을 분명히 분배하고, 킹덤임팩트를 끼치기 위해 반드시 지켜야 할 원칙들을 정하고 또 재확인하고, 그리고 결의를 다지고, 합심기도하고, 그리고 각각의 자리로 돌아간다.

그리고 한동안 다른 일에 집중하다가 현지의 사업이 어떻게 진행되나 확인차 방문하거나, 메일로 내게 전달되는 보고서를 읽다 보면, 늘 그랬듯이 또 먹먹해 진다. 거의 예외없이 BAM 정신과 BAM 원칙의 궤도를 이탈한 채, 현지인들 자기식으로 사업이 진행되고 있다. 이익도 중요하고 부분적으로 정말 멋지게 섬김이 진행되는 것도 중요하다. 그러나 BAM 사업을 하자고 했으면, 그 원칙과 디렉션에서 벗어나서는 안 된다. 그런데 현지 동업자들의 이야기를 들어보면 다 나름의 절묘한 변명과 합리성이 있어, 꼭 그분들만을 탓할 수만은 없는 그런 애매모호한 상황들에 접하게 된다. 나 역시 애매모호한 먹먹함

> 에 처하게 되어, 어떻게 수습해야 할지 난감해질 때가 한두 번이 아니다. 그러기에 BAM은 교육과 학습이 아니라, 철저한 세뇌, BAM 세뇌는 계속 반복되어야 한다. 다음 달에 또 한 곳의 현지를 방문할 예정이다. 일단 건축자재 제조공장을 하기로 했으니, 현지에 있는 우리 BAM 팀과 현지에서 BAM 공장을 직접 운영할 사업자와 그와 같이 공장을 이끌어 나갈 리더십들이 함께 모여, 내년초 공장을 위한 부지 선정과 그래도 공장의 구색이 나는 건축과 또 법적 절차를 올바로 밟기 위해 어떻게 해야 할지에 대한 모략과 전략을 짜고, 또 BAM 철학과 BAM 운영 등에 대해 철저한 세뇌가 주고받는 시간이 될 것이다.

BAM은 어떤 경우에라도 킹덤임팩트를 끼치는 일에 집중해야 한다. 이런 노력이 일부의 10/40창 지역을 포함한 개발도상국에 바른 상거래와 적절한 급여 체제가 정착된 원인이 되었다. 이렇듯 세계 어느 나라에서도 기독교 가치관은 비즈니스 문화를 바꾸어 놓는다.[108]

4. BAM의 성장 단계들[109]

사업가는 회사(기업)의 문화와 의제를 결정짓고 기업의 성과에 직접적인 책임을 진다. 이런 이유로 사업가들은 회사(기업) 내에서 막강한 영향력을 행사한다. 'BAM의 성장 단계들'은 크리스쳔 사업가에게 초점이 맞춰져 있다. 하나님의 행하심은 워낙 기묘막측하시시기 때문에 BAM의 성장 단계들을 초월하여 자유롭게 역사하시지만, 우리들의 이해를 위해 이 단계들을 보편적인 순서로 나열한다. 대부분의 젊은 사업가는 이 과정을 차례대로 밟아 가지만, 나이가 들은 사업가는 몇 단계를 건너뛰기도 한다. 동시에 여러 단계들이 삶 속에서 일어나고 있을 수도 있다. 이 단계들은 사업가가 배우고, 실험하고, 성숙해가면서 여러 번 반복될 수도 있다. 어떤 사업가들은 성장하다가 자만에 빠져 성장이 멈출 수도 있고, 어떤 이들은 사탄의 공격에 낙심하고, 방황하며 좌절할 수도 있다. 또 어떤 이들은 주님과의 첫사랑과 성령의 뜨거움을 잊었을 수도 있다. 그러나 소수는 끊임없는 영적 전투에서 분명 승리할 것이다. 크리스쳔 사업가가 이 과정들을 밟아가면서 하나님께서 자신에게 얼마나 큰 소명과 재능, 자원들을 맡기셨는지를 깨닫게 될 것이다.

1단계 : 회심

첫 번째 단계는 "구원받았느냐?" 하는 것에서 시작한다. 구원은 우리의 의지와 관계없이 무조건적으로 주어지는 것이다. 저자의 경우도 불신 집안에서 태어났다. 그런데 어떻게 4-5살 때부터 사오십 분씩 걸어서 교회에 갔는지 모르겠다. 나의 믿음은 그렇게 시작했다. 어느 순간 주님을 체험하게 되고, 또 어느 순간 주님이 찾아오셔서 구원해주시는 역사인 것이다.

크리스쳔 사업가는 구원받은 그리스도인이다. 이 단계는 사업가가 예수님을 인격적으로 만나고 그분을 구주로 영접하는 단계이다. 믿음으로 말미암아 구원을 얻고, 하나님의 자녀로서 양자되며, 성령을 받는 단계이다.

2단계 : 제자도

사업가가 그리스도의 제자로서 양육되어지는 단계다. 이 과정은 성숙한 그리스도인이나 '가서 제자 삼으라'는 그리스도의 소명을 구체적으로 받은 이들이(마 28:19-20 행 1 : 8 이사야 49;6) 영적으로 미성숙한, 아직 믿음의 어린아이인 이들을 양육하는 단계이다. 이 과정이 없다면 사업가는 영적으로 말라가며 무력해진다.

이 단계는 BAM의 기초가 되는 단계로 사업가가 전문적인 삶에 새 의미와 열정을 갖게 된다. 안타깝게도 대부분의 사업가들이 이 단계에서 멈추어 서버린다. 그래서 선데이 크리스천으로 남아, 최소한의 섬김과 신앙생활을 하며, 영적인 도움과 멘토링 받기를 부끄러워한다.

구원받은 대다수의 크리스천 사업가들이 교회에서 신앙생활을 하면서 사업을 하지만 이들 대부분은 비즈니스 선교를 알지 못한다. BAM으로 가기 위해서는 제자화 훈련을 받은 크리스천 사업가들이 필요하다.

제자화의 마지막은 예수님께서 승천하시기 전에 마지막으로 남긴 말씀인 "그러므로 너희는 가서 모든 족속으로 제자 삼으라(마28 : 19)."와 "오직 성령이 너희에게 임하시면 너희가 권능을 받고 예루살렘과 온 유대와 사마리아와 땅 끝까지 이르러 내 증인이 되리라 하시니라(행1 : 8)." 말씀에 귀결된다.

3단계 : 패러다임 시프트

제자화가 진행되는 이들에게는 패러다임 시프트가 일어난다. 돈에 대해 이제는 그 돈의 소유주가 달라지는 것이다. 하나님의 돈이라는 생각을 하게 된다. 십일조만 드리면 된다는 생각에서 전체가 하나님의 돈임을 인정하게 된다. 루터는 "지갑이 회심해야 완전한 회심이다"고 말했다. 루터는 구원받은 것을 1차 회심이라 했고 완전한 회심은 그 사람이 돈을 자기가 통제할 것인가 하나님의 통제를 신뢰할 것인가에 하는 선택에 달린 것이다.

패러다임 시프트를 막는 심리적 장애물이 안전중독이다. 많은 기독교인들이 안정을 추구하고 있다. 제럴드 메이는 인류에게 치명적인 중독은 바로 안정중독이라는 것을 밝히고 있다. 세 가지의 안정중독이 있다.

첫째는 돈중독이다. 자수성가로 사업을 일으키신 분이 있다. 그는 가족들에게 위험한 상황이 발생할 때를 준비하여 그 어려움을 극복할 수 있는 양의 돈을 반드시 가지고 있어야 한다고 생각하며, 그만큼의 돈이 없으면 불안해 한다. 그래서 그 만큼의 액수에 도달할 때까지는 절약하여 모으고 그 액수에 도달하면 안심한다. 사람마다 돈의 액수는 다르지만 자기들의 안전감에 충족시켜 주는 액수가 있다. 그 액수가 넘어가면 상대방에게 배려와 여유와 섬김이 가능한데, 그 선이 무너지기 시작하면 그 돈을 채우기 위해서만 집착한다. 그 돈을 채우기 위해 하나님을 이용하는 기도조차 한다. 돈 자체는 다분히 중성적인 요소지만, 돈으로 안전을 의지하려는 마음 때문에 돈은 우상 즉 맘몬이 된다. 돈이 맘몬화가 되면 돈이 우리를 지배하기 시작한다. 크리스쳔 사업가는 돈에 지배당하면 자신의 사업으로 우상을 섬기게 된다.

두 번째 관계중독이다. 애착과 집착이 있다. 엄마가 정상적으로 자식을 사랑하는 것이 애착이다. 그러나 남편이 엉뚱한 일을 저지르니까, 남편에 대한 모든 사랑을 포기하고 그 사랑을 자식에게 쏟는 것은 집착이다. 집착은 또 다른 유형의 통제이다. 이 집착에서 자란 아이들은 사회생활에 적응이 힘들다고 한다. 누구나 타인을 통제하려 들면 비영적으로 된다. 크리스천 사업가는 사업으로 하나님과 이웃을 섬기는 사역자이다. 관계중독을 이겨내지 못하면 하나님과 이웃을 섬길 수 없다.

세 번째는 권력중독이다. 권력에 대해 집착을 가진 사람이 조직에 헌신하는 이유는 그 조직을 자기 마음대로 조정하려고 하기 때문이다. 리더십 충돌이 일어날 때 혹은 공동체 생활을 하게 될 때, 권력 추구 성향이 강한 리더가 있으면 공동체가 깨어진다. 이런 사람은 어디를 가든 자기가 드러나야 하고, 좌중을 좌지우지해야 성이 찬다. 크리스천 사업가가 권력중독을 극복하지 못하면 자신의 사업을 통해 하나님께 영광을 올리지 못하고 오히려 사업을 통해 바벨탑을 쌓게 된다.

이 '패러다임 시프트'의 단계에서 그 동안 크리스천 사업가가 일과 관계와 신앙을 보는 시각, 인생을 살아가는 태도 등의 전환이 일어나는 단계이다. 크리스천 사업가의 하나님과의 관계가 깊어지고 믿음이 성숙해짐에 따라 가치관을 재정립하게 된다.

- 사업은 나의 소유인가, 하나님의 소유인가?
- 하나님의 소유라면, 그분의 청지기로서의 나의 역할은 무엇인가?
- 이익은 악한 것인가?

- 많은 교회들이 주장하듯이, 나는 풀타임 사역을 위해 사업을 포기해야 하는가?
- 사업이 하나님께서 주신 나의 소명일 수 있는가?
- 나는 성공적인 비즈니스인인 동시에 하나님께 온전히 순종하는 그리스도의 제자일 수 있는가?
- 나의 비즈니스 원칙들이 성경적 원칙들과 일맥상통/통합화될 수 있는가?
- 그렇다면 어떠한 성경적인 원칙들이 구체적으로 사업에 적용될 수 있는가?[110]

이러한 질문들은 끝이 없고 이 단계는 쉽지 않다. 수세기 동안 교회는 일터와 신앙의 분리를 주장해 왔고, 이러한 이원론적인 교육은 사업가로서 소명과 재능을 받은 많은 이들이 하나님의 일꾼으로서 사용되는 것에 큰 장애를 불러왔다. 그러나 이는 크나큰 오류임이 드러나고 있다. 또한 크리스천 사업가 스스로가 반드시 극복해야 할 벽이기도 하다. 크리스천 사업가는 자신이 하나님의 자녀이고, 정확히 하나님께서 자신을 세우신 곳에서, 사회와 공동체들에 큰 영향을 지닌 자신의 사업들로 통하여, 그분의 역사하심에 동참해야 하는 것을 깨달아야 한다.

4단계 : 믿음의 통합화(Integration of Faith)

지금까지는 가정, 믿음, 일의 균형(Balance)이 중요하다고 생각해 왔다. 예를 들면 가정생활, 직장생활, 교회 생활이 있는데 나름 신앙이 성숙해지면 한 군데로 쏠리지 않고 균형을 맞추는 단계이다.

몇 시간은 직장에서 일하고, 또 몇 시간은 가정에 충실하고, 그리고 몇 시간은 교회에 헌신하는 것, 이것이 지금까지의 사고방식이었다. 하지만 시간에 밸런스를 맞춘다고 신앙과 사역이 생산적일 수 없는 것이다. 신앙의 통합화가 일어나야 신앙과 사역이 생산적이 된다. 돈의 문제, 관계의 문제, 그리고 권력과 리더십의 문제에 대해 패러다임 시프트가 일어난 후에 이들 모두를 통합화하여 믿음의 눈으로 볼 때, 예수님께서 말씀하신 지상명령을 수행할 수 있는 생산성이 나오는 것이다. 사실 밸런스를 맞추고 통합화하는 것 자체가 굉장히 어려운 과제이다.

수입의 십일조를 내고 나머지 90%를 내가 쓰는 것은 균형의 문제이다. 그러나 모든 수입이 하나님의 것임을 인정하고 하나님께서 원하시는 것을 위해 사용하는 것은 통합화이다. 삶과 돈과 신앙이 통합화되는 것이다.

회사를 운영하면, 리더십과 직원들을 섬기고 고객을 섬기는 문제, 더 나아가서 제품을 만들고, 바이어들과 관계하는 문제, 세무서, 경찰서 등과 같은 관청들과 관계하는 문제 등의 모든 문제를 신앙의 눈으로 통합하여 보는 것이 중요하다. 전체를 믿음의 눈으로 통합하여 큰 시각에서 보는 것이 필요하다. 그렇게 되어야 다섯 번째 단계인 킹덤컴퍼니로 나아갈 수 있다. 이 단계에서 점점 성숙해지는 CEO는 다음과 같은 질문들을 하기 시작한다.

- 어떻게 하면 그리스도를 위해 사업체를 이끌 수 있을까?
- 어떻게 해야 하나님께서 주신 소중한 자원들을 킹덤임팩트화 할 수 있을까?
- 어떻게 해야 사업 경영이 그리스도께 영광이 될 수 있을까?

- 어떻게 마케팅 전략, 생산 과정, 제품 디자인, 직원/고객 관계들을 아우르는 모든 분야에 대한 결정권을 그리스도께 내어 놓을 수 있는가?
- 믿음과 성경적 원리를 어떻게 해야 기업의 문화와 나의 삶에 구체적으로 적용시킬 수 있는가?[111]

5단계 : 킹덤컴퍼니[112]

킹덤컴퍼니는 BAM컴퍼니가 아닐 수 있으나 BAM컴퍼니는 킹덤컴퍼니가 아닐 수 없다. 그리스도인이 선교사가 아닐 수는 있지만, 선교사가 그리스도인이 아닐 수는 없다와 같다. 킹덤컴퍼니는 그리스도인이 이끄는 기업이고, 단일문화적인 배경에서 그 지역과 문화를 섬기며 성경적 원칙들과 그리스도의 가르침이 사업에 적용되고 통합된 회사이다. 킹덤컴퍼니는 일터 내부의 사역이다. 킹덤컴퍼니의 CEO는 교회가 아닌 일터 사역에서 주된 영적 지원과 격려 그리고 양육을 받는다. 이와는 달리 BAM컴퍼니는 다문화적인 배경에서 사업과 선교로 섬기며 지역사회를 성장시키고 개발하는 데 참여한다.[113] (닐 존슨)

어떤 사람이 킹덤컴퍼니를 한다고 하면 네 가지가 질문이 충족되어야 한다. 첫째는 '그가 구원받았느냐?'이고, 둘째는 '그가 제자화 되었는가, 즉 성령을 받고 세계 선교를 위해 헌신해야겠다는 사명감이 있느냐?'이고, 셋째는 그에게 '패러다임 시프트가 일어나서, 돈과 권력과 관계의 안전 중독에서 벗어났느냐?'이며, 마지막으로 그가 '모든 걸 통합하여 조직과 제도를 만들어 낼 수 있느냐?'이다. 이것들이 다 충족되어야 비로소 그는 킹덤비즈니스를 할 수 있다.

신앙의 통합화에 이른 크리스천 사업가가 공장, 회사, 기업을 운영하면 이는 킹덤컴퍼니다. 킹덤컴퍼니의 가장 두드러진 특징은 킹덤임팩트다. 직원과 고객, 바이어들, 물건을 사용하는 사람들에게 '이 회사의 제품은 무언가 다르다.'라는 인식을 주는 것이다.

신앙의 통합화 과정에 들어선 사업가라면 킹덤컴퍼니를 지향한다. 킹덤컴퍼니는 기본적으로 '믿음의 통합화 과정에서 성숙한 단계에 들어섰고, 믿음을 사업의 모든 영역 (리더십, 사업 결정 과정, 경영, 목적, 목표, 수익 결과 등)에 적용함으로 성경적 원리들의 통합화가 많이 이루어 졌고, 끊임없이 그리스도를 닮아가는 과정을 반복해 나가는' 영리기업이다.

킹덤컴퍼니는 하나님의 나라가 온전히 드러나는 곳이고 영원한 가치들이 창출되는 곳이다.

폴 스티븐스에 의하면 하나님 나라를 확장하려는 킹덤컴퍼니에는 다음과 같은 열 가지 특징이 있다.

① 회사에 영향력 있는 그리스도인들이 있다.
② 생산품과 서비스가 하나님의 창조 목적과 부합한다.
③ 사업 운영의 목적이 이윤 추구를 넘어 하나님의 나라를 확장하는데 있다.
④ 양질의 생산품과 서비스로 하나님 나라를 대변하며 주님을 전할 기회를 마련한다.
⑤ 모든 고객을 존중하고 정중하게 대하며 이윤 추구의 수단으로 여기지 않는다.
⑥ 고용원과 사원들 각자가 지닌 능력과 가능성을 최대한 실현하도록 해주고, 그들이 그리스도인이라면 믿음, 소망, 사랑 안에서 일하도록 해준다.
⑦ 비즈니스와 연관된 모든 분야들을 사역의 기회로 삼아 늘 기

도한다.

⑧ 기업이 형성한 문화(가치관, 상징, 신념등)는 하나님의 말씀과 하나님 나라의 사업 목적에 부합한다.

⑨ 사업을 은혜 가운데 운영한다.

⑩ 사업의 경영자들은 비즈니스 선교를 돌보고 고용원들의 복지를 책임지고, 고객과 주주를 섬기는 종이다. : 경영자이기 이전에 하나님의 종이기 때문이다.[114]

6단계 : BAM컴퍼니

크리스천 사업가가 10/40창 국가라든가 다문화 영역에서 킹덤컴퍼니를 운영한다면 그 회사가 BAM컴퍼니다. 이런 이유로 나는 비즈니스 경험이 없는 선교사님들이 BAM하겠다고 하면 적극적으로 말린다. 그분들의 삶 속에서 비즈니스와 믿음의 통합화가 일어나지 않았기 때문이다. 대부분의 선교사들은 다른 것에서는 모두 통합화가 되었더라도 비즈니스라는 영역에 대한 믿음의 통합과 돈에 대한 믿음의 통합화가 되어 있지 않은 경우가 많다. 그래서 전통 선교사들이 BAM을 하면 거의 다 실패한다.

크리스천 사업가는 어느 순간부터 특정한 종류의 더 큰 킹덤임팩트 사역에 참여하고 싶은 열망이 생긴다. 성경에(미6 : 8; 겔7;9-10) 언급된 사회적 이슈들과 사회정의의 구현에 관심을 갖게 된다. 이 부분에서 크리스천 사업가의 관심은 사역에서 선교로 전환된다. 지금까지 선교는 국제 활동으로 이해되어 왔으나 오늘날 세계화에 따른 비즈니스의 복합적인 영향력의 커짐으로 인하여 달리 이해되어야 한다. 가령, 한국의 어떤 회사가 새터민 또는 외국 노동자를 고용하고 섬기는 것도 선교이고, 그 사업의 이익과 영향력으로 북한이나 중국을 섬기는 것도 선교이다.

BAM컴퍼니와 킹덤컴퍼니의 차이점이 있다. 킹덤컴퍼니는 같은 문화의 사람들을 섬긴다면 BAM컴퍼니는 여러 문화의 사람들을 섬긴다. 킹덤컴퍼니는 주로 비즈니스만을 통해 섬긴다면 BAM컴퍼니는 '킹덤컴퍼니+지역사회를 섬기는 것'이다. 그리고 킹덤컴퍼니는 BAM컴퍼니가 아닐 수 있으나 BAM컴퍼니는 킹덤컴퍼니가 아닐 수 없다.[115]

킹덤컴퍼니가 BAM컴퍼니로 전환하는 시점에 모든 시스템이 하나님 보시기에 완벽할 수는 없다. 교회도 선교사를 내보내는 시점에 그리고 그 이후에도 내부의 시스템이 완전하지 않다. 그러나 킹덤컴퍼니는 그리스도를 증거하는 공동체로서 끊임없이 변화하고 자라나야 한다. 또한 단순히 '기업의 사회적 책임'을 이행하는 것과는 확연히 다른, 하나님과 모두가 보기에 확실히 구별된 활동을 지향해야 한다.

7단계 : 대사명컴퍼니(Great Commission Company)

대사명컴퍼니는 BAM컴퍼니와 비슷하다. BAM컴퍼니의 가장 중요한 특징은 규모와 형태가 무제한이라는 것이다. 1인 기업일 수도 있고, 만 명 기업일 수도 있다. 자산 투자규모가 100불일 수도 있고, 천만 불일 수도 있다. BAM컴퍼니는 한 명의 CEO면 가능하다. 그런데 대사명컴퍼니는 팀이 운영을 한다. 주변의 많은 BAM컴퍼니들이 카페, 제조업 등을 공동 운영하면서 또 다른 BAM컴퍼니를 만들어 내는 것이다.

즉, BAM을 섬기기 위해서는 BAM컴퍼니을 세운 CEO들이 모여서 대사명컴퍼니를 유지한다. 그러한 상태에서 그들의 경험과 그들의 노하우를 전수해 주고 또 맨 파워와 자본을 공급해 주면서 인큐베이팅하는 것이다. 이러한 방식으로 BAM 사업을 키우는 것이다. 그러나 자본금을 투자 받아서 BAM 사업을 벌이겠다는 것은 신중해야 한다. 자본을 모아서 수익을 나누어 주겠다는 것은 세상의 기업들에게 적용되는 개념이기 때문이다.

대사명컴퍼니는 또 다른 대사명컴퍼니를 만들어 낼 수 있다. BAM을 하는 사람들끼리 규모와 자본에 상관없이 모여서 팀을 이루어 하는 것이다. BAM컴퍼니는 리더가 한 사람이지만 대사명컴퍼니는 팀리더십이다.

8단계 : 지속성(Sustainability)

CEO와 경영진이 킹덤컴퍼니와 BAM컴퍼니의 목표들을 지향하면서 지속성 그리고 지속성의 결과인 9단계(복제성)이 장기적으로 활동 가능한 사업의 중요한 요소임을 깨닫게 된다. 모든 킹덤컴퍼니, 특히 BAM컴퍼니들에게 항상 도전이 될 어려운 단계이다.

① 킹덤컴퍼니와 BAM컴퍼니의 재정적, 문화적, 구조적, 영적으로 지속 가능한 방안들의 모색

㉠ 재정적으로는 영적인 기업으로 장기적으로 존재하기 위해서 필연적으로 드는 비용(재정, 고객, 매출 등)이 있음을 인식해야 한다.

㉡ 문화적으로는 BAM컴퍼니와 지역에 파견된 팀은 섬기는

문화에 대한 철저한 이해와 사업의 문화적 상황화가 이루어져야 한다. 파견된 팀은 또한 지역의 언어의 장벽에 구애받지 않을 준비가 되어야 한다. 이러한 것들이 이루어지지 않으면 팀과 팀의 가족들은 연약하여지고 종국에는 사역지를 버리게 될 것이다.
ⓒ 구조적으로는 사업과 사역을 동시에 운영하는데 문제가 없도록 경영 시스템이 준비되어야 한다. 이 문제가 해결되지 않으면 영적으로 방황하게 되고 기업은 우선 순위를 망치게 되며 경영 원칙은 무시된다. 결국 이도저도 안 되게 된다.
ⓔ 영적으로는, BAM 팀과 팀의 가족 개개인의 영적인 필요를 충족할 수 있어야 한다. 그리스도와 서로 간에 교제가 중요하다. 팀원들이 그리스도를 위해 섬기는 와중에 영적으로 고갈되거나 지치는 것을 예방하고 치료하기 위한 효과적인 지원시스템, 영적인 전략들 등이 필요하다. 영적 고갈이 제대로 직면되지 않으면 BAM 기업과 커뮤니티 개발에 치명적인 독이 된다.

기업은 지역사회를 섬김으로 인한 자산, 에너지, 사람, 생산성, 수익 등등에 대한 비용이 있음을 인식하고 그에 따른 차별적인 생존 전략들, 운영방침이 필요하다. BAM에서는 비즈니스가 없으면 선교도 있을 수 없다. 그러므로 무엇보다도 사업의 지속을 위한 비용, 수익, 사업의 크기에 대한 경계선을 정확히 구분짓는 것이 중요하다.

② 지속성은 여러 가지 모습으로 공격을 당하나, 그 대표적 두 가지는 경영권 승계와 목표 상실이다.[116]

9단계 : 복제성(Replication)

BAM컴퍼니는 또 다른 BAM컴퍼니를 낳아야 한다. BAM 기업이 많이 생겨나고, BAM 사역자들이 많이 일어나야 한다는 말이다. BAM컴퍼니는 일인 기업부터 시작해서 모두 포함된다.

이 단계는 6단계(BAM컴퍼니의 단계)와 유사하며 8단계(지속성의 단계)의 또 다른 면이다. 생육하고 번성하는 것은 하나님께서 세상을 창조하며 명령하신 것이고 그분이 보시기에 생산적이고 당연한 것이다 (창 9:7). 복제성(Replication)은 회사의 생존과 무관하다. 그러나 복제성이 효과적인 BAM컴퍼니의 중요한 한 요소임은 갈수록 분명해지고 있다. 이는 BAM컴퍼니의 일 중 하나가 타 킹덤컴퍼니와 BAM컴퍼니들을 심고 자라나게끔 도와주는 것이기 때문이다. 복제성 단계의 또 다른 요소는 피어 그룹(Peer Grou), 사회적 배경·계급·지위 등이 같은 자의 동류(同類)집단; 동배(同輩) 집단)참여이다. 킹덤컴퍼니와 BAM컴퍼니들의 경영진이나 CEO들이 정기적으로 모여서 매일의 실제 사업 문제들에 대해서 합력하여 그리스도 중심의 문제 해결 방안들을 모색한다. 이러한 모임을 통해서 더 많은 킹덤컴퍼니와 BAM컴퍼니 기업들이 일어설 수 있는 계기도 된다.

10단계 : 변화(Transformation)

매츠 튜네헥은 이렇게 말한다. "BAM컴퍼니의 완성은 변화이다." 현대의 모든 기업이 소위 일류 경영, 공정무역 등의 말들을 하는데 한마디로 기업의 사회적 책임을 이행하겠다는 의미이다. 한국에서 요즘 굉장히 강조되기 시작한 기업의 사회적 책임이라는 용어가 있다. 결국 기업이 건강한 사회를 이루기 위해서 세 가지 즉, 물질적인 문제와 관계적인 문제, 그리고 환경적인 문제를 해결해 주기 위해 노력한 것이다. 이 세 가지에 영적인 것, 즉 BAM의 사명이 추가될 때 BAM은 사회에 변화를 일으킬 수 있다.

앞에서 언급했듯이 각각의 단계들은 우리의 이해를 위해서 나누어진 것이다. 현실에서의 우리의 삶은 그 영적 성숙과 사업의 역학이 훨씬 복잡하다. 이 단계들은 한꺼번에 여러 가지가 동시에 일어날 수 있다. 예를 들어 크리스천 사업가가 제자도의 단계에 있는 동시에, 크리스천 사업가 소모임에 동참하고 있을 수 있으며, 그의 회사는 킹덤컴퍼니로서의 단계에서 성경적인 원리들을 그 사업에 통합시키는 과정에 있을 수 있다.

BAM 사업가가 되는 것은 절대 쉬운 일이 아니다. 절대 홀로 할 수 없는 일이고 아무나 할 수 없는 일이다. BAM 사업가에게는 분명 공동체가 필요하다. 그 무엇보다도 가장 중요한 것은 하나님과의 친밀한 관계이다. 매일 사업가는 하나님께 기도하고 그분의 음성에 귀 기울여야 한다. 성령님의 음성을 바로 듣고 순종한다면 실수와 실패를 피할 것이다. 사업가는 그분과 사람들 앞에서 영적인 자만이 없어야 하며 영적이며 사업적 지도자로서 겸손해야 한다.

마지막으로 이러한 단계들을 잘 이해함으로써 BAM 사업가는 장기적인 목표들과 단기적인 목표들을 가지고 성장해 갈 수 있다.

결론적으로 BAM을 하려면 킹덤컴퍼니를 해야 하는데 킹덤컴퍼니의 핵심은 '킹덤임팩트'다. 킹덤임팩트를 끼치기 위해서는 조직을 바라보는 크리스천 사업가의 시각이 통합화가 되어 있어야 한다. 돈과 상황과 사람을 바라보는 모든 시각이 믿음으로 통합화가 되어있어야 하는 것이다. 여기서부터 선교사들과 비즈니스 선교사들이 나눠진다. 통합된 믿음의 시각으로 킹덤컴퍼니를 경험했는가, 그렇지 못했는가로 나눠진다. 이를 경험해 보지 못한 분들이 BAM을 하고자 한다면 일단 말려야 한다.[117]

5. BAM 비즈니스

(1) BAM 구별

최전방 선교에 매우 효과적인 BAM은 다음과 같이 구별된다. 첫째, 그 동기가 총체적인 복음인 샬롬을 전해야 한다. 둘째, BAM의 과정이 하나님의 방법이어야 한다. 탈세, 뇌물, 종업원 착취, 이윤의 독식, 리더십 횡포, 그리고 서비스와 제품의 제작과 판매 과정 등에 있어서 비정상, 비윤리, 불법, 그리고 비영적인 요소 등이 개입되어서는 안 된다. 마지막으로 그 결과는 투자비와 이익 회수, 그리고 킹덤임팩트가 끼쳐진 결과로서 하나님 나라의 확장과 더불어 사업체 혹은 직원들의 가정과 지역 등등 총체적 변화가 발생해야 한다.

그런데 주변을 둘러보면 그 BAM 사역의 동기와 결과는 가시적으로 보고되고 발표되는데 그 과정이 확인이 안 되는 경우가 많다.

도대체 무슨 비즈니스를 어떤 식으로 운영했는지가 확인이 안 되는 상황에서 동기와 결과만을 강조하는 사역은 일단, 매우 신중하게 관찰해야 한다. 그 과정이 매우 건전해야 어느 상황에서도 킹덤임팩트가 대상과 영역에 바이러스와 같이 침투할 수 있다. 이 과정이 불투명하고 불분명하다면 이를 BAM 사역으로 인정하는데 인색해야 한다. 물론 이는 그간 그 동기와 결과에만 집중했던 능률중심의 선교(Efficient Mission)의 결과이고, BAM은 그 동기-과정-결과 모두가 선(하나님의 원하시는)해야만 하는 효과적 선교(Effective Mission)라는 점에서 능률중심의 선교와는 분명하게 구별된다.

(2) 하나님이 원하시는 BAM 사역을 위한 제언

하나님이 원하시는 바른 BAM 사역을 위해 아래의 6 가지를 제언한다.

① BAM 사역이 이루어지는 지역의 문화와 그 지역 사람들을 존중해야 한다. BAM을 그들의 문화 영역에 적합하게 정황화(contextualize)시키는 것을 모색해야 하고, 그 속에서 조화를 이루며 존재하고, 사업을 운영해야 한다. 이렇게 함으로써 현지인들이 자신의 삶을 보다 발전시키도록 경제적 기회들을 제공해 주어야 한다. 동시에 BAM 회사와 BAM 팀은 지역의 경제와 문화, 그리고 사회의 한 구성원이 되어야 한다.

② BAM은 이성적인 방법으로 현지인들에게 복음을 전하여 복음이 그들의 신조(credo)가 되도록 해야 한다. BAM 회사는 그

리스도 중심적이며 성경에 기초한 운영방법으로 사업 그 자체가 복음 증거되도록 해야 하며, BAM 사역자와 그 가족의 삶으로 복음을 전해야 한다. 현지인들이 친구로 함께 하고 지역 활동과 사회 활동에 적극 참여하며 사랑을 보여줌으로, 예수가 왜 그들의 삶에서 반드시 필요한지를 보여 주어야 한다.

③ BAM이 공정 거래와 윤리경영을 통해 그 규모와 관계없이 사업이 감당해야 할 사회적 책임을 다해야 하고, 특히 BAM 지역과 도시 더 나가서는 그 국가를 아보다 시스템으로 변화시키는데 집중해야 한다.

④ 말라카 시스템으로 인해 생기는 죄, 부패, 타락에 대한 BAM 회사들은 부드러우면서도 강력한 전쟁을 치루어야 한다. BAM 회사는 지역과 비즈니스 세계에 있는 죄, 부패, 타락을 제거해야 한다. 성경적 가치들을 기준으로 모든 비즈니스를 진행해야 한다. 그렇게 함으로서, 말라카 시스템을 파괴하여 생명을 존중하고, 삶을 향상시키는 아보다 시스템을 정착-확장시켜야 한다.

⑤ "탁월한 태도야말로 탁월한 기업을 이루는 길이며 이것이 우리가 하나님께 제출해야 할 최종 손익 계산서다"라고 윌리엄 윌튼은 말했다. 사업과 사역은 관계의 결과이다. 고객과 이웃을 얼마나 사랑했느냐. 또 그들과 얼마 동안 함께 하였느냐의 결과이다.[118] 현지인들을 사랑하고 함께 하는 것 없는 사업과

선교는 무의미하다. BAM 팀은 지역 문화의 내부인이 되어야 한다. BAMer와 그 가족은 그리스도를 닮아야 하고 또 현지인들을 더욱 더 닮아가야 한다. BAMer는 복음에 일치하는 범위와 제자 삼는 사역의 범위 내에서 원주민이 되도록 노력해야 한다. 바울은 고전 9 : 21-23에서 이것을 주장하는데, 이러한 자세는 BAM 사역의 중심이다.

⑥ BAM은 현지인들에게 스스로 궁핍에서 벗어나도록 도와야 한다. 그러기 위해서 BAM은 현지인들이 BAM 비즈니스를 배워 결국엔 그들이 BAM 비즈니스를 소유하도록 이끌어야 한다. 제자가 스승이 되어 제자 삼듯이 BAMer는 현지인 BAMer를 세워야 한다.

(3) BAM은 그 형태와 규모가 다양하다.

"왜 스몰 비즈니스만 하세요?" 많은 분들이 내가 BAM 사역에서 스몰 비즈니스만 선호하는 이유를 궁금해 한다. 물론 큰 비즈니스를 할 자본이 없는 것이 중요한 이유이기는 하지만 몇 가지 분명한 이유가 더 있다.

첫째, BAM 사업을 시작하고 닫기에 수월하기 때문이다. 이는 BAM이 진행되는 지역의 정치적, 경제적, 사회적 불안이 심한 곳인 경우이다.

둘째, BAM 사업이 실패했을 경우 그것을 준비하고, 투자하고, 운영했던 분들이 상대적으로 치명타를 당하지 않기 때문이다.

셋째, 극빈지역의 현지 동역자들이 장사라든가 비즈니스 경험이 전무하기 때문에 비즈니스의 파이(pie)를 키우기는 너무 힘들다.

넷째, 중간 사이즈 이상의 비즈니스 사역과 더 큰 규모의 BAM 기업들에 의해서 보다는 스몰 사이즈 BAM 비즈니스를 통해, 더 많은 BAM 사역자들을 만들어 낼 수 있기 때문이다.

다섯째, BAM 사역이 이제야 좀 알려지기 시작해서 BAM 투자자들을 찾기가 쉽지 않고 BAM 투자자들을 찾는 경우에도 이분들에게는 이 사역이 아직 초창기이기에 처음부터 큰 투자를 하지 않으려 하기 때문이다. 그간의 내 BAM 사업의 경험에 의하면 건강한 관계가 조직보다 우선인 경우가 대부분이었다. 나는 성숙한 관계에서의 동역을 우선으로 한다. 그래서 내 사업계획서보다는 그 계획서를 꾸미고 추진하는 이가 누구냐가 더 중요하다. 그러니까 관계를 중요히 여기는 내가 스몰 비즈니스를 선호하는 것은 너무도 당연하지 않은가?

BAM 투자

투자는 확실한 '투자비회수와 이익(Return of Invest, ROI)'이 보장되어야 한다. 그러나 투자비회수와 이익이 분명한 대상과 아이템을 찾는 데에는 탁월한 능력이 필요하다. 내 사역의 방향을 바꾸게 한 책 중 하나인 Investing in God's Business(The National Christian Foundation, 2005)에 의하면 1986년 미화 10,000 불이면 마이크로소프트 주식 476주를 살 수 있었는데, 2005년 현재 그 가치는 3,500,000불이 되었다. 약 20년 만에 350배가 오른 것이다. 그러니까 20년이라는 장기 투자의 결과로 350 배를 번 사람들이 분명 있다는 것이다. 성경이 명령하는 투자는 장기투자이자 그 목적이 영원한 것이다. 하나님께서 그 풍부한 보상을 확실하게 보상하신다(눅12 : 16~21). 그것은 이 땅에서의 나의 이익을 위한 투자가 아니라, 하나님의 사랑과 긍휼을 그것이 절실한 사람들에 주고, 나누고, 섬기는 것이다. 믿음 없는 눈으로 보면 분명 손해보는 짓이지만, 천국을 확신하는 믿음의 눈으로 보면 이 영적 투자(Kingdom Invest)야 말로, 장기적으론 '영원한 이익(Kingdom ROI)'이 보장된 것이다.

이 영적 투자가 그리스도인의 우리의 삶 속에서 지극히 일상화되어야 한다. 그런데 쉽지가 않다. 루터의 말대로 지갑이 회심을 해야, 우리가 진정한 회심을 한 것이라는데... 우리는 영적 투자를 위해 우리의 지갑을 여는데 너무 인색하고, 모두 단기투자에 중독된 우리가 장기적 투자에 지갑을 열기는 더 요원하다.

BAM 사업의 규모는 중요하기도 하고, 중요하지 않기도 하다. 가정과 개인에게 필요한 수입을 제공하고 지역발전, 교회 개척, 제자화를 돕는 스몰 비즈니스로부터 BAM은 가능하다. 또한 크리스천 미소기업[119] 프로그램이 있다.

크리스천 미소기업은 그간 잘 발전해 왔으며, 하나님 나라를 위해 대단히 효과적이다. 이 일을 헌신적으로 감당해 온 상당한 규모의 업체가 존재하고 있다.

10/40 창 내에서의 할 수 있는 BAM 비즈니스의 예로서는 출판사, 텔레비전 생산과 판매, 관리 훈련, 컴퓨터 훈련, 소프트웨어 디자인, 하이테크 컨설팅, 엔지이어링, 항공 운송, 건축, 라디오 방송국, 관광 호텔, 돼지와 물고기 농장, 유기농산물 재배, 생필품 유통업, 전기 제품 생산 및 수출, 도자기 제조, 판지 상자, 유리 절단, 가죽 제품과 철 세공 등등이 있다. 물론 이외에 BAM 비즈니스에 가능한 업종은 헤아릴 수 없이 많다. 그러나 보다 거대한 BAM사역을 위해서는 미소규모를 넘어서, 소규모, 중간 규모, 대규모 등으

로 더 크게 발전할 필요는 절실하다(2004 로잔 BAM).

(4) 현지인들에게 독이 되는 구호와 지원도 있다.

BAM 사역지를 찾다가 보면, 현지 상황이 최악인 경우가 있다. 그러나 이럴 때일수록 냉정해야 한다. 구호해야 할지, 또는 복구(회복) 지원을 해야 할지를 잘 결정해야 한다. 이때 노련한 전문가는 전문가의 거리를 유지한다. 효과적인 섬김을 위해, 그들의 절박함에서 어느 정도 거리를 두어야 가장 효과적인 전략을 짜 낼 수 있다. 스스로 밥을 먹지 못할 정도면 떠 먹여 주어야 한다. 일정 시간이 지나 스스로 먹을 수 있을 때가 되면 양식을 제공해 주고, 차차 노동을 한다거나 농사를 지어 자신들의 양식을 해결할 수 있도록 지원한다. 이는 마치 출애굽한 이스라엘 백성들에게 만나와 메추라기를 제공하신 하나님께서, 이들이 가나안에 들어가 첫 소산을 먹은 다음 날 만나와 메추라기를 멈추신 것과 같은 것이다(수5 : 12). 현지인들이 마침내 소산을 거두면 이제 만나를 과거의 양식으로 인정하고 열심히 일하도록 유도해야 한다.

그렇지 않고 계속되는 구호는 오히려 독이 된다. 현지인들을 구호의 중독자로 만드는 구호는 독이다. 빠른 시간 내에 현지인 스스로 자립할 수 있는 전략적 복구지원이 중요하다. 이 단계에서 전략 없는 지원으로 현지인들의 자립 의지를 꺾어서는 안 된다.

2013년 1월에 발생한 필리핀 남부 타클로반을 강타한 쓰나미는 그 일대를 완전히 파괴시켰다. 세계 각지에서 구조의 손길이 닿았다. 당시 나는 마닐라 CBMC와 다바오의 망고방송국 초청으로 강의 차 마닐라와 다바로를 방문중이었다. 당시 필리핀의 한인교회들과 마닐라와 세부에서 활동하는 한인 CBMC 멤버들이 서로 적극 협력하며 대단히 적극적으로 구조에 참가했는데, 어느 정도 구조가 끝나자 현지인들 스스로 그 어려움을 극복하여 자생하고 자립할 수 있도록 복구지원 전략으로 변경하는 모습을 지켜보면서 참으로 지혜로운 섬김이라는 생각이 들었다. 그리고 도시 재건과 현지인들의 자립을 돕는 사역이 2014년 8월 현재까지 진행되고 있다. BAM은 현지인들을 자립하도록 이끄는 사업이다.

(5) BAM이 가능한 사업과 해서는 안 되는 사업

7년 전, H국에서 BAM 사업을 하는 미국인을 만났을 때의 일이다. 내가 TW라는 BAM 조직의 대표라고 소개하자, 그분은 'TW가 뭐하는 곳'이냐고 물었다. "TW는 매춘과 마약을 제외한 모든 물품과 시스템을 합법적으로 파는 곳입니다."라고 대답하니 그분은 박장대소를 터트리며 "그래서 TW(Trading Whole)이군요."라고 맞장구쳤다.

비즈니스 선교에 있어서 내 생각은 분명하다. 내가 섬기는 TW가 절대적으로 취급해서는 안 되는 아이템만을 제외한 모든 것을 무역하듯이, 절대로 해서는 안 될 사업을 제외한 모든 비즈니스는 그 자체가 선교가 될 수 있다는 것이다.

어떤 제품을 만들고 또 어떤 서비스를 제공하느냐에 따라 하나님께 영광이 될 수도 또는 모욕이 될 수도 있다. 유익한 사업이 있고 유익하지 않은 사업이 있다. 크리스천 비즈니스는 유익한 사업이어야 하고 BAM 비즈니스는 더욱더 그러해야만 한다.

유익한 사업으로는 안전, 건강, 위생, 영양, 주택, 의복, 미용, 교육, 운송, 교통, 커뮤니케이션, 레크리에이션, 의학, 법, 회계, 재무, 기술, 전문업 등 생명을 위해서 유익한 가치를 창출하는 사업을 한다.

반대로 해로운 사업이 있다. 불법 마약, 인신 매매, 주류, 담배, 도박, 카지노, 포르노, 성매매, 인공 유산 클리닉 등 명백히 생명을 착취하고, 파괴하고, 타락시키고, 노예화시키는 사업이다. 또 외관상으로는 구별이 어려운 고리대금, 부당착취, 오염된 음식 또는 장난감들, 기준 이하의 급료 또는 근무환경, 차별, 현혹적인 광고, 부주의한 의학 진단, 위약, 부실한 공사, 신분이 보장되지 않은 근로자들의 착취 등도 해로운 사업이다.

BAM은(크리스천 비즈니스 포함) 해로운 사업을 단호하게 거부해야 한다. 또한 대단히 힘든 싸움이 되겠지만 BAM은 이 땅에서 위와 같은 해로운 사업이 존재할 수 없는 비즈니스 문화를 이루는 변화를 주도해야 한다.

(6) BAM 경쟁을 하지 마라.

BAM 현장에서 토산품과 커피를 주된 아이템으로 정하는 것은 조심해야 한다. 일자리가 거의 없는 현지에서 토산품은 공급자간의 경쟁을 유발하기 쉬운 점도 있고, 시장으로의 진입장벽이 특히 낮은 아이템이라 생기는 경쟁, 그것도 다른 BAM Shop들과의 경쟁 등등이 난처한 상황으로 빠트린다.

커피도 토산품과 크게 다르지 않게 BAM 사역에 결코 쉽지 않은 아이템이다. 작금에 한국에서는 교회 혹은 목회자 개인적으로 커피숍을 하면서 선한 문화공간과 접촉의 공간으로 활용하기도 하고,

개척교회의 목회자들이 커피학교를 운영하면서 교회 외부인과의 접촉을 시도하는 경우가 매우 많아지고 있다. 그러나 커피가 대중화가 안 되었거나 또는 현지인 입장에선 커피숍의 커피가 비싸서 커피숍에 들어서지 못하는 선교 지역에서의 커피장사는 결코 쉽지 않다. 극소수의 여유있는 현지인들과 외국인 관광객들을 대상으로 커피를 팔아야 하기 때문이다. 이런 상황에서 그 이익으로 생계를 유지하고, 더 나아가 BAM 사역을 감당해야 하는 경우에 처한 BAMer들은 참으로 힘든 싸움을 해야 한다.

그런데 이 BAMer들과 같은 지역에 있는 전통 선교사가 커피점을 차려서 커피 가격을 내려 주변과 가격 경쟁을 하면서 자신은 후원비로 살아가는 경우라면, 현지인 커피숍 주인들과 주변의 독립군 BAMer들은 치명타를 당하게 된다.

A국을 방문했었던 경험이다. 사업가를 가장한 B 선교사가 현지인을 앞세워 커피숍을 운영하고 있었다. 그런데 커피값이 주변에 비해 반 가격이었다. 순간 불안한 생각이 들어, 주변의 커피숍 몇 곳을 다녀 봤는데, 미국과 싱가폴, 대만, 그리고 한인이 운영하는 BAM 커피숍들이 있었다. 이들은 B 선교사가 커피값을 내려서 어려움을 겪고 있었다. B 선교사는 주변에 커피숍이 자기 때문에 어려움을 당하고 있다는 걸 잘 알고 있었다. 그래서 "그런데도 커피 가격을 내렸습니까?"라고 내가 물었더니 B는 대충 얼버무리고 말았다.

커피숍뿐만 아니라 영어학원, 컴퓨터 학원 등을 운영하는데 있어서 동일업종의 다른 비즈니스 선교사들과 가격 경쟁하면 안 된다. 그러나 품질 경쟁은 적극 권장한다.

이 점에 있어서도 후원받은 비즈니스 선교사들보다는 크리스천 사업가들이 BAMer가 되어야 한다는 BAM 현장의 잠언을 무시하면 안 된다. 후원비를 받는 선교사들은 BAM에 실패할 가능성이 높고, 생계와 사역을 같이 해결해야 하는 BAMer들은 사역을 유지-확산-재생산해 나가는 야성이 있다.

(7) 제품과 서비스가 탁월해야 한다.

BAM 사업에 있어 관건은 제품과 서비스가 탁월하여 품질 경쟁력을 확보해야 한다. 이 의미를 잘 생각해 보면 하나님께서 왜 우리에게 재능을 주시고, 왜 우리에게 탁월함을 원하시는지 알게 될 것이다. 전통적 선교의 입장에서는 사업을 하시는 분들은 선교를 위해 사업을 하기 때문에 사업 경쟁력이 약하다. 게다가 어느 정도 후원금까지 받아 사업하기 때문에 사업에 집중하지 않는다. 사업에 집중하지 않으면 제품과 서비스의 질이 떨어지고, 질이 떨어지면 고객이 줄어든다. 결국 수입은 줄어들고 적자에 허덕이지만 그래도 선교가 주목적이니 어떻하든 견디지만 결국은 또 후원금에 의존하게 된다.

사업은 하나님께서 크리스천 사업가에 주신 아보다 시스템이다. 즉 직원과 고객과 이웃에게 총체적 선교로 샬롬을 전하는 것이다. 사업가는 일단 제품과 서비스로 경쟁력을 확보하여 사업의 부가가치를 높여야 한다. 그리고 하나님의 당신의 자녀인 고객들에게 최고 제품과 서비스를 제공하시기 원하시는 그 마음으로 고객들에게 최고의 품질과 서비스를 제공해 주어야 한다. 전형적인 말라카 시스템인 가격경쟁은 BAM 사업에 매우 부정적 영향을 남긴다. 그러나 품질 경쟁은 비즈니스와 선교가 사용하는 전략들과 방법론은 마치 하나님께서 우리를 끝없이 다양하게 창조하신 것과 같이 창조적이고 다양하다. 그래서 사업과 고객과 이웃에게 매우 긍정적 효과를 준다. 하나님의 자녀들은 최고 품질과 서비스를 접할 특권이 있고, BAM 사업은 이것을 제공해 주어야 한다. 이것이 고객과 지역인들을 축복하는 하나님의 방법이다. 또 이는 BAM 사역의 매우 중요한 철학이다.

그런데 전통 선교적 차원에서 사업을 하는 이들을 그렇지 않다. 사업보다는 개인구원에 집중하다 보니 제품의 질과 서비스도 떨어지고, 고객과 지역인들의 입장에서 보면, 이 정도 품질과 서비스 가지고 먼 타국에 와서 사업하는지 의심하기 시작한다. 이와 관련하여 어떤 사업가는 내게 이렇게 말했다. "이 지역에서 우리 제품과 서비스가 최곱니다." 나는 주저 없이 말했다. "대단하십니다. 그런데 상대적으로 좋은 제품과 서비스에 만족하지 마시기 바랍니다. 하나님께서 기뻐하시는 최고의 탁월한 제품과 서비스를 제공해야 합니다. 하나님의 자녀에게 상대적으로 좋은 제품과 서비스를 제공하는 수준에서 만족하는 사업가는 결코 선하지 않습니다. 하나님께서는 가장 탁월한 것으로 당신의 백성을 섬기라고 당신을 이곳에 보내셨는데, 당신이 고작 이 지역에서 상대적으로 좋은 제품과 서비스를 공급하는 것에 만족한다면, 하나님께서는 당신이 더욱 분발할 것을 원하실 겁니다."

최고 품질의 제품과 서비스를 제공하는 그 자체가 선교이다. 탁월한 비즈니스 그 자체가 선교인 것이다. 그리스도인에게 일 그 자체가 섬김이고 봉사이며, 사역이고 이웃을 향한 축복이어야 하듯, BAM에서는 사업 그 자체가 섬김이고 봉사이며 선교이자 이웃에게 샬롬을 전하는 것이다.

(8) 지역개발과 관련된 사업이나 프로젝트의 경우에는
매우 신중한 전략이 필요하다.

'브리티시 메디컬 저널'은 1840년 이후 의학업적 100 가지를 선정하여, 전문가들에게 의뢰해 15가지를 엄선하고, 이들을 대상으로 네티즌들의 투표를 실시했다. 그 결과는 다음과 같다.

인류 건강에 기여한 의학적 항목의 기여도 순위
1위-상/하수도 시설. 15.8%
2위-항생제. 14.5%
3위-마 취. 13.9%
4위-백 신. 11.8%
5위-DNA 구조. 8.8%
6위-세균 이론. 7.4%
7위-먹는 피임약. 7.4%
8위-근거에 의한 치료. 5.6%
9위-화상(X선/CT/MRI) 기술 4.2%

BAM은 상/하수도 시설이 없는 지역에 상/하수도를 설치하거나, 하도록 하는 사역을 외면해서는 안 된다. K국의 N지역은 산세가 험하여 마을이 들어설 만한 제대로 된 평지가 없어 주로 폭이 10~50m 정도, 넓게는 수백 미터의 물이 흐르는 골짜기를 사이로 길게 늘어서 마을이 형성되어 있다. 그 흐르는 물의 청정도는 세계 최고이다. 하지만 모든 생활하수가 정제되지 않은 상태로 개천으로 방류되고 있는 상황이다. 그래서 개울쪽으로 내려가 보면, 오물 등이 지저분하게 쌓여 썩은 냄새가 진동을 한다.

현지 공무원을 만나 하천오염의 심각성과 이로 인한 지역인들의 건강 문제를 열심히 설명했으나, 그는 내가 사 주는 밥 얻어먹는 거 외에는 '아무 생각이 없었다.' 이건 셰익스피어가 말한 '법의 지연(law's delay)'을 넘어서서 '공권력의 태만과 무지'이다.

작년 10월, 한 마을에 다리가 없어서 비만 오면 통행이 불가하다고 하여 현지의 우리팀이 전격적으로 다리놓는 사업을 진행하면서 어떤 식으로든 개울을 청정케 유지하는 것도 BAM 사역임을 누차 강조했던 바이다.

그러나 BAM 팀은 외부인이다. 주관적으로 지역사회의 필요를 단정하기 전에 먼저 현지인의 관점에서 지역의 진정한 필요를 파악해야 한다. 직원들, 지역 시민들, 지역 리더들의 의견을 잘 경청해야 한다. 그리고 이들에게 도움을 요청하여 지역개발과정의 적극적인 일원이 되게 해야 한다.

현지인들이 스스로가 우선시 하고 진정으로 필요로 하는 일들을 우선해야 한다. 현지인들이 프로젝트에 동참하도록 한다. 이런 측면에서 회사는 지역을 대신하여 하는 것이 아니라 단순히 지역의 파트너들과 프로젝트에 함께 동참하는 것이다. 그러나 지역의 권력 있는 브로커들이 자신들에게는 이익이 되나 막상 지역에는 별 도움이 되지 않는 의제들을 피해야 한다. 또 지역의 권력 있는 브로커들이 회사가 지향하려는 지역개발 프로젝트들을 반대하거나 훼방 놓지는 않도록, 가능한 그들의 의견을 존중해야 한다. 다음의 네 가지를 늘 염두에 두고 진행해야 한다.

첫째, 프로젝트를 실행에 옮기거나 프로젝트에 의해 영향받을 이들의 의견을 최대한 받아들이고,

둘째, 지배하고 강요하기보다는 당사자들을 경청하고 전심으로 섬겨야 하고,

세번째, 프로젝트에 대한 합의와 궁극적으로는 찬성을 모든 이들에게서 받으며,

마지막으로 반대나 질문들을 사전에 인지하며 쌍방이 풀어나가야 한다.[120]

BAM은 외부인이 문화 내부에 어떠한 변화를 목적으로 갖고 있는 것이다. 내부에서 원하지 않고 부정적일 수 있는 변화들이 있을 수 있다. 내부인의 속사정을 파악하지 못하고 일방적으로 변화개발을 추진하다 실패한 사례들이 많다.

① 가난한 청년들에 킹덤임팩트를 끼치려는 목적으로 C국에서 커피숍을 운영했다. 매우 좋은 시설을 꾸미고 가난한 청년들에게 싼 값으로 커피를 제공하려는 의도는 좋았지만, 현지인들이 운영하는 카페와 가격경쟁을 하게 되어 같은 지역에서 커피점을 하는 현지인들의 거센 반발에 문을 닫아야 할 상황에 처했다.

② P국 동부의 섬 주민들은 전통적으로 작은 배를 가지고 내륙에서 물을 길러왔다. 선교사들은 좋은 의도로 파이프라인을 세웠다. 그러나 사적인 공간이 적은 평평한 섬들에서, 이는 젊은 남녀들이 작은 배(사적인 공간)에서 서로를 만날 수 없게 해버

렸다. 결국 물 부족의 문제는 해결했으나 젊은 남녀들이 만날 수 있는 공간이 사라지는 사회적인 문제가 생겨버렸다.

③ 아시아 고원의 산지족 마을에 비만 내리면 강물이 불어나 주민들의 이동이 불가능하여 BAM 팀에서 다리를 놓는 일을 지원했다. 다리 공사가 끝났는데 담당 관리가 이 핑계 저 핑계를 대며 준공검사를 내 주지 않아 몇 년 째, 공식적으로 다리를 사용하지 못하고 있다. 그 관리가 추천한 시공업자를 선정하지 않았다는 이유다. 현지에서는 그 관리와 자신이 추천했던 시공업자에게 주기적으로 뇌물을 받는다는 사실을 모르는 이들이 없다.

④ 동남아 T국의 한 마을에서는 깨끗한 물이 없어 물고기들을 양식할 수 없었다. 극소수만 비싼 정수물을 이용하여 양식업을 할 뿐, 대부분의 마을 사람들은 물이 깨끗한 먼지역으로 가서 물고기를 잡았다. 이 사실을 안 미국의 한 크리스천 사업가는 이들을 위해 마을이 공동으로 사용할 수 있는 정수시설을 해주고, 물고기 양식하는 기술을 제공하였다. 그러나 몇 달 후 그가 방문했을 때, 마을 사람들은 또 다시 먼 곳으로 물고기를 잡으러 다니고 있었다. 이전에 마을에 깨끗한 물을 제공하던 이가 수입이 줄어들자 깡패들을 동원해 마을의 정수장을 망가트렸던 것이다.

⑤ 엘 살바도르에 가난한 이들을 위해 낮은 가격의 보철(의치)를

제공하던 크리스천 사업가가 있었다. 그는 단순히 자신의 고객들의 육체적 상처뿐만 아니라 정신적, 영적 상처의 회복을 중히 여기는 성공적인 BAMer였다. 그러나 이 보철(의치)을 알게 된 타국의 크리스천 자선단체가 많은 양의 보철을 사서 엘살바도르의 사람들에게 일시에 나누어 주었다. 결국 그 BAMer와 그의 직원들은 사업을 더 이상 못하게 되었다.

(9) 두 마리 토끼를 잡지 마라.

전통 선교적 시각에서 비즈니스 선교 또는 BAM 사업을 하시는 분들을 보면 안타깝다. 자신들의 본질적 사명이라 생각하는 정통 선교도 해야 하고, 비즈니스도 해야 하고…. 이런 식의 두 마리 토끼를 잡으려고 발버둥을 치는 사역엔 부담과 스트레스가 감당하기 힘들 정도로 축적된다.

스트레스

모든 사업가들 사이에서 스트레스는 매우 중요한 문제이다. 스트레스는 사업가 한 개인에게도 영향을 주지만 사업수행에도 악영향을 끼친다. 게다가 가장 심각한 점은 스트레스는 하나님과의 관계를 방해한다는 점이다. 우리의 문제를 우리가 해결하려 하고 그 모든 해결책을 모를 때 스트레스가 발생한다. 결과적으로 좌절과 근심과 불안에 휩싸이게 된다. 하면 우리는 더 열심히 더 오래 일에 집중하며 문제를 해결하려 하지만.. 그러나 지혜 있는 크리스천 사업가 처음부터 이 지경에 이르지 않고, 모든 문제를 주께 의탁하고 주님께서 해결하실 것을 철저하게 믿는다. 결국 스트레스는 영적인 문제이지 과로나 재정적 문제가 아니다. 스트레스는 뇌졸중, 고혈압, 심장질환, 비만 등을 초래하며 우리를 극심한 피로와 신경과민, 성급함에 처하게 한다. 크리스천 사업가들은 하나님께서 자신의 문제를 해결해 주신다는 사실을 믿으려 하지 않는 경우가 있다. 자신들의 문제를 스스로 해결하려는 매우 독립적이며, 강한 의지를 가지고 있기 때문이다. 이런 이유로 사업가들은 남들보다 스트레스를 많이 받게 된다. 이들은 '내 운명은 내 책임이다!'란 잘못된 철학을 가지고 있는데, 이로 인해 스트레스와 불안에 휩싸이게 된다. 스트레스를 제거하기 위해, 우리는 자기중심적이며 독립적이 성격이 죄인 것을 고백해야 한다. 그리고 하나님께 모든 것을 맡기고, 해결해 주실 것을 믿어야 한다. 또한 모든 결정과 계획에 하나님의 인도하심을 받아야 한다. 이미 문제를 해결 중이신 하나님께 감사드려야만 한다.

스트레스를 다루는데 적용해야 할 핵심 본문은 빌4:6~7이다. "아무 것도 염려하지 말고 다만 모든 일에 기도와 간구로, 너희 구할 것을 감사함으로 하나님께 아뢰라 그리하면 모든 지각에 뛰어난 하나님의 평강이 그리스도 예수 안에서 너희 마음과 생각을 지키시리라"

BAM은 정상적인 비즈니스 행위이지, 선교를 위한 비즈니스 또는 선교-생활비 확보를 위한 비즈니스가 절대 아니다. 정상적인 사업, 소위 Business As Norma(BAN)이 지속적으로 가능해야 이익이 창출되고 BAM이 가능해 진다. BAM은 정상적인 실제 비즈니스를 기반으로 하는 섬김이고, 생명구원이고, 더 나아가 지역의 변화를 추구한다. 제품이든 서비스든 이익을 남겨야 BAM이 활성화된다.

① 이익이 없는 곳엔 사역도 없다.
② BAM에 성공적인 이들은 실패에 대해 아주 편안해 한다. 실패를 두려워하지 않음과 동시에 이들은 다가올 위험을 측정하고, 위험을 최소화하고, 또 위험을 겪으면서 끊임없이 도전하는 것이 습관화되어 있다.

③ 아무리 선한 의도의 사업일지라도 '이익' 내는 습관과 실패를 두려워하지 않고 끊임없이 도전하는 습관, 이것이 BAM 습관이다.

> 비즈니스 선교란 이윤을 추구하는 사업체를 매개로 하나님이 그 나라와 국민들을 변화시키도록 하는 활동을 말한다. 비즈니스 자체가 하나의 선교 수단이 되어 현지인들을 영적으로, 경제적으로 도와주는 것이다. 비즈니스 선교는 영적, 경제적 필요를 모두 염두에 두는 것이 중요한 특징이다. 형태는 다양해도 수익성과 안정성, 현지인들을 위한 일자리와 부의 창출, 현지 교회의 부흥 이 세 가지 목표는 반드시 충족시켜야 한다.(켄 엘드레드)

특정 사업 실패에 관한 통계들은 다섯 개의 사업 중 네 개의 사업이 첫 5년 내에 실패한다고 한다. 선교와 사업을 동시에 하려는 전통 선교사들의 상황은 이보다 더 힘들 것이다. 쉽게 벌 수 있는 돈의 양은 한정되어 있고, 이러한 돈들은 명석한 사업가들이 선교사들보다 앞서 취할 것이 뻔하다. 결국 선교사들은 많은 시간과 노력을 들여 적기만 한 돈을 벌기에 급급할 뿐이다.

전통 선교적 시각을 기반으로 두 마리 토끼를 잡으려는 대개의 사역자들의 경우 이 사업이 매우 열악하고 불안하다거나, 심지어는 사역자 자신의 심리적-정서적-사역적-관계적 상황이 거의 병적인 수준에 이르기도 한다.

내가 알고 있는 BAM 선교사 부부의 경우를 보자면, 그 남편은 BAM에 시각이 열리고, 건강한 이해를 확보하여 'BAM은 건강한 비즈니스를 전제로 해야 한다'는 점에 동의-인정하지만, 그 아내의 경우는 사업보다는 자신이 생각하는 전통적 선교사역을 더 우선하기에, 사업의 가치를 자신이 이해하는 사역의 가치보다 열등하게 두거나, 사업을 이용하여 사역을 이루려는 의지가 매우 강하다. 부부 사이에 갈등의 여지가 있다. 전통 선교사가 BAM에 성공한 케이스가 거의 전무한 것이 전통 선교적 시각으로 BAM에 접근하는 것이 얼마나 부정적인가를 증명하고 있다.

두 마리 토끼를 잡으려는 사역자들은 'BAM은 분명 무엇인가를 변화시킬 수 있는 영향을 가진 직업으로의 비즈니스이다.' 라는 사실을 제대로 명심할 필요가 있다. 자기가 운영하는 비즈니스와 직업으로 킹덤임팩트를 발생시키고 그 영향으로 하나님이 원하시는 총체적 변화를 꾀할 수 있다면 비즈니스 행위, 또는 그 직업 자체가 분명-충분한 '하나님의 선교' 인 것이다. 메츠는 이점을 명확히 하고 있다.

> 하나님께서는 사람들을 불러 무장시켜 비즈니스를 하게 하신다. 비즈니스 그 자체가 사역이다. 그렇기 때문에 만약 하나님께서 당신을 비즈니스로 부르셨다면, 목회자가 되지 못한 것에 대해 당신 자신을 낮추지도 말고, 그 반대로도 하지 말라. BAM은 탁월함과 전문성과 정직함으로 비즈니스를 하는 것이다. BAM은 일터에서 하나님의 나라를 증명하고 있는 것이다. BAM은 영적으로, 경제적으로, 그리고 사회적으로 변화되어진 사람이다. BAM은 비즈니스를 통해 그리스도를 드러내는 것이다. 이 비즈니스가 효과적으로 수행되었을 때, 그 결과는 변화이다.

BAM은 이 사역이 진행되는 영역에 총체적 변화를 일으키는 사역이고, BAMer는 이 변화를 강력히 원하시는 하나님의 대리인이다. BAM은 비즈니스 그 자체만으로도 충분한 하나님의 사역이고,

이 일에 헌신하는 BAMer들은 하나님의 사역자인 것은 두말할 이유가 없다. 진정한 BAMer라면 두 마리 토끼를 잡으려는 애매한 태도를 버려야 한다.

> 비즈니스 선교에 동원되는 전문인력은 사업을 설립하고, 지도하고, 자금을 조달하고, 성공적인 경영을 하는 가운데 장 내의 문화, 비전, 인사(人事), 보완, 업무를 관장한다. 이 모든 분야는 한 국가를 이루는 중요한 구성요소다. 비즈니스 선교사는 정식으로 신학적인 교육과 훈련을 받지 못했더라도 말과 행동으로 얼마든지 복음을 가르치고 전달할 수 있으며, 사업 현장에서 하나님의 말씀대로 살고 실천하여 진리를 전하고 많은 사람들을 그리스도께 인도할 수 있다. 다시 말해서 비즈니스를 통해 열방을 축복하는 것이다. 비즈니스에서 하는 모든 업무는 바로 선교 사역이고 그것을 선교 사역의 방편이나 수단으로 여기지 않는다. 비즈니스 선교는 그 자체가 선교 사역이다.[121]

(10) 고 용

> 위대한 기업을 세우는 사람들은 위대한 기업으로 성장시키기 위한 근본적 추진력이 시장도 기술도 경쟁도 제품도 아님을 안다. 바로 적합한 사람을 찾아 충분히 확보하는 것이다.(짐 콜린스)

BAM을 하면서 가장 기억에 남았던 일은 역시 가장 힘이 들었던 순간이다. H국에서 출판사업을 시작하고 늘 긴장 속에서 지낼 수밖에 없었다. 특히 출판에 대한 담당부서의 날카롭고도 집요한 추적을 이겨내는 데에는 '뱀같은 지혜'가 필요했다. 또 자금의 흐름에 집중되는 그들의 예리한 추적은 지금 생각만 해도 식은 땀이 흐를 정도다.

이 어려움을 이겨내는데 하나님께서 참으로 좋은 동역자들을 보내 주셔서 잘 감당케 하셨는데 J군과 M양이 대표적인 이들이다. 이들은 서로 다른 부족으로 역시 각기 다른 지방 출신이었는데 신실하고 총명한 젊은 크리스천들로 영어를 잘했다. 참으로 감사한 것은 서점이 어려운 상황에 처하게 될 때마다 이 젊은이들이 어려움을 잘 해결해 주는 일이 자주 반복되었다. 지금은 타국으로 이민을 간, 당시의 매니저도 이 젊은이들의 활약에 가히 경의를 표할 정도였다. 내가 J와 M에게 어떻게 일을 그리 잘 해결하느냐고 물어보면, 그들의 대답은 한결 같았다. "하나님께서 하셨습니다." 이들에게는 지혜가 있었다. 그래서 일상시에는 별로 드러나진 않지만, 문제를 해결하는 능력이 탁월했다. 후에 이들에게 들은 이야기다. "담당자를 만나 그냥 몇 마디 이야기를 나누다 보면, 그들이 'OK' 하면서 문제가 해결된다."는 것인데, 자기들도 "그 담당자들이 왜 그렇게 쉽게 물러나는지 모르겠다."고 했다. 작은 지혜자의 승리였던 것이 분명했다(전9).

"거룩은 따뜻한 난로와 같아서 주변의 추위에 떠는 자들을 불러 모은다"는 이야기가 있듯이, '지혜는 위대한 해결자가 되어 온갖 어려운 문제를 물러가게 하는 것 같다.' 확실히 하나님의 방법은 지혜의 사람이다. 지혜는 겉으로는 그 능력을 확인하기가 쉽지 않으나, 결국 오랜 세월은 지혜가 능력보다 더 소중하다는 사실을 증명한다. J와 M은 결혼을 하여 지금은 M의 고향에서 조그만 가게를 운영한다. 이들이 고향으로 떠날 때, 가서 상황을 잘 살펴서, 그 지역에 BAM 사역이 가능한 일들을 찾아 계획서를 보내면 언제든지 투자하겠다고 했다. 그리고 벌써 7년이 지났다. 그들은 스스로 잘 알아서 선한 일을 지혜롭게 진행하고 있다. 이들을 보면, '지혜 앞에서는 돈도 무력해 진다.'는 생각을 하지 않을 수가 없다.

M-J 부부와의 경험을 통해, 나의 BAM 사역 동역자 혹은 직원을 택하는 기준은 분명해 졌다. 능력자보다는 지혜자가 우선이라는 것이다. 능력자를 뽑기도 쉽지는 않지만, 지혜자를 택하기는 정말 힘들다. 내겐 지혜자를 택하는 매우 주관적인 기준이 있다. 다양한 통로로 그들이 살아온 세월이 하는 이야기를 듣는 것이다. 이력서는 그 삶의 능력을 보여주지만 이력서 뒷면에 보지 않게 적혀 있는 그가 살아 온 세월의 기록은 그의 지혜를 대변한다.

① BAM 회사는 직원을 가장 먼저 섬겨야 한다.

공장을 청소하는 B는 최근 들어 청소를 깔끔히 하지 못하고 있다. 이런 경우 일반적으로 B가 게으르거나 능력이 부족해서 그렇다고 판단할 수 있다. 그러나 더욱 깊이 파고든다면 문제의 근원이 그렇게 단순하지 않고 그 해결점은 전혀 다른 곳에 있다는 것을 알게 된다. 훈련이 부족했을 수도 있고 관리자가 너무 엄격한 것일 수도 있다. 지시를 정확히 이해하기에는 그녀의 언어 능력이 부족한 것일 수도 있고 청소 도구들에 문제가 있는 것일 수도 있다. 출퇴근 시간이 마리아가 생각하기엔 비현실적인 것일 수도 있는 것이다. 그녀에게 배정된 업무량이 너무 많은 것일 수도 있다. 동료들과 관계에 문제가 있는 것일 수도 있고 그녀의 관리자가 그녀에게 집적대고 있는 것일 수도 있다.

중요한 것은 사업의 정말 구체적이고 사소한 부분들의 변화는 직접적으로 사업가가 이루는 것이 아니라 그 일터의 현장에 있는 이들에 의해서 이루어지는 것이라는 것이다. 문제의 근원들을 찾고 해결점들을 찾는 것이나 더 높은 고객 가치를 위해서 사업이 더욱 효율적으로 개선되는 것은 사업가가 아니라 현장의 직원들을 통해서 이루어진다. 보통 이러한 문제들을 파고드는 것은 주로 일 년에 한 번 이루어질까 말까인 경우가 허다하다. 그러나 매년 계획을 재정립할 때마다 BAM컴퍼니가 더욱 그리스도를 닮아가고 킹덤임팩트가 더욱 강력해지도록 끊임없이 이러한 문제들을 파고들기를 권장한다. BAM컴퍼니는 직원들의 조그만 변화에도 민감해야 한다. 직원은 BAM컴퍼니가 가장 먼저 섬겨야 할 대상이기 때문이다.

② BAM 사업에서 직원 채용은 매우 중요하다.

한명의 직원이 사업에 큰 도움을 주는 경우도 있지만, 그 반대로 잘못된 행동으로 사업에 치명적인 악영향을 주기도 한다. 최전방선교 지역 나라의 경우, 자-잘못한 관계없이 자국민을 보호하는 비글로벌한 의식으로 인해, 일단 자국민과 외국인 사이에 어떤 유형의 문제가 발생하면 자국민 편을 들어주는 게 일반적이다. 전 직원이 회사 물건을 습관적으로 빼내어 가는 것을 알고, 몇 번 좋게 경고했지만 계속 반복된 행동을 해서 퇴직시켰다. 이 직원은 회사를 나가자마자, 이저 저러한 이유로 BAM 업체의 사업가를 고발했다. 고소내용은 전부 사실이 아니었음에도 현지법은 그 친구의 손을 들어주었다. 그 직원이 변호사와 검사에게 돈을 주어 승리한 것이다. 이런 일이 비일비재하다. 몇 년 전 나는 TW의 현지 매장에 가서 재물조사를 시킨 적이 있다. 2-3일 재물조사를 하던 직원이 출근을 안했다. 그간 이 친구가 빼 돌린 물건이 적지 않았음이 밝혀졌다. 그냥 나가준 것만도 고맙다고 생각하고 있었는데 이 친구가 그 지역의 모든 업체를 다니면서 우리 매장의 운영과 관련된 모든 정보를 거짓 과장시켜 퍼트렸다. 그 후유증이 아직도 계속되고 있다. 가난한 나라, 그 중에서 특히 비즈니스 관행이 매우 엉망인 나라에서는 '가재는 게편이다'라는 말이 전혀 틀리지 않는다.

③ BAM 사업에서는 그리스도인만 고용해야 하는가?

그렇진 않다. BAMer와 BAM 팀의 임원들은 성숙하고 헌신된 그리스도인들이어야 한다. BAMer와 BAM팀이 회사의 일들을 효율적이고 능숙하게 처리할 수 있는 유능한 비즈니스 전문가들이어야 한다. 세상의 기업에서 고용될만한 능력 없는 이라면 BAM 팀으로 고용할 이유가 없다. 단순히 그리스도인이고 열정이 있다고 해서 실력이 없는 이를 고용할 이유가 없다. BAM은 지속적인 이익을 창출해 내는 사업이기 때문이다.

BAM 팀은 옳은 일을 위해 옳은 사람을 필요로 한다. 그러나 만일 유능한 이와 인격이 있는 이 중 하나를 골라야 한다면 인격이 있는 이를 선택하라고 페트릭 라이는 충고한다. "인격이 있는 이가 유능한 이보다 가르치기 쉽다."

BAM 회사가 선행되어야 할 것은 회사의 시스템을 일터 사역화 하는 것이다. 관건은 사업가의 의지와 헌신, 그리고 종업원들의 의식이다. 조심해야 할 것은 회사의 분위기를 소위 말하는 믿는 자들의 문화화하면, 고비용저효율화가 된다. 모든 직원이 크리스천이면 잘 될 것 같은데 그렇지 않다. 파당이 생기고 서로 간의 비판이 강해지고 특히 야성을 상실한 크리스천들의 모임은 더욱 그러하다. 몇 사람의 전문가들과 내 미천한 경험에 의하면 조직의 추진력과 개개인의 창의성, 또 크리스천 직원의 영적 야성 등을 고려할 때 회사 내에 크리스천이 30% 정도가 적절하다. 크리스천이 30%가 넘어서면 자기들끼리 파당이 생기고 문란이 생긴다. 물론 문화화를 초월하여 사역화 되면 100%가 되어도 전혀 문제되지 않겠지만... 그러니 BAM 팀 외에 다른 직원들은 모두 그리스도인이어야 할 이유는 없다.

BAM의 매우 고유한 목적 중 하나가 고용 창출이다. BAM 사업이 진행되는 곳은 대개가 10/40창 지역으로 공적으로 기독교를 받아 들지 못하게 되어 있거나 기독교에 대해 적개심을 품는 국가임을 감안하면 회사 직원들의 대부분은 기독교인이 아닌 것이 현실이다. BAM 회사는 회사의 모든 시스템을 사용하여 이들에게 킹덤임팩트를 끼칠 기회를 찾아야 한다. 회사가 이들에게 아보다 시스템을 충실히 제공한다면 이들이 주께 돌아 올 가능성은 매우 높아진다.

④ 목회자와 선교사 고용

'사업가를 선교사로 만드는 것이 선교사를 사업가로 만드는 것보다 쉽다.'는 BAM의 잠언이 있다. 전통적인 목회자와 선교사들은 BAM 팀으로서는 별 가치가 없다는 것이 BAMer들의 지배적인 의견이다. BAM 사업가들은 목회자나 선교사를 고용하는 경우 매우 신중하다. 그러나 다음의 세 가지 경우라면 고용할 수 있다. BAM 종합계획에 맞는 특정한 목적을 위해서이거나, 그들이 회사나 BAM 종합계획에 도움이 될 만한 특별한 은사가 있거나 마지막으로 주님께서 그들에게 BAM에 대한 특별한 소명을 주셨다는 것이 실제로 확인되어야 한다.

모질게 들릴지 모르겠으나 위의 이유들을 벗어나서 전통적인 목회자나 선교사를 BAM 팀에 끌어들일 이유가 없다. 적격자가 아닌 이들을 배치하는 것은 선교를 위해서나 사업을 위해서나 도움이 되질 않는다. 물론 예외도 있다. 그러나 목회자들과 선교사들의 고용은 분명 BAM 팀이 예의주시하고 긴장해야 한다.

⑤ BAM컴퍼니의 직원은 용병이 아니라 군인이어야 한다.

군인같은 직원들은 회사에 그들의 심장을 투자한 이들이다. 군인은 BAM컴퍼니를 위해 불구덩이 속으로도 들어갈 사람이다. 반면에 용병들은 단순히 직업의 직책을 갖고 있는 이들이다. 그들은 잠깐 왔다가 가는 사람들이다. 그들은 매력적인 직업과 연봉과 특혜에 따라 움직이는 이들이다. 다른 누군가가 더 높은 연봉과 좋은 보상을 제시할 때, 그들은 뒤도 돌아보지 않고 회사를 떠난다.

군인은 BAM컴퍼니의 가치를 이해하고, 이를 이루기 위해 헌신한다면 용병은 오로지 돈을 원한다. BAM 컴퍼니에는 용병이 아니라 군인이 있어야 한다. BAMer가 직원들을 군인으로서 대하면 그들은 군인이 될 것이며 회사의 생산성, 고객 만족도, 혁신 잠재력에 혁명을 불러올 것이다.

진정한 군인들은 직무 내용을 초월하는 책임감을 가진 이들이다. 이는 그들의 정신에서 흐르게 되는 그들의 태도 때문이다. 그러나 이런 군인의 태도를 갖고 있는 직원들은 거의 없다. 그렇기 때문에 직원을 채용하기 전에는 그가 회사의 가치들에 전적으로 동감하는지를 확실하게 확인해야 한다.[122] BAM에는 용병이 아니라 군인이 필요하다.

(11) 직원들의 이직률을 낮추어야 한다.

BAM 사역이 가장 활발히 이루어져야 할 나라들이 당면한 문제 중 하나가 이직률이 높은 현상이다. 중국과 동남아[123], 이슬람권의 제조업체에서 숙련공을 찾기가 너무 힘든 것이 작금의 실정이다. 그 주된 이유는 이직률이 매우 높기 때문이다. 이직률이 높다는 것은 두 가지 매우 부정적 영향을 끼친다. 첫째, 이들은 이직할 때 혼자만 조용히 떠나는 것이 아니라 여럿이 함께 떠나므로 회사가 생산성과 분위기 등등에 있어 어려움에 빠질 수 있다. 둘째, 이들이 떠나면 이들에게 킹덤임팩트를 끼칠 수도 없고, 전도할 수도 없기 때문에 BAM 사역은 힘들어진다. 복음증거가 어려운 지역에서는 한 회사에 평균 3-5년 정도 있어서 복음에 대해 마음을 열게 된다. 때문에 이직률을 낮추는 것이 BAM 사역에 있어 가장 우선되어야 할 전략이다.

① 이직률을 높이는 원인들

이미 세계의 공장 자리를 동남아의 국가들에게 물려 준 중국, 그 공장을 물려받은 베트남, 캄보디아, 미얀마 등지에 공통적으로 나타나는 현상이 있다면 지방에서 올라온 노동자들의 잦은 이직이다. 그 여러 가지 원인들 중에 중요한 몇 가지는 다음과 같다.

㉠ 대가족 중심의 전통에서 살아와서 부모를 포함한 가족과 떨어져 있는 것에 익숙치 않아서 이다. 돈벌려고 도시로 공장에 취직했지만, 가족을 떠나 돈 버는 것보다는 못살아도 무모와 가족이 같이 살아야 한다며 다시 고향으로 돌아간다.

㉡ 대부분이 고향 친구를 따라 또는 친구와 같이 공장에 왔었는데, 친구가 공장으로 옮기면 다같이 나가는 소위 친구 따라 강남 가는 일이 많다.

㉢ 동남아와 중동쪽의 소위 집산주의적(Collectivist) 문화를 상관이나 작업장 문화를 적응하지 못해서 생기는 경우가 있다. 집산주의적 문화에서는 생존의 가장 작은 단위는 개인이 아닌 가족 개인들의 안전과 성공은 궁극적으로 집단의 안전과 성공에 의지한다. 같이 일했으니 똑같은 월급을 받아야 한다. 그러니까 다섯 사람이 천 불의 수익을 분배할 때에, 각 사람은 동일하게 이백불 씩 나누어 주어야 다들 만족한다. 예를 들어, 집산주의적인 문화 속에서 기업을 운영하는 개인주의적인 성향의[124] BAMer가 직원들에게 개인의 성과에 기초한 인센티브 시스템을 제공한다면, 이는 오히려 혼란과 갈등을 유발하고 직원들의 사기를 저하시킨다.

㉣ 체면을 중시하기 때문에 다른 사람 앞에서 공개적으로 잘못을 지적당한다거나 비난을 받으면 그 다음 날부터 출근하지 않는다.[125] 체면이 중시되는 문화에서는 체면을 세워 주어야 한다.

ⓜ 직언보다는 우회적인 자신의 의견을 표현하는 문화라서, 상관으로부터 직언을 들으면 적응을 못한다.[126]

ⓗ 복합 시간적(polychronic) 성향의 느슨한 시간 관념을 가지고 있어 꽉 짜여진 빡빡한 시간표 일정에 대한 부담감을 느낀다. 이들에게 시간은 추상적이고 무한하여 시간의 사용에 대해 신경써야 할 이유가 없고 스케줄의 중요성에도 무관심하다.

ⓢ 물가가 올라 귀향하는 이들이 늘고 있다. 현재 캄보디아의 의류제품공장에서 일하는 직원의 월급이 90불 정도다. 그런데 물가가 오르자 이 돈으로 한달 생활비가 부족하다. 방값 50불을 내고 40불 가지고 생활한다는 자체가 불가능하다. 그러다 보니 고생을 해도 같이 하자, 왜 그 돈 받고 그 고생을 하냐 등등 결국 고향으로 돌아가는 청년들이 계속 늘어난다.

제조업계에서 직원 구하기 힘들 때 일수록 숙련공을 구하기가 더 힘들다. 중국, 베트남, 캄보디아 등지는 이직률이 너무 높아 숙련공을 찾기가 쉽지 않다. 다른 업체에서 월급을 조금만 더 주어도 그리로 옮기는 관계로 기술을 제대로 배울 수 없기 때문이다. 가능한 BAM컴퍼니에 오래 다니게 하여 숙련된 기술을 익히도록 하고, 이렇게 되면 제품의 품질이 좋아져서 BAM컴퍼니의 수입이 늘면 직원들의 급료도 오르고, 복지에도 투자하고, 또 직원의 자녀들에게 좋은 교육 혜택도 줄 수 있어야 한다. 이런 점에서 필리핀은 매우 우수한 사역지이다. 필리핀 근로자들은 자기에게 맡겨진 일을 천직으로 받아들이는 데다가 회사를 어지간 해선 옮기질 않는다. 게다가 인건비도 상대적으로 싸고, 영어도 잘 통하여 중국에서 많은 제조업체들이 필리핀으로 이전하고 있다.

현지인의 문화와 종교, 관습을 잘 이해해 주고, 배려하면서 BAM의 모든 것들이 성경적 원칙으로 운영하여 이직률을 낮추는 방안을 모색해야 한다. 직원들이 직장에 오래 다니는 기간과 비례하여, 이들은 BAM 임팩트를 오래 받기 때문에, 예수를 구원자로 받아들일 가능성이 높아진다. 직원이 BAM컴퍼니에 오래 다닐 수 있는 문화를 만들어 주어야 한다.

② 이직률이 낮아야 개종률이 높아진다.

마크 러셀은 태국에서 진행되었던 BAM 시역을 통해 개종한 30명이 복음에 노출된 기간을 분류했다.[127] 다양한 직종, 주 5일 근무의 일터의 상황에서 이루어진 결과다.

근무 기간	개종한 인원
1.5 년	1
2~3 년	3
3~5 년	12
5~7 년	9
7년 이상	5

개종한 이들은 첫째 설교보다는 기독교적 원칙으로 사업의 모든 것들이 처리되고, 관리되는 것을 관찰하고 기독교에 관심을 가지게 되면서 점차 기독교에 대해 마음이 열렸고, 둘째, 개종한 26명 중 22명은 다른 기독교인들의 삶을 보고 기독교인이 되기로

결단했다. 셋째, 태국의 불교도들이 예수를 따르기로 결정하기까지 250-300 번의 복음에 노출되었다(설교, 기독교인들과의 대화 등등).

③ 종업원들의 문화를 정확히 이해하는 게 중요하다.

　태국의 엘리트들이 미국에서 유학을 하고 귀국하여 현지의 요직에서 일하고 또 태국 내의 미국학교를 졸업한 이들 중 적지 않은 인원들 역시 요직에서 일하는데 미국인들 사업가들은 이들이 미국 문화를 충분히 이해하고 있을 것으로 여겨서 미국식으로 관계를 유지하다 일을 진행하면 매우 어려워진다. 물론 미국 문화를 이해하는 이들이 미국식 관계와 작업에 그나마 잘 적응하는 것은 사실이지만…. 태국 내의 맥도날드와 코카콜라의 경우도 종업원들의 문화, 종교, 관습을 인정하지 않는 상황에서 어려움을 겪었었는데, 문화적으로 잘 대처한 결과 이제는 잘 인정하고 있다.

　태국에서 종업원들의 이직률은 대단히 높다. 이직률이 낮을수록 이들은 복음에 노출시간이 길어지는 점을 감안하면, 이직률을 낮추는 일이 시급하다. 그런데 조사에 의하면, 태국 종업원들의 경우, 자신들의 문화, 종교, 관습이 인정되는 상황에서는 이직률이 거의 0이 였고, 그 반대의 경우인 상황에서는 평균 6-8 개월 사이에 회사를 떠났다.

　설립된 지 5년 되었지만 현지인들의 문화, 종교, 관습을 인정하지 않는 어떤 회사의 경우 종업원 19명의 평균 근무기간이 8개월이었고, 비슷한 수준의 일을 하는 현지인들의 문화, 종교, 관습을 제대로 인정한 회사에서는 입사하여 7년된 회사의 종업원

26명의 경우, 7년 동안 3명이 회사를 떠났는데, 이들도 다시 돌아왔으니, 결국 이직률이 0인 것이다. 물론 이들 종업원들은 7년간 복음에 노출되어 그리스도의 제자가 된 이들이 많다.

㉠ 성경적 원칙이 지켜지는 일터에서 종업원들의 문화를 복음으로 존중하고,
㉡ 종업원의 사기를 높여주고, 회사의 모든 일들을 가능한 종업원들에게 개방하고,
㉢ 종업원들 스스로 자신들이 회사의 동반자임을 인식하도 하라.
㉣ 종업원들의 이직률을 낮추어 그들이 복음에 노출되는 기간이 3년 이상이 되도록 하는 것이다.

(12) 효과적인 BAM 사업을 위한 경고[128]

BAM 현장에 스며들어와 결국에는 BAM 사역과 관계들을 철저히 파괴해 버리는 사탄의 공격에 대한 경고이다.

① 제일 먼저 BAM을 그리스도보다 우선시 하지 마라. 그리스도가 아닌 BAM에 더 집중하는 것은 위험하다. 이렇게 되면 예수님의 꾸짖음을 피할 길이 없다. "그러나 너를 책망할 것이 있나니 너의 처음 사랑을 버렸느니라(계 2 : 4)". BAM은 목적이 아니라 목적을 이루기 위한 수단이다. 신실한 성도들이 그리스도보단 교회를 섬기고, 선교하고, 가난한 이들을 돕는 데에 더 집중하는 경우가 많다면, BAMer들은 BAM의 생존을 위해 일하는 데에 정신이 팔리는 경우가 많다. 사역, 사업, 일 자체를 그리스도보다 우선하

는 것은 그리스도를 모욕하는 것이며 성령의 마음을 아프게 하는 짓이다. 뿐만 아니라 이 행동은 사탄을 응원하는 짓이자 BAM 사업의 킹덤임팩트를 무력화하는 짓이다.

② 섬길 이들을 그리스도보다 우선시 하지 마라. 때로는 BAMer들이 섬기는 이들이 처한 상황이 너무 비참하여 그들을 섬기는 일이 그리스도보다 우선시 되는 경우가 있다. 그러나 우리의 최우선적인 본분은 그리스도의 명령에 굴복하는 것이지, 인류의 복지와 교육, 또 어려운 이들의 필요를 채우는 것이 아니다. 이러한 것들을 그리스도를 우선적으로 섬기면서 이차적으로 따라오는 것이다.

③ BAM을 가족보다 우선시 하지 마라. 가족과 BAM의 우선순위가 바뀌면 결국 결혼과 부모와 자녀간의 관계의 파괴 그리고 사역지를 포기하는 결과를 낳을 수 있다. 특히 BAM 실천자들의 자녀들이 잘못된 길로 들어서거나, 잘못된 관계들과 삶을 살아갈 수 있다.[129] "누구든지 자기 친족 특히 자기 가족을 돌보지 아니하면 믿음을 배반한 자요 불신자보다 더 악한 자니라(딤전 5:8)."

④ 마지막으로 영적 전투를 각오하라. BAM컴퍼니가 성장하는 과정에는 의도하지 못했던 잘못된 방향성, 실책들로 인해서 어려움과 낙담, 좌절 등을 경험한다. 많은 요인에서 이러한 일들이 발생하나, 특히 가족과 교회와 회사에서 영향을 받는다. 그러니 늘 깨어 믿음을 굳게 하여 사탄과 대적해야 한다. "근신하라 깨어라

너희 대적 마귀가 우는 사자같이 두루 다니며 삼킬 자를 찾나니 너희는 믿음을 굳게 하여 그를 대적하라(벧전 5 : 8-9)."

사탄은 BAMer와 BAM 팀의 모든 약점들을 파고들며 관계 속에 파고들어 사역을 파괴하려고 할 것이다. 예수님께서 십자가를 지시기 전에 베드로를 통해 유혹을 받으셨듯이(마 16 : 23), 사탄은 때로 가장 신뢰할 만한 친구들, 가족들, 멘토들 등을 통해 사자같이 덤벼들 것이다. BAM 사역을 시작하는 것 자체가 잠자는 사자인 사탄을 건드리는 것과 같다. 사탄은 건강, 가족, 교회, 회사 등 삶의 모든 부분에서 공격해 올 것이다.

> 종말로 너희가 주안에서와 그 힘의 능력으로 강건하여지고 마귀의 간계를 능히 대적하기 위하여 하나님의 전신갑주를 입으라 우리의 씨름은 혈과 육에 대한 것이 아니요 정사와 권세와 이 어두움의 세상 주관자들과 하늘에 있는 악의 영들에게 대함이라 그러므로 하나님의 전신갑주를 취하라 이는 악한 날에 너희가 능히 대적하고 모든 일을 행한 후에 서기 위함이라(엡 6 : 10-13).

그러므로 깨어 기도해야 한다. 이 네 가지 경고들이 이루어지기 전까지 사탄은 끈질기고 집요하게 BAM을 공격할 것이다. 그러나 고난과 환난의 때에는 끊임없이 기도하는 것이다. 일과를 기도로 시작하고, 모든 행동과 결정 가운데 하나님의 인도하심을 구하고, 계획들과 사람들을 위하여 기도하고, 승리와 패배의 시간들 가운데 기도하고 찬양하고 감사한다.

이는 능히 모든 시험을 극복할 수 있게끔 해줄 것이다. 사탄을 대적하는 이 기도의 시간이 지나면서 BAM과 그 개념들에 대한 로맨스는 여기서 사라지나, BAM 사역에 대한 영적 분별력, 소명,

헌신, 사역 과정들이 감격적인 효과를 극대화할 수 있는 지혜가 자라기 시작할 것이다.

6. BAM 창업

전통 선교사 동원은 참으로 중요하고 마땅히 진행되어야 한다. 물론 선교단체마다 선교사 후보자를 리쿠르트하는 전담팀이 있다. 당연 그래야 한다. BAM 창업도 마찬가지다. 당연 관련 동원사역도 진지하게 진행되어야 한다. 21세기는 종교적 장벽, 인종적 장벽, 정치적 장벽 등의 무수한 장벽들에 의해 '글로벌 디스커넥션의 시대'이지만, 이 단절의 장벽을 가차 없이 제거할 수 있는 유일한 수단이 비즈니스이다. 붕괴불가, 난공불락의 인종장벽인 인도의 카스트제도에서도 비즈니스로 인한 붕괴의 조짐이 발견되고 있다는 상황이다. 비즈니스는 그 어떠한 장벽도 뚫고 들어가는 무한 능력이 있다. 이러한 시대에 하나님은 크리스천 사업가들을 불러 복음이 거부당하고 무시당하는 지역으로 또 극빈지역으로 이들을 보내서 '샬롬'을 주시려 하신다. 바로 이 BAM 창업은 하나님께서 강력히 의도하시는 최전방사역이자, 하나님 선교를 위한 이 시대의 과제이다. BAM은 당연 무한 시도 되어야 한다.

그런데 BAM 창업, 이건 정말 난제다. BAM 창업은 쉬운 말로 적진에서 비즈니스로 생존할 뿐만 아니라 소위 킹덤임팩트를 끼칠 수 있는 비즈니스를 운영해야 하는 것이다. 성경적 방법으로 사업하여 지속적인 이익을 창출해 내야 한다. 성경을 메뉴얼로 운영하여 정상적인 사업이 가능해야, 그 다음 BAM 사역이 가능하다. 결코 쉬운 일이 아니다.

3년 전 아내와 BAM 트립 중 만났던 L이 생각난다. L은 당시 두 달 전, 카페 겸 레스토랑을 개업한 로컬 비즈니스 선교사이다. 몇년 간 유명 단체가 하는 비즈니스 선교 레스토랑에서 훈련을 받고, 마침내 자신이 독자적인 식당을 오픈한 터였다. 그녀에게 비즈니스 선교 훈련을 시킨 단체가 운영하는 식당은 인근 모두에게 매우 알려진 유명 식당으로 주로 서양인들이 주 고객으로 해서 적절한 이익을 내고 있다. 이 단체는 이 식당을 통해 주변에 상당한 킹덤임팩트를 끼쳐왔다.

L은 입지조간과 주차공간확보가 양호한 중심지에 식당을 열면서 8명의 직원을 고용했는데, 그 중에 두 명은 크리스천이고 다른 6명은 아직 그리스도를 모르는, 각기 다른 부족의 청년들이었다. 그런데 불과 4개월만에 문을 닫았다. 망한 것이다. 매우 좋은 의도를 가지고 식당을 시작한 현지인 비즈니스 사역자도 이렇게 망하는데, 타국인의 경우는 어떠할까.

말이 났으니 말인데, 미국의 경우, 한 해 백만 명이 창업하는데, 첫해에 40%가 망하고, 5년 내에 전체의 80%가 망한다. 이 와중에 소규모 비즈니스를 5년 이상 유지하고 있다고 해도 안도의 숨을 쉬지 말라. 5년 동안 명맥을 이어온 소규모 비즈니스 가운데 80% 이상이 다음 5년 안에 망한다(마이클 거버). 어느 정도 안정된 자본을 가지고 자국에서 시작한 창업도 5년 내에 80%가 망하는데, 타국, 그것도 10/40 창이라든가, 기본적인 비즈니스 인프라가 대단히 열악한, 기독교를 거부하거나 박해하는 최극빈국에서의 창업, 그것도 'BAM 창업'을 할 경우 성공가능성을 10% 이내로 보는 것이 적절하다.[130)]

(1) BAM 창업, 왜 어렵고, 성공가능성이 희박한가?

BAM 창업은 정말 어려워도 지독히 어렵다. 왜 BAM 창업-사업이 어렵고 또 거의 실패하는가를 따지고 들면 한도 끝도 없다. 그 기본적인 내용은 다음과 같다.

① 창업 회사들이 실패하고, 또 이미 활동하는 회사들의 생존이 어려운 첫 번째 이유는 자본부족의 경우가 대부분이다. 창업 후 실질적인 수입이 발생할 때까지 운영할 수 있는 자본과 현금(capital flow+cash flow)이 있어야 한다. 특히 서양인들은 철저히 분석-계획하고 준비한 나름의 막강한 자본을 가지고 창업을 하는데, 이런 것 없이 또는 무시하고 시작하는 우리의 BAM 창업은 정말 힘들다. BAM 창업은 시도되어야 하지만, '선한 일에 헌신하니 하나님께서 철저히 보호해 주실 것이다'라는 신화적 믿음만 가지고 착실하고 잘 된 준비(훈련과 BAM 종합계획, 그리고 자금) 없이 시작하는 건, 무조건 말려야 한다. 이를 무조건 말라는 것도 중요한 사역이다.

매우 구체적이고도 실제적인 'BAM 창업-사업 계획'을 구비하고, 창업 전에 답사 혹은 창업 전 1~2년간 언어 및 문화 등등을 배우기 위한 현지 거주를 하는데 필요한 비용 등과 창업하여 이익이 발생할 때까지 평균 2~4년 간 드는 비용을 준비한 상태에서도 성공 가능성이 20%를 밑도는 것이 현실이다.

　물론 선한 일이니. 전적으로 하나님만 의지해서 기도하며 하면 된다는 확신을 가지고 시작하지만…. 돈은 돈 버는 방법을 아는 이의 것이다. 이 방법 모르고 기도만으로 의지하는 것은 정말 어처구니 없다. 또한 이익은 이익을 내는 방법을 잘 아는 주인만을 찾아간다. BAMer라면 마땅히 성경을 메뉴얼로 비즈니스를 운영하여 이익을 창출하는 능력이 있어야 한다.

　또한 하나님께서 필요한 자본을 공급해 주시는데, 무조건 우리가 원하는 액수에 우리가 원하는 방법으로가 아니라, 하나님께서 주시고자 하는 액수를 하나님의 방법으로 제공하신다. 그리고 이 영역에서 경험해 보신 분들은 잘 아시겠지만 '하나님은 축복(공급)하시기 전에 우리가 우리의 능력의 한계까지 노력하게 하신다.' 이 말은 하나님의 공급을 확인하기 까지, 일반적으로 체력적, 심리적, 경제적, 관계적 고갈의 상태에 이르는 경우가 비일비재하다는 것이다. 상상 이상의 창업수업료와 대가지불이 실제적 고통과 함께 동반된다. 하나님이 공급하신다는 막연한 생각으로 창업했지만, 돈이나 융자, 펀딩 등에 대해 경험이 전무하다거나 비현실적인 이들은 당연 실패와 실망을 경험할 뿐이다. 때문에 노련한 BAMer들 사이에서는 허드슨 테일러가 말한, "하나님의 방식으로 이루어지는 하나님의 일은 하나님의 공급하심을 절대로 부족해 하지 않는다."란 명언에 대해 동의하는 이들이 많지 않다.

② '사업적+선교적+영적으로' 전략화 된 계획이 없기 때문이다. BAM 창업엔 대단히 중요한 다차원적 분석과 전략, 그리고 계획

이 절대적으로 필요하다. '다차원적 국가분석' + '비즈니스 전략' + '선교전략'이 이루어진 상태에서 이를 종합한 'BAM 종합계획'이 작성되어야 한다. 몇 분들과 이 과정을 시도해 보았는데, 한국분들의 경우, 거의 이 과정을 이해하지 못하기도 하거니와, 그 필요성을 못 느끼고 포기한다. 현지에 가서 아는 분들에게 정보를 얻고(BAM 창업시 가장 위험한 요소 중 하나임), 그리고 기도하고 시작한다. 이 영역에서의 내 경험에 의하면, 창업 초기 단계에서는 성공적이었다 할지라도, 결국 그 대다수가 실패한다. 그 원인은 간단하다. 잘 계획된 BAM 창업 전략에 따른 자금부족과, 사업적 자질의 부족과 훈련 부족이다.

③ 사업가로서의 자질이 없고 준비(훈련)가 부족하면 BAM 창업-사업은 실패하게 한다. BAM 창업을 시도하시는 분들 중 사업적 DNA가 없는 경우도 있지만, 이 DNA가 있다할지라도 결국 BAM 사업을 해 낼 수 있는 충분한 교육과 훈련이 부족하다면 당연 실패한다. 지난 200년간의 선교 역사는 준비 안 된 선교사가 불러올 수 있는 비극들을 잘 가르쳐주었다. 때문에 수많은 선교 교육단체들이 생겨났다. 그렇듯이 BAMer들도 사업 준비에 철저해야 한다.

(2) BAM 창업을 위한 제언

A국과 B국에서 오신 선교사님 두 분을 만나, 선교사들께서 현지하고 계신 사역을 BAM화 하시겠다는 나름의 계획과 전략들을 장시간 들었다. 그리고 집에 돌아 오면서, 내가 그 분들에게 해 드렸

던 두 가지 말을 되새겨 보았다. 첫째는 'Thinking Big, Doing Small'이며, 둘째는 선교사들이 BAM 사역을 하려면, 참으로 갈 길이 멀다는 것이다. 유정난인지 무정난인지 확인도 안 해 보고, 그 알을 깨고 나올 병아리를 밑천 삼아 큰일을 도모하려는 프로젝트들은 이젠 제발 그만이기를 바라는 마음이다.

BAM 창업을 위해 최소한 5년 이상의 전략적인 학습의 세월이 필요하다. 노련하며 탁월한 텐트메이커이자 또한 텐트메이커의 아버지로 칭송받는 페트릭 라이는 다음과 같이 말한다. "비즈니스 선교는 전통적인 선교보다는 쉽다는 생각은 절대 오산이다. 더 어렵다. 사업과 선교를 동시에 해야 하기 때문에 더 많은 준비와 훈련이 필요하다. 대학 졸업 이후 4-6년간의 충분한 준비와 경험습득, 훈련을 하는 이들이 적지 않다. 너무 조급하지 않는 것이 좋다." 비즈니스 선교에 헌신하고자 하는 BAMer들은 제발 서두르지 말아야 한다. 특히 BAM 전략을 수립하는데 많은 에너지와 시간을 들이되 매우 신중하고 정성스러워야 한다. 그리고 Small to Big의 원칙을 지켜야 한다.

대기업들은 해외투자와 인사투입 이전에 광범위한 계획과 현장조사, 시장분석, 재무분석, 문화 분석, 외부/내부 인사훈련 등을 한다. BAM이 장기적인 생존력, 안전성, 성장, 그리고 성공을 위해서 최소한 이만한 준비는 해야 할 것이다. 이러한 준비가 없다면 비극적인 상황이 일어날 수도 있다. 지름길은 없다.

① BAM에 헌신하겠다며 나서는 분들이 많아지고 있다.
  이분들을 만나보면 그 열정에 비해 준비가 너무 부족한 경우가

적지 않다. 이분들이 스스로 비즈니스 선교의 현장에 대한 구체적이고 실제적인 훈련을 쌓지 않는다면, 낭패가 불 보듯 뻔하다.

그러나 매우 긍정적인 현상은 이분들을 모아 교육시키는 곳들이 생겨나고 있다는 점이다. 미래의 선교동력으로서 젊은 청년들을 모아 선교사로 교육-훈련시켜 파송하는 사역에도 장-단점이 있듯이, BAM 사역을 위한 창업을 격려하고 가르치고 훈련하는 사역에도 장-단점이 있다. 장점은 살리고 단점은 보완하든지, 제거해야 한다. BAMer는 무엇을 배우고, 무엇을 준비해야 하는가에 대해서는 구소련 당시 중앙아시아에서 BAM 사역 경험이 있는 닐 존슨은 BAMer가 준비해야 할 비교적 필수적인 내용들을 제안한다.

a. 성경, 교회, 선교/전도학, 선교 역사
b. 사업 경영의 전반적인 지식/경험, 국제적인, 이문화적인 배경에서의 영업 (경영, 인사관리, 재무, 회계, 마케팅, 세일즈, 법률, 수입/수출, 등)
c. 선택된 사업 기획/경영(제품의 생산, 조립과 배포, 지역/국제적 시장, 자원, 물품, 유통 등)
d. 문화, 전통, 종교, 언어, 시장, 정부, 법, 부정부패, 안전에 대한 이슈들, 인프라 등에 문화와 배경에 대한 전반적인 이해
e. 지역개발, 선교에 대한 전문성 등

② BAM 사역에 경험이 많은 멘토와 전문가로 구성된 멘토그룹이 필요하다.

BAM 창업, 참으로 신중해야 한다. 정말 신중해야 한다. 총체적 준비에 만전을 기해야 한다. 이를 위해 멘토그룹을 찾아야 한다. 멘토그룹엔 반드시 BAM 창업경험자와 'BAM 종합계획서'를 작성해 본 경험이 많은 전문가가 포함되어야 한다. 사실 한국 사람들은 친구 따라 강남 가는 식으로 '해 봤다'는 이들의 말만 믿고 밀어붙이는데… 이런 주도적인 태도는 바람직하지만, 실패가능성이 농후하다. 실패율을 최소화하는 방법으로 'BAM 종합계획서' 작성이 효과적이다. 이를 제대로 하려면, 역시 이 분야의 전문가가 절대적으로 필요하다. 이와 관련 인터넷 서핑으로 얻는 자료는 참고만 하되 신뢰해서는 안 된다. 물론 세계적 공인 기관들(유엔 등)이 분석한 자료는 충분히 신뢰할만 하나, 누구에게라도 공개되는 자료라면, 보편적인 차원에서 참고만 해야 한다. 경험해 본분 들은 잘 알겠지만, 역시 정말 반드시 필요한 자료는 돈 주고 의뢰 혹은 구입해야 한다. 창업에 관한 유용한 정보와 자료를 유료로 제공하는 회사들의 홈페이지를 방문하면 도움을 얻을 수 있다.

③ BAM 종합계획을 잘 세워야 한다.

'계획이 없으면 성공도 없다.' 기도하며 신중한 계획을 세우지 않는다면 BAM 사역의 핵심인 일관적이고 생산적인 킹덤임팩트 창출이 불가능하다. 스티브 런들이 강조했듯이 "기도하며 계획함이 없다면 그 어떤 킹덤임팩트도 지속적으로 발생하진 않는다(한 두 번 우연히 발생하는 경우는 있겠지만)." 그리고 성경이 계획에 대해서 무엇을 말하는지, 사업가에게는 어떤 계획방법들이 가능한지, 그리고 왜 계획이 킹덤임팩트를 창출하는데 그토록 중요한 지를 이해해야 한다.

분명 계획은 중요하다. 헌데 진정한 계획은 하나님의 방향과 인정과 뜻에 합당한 것이어야 한다. 종합 계획은 단기적으로 시간적 비용, 자원의 분배, 생산성과 비용에 영향을 주겠으나 장기적으로 봤을 때는 그 가치를 매길 수 없을 정도로 정말 유익하다. 회사의 모든 운영이 킹덤임팩트를 최대화하고 사업의 목적들을 이루는데 효과적이기 때문이다.

계획이 아무리 완벽하다 할지라도, 이 사업의 주인은 하나님이시다. 하나님의 최종 허락이 있어야 한다. 선하고 치밀하게 세운 계획이 정말 하나님 가운데 있는 것이라면 우리는 분명 어떤 다이나믹하고 예상하지 못하고 기대하지 못한 성령님의 간섭하심이 있을 것임도 알아야 한다. 조심스럽게 계획한 것들이 아예 쓸모없게 되어버릴지도 모른다. 계획에 있어서 우리는 예상하지 못한 것을 예상해야 한다. 그리고 하나님의 계획과 방법이 우리의 것보다 훨씬 좋다. 하나님이 역사하신다면, 사탄도 하나님의 역사하심을 가장하고 나타날 수 있다. 이를 잘 분별해야만 한다.[131]

④ BAM 창업은 이벤트가 아니다.

현지에서 가서 현지분들과 함께 살면서 삶으로 복음을 노출시키고, 성경적 비즈니스로 생존하며, 이익을 창출하여 그 과정에서와 그 결과로 그분들에게 킹덤임팩트를 끼쳐야 하는 선교적 삶을 살아 내는 것이다. 그런데 이 일상이 바로 첨예한 영적 전쟁이다. 대단히 날카롭고 파괴적인 전쟁이다. 이 일상의 전쟁에서 실패하면, BAM 사역 그 자체가 무의미하여, 비록 사업에 성공하고 있더라도 더 이상 BAM은 아니다.

분명한 건, 고국에서든 선교지에서든 회사 안에서든 가족 안에서든 분명 어떠한 희생이 있을 것이다. 사단은 어떠한 공격도 주저하지 않는다. 그래서 우리는 항상 모든 도전, 일, 그리고 일상의 삶 속에서 기도로 나아가야 한다. "마귀의 간계를 능히 대적하기 위하여 하나님의 전신 갑주를 입으라 우리의 씨름은 혈과 육을 상대하는 것이 아니요 통치자들과 권세들과 이 어둠의 세상 주관자들과 하늘에 있는 악의 영들을 상대함이라"(엡6 : 11-12)

⑤ 돈 관리법 제대로 알아야 한다.

'돈 없으면 사업이 돌아가질 않는다' 돈은 사업에 있어서 피의 역할을 한다. 돈관리는 BAMer의 생존전략에 있어서도 중요한 요소이다. 단순히 BAMer와 가족들의 매일의 생계뿐만 아니라 기업의 수준에서도 BAM 회사는 지출/임금대장/세금 등 수입을 내기 위한 먼저 나가야 할 돈들이 있기 때문에 지출관리도 중요하다.

대부분 창업회사들의 경우, 초기자본금이 생각보다 금방 사라져서 본래의 투자가 위태로워지는 경우가 많다. 때문에 손익계산서 등의 방법으로 정말 얼만큼의 돈이 필요한지를 계획하는 것이 중요하다. 특히 회사의 창업기간 동안 BAM 팀에 충분한 초기자본금이 확보되어야 한다. 또한 현지의 환율변화와 환전시스템, 은행시스템 등에 능숙하게 대처해야 한다.

10/40 창이라든가, BAM 창업이 반드시 필요한 국가들의 환

율, 환전, 은행 시스템은 일반적으로 이를 경험해 보지 못한 분들로서 이해할 수 없는 부정적인 구석이 정말 많다.

⑥ 거시경제를 보는 눈이 필요하다.

BAMer들은 주로 거시경제보다는 미시경제에 대한 관심과 이해가 많을 것이다. 그러나 BAMer의 모든 활동은 거시경제적인 영향력에서 벗어날 수 없음으로 거시경제에 대한 이해가 있어야 한다. 개인의 사업 또는 사업체들의 경제활동을 다루는 것이 미시경제이고, 거시경제는 국가적 수준의 경제활동을 다룬다. 거시경제는 주로 두 가지 영영으로 나뉘어 진다. 하나는 재정 정책으로 국가의 세금 구조를 다룬다. 다른 하나는 금융 정책으로 통화, 통화량, 은행 시스템 등을 다룬다. BAMer는 자신의 통제 밖에 있는 거시경제적인 영향력을 받을 수밖에 없다.

BAM 사업이든 세속적인 사업이든 이러한 거시경제적인 요인들은 국제적인 환경에서 사업을 하는데 매우 중요한 요인들이다. 특히나 BAM은 더 높은 기준을 가지고 있기에 더 중요하다. 이러한 요인들의 이해가 장래 BAMer들에게 두려움과 단념의 여지를 줄 수도 있다. 그러나 거시경제적인 요인들의 이해와 경고는 준비된 계획방법과 사고방식을 위한 것이다. 위기관리, 위기배분, 위기내성 등은 BAM 사업과 선교에 필요한 심리적 도구들이다. 이러한 요소들은 BAM 종합계획을 성취하는 매우 중요한 요소일 뿐만 아니라 엄청난 킹덤임팩트의 기회들을 현실적-구체적으로 이루어나가는 데 필요하다.

⑦ 청년들에게 BAM 창업을 격려하는 노력과 더불어, 교회 안의 은퇴한 비즈니스 전문가들을 리쿠르트하는 사역도 대단히 중요하다. 비즈니스 시니어들의 경험과 자본 그리고 잘 훈련된 젊은 미래의 BAMer 사이의 커넥션도 매우 절실하다. 또한 시니어들의 경험과 기술들도 BAM 영역에서 대단히 귀중한 자산이다.

7. 'BAM 운동'에 동참하는 6 가지 방법들

이 글은 'Regent Business Review, Issue 11'에 실린 "Six Ways to Get Involved in the 'Business as Missions' Movement"란 글로 'Regent Gloval Business Review'의 허락을 얻어 저자가 번역하였다.

(1) 한두 주간 해외에 나가 사업가들 훈련시키는 것

가르치는 일을 좋아하는가? 당신은 전 세계의 사업가들과 함께 공유할 만한 가치 있는 것을 가지고 있는가? 당신은 성경적 진실을 해외의 사업가들과 공유하길 원하는가? 그렇다면 당신의 인생에서 단 8일을 투자하여 그것들을 공유하는 것이 어떨까?

국제적으로 사업가들을 위한 세미나를 개최할 수 있는 기회들은 넘쳐 난다. 이런 세미나들을 통해서 당신은 당신의 비즈니스 지혜를 공유하기도 하고, 어려운 질문들에 답하기도 하면서, 다른 문화권에 있는 사업가들을 알아가게 될 것이다. 중요한 것은 당신이 교육자로서, 당신이 가르치게 될 주님을 알지 못하는 많은 사업가들에게 주님을 소개하는 기회도 얻게 될 것이다.

은퇴한 비즈니스맨인 게리 쇼튼이 다음과 같이 말했다. "전 세계의 사업가들이 자신들의 소명을 찾아가는 모습도 보고, 덩달아서 지역 교회가 다시 부흥하는 모습을 보기위해서라도 미국의 수많은 크리스천 사업가들이여, 단 몇 일만이라도 자신들의 경험을 공유하기 위해 세미나에 참석하는 게 어떻겠습니까?"

결국 사업가들을 더 잘 교육시킬 수 있는 사람들이 사업가들 말고는 누가 있겠는가? 그들이 다른 사업가들에게 세일즈를 향상시키는 기술, 생산량을 늘리는 기술, 고객의 요구에 응대하는 기술들을 가르치는 것 뿐 아니라 윤리, 정직성, 신뢰 그리고 관대함이라는 성경적인 내용들 또한 교육하게 된다. 이것은 모두가 이기는 게임인 것이다.

소튼(Sotten)이 조직한 '글로벌 비즈니스 성공 재단'에서는 이러한 모델 개발을 위해 3년간 노력하였고 그 모델들은 아래의 다섯 가지이다.

① 비즈니스 멘토링 : 교육자는 그/그녀의 전문 기술을 가르친다. 모든 가르침은 성경을 근거로 진행되지만 단순히 성경공부에 치중하지는 않는다. 예를 들어, 세일즈맨은 어떻게 세일즈를 향상시킬 수 있을지를 윤리와 정직, 책임을 토대로 가르치게 된다.

② 비즈니스 현장 방문 : 교육자는 수강자의 비즈니스 현장을 방문한다. 주된 목적은 관계를 돈독히 하며 그들에게 용기를 주기 위함이다.

③ 대학 강의 : 다음 세대의 사업가들이 될 자들은 전 세계적으로 대학이라는 곳에서 공부를 하고 있다. 공식적인 절차를 밟아 그들의 수업에 강의를 나간다던지 또는 주요 연구소나 상급 교육기관의 학생회 전체를 대상으로 강의하기도 한다.

④ 성경공부 인도 : 크리스천의 믿음이 어떻게 비즈니스와 파이

낸스에 적용될 수 있을지를 가르칠 수 있는 기회이다.

⑤ 자기계발과 즐거움 : 가르침에서 오는 자기 발전뿐만 아니라 교육자 스스로도 다른 나라에서 생활한다는 그 자체로부터 오는 개인적 성장과 전문성의 신장을 맛볼 수 있다. 주님의 뜻을 공유하기 위한 여행이기도 하지만 교육자들이 외국의 독특한 문화를 체험하는 즐겁고 유쾌한 시간이기도 하다.

만약 당신의 교회가 선교에 뜻이 있는 교회라면 비즈니스 선교 여행을 단기적으로 가볼 것을 고려하기 바란다. 만약 당신의 교회가 단기 선교 팀을 파송하고 있지 않다면 비즈니스 선교 여행을 시작해볼 것을 고려하기 바란다. 같은 맥락으로 십대 선교 트립은 십대들의 기술과 그들의 열망에 맞게 고안되고, 의료 선교 여행은 의사와 간호사들의 기술과 그들의 열망에 맞게 고안되며, 비즈니스 선교 여행은 사업가와 전문가들의 기술과 그들의 열망에 맞도록 계획 세울 수 있다. 세미나와 비즈니스 선교 여행에 더 많은 정보를 얻길 원한다면 다음의 주소로 연락을 취하기 바란다.

(gshotton@gbsf.org, www.BusinessMissionTrips.org)

(2) 연속 세미나 개최

커리큘럼에 기초한 연속적인 세미나(CCS)는 위에서 이야기한 첫 번째 모델의 확장형 또는 진행형인 버전이라고 볼 수 있다. 이는 마케팅, 회계, IT, HR, 기획관리 또는 다른 비즈니스 영역의 수료를 위하여 연속적으로 분기별 세미나를 갖는 것이다. 왜냐하면 반복적인 접촉은 자연스럽게 관계를 구축할 것이고 이를 통해서 북아메리카의 교회들이 전 세계에 손길이 아직 미치지 못한 비즈니스 공동체에 세계 일류의 교육과정을 제공함으로써 꾸준한 성령의 열매를 거둬들일 수 있게 될 것이다. 일주일짜리 세미나에 비해서 CCS는 공동체에 좀 더 장기적인 헌신을 기반으로 한다. 이는 상당량의 시간 투자를 요하며, 멘토링 과정과 교육을 통해서 사업가들 자신과 그들의 회사가 함께 변화하는 과정을 꾸준히 도울 수 있는 인내력을 필요로 한다. 그러나 많은 이들이 이 과정에서 파생되는 결과들이 상당히 가치있다는 사실을 발견한다. 아틀란타의 페리미터 교회의 리더이자 사업가인 헌터(Doug Hunter)의 경우 HighMark라는 자신의 비즈니스를 시초로 하여 CCS 활동이 전 세계적으로 뻗어나가도록 교회와 함께 노력하고 있다.

이렇게 역동적인 세미나 전략에 어떻게 참여할 수 있는지 궁금한 교회는 Scott McFarlane에게 연락을 취하기 바란다.

(scottmcfarlane@ACMC.org)

(3) 킹덤컴퍼니들을 컨설팅하기

크리스천 사업가들이 마음만 먹었다면, 전 세계에 세미나와 강습을 다니는 것 이외의 것들을 제공할 수도 있다. 크리스천 사업가의 전문성을 컨설팅 영역에서 발휘할 수 있다. 때때로 믿지 않는 자들에 의해 운영되는 회사를 위한 컨설팅이 이루어지기도 하지만, 대부분 외국에 있는 크리스천 기업들을 도와야 할 기회가 많다.

다른 모든 조직체와 마찬가지로 "킹덤컴퍼니들 - 복음을 전파하기 위한 목적을 가진 비즈니스 조직-" 역시 조언이 필요하다. 아시아에 위치한 킹덤컴퍼니들은 특별히 전략수립, 마케팅, 실행가능시뮬레이션, 사업운영 그리고 프로세스개발 영역에서 컨설팅을 필요로 한다.

이러한 요구를 충족시키기 위해 선교를 위한 비즈니스 운동에 가깝게 관련된 EC 인스티튜트는 대학간의 MBA 선교를 위한 기독교 모임 단체의 수장인 존 테릴(John Terrill), 그리고 코람 데오(Coram Deo) 컨설팅사의 매트 코벳(Matt Cobbett)과 손을 잡았다. 이렇게 셋은 하버드, MIT, 시카고 그리고 노스웨스턴과 같은 탑 MBA 학생들이 그들의 여름방학 동안 킹덤컴퍼니의 컨설팅을 수행하도록 하는 운동을 시작하였다. 그 결과, 몇몇 아시안 기업은 더욱 획기적인 방법으로 주님의 뜻을 전파하고 있다. 단순히 사회적 정의를 부르짖거나 지역 공동체의 기본적 니즈만을 충족시켜 주는 것에서 벗어나 교회 설립과 제자훈련을 그들의 비즈니스와 연계하여 수행하고 있다. 개인적으로 시작된 수백만 달러의 사업들이 지역 공동체를 변화시키고 있는 것이다. 더 많은 정보를 원한다면 아래의 주소로 연락을 취하기 바란다.

matt@coramdeoconsulting.com (www.coramdeoconsulting.com), John Terrill at jterrill@ivcf.org(www.intervarsity.org/gfm/mba) 또는 EC Institute at info@ec-i.org(www.ec-i.org)

(4) 소규모 사업개발(MED)

많은 국가에서는 아직도 빈곤이 만연하며 국가의 부패와 전쟁에 의해 경제발전이 이루어지지 못하는 곳이 많다. MED(소액대출)은 지역 커뮤니티의 영향력 아래 관리되고 다시 되갚아지는 대출 시스템을 이용하여 위의 장애들을 극복하고 소액의 자금으로 비즈니스를 창업하도록 지원한다. 소규모개발 시스템의 마이크 바에르(Mike Baer)는 꿈이 있는 창업자들에게 트레이닝 코스와 가치 있는 비즈니스 플랜구축을 위한 자원을 제공하며 여러 국가에서 이 프로그램을 진행하고 있다. 그는 다음의 MED에서 일어나는 다음의 이야기를 들려주었다.

칼(가명)은 하나님을 향한 큰 사랑을 가진 우리 교육생 중의 한명이었다. 그는 무슬림 국가에서 비교적 일찍 크리스천이 된 친구였고, 복음을 위한 많은 고통도 당했다. 박해의 시간을 보낸 후 칼은 주님으로부터 멀어지고 끝내는 살인죄로 교도소에 갇히게 되었다 (그는 무고했지만 많은 나라에서는 전혀 고려되지 못하는 사항이다.). 감옥 안에서 누군가 칼에게 러시아어로 된 성경책을 전했고, 그는 성경을 읽어가면서 타락했던 자신의 모습을 반성하고 주님의 말씀에 사로잡히게 되었다. 그는 감옥의 다른 죄수들에게 설교를 하였고 많은 이들이 그의 말을 믿게 되었다. 끝내는 그의 추종자가 너무 많아져 감옥에서 위험인물로 낙인찍혀 출옥하게 되었다.

"칼은 자유로운 사람이 되었지만 그의 다른 기독교 동지들과 마찬가지로 그는 실업상태이고 빈곤에 처해있었다. 바로 그 이유로 그는 소액대출을 신청하게 되었다." 교육을 마친 후, 칼은 조그마한 목장을 운영할 1,000불을 대출받았다. 그 후 그는 그의 마을의 다른 기독교인들을 고용할 수 있도록 두 번째 사업을 벌이기 위해 또 다시 대출을 신청하였다. 이는 결국 세 번째 사업까지 이어지게 되었고 그 영향은 배가 되었다. 무슬림 지역의 크리스천들은 자신들이 어디서부터 영향력을 행사 할 수 있을지 알지 못하고 있을 때, 칼은 성공한 비즈니스맨이 되는 것이 이 모든 것을 바꿀 수 있다는 것을 깨달았다. 그의 사업을 통한 관계 구축을 통해서 칼은 주님의 이름을 나누고 그의 마을에 주님의 이름으로 여러 선한 사업들을 해나갔다. 그 결과는 어마어마했다. 그와 관계하는 사람들이 차츰 기독교를 포용하게 되고 조그만 제자그룹까지 형성되었다. 그리고 다른 그룹, 또 다른 그룹이 형성되어 갔다. 오늘날에는 칼의 마을 주변에 20개 이상의 교회가 생겨나게 되었고 그의 세 번째 사업을 운영하면서도 동시에 250 명의 교인들을 위한 순회 강연을 다니고 있다. 바에르의 조직은 개발도상국에서 실제로 이루어지고 있는 수많은 성공적인 MED의 한 일례일 뿐이다. 더 많은 정보를 원한다면 아래의 사이트에 방문하길 바란다. (scottmcfarlane@ACMC.org)

(5) 소-중규모의 창업(SME)

소규모 비즈니스 운영자들은 회사를 세운 후에 더 많은 현금을 비즈니스에 쏟거나 더 많은 인원을 충족시킬 필요가 있다. 재정적 규모가 통상 5,000 달러에서 100,000 달러 사이인 소/중규모 기업체를 도와주는 몇몇 기독교 조직이 있다. 켄 엘드레드는 곧 출판될 그의 책에서 동유럽에서 운영하는 Integra Ventures의 사례를 통해 어떻게 이러한 일이 가능한지 설명하고 있다.

"빌리와 그의 형제들은 서 루마니아에서 130 명의 직원을 둔, 성공적인 천국비즈니스를 운영하는 제과점을 갖고 있다. 이 제과점은 쿠키, 케이크, 패스트리와 같은 과자제조로 특히 유명하다. 빌리는 그의 신앙과 비즈니스가 한데 어우러진 하나의 획기적인 길을 발견했다. 타인을 도우려는 그의 마음은 이 천국 비즈니스의 주된 목표이다."

이 제과점은 많은 루마니아인들을 고용하는 놀라운 효과를 가져왔다. 더 나아가 일자리를 구하는 것 자체가 어려운 이들에게도 기회를 확장해갔다. 예를 들어 그 지역의 한 고아원에서 그는 고아들에게 사회적 그리고 사업가적 기술들을 교육시켜 그들의 고용가능성을 키워가는 프로그램을 진행하였다. 빌리는 졸업생인 고아들에게 일자리를 마련해주었다. 게다가 그의 천국비즈니스로 거둬들인 이익으로 세르비아에 가깝게 위치한 마을에 카페와 제과점을 만들었고 그 마을의 고용자격이 안 되는 여성들에게 일자리의 문을 열어주었다.

소/중규모의 창업 지원프로그램은 이러한 가능성을 키워왔으며 빌리와 같은 이들이 그들의 영향력을 뻗쳐갈 수 있도록 지원하고 있다. 대출금이 갚아지게 될 때마다 부가적으로 다른 소/중규모 사업체가 지원받게 되고 또 다른 커뮤니티에 영향력이 흘러가게 된다. 이것이 바로 조직과 그 공동체 레벨에서 변화를 일으키는 힘이라고 할 수 있다.

Terry.Williams@integrausa.org(www.integrausa.org)

(6) 국외 사모펀드(OPE)

타국의 기업체에 개인적 또는 그룹으로 투자하는 것을 말한다. 주로 100,000 달러 이상의 투자를 통해 하나님의 나라를 확장시키는 획기적인 방법으로 사용된다. 다음은 OPE가 만들어낸 변화에 관한 이야기이다.

"시장에서 주님의 증인이 되고 나의 삶의 모습을 통해 주님을 드러내자"라는 비전을 품은 인도의 한 IT 업체에 한 투자자가

150,000 달러를 투자하였다. 지점장은 비즈니스 경험이 풍부하며 섬기는 자신의 교회의 리더 역할을 담당하고 있던 한 여성이었다. 그녀의 회사 약 50여명의 사람들은 지역의 교회를 후원하기 위해 그들이 가진 창의적인 비즈니스 능력을 배가시키길 원했다. 이 회사는 자신들의 건축가가 교회를 짓고 성경 대학을 짓도록 했다. 또한 매니저 중 한 사람은 지역의 재단을 설립하고 교회 설립을 후원하며 고아들을 위한 사회복지 프로그램을 후원하며 여성을 위한 문맹교육에도 힘썼다.

이 프로그램들은 일년에 몇 번만 방문하는 백인 서양인들에 의해서가 아니라 인도 여성들에 의해서 운영되었다. 이는 책임감 있고 독립적인 방법이었다. 또한 이 회사는 지역의 비영리단체와 손잡고 소아마비와 같은 육체적 장애를 가진 젊은이들에게 다가가 이들이 컴퓨터 교육을 받을 수 있도록 지원하였다. 더 많은 정보를 원한다면 아래의 주소를 방문하길 바란다.

info@ecgroup-intl.com(www.ecgroup-intl.com)

미주

1) 루이스 부시, World Inquiry
2) 그리스도의 몸 안에서 이루어지고 있는 이 역동적인 운동은 세상을 향한 하나님의 사랑과 교회를 향한 그분의 부르심에 기초하고 있다. 이 운동은 역사를 통하여 성령의 역사와 매우 밀접하게 활동하는 새 물결이며, 21세기를 위한 매우 적절한 전략이다. 하나님은 전 세계 선남선녀들을 통하여 새로운 사역운동을 전개하고 계신다.(2004 로잔 보고서 59번. Business As Mission)
3) Mark L. Russell, 133.
4) 사도행전 18장에 나오는 아굴라와 브리스길라와 함께 텐트를 만든다는 구절은 가죽세공업을 일컫는 말이며 이는 그 당시 유목민들의 이동 거주지가 가죽으로 만들어졌기 때문이다. 몇몇 거주지는 오늘날까지도 중동지역에 남아있다. 에베소서에서 나오는 하나님의 갑옷에 대한 언급 역시 많은 갑옷들이 가죽을 이용해 만들어졌음을 고려할 때, 사도 바울의 가죽세공업에서 비롯된 것일 것이다. 일례로 방패는 날아오는 불화살을 가시게 만들 수 있었는데 이 방패의 겉이 물이 흡수된 가죽으로 코팅되었기 때문이다.(David R. Befus)
5) Danker, William J., (1971) "Some Economic Attitudes and Activities in the Life and Mission of the Brethren in Europe, Profitf or theLord, GrandRapids, MI : Eerdmans, 20.
6) 위의 책, 25
7) From the Letters of the Reverend John Wesley, quoted in Profitf or the Lord, 24.
8) Mangalwadi, Vishal and Ruth, (1999) The Legacy of William Carey : A Model for Transformation of a Culture, Wheaton, IL : Crossway,18.
9) 주경철, 대항해시대, 서울대학교출판문화원, 440.
10) 나얀 챤다, 세계화, 전지구적 통합의 역사, 모티브 BOOK, 186.
11) Karen Armstrong, Holy War, 387.
12) 16세기 이후 유럽이 동남아 전체를 앞 다투어 식민지화하며, 차원과 향신료와 중국차(tea), 노동력을 찬탈했다는 명확한 사실을 그 누구도 부인하지 못할 것이다. 또한 이들이 당대에 식민국가에 지은 교회와 파송한 선교사의 수도 어마어마하다. 그리고 21세기인 이 시점에 동남아 전체 국가 중에서 기독교를 인정하는 나라, 성경을 자유롭게 읽을 수 있는 나라는 필리핀이 유일하다.
13) 주경철, 425.
14) Boxer, 1965 : 77.
15) 개종이란 이름 아래 수만 명의 식민지인들이 고문을 당하고 살해되었으며, 엄청난 양의 자원이 식민 본국으로 실려 나갔다.(나얀 챤다, 186.)
16) Philip Jenkins, The Neat Christendom, 28.

17) 중국에 있던 영국 무역상들은 배 한편에서는 중국 사람들을 중독시키기 위해 아편을 팔고, 다른 한 편에서는 구원의 소식을 전하는 성경을 나눠줬다. 이들은 '종교는 인민의 아편' 이라는 마르크스의 말을, 그리고 이제는 '아편이 인민의 종교' 가 되었다고 되받아 쳤던 20 세기의 촌평을 몸소 확인해 주고 있었던 것이다.(케네스 포메란츠-스티븐 토픽, 설탕, 커피, 그리고 폭력, 심산. 168.)
18) 2002년 브라질 아마존의 주도의 마나우스에서 한 장로교회에서 집회를 하고, 이 교회 담임 목사님과 같이 그 교회의 선교선을 타고 2박 3일 정도 아마존 강을 거슬러 올라가며 강변지역을 다닌 적이 있었다. 당시 이 목사님은 아마존 강변에 교회 세우는 일에 총력을 기울이고 있었다. "미국 선교사가 들어오기 건에 우리가 먼저 교회를 세워야 합니다. 그 이유는…" 그러니까 그간 미국 선교사님들에 인해 아마존 지역의 자원정보가 미국정부로 들어갔고, 그 정보를 분석하여, 미국 기업들이 대거 쳐들어와, 자원 등등을 합법적으로 강탈해 갔었고, 더 이상 이런 피해를 안 보려면 미국 선교사가 못 오도록 해야 한다는 거였다.
19) 무역상들이 상권을 확장하기 위해 더 빠른 운송 수단을 발달시키는 동안 선교사들도 그 진화에 함께 했다. (나얀 챤다)
20) 주경철, 440.
21) 나얀 챤다, 301.
22) James D. Watson, DNA : The Secret of Life, 250-251.(나얀 챤다, 301.에서 재인용)
23) www.matstunehag.com/2011/08/18/from-church-planting-success-to-genocide
24) Effectiveness의 의미는 "Do the right thing right.(하나님이 원하시 것을 하나님이 원하시는 방법으로 하는 것이다).
25) 짝퉁뱀(Fake BAM)이다. 소위 'Business as a cover for missions'로 선교지에 합법적으로 거주할 목적으로 거짓으로 비즈니스 비자를 받는 경우인데 이 경우는 실제 비즈니스를 하지 않기 때문에 BAM은 아니다.
26) Russell에 의하면 선교사의 입국을 거절하는 나라에서 선교를 위하여, 비즈니스 명목으로 비자를 받아, 소위 감춘 선교를 하는 형태인 Business as a cover for missions의 위험에 대해 자세히 설명하고 있다. 그가 말하는 위험들은 재정 감소(financial deduction), 신뢰 저하(credibility dilution), 정직성을 의심받음(integrity erosion), 그리고 불신(suspicion creation) 등이다. 특히 Russell은 마지막의 불신이 생겨나는 현상 때문에 생기는 부정적 요소 세 가지를 상세히 설명하는데 그것들은 부정적 인식(nagative perception), 현지 당국의 거짓 사업가에 대한 늘어나는 검사(increased inspections), 그리고 계속되는 비자 발급의 어려움 등이다.(Mark L. Russell, 154-159.)
27) 켄 엘드레드, 비즈니스 선교, 261.
28) 내가 하는 M국의 한 담당자는 역시 나와 친한 한 선교사를 20년 이상 관찰하고 감

시하고 있다.

29) 이들에게 부정적 감정을 가지게 한 요인이 네 개가 있다. 첫째는 이미지 장애로 두 가지 원인이 있다. 기독교는 진실하지 않다는 것과 기독교는 세속인들의 삶과 지역과 세상의 관심에 무관하다. 두 번 째는 문화적 장애(Culture Barrier)로 기독교는 지루하다는 것이고, 세 번째는 복음적 장애(Gospel Barrier)로 복음서를 해석한 서신서, 용어들은 세속인들에게 너무 낯설다. 마지막으로 전적 헌신의 장애(The Total Commitment Barrier)로 신앙이 깊어져 전적으로 헌신하게 되면, 결국 자기 것을 내어 놓게 되는 것에 대한 거부감 등이다.(George Hunter III. How To Reach Secular People, 85-89.)

30) 비즈니스와 선교가 하나 되는 것은 새로운 것이 아니다. 네스토리안, 모라비안, 윌리엄 케리, 바젤 선교회, 다양한 카톨릭과 수도원 종파들이 나름 기독교 확장을 위한 다양한 방법 중의 하나로 비즈니스를 사용해 왔다. 이런 의미에서 BAM이 다시 등장한 것으로 본다.

31) 어떤 정부이든 경제 개발, 일자리 창출, 지역 사회 발전이라는 가능성 앞에서는 귀가 솔깃해 진다. 다수의 현지인들을 고용하여 높은 임금을 주고, 유용한 제품과 서비스를 제공하는 기업은 언제 어느 곳에서든 대환영을 받을 것이다. 하나님은 비즈니스 선교를 사용하여 모슬렘 국가나 선교에 닫혀 있는 나라들의 문을 여실 것이다. 사람들의 마음을 움직이는 것은 성령의 역사지만 그리스도인들은 장래성 있는 사업을 선보여야 한다. 그렇게 될 때 비즈니스 선교는 선교에 가장 적대적인 나라들에게도 복음을 전하게 될 것이다. 이미 아프카니스탄 같은 회교 종주국에도 비즈니스 선교가 진행되고 있다. 전통적인 선교사들에게 완전히 폐쇄적인 북한도 최근에는 CMED 단체와 손을 잡고 주민들을 위한 영세업 지원을 시작했다. (켄 엘드레드, 비즈니스 선교, 270-271)

32) BAM의 입장에서는 우리가 그간 이해하고 있는 선교를 '전통적 선교'라 부르고, 이 영역의 선교사를 '전통적 선교사'라고 부른다. BAM은 전통적 선교사와 자신들을 구별하기 위하여, BAM 사역에 헌신하는 이들을 'BAMer' 혹은 '비지너리 Bizzionary'라고 부른다.

33) 단기 비즈니스 선교팀들이 모든 개발도상국에 들어가 사역할 뿐만 아니라, 6,500개의 미전도 종족이 사는 모든 지역에 비즈니스 선교팀들이 들어가서 일하고 있다.(켄 엘드레드, 비즈니스 선교, 267.)

34) 우리는 비즈니스의 능력을 과소평가해서는 안 된다. 개인과 지역에 대한 주요 영향력을 가진 비즈니스의 가능성은 거대하다. 이 가능성은 긍정적이기도 하고 부정적이기도 하다. 비즈니스와 기업 사이에 있는 놀라운 네트워크는 무시해서는 안 될 선물이다. 비즈니스에 입문한 크리스천들에게는 자원을 투자할 수 있는 능력을 소유한 유력한 인사에게 긍정적인 영향을 줄 수 있는 놀라운 기회가 있다. BAM은 크리스천의 원칙들과 윤리들을 모범으로 소개하고 보여줄 수 있는 일터 환경을 조성하는 플랫홈일 수 있다. 우간다에 있는 성경적 원칙과 진리를 기초로 해서 세워진 매니지먼트

컨설팅 회사는 비즈니스와 정부, 이 양자의 영역에서 리더십과 관리 기술을 계발시키는 것을 모색하고 있다. 회사가 세워진 이후 9년 동안, 이 회사는 우간다 국내의 비즈니스 리더들뿐만 아니라 아프리카 12 개국의 비즈니스 리더들에 대한 영향력을 행사해 왔다. 예수께서 대사명을 주시면서, "가서 제자 삼으라"라고 말씀하셨는데, 이 문장의 문법적 구조는 '너는 너의 정상적인 (비즈니스) 삶을 살아가면서, 모든 족속을 자연스럽게 제자 삼아야만 한다' 는 것을 의미한다. 사업가에게 시간 제약이 있는 것은 사실이지만, 우리가 영향을 주고자 찾는 사람에게도 시간제약이 있기는 마찬가지다.(2004 로잔 보고서 59번. Business As Mission)
35) 기독경영연구원, 기독경영 로드맵 11, 261-262.
36) 그러나 작금에는 A지역 외에서의 BAM 사역에 지대한 관심이 집중되고 있다. 이 현상에 대해서는 앞으로 많은 연구가 필요할 것이다. 어째든 A지역을 비즈니스 선교로 섬기는 일로서의 BAM 정신과 그 전투력을 상실해서는 안 된다는 것이다.
37) 모든 국가와 문화에는 사업가들이 있다. 이들 사업가들(혹은 그 잠재성이 있는 이들)은 하나님 나라를 실제적으로 보여줄 수 있는 가장 결정적인 해결책을 가지고 있는 사람들이다. 비즈니스는 예수님의 이름을 거의 듣지 못하고, 또 듣는다 해도 거의 이해하지 못하는 지역에서는 그 위력이 크게 드러난다. 그러므로 우리는 비즈니스의 소명과 은사를 가진 크리스천들을 인정하고 격려해야 한다.(2004 로잔 보고서 59번. Business As Mission)
38) P족 사역 관련 많은 실질적인 전략들을 공개할 수 없는 입장을 헤아려 주기 바람.
39) 뇌물을 주지 않으면 어떤 계약도 체결할 수 없는 국가에서 뇌물을 주지 않고 사업하는 것은 실제적으로 불가능하다. 그런데 이 불가능을 이겨낼 수 있는 힘이 하나님을 신뢰하는 믿음이다. "계약은 반드시 옳은 신념과 좋은 제품, 좋은 품질을 기반으로 체결되어야 한다고 생각했습니다. 계약하기 전 뇌물을 바치고 싶은 유혹에 빠질 때가 있습니다. 이러한 유혹을 뿌리칠 수 있는 것은 바로 하나님을 온전히 신뢰했기 때문에 가능했습니다."(Hans Peter Mueller)
40) 2004 로잔 BAM 보고서 59번
41) "....하나님 나라의 선교는 창조세계에 대한 청지기직, 경제 정의, 공동체 건설, 하나님과의 관계회복, 공동체의 회복, 이웃을 돕는 일 등을 포함한다."(폴 스티븐슨, 하나님의 사업을 꿈꾸는 CEO, 120.)
42) 매츠는 "'선교로서의 비즈니스' 인 BAM은 때론 다루기 힘들 용어일런지도 모르지만, BAM은 중요한 개념이며 본질적 실천이다. BAM은 묘책, 즉 궁극적인 전략은 아니다. 그러나 BAM은 '어떻게 하면 비즈니스로 사람들을 섬기고, 하나님의 목적에 따르며, 이 땅의 선한 청지기가 되며, 이익을 창출하느냐?'를 추구하는 세계적인 일터 크리스천 운동으로 성장하고 있다."고 한다.(Business as Mission is bigger than you think)
43) Mark L. Russell이 자신의 책 "the Mission Entrepreneur, Principles and Practices for Business as Mission", 22-23에서 BAM의 7 가지 패러다임을 나

열했는데, 1-5번은 Paul Stevens 'Doing God's Business', 80에 인용한 방선기 목사의 분류들(1-5번)에다 Russell이 두 가지를 추가하였다.(6-7번)

44) 메츠는 비즈니스 선교 세계를 다음의 세 카테고리로 나눈다. "job takers, makers and fakers," 첫째는 텐트 메이커, 두 번째는 BAMers, 마지막은 사업가를 가장한 선교사들을 의미하며 Russell이 7번째 분류하는 Business as a cover for missions를 의미한다.(Mats Tunehag, Business as Mission, p. 4.)

45) 전통적 선교와 BAM : 과거의 전통적인 선교는 가난한 자들에게 물고기를 주어, 그들의 생계를 유지케 하였다면, 근자에 이르러서는 고기 잡는 법을 가르쳐 주어 스스로 생존하는 법을 전수한다. 그러나 BAM은 어업을 전수한다. BAM 비즈니스는 재정적, 사회적, 환경적, 영적 목적을 이루기 위해 의미 있는 아이템 혹은 제품을 생산하는 시스템을 구축하고, 고용을 창출하여 가난한 이들 등등 고용하고 위의 네 가지 목적들을 이룰 수 있는 이익을 창출하는 사업이다. 유지가능을 넘어서서 재생산이 가능해야 하는 이 사역은 개인과 지역, 그리고 국가가 샬롬에 이르게 할 수 있는 가장 강력한 변화지향적 비즈니스 선교이다. 또한 일하여 번 수입이 지역에서 소비될 때 발생하는 경제파급 효과는 5~10배에 이르게 하여 지역 경제를 살리며, 지역을 변화시키기도 하지만, 선의로 주는 돈은 경제적인 빈곤을 이겨낼 수 있는 지속적인 소득 시스템을 불러오기 때문에, 오히려 고용 등을 통해 가져올 수 있는 무형자산/무형효과들을 잃게 하고 받는 이들에게 모욕적인 행위일 수 있다는 점을 명심하는 것이 중요하다. 어쨌든 이러 저러한 이유로 선교사와 현지인을 재정적으로 후원하는 일은 매우 신중해야 하며, 아무리 신중하게 결정했다하더라도 cash를 주는 것은 고양이에게 생선을 주는 격이 될 위험이 높다. BAM 사역은 사도 바울과 그 계열의 자비량 선교에 국한된 것만이 아니라 브리스길라와 아굴라가 했던 사업을 통한 선교 방법이다. 물론 바울도 가죽세공업이란 스몰 비즈니스를 운영했다는 점에서 바울은 비즈니스 선교사였음에 틀림이 없지만, 브리스길라와 아굴라 부부는 전형적인 BAM 사업가의 모델이다.

46) Steve Rundle and Tom Steffen, 8.

47) BAM 회사의 입장에서 보자면, 다양한 핵심 목표들이 있지만, 수익자의 입장에서 보자면 BAM의 총체적 사역은 주변인들과 장애우들, 그리고 실직자들과 임시직 고용인들에게 임금과 목적, 자기 존중, 자존감, 자기 정체성, 건강한 자긍심과 희망을 가지게 하는 일자리를 제공한다. 이 사역은 그들에게 청결하고, 편안하며, 안전하고 환대받는 환경에서 일할 수 있는 상상할 수 없는 기회들을 제공하고, 시장에서 경쟁력 있는 기술을 배우고, 건강과 영양공급, 태아검진, 위생시설, 위생, 자녀 양육 등의 훈련을 받고, 돈관리와 개인 재정관리, 갈등관리를 배우며, 성경공부와 성격계발 공부에 함께 하며, 카운셀링과 멘토링, 격려, 지원, 그리고 자신의 자녀들을 위한 데이케어, 자신들의 부모들을 위한 연로자 케어와 자녀들을 위한 여름학교에 함께 할 수 있으며, 자신들과 자신들 지역의 삶의 질을 높이는 프로젝트에 동참할 수 있고, 자신들의 직업과 비즈니스의 영역 안에서 결정을 내리고 책임을 지는 훈련을 받으며, 참 살

아계신 하나님과 그의 아들 예수 그리스도 그리고 성령의 활동하심을 배울 수 있는 자유와 기회를 가지며, BAM 팀과 팀원의 가족들의 매일의 일상 속에서 살아있는 복음을 볼 수 있게 한다. 이것이 총체적 사역/선교이며, 이것이야 말로 BAM에 관한 모든 것이다.

48) "선교는 사람들이 사는 거리에서 하는 것이 아니라면 선교가 아니다."(Orlando E. Costas &Van Engen). 그리스도의 복음을 전하는 이들은 억압받는 여성과 아이들, 노동착취 당하는 이들을 섬겨야 할 사명이 있다. 대부분의 도움을 필요로 하는 사람들은 경제적인 문제에 대한 도움을 필요로 한다. BAM은 이렇게 억압받는 이들을 위한 소명인 것이다. 우리는 이것을 지역사회개발이라고도 한다. 그러나 실상 이것은 하나님께서 우리들에게 주신 자원들을 사람들을 일으켜 세우고 조직들과 도시들을 세워나가라고 주셨음을 인정하는 것이다. 우리는 사람들을 총체적으로 도움으로서 그들이 변화(transformation)의 핵심에 그리스도가 계심을 알도록 하는 소명을 받았다. BAM에 있어서는 사회적 책임을 성취하는 것은 이 소명을 이행할 수 있는 중요한 도구이다.

49) 빈곤이 어떤 하나의 특정한 원인에서 기인한 것이라기보다는 경제적, 사회적, 정치적, 영적인 것 등이 하나로 복잡하게 어우러져 생긴 것이라는 의미에서 이를 총체적 빈곤이라고 부르는 것이며, 이 빈곤의 해결 역시 어떤 특정한 하나의 원인을 제거함으로 가능한 것이 아니라 경제적, 사회적, 정치적, 영적인 것을 다 포함해야 하기 때문에 총체적 해결이라고 부른다. BAM은 이 총체적 빈곤을 해결할 가능성이 가장 높은 총체적 사역이며, 고도의(영적, 사역적, 사업적) 전략과 고질의 협력 사역으로만이 가능한 하나님의 사역이다.

50) 월트 레리모어/트래이시 멀리스, 하나님이 창조하신 건강한 사람, 36-38.

51) 샬롬에 관한 최고의 성경적 개념은 하나님과 자신, 이웃, 그리고 피조물과의 관계에서 '흠 없음'과 '평화' 이다. 샬롬은 그의 피조물에 대한 하나님의 의도이며, 땅을 가꾸며 서로 돌보라는 창조의 명령에 포함되어 있다. 샬롬은 히브리인의 소망과 평화, 일체와 복지의 비전을 구체화했다(왕상 4 : 25, 시85 : 10~13). 구약성경 도처에는 하나님의 은혜와 회복의 약속엔 늘 물질적 축복과 비물질적 축복이 다 포함되어 있다. 안전한 피난처와 넉넉한 식량을 소유하는 것은 하나님의 선하심과 그 약속을 그대로 보여 주는 증표로 이해되었다(신 8장, 겔 34 : 25~31, 사 49 : 60~61). 정의와 의는 샬롬과 밀접하게 연결되어 있다. 정의(혹은 의)라는 단어는 성경에서는 주로 기업 또는 사회의 성화와 억압으로부터 놓여남을 언급하는 데 사용되었다. 정의는 모든 피조물을 포용하며, 개인의 책임과 윤리에만 제한되지 않는다.(2004 로잔 보고서 59번. Business As Mission)

52) 성경에서 '구원하다' 로 번역된 헬라어 단어 sozo는 "온전하게 만든다"(to make whole)는 의미이다. 이는 온전함, 통합성, 안식의 의미를 내포하는 히브리단어 Shalom과 비슷하다.(폴 스티븐슨. 하나님의 사업을 꿈꾸는 CEO, 44-45.)

53) 하나님은 크리스천 사업가를 통해 말라카 시스템을 아보다 시스템인으로 변화시키

신다. 아보다 시스템의 결과가 샬롬이다. "샬롬은 하나님이 의도하신 공동체를 나타내기 위해 성경에서 350회 이상 사용된 히브리 단어이다. 샬롬은 완전하고 건전하며 안전해지는 것이고, 건강하고 번영하는 것이다. 그것은 하나님과 공동체와 전 세계가 완전한 조화와 평화를 이루는 것이다."(이장로, 기독경영 로드맵 11, 예영커뮤니케이션, 35.)

54) 레너스 스윗, 관계의 영성, 263
55) 필립 얀시, 기도, 471.
56) 하나님 나라에 대한 동기와 맥을 같이 하여, 비즈니스는 지역 공동체 전체에 영적, 사회적, 경제적 그리고 환경적 이익을 가져올 모든 기회를 모색해야 한다. 회사는 지역 공동체 내의 관련 세력이면서 지역 지도자들의 존경을 받아야 한다. 회사는 가능한 한 투자자들과의 평화를 모색하고, 사회적 책임감을 가지고 그 문화에 적합한 방식으로 행해야 한다. 회사는 법이 요구하는 최소한의 도덕적 기준보다 더 높은 도덕적 기준을 자체적으로 정해야 한다. 또한 회사는 해로운 제품이나 서비스, 혹은 특정 문화에서 해롭다거나 죄악시되는 제품이나 서비스를 생산하지 않도록 해야 한다.(2004 로잔 보고서 59번. Business As Mission)
57) 인종차별과 관련하여 BAMer들이 반드시 봐야 할 영화로서 최초의 흑인 메이저리거 재키 로빈슨의 감동 스토리를 담은 '영화 42'를 추천한다. 주인공인 재키 로빈슨은 등번호 42번을 달고 당시 오직 백인들만이 선수가 될 수 있었던 메이저리그에 입성하여, 온갖 인종차별의 협박과 폭력을 이겨내고 마침내 정상의 메이저리거가 된 선수다. 이 위대함을 기리기 위해 매월 4월 15일이 되면 메이저리거들은 모두 다 등번호를 42로 맞춘 유니폼을 입고 경기를 한다. 참으로 감동적인 영화다. 그런데 재키 로빈슨을 메이저리거로 발탁하여, 어떤 위기 속에서도 그를 끝까지 격려하고 보호했던 구단주, 그는 바로 LA 다저스의 전신인 '브루클린 다저스'의 단장 브랜치 리키(해리슨 포드)였다. 이 영화를 구단주인 브랜치 리키의 눈으로 보면 이 영화는 한편의 위대한 BAM 영화이며 구단주 브랜치 리키는 바로 위대한 BAMer이다.
58) 마 22 : 37-40
59) BAM은 실제 비즈니스이지, 비즈니스를 가장한 기독교 자선이 아니다. 그러나 BAM은 단지 사업 그 이상이다. 어떤 정의로도 BAM의 범위에 들지 않는 비즈니스에 대한 두 가지의 접근은 다음과 같다. 1) 실제적으로 실행하지도 않으면서도 단지 선교사가 다른 나라들에 입국하기 위하여, 그렇지 않으면 그 나라들에 접근하려는 수단으로 비자를 얻기 위하여 비즈니스를 가장하는 것. 2) 기독교적 동기를 가진 의도지만, 하나님의 나라를 위한 것이 아닌 단지 자신의 사적인 경제적 이익을 위해 실행되는 비즈니스. 투명하지 못한 기독교인이 적절한 하나님 나라의 전략으로 실행하는 비즈니스도 안 된다.(매튜 튜네핵)
60) BAM은 실제적이고, 실행가능하며, 유지가 가능하며, 이익을 낼 수 있는 비즈니스로서 하나님 나라의 목적과 관점과 영향으로 사람과 사회들을 영적으로, 경제적으로 그리고 사회적으로 변화시켜서, 하나님의 보다 더 위대한 영광에 이르게 하는 것이

다.(메츠 튜네핵)
61) BAM은 지속적인 이익 창출이 가능한 실제 사업이다. 단지 현지인과의 접촉점을 모색하기 위한 전략으로 운영하는 비즈니스는 BAM이 아니다. 내가 방문했던 10/40 지역의 한 나라에서 몇분의 선교사들이 모여 Shop을 운영하고 있었는데, 그 목적은 전도를 목적으로 현지인들과의 접촉점을 찾는 것이었다. 그러다 보니 이분들은 '이익을 남기는 것에는 관심이 없다'는 것이다. BAM은 정상적인 비즈니스(Normal Business)를 기반으로 한다. 크리스천 비즈니스는 그 목적이 섬김일 수 있고, 생명 구원일수도 있고, 지역의 변화일 수도 있지만, 지속적인 수익창출이 가능해야 한다. 제품이든 서비스든, 이익을 남겨야 이 순간부터 BAM은 제대로 활성화된다. 그러니까 이익을 남기는 제품과 서비스를 취급해야 하는 것이다.
62) 킹덤 기업가들은 하나님의 부르심을 받아, 비즈니스를 통해 사역하는 소유주들이다. 이들은 비즈니스 고용인이 아니라 비즈니스 소유자들이다. 이들은 월급쟁이가 아니라 기업가들이다. 이들은 비즈니스에 풀 타임으로 종사한다. 그들 대부분은 바울과 같다기 보다는 아굴라와 브리스길라와 같다(Tetsunao Yamamori and Kenneth Eldred, On Kingdom Business; 8-9.).
63) 켄 엘드레드, 비즈니스 선교, 268.
64) 2004 로잔 보고서 59번. Business As Mission
65) 우리 앞에 놓인 과업은 대단히 도전적이며, 일자리 창출, 새로운 비즈니스 창업, 벤처 금융의 이용, 비즈니스 노하우, 시장 이용, 그리고 투명한 비즈니스 윤리를 필요로 한다. 전통적인 선교를 위해 이미 존재하는 동일한 자원을 끌어 오는 것은 충분하지 않다. 전 세계 교회 안에는 제대로 된 기술, 경험, 그리고 BAM을 통하여 타문화에 탁월하게 접근할 수 있는 능력을 소유한 사람들이 많이 있다. 그들을 효과적으로 동원하여, 배치하고, 지원하는 것은 교회 선교를 위하여 개발되지 않은 자원을 방출하는 것이다(2004 로잔 보고서 59번. Business As Mission).
66) 비즈니스 선교의 결과로 전 세계에 10,000 개의 교회가 개척되었다.(켄 엘드레드, 비즈니스 선교, 271)
67) 아라비아 반도와 같은 곳에는 국외 이주자들의 공동체가 있다. 현지인 교회가 없는 곳에, 다양한 국가에서 온 국외 이주자들의 교회가 존재한다. 이것은 국외 이주자 기독 실업인들이 자신들의 비즈니스 기술들을 이용해 국외 이주자들과 핍박받는 교회들을 격려할 수 있는 기회를 얻고 있다는 것을 의미하는 것이다.

예를 들어 아랍 이주민 교회는 이슬람 지역에서 위협을 받고 있다. 하지만 교회가 그리스도의 사랑을 나눔으로써 그들 공동체 가운데 구별되어 변화를 일으키자는 비전이 생겨났다. 이 교회의 목회자는 교인들을 고용해서 학교 프로젝트를 시작했다. 교육의 질을 높여서 지역의 상류층 아이들을 끌어 왔다. 결과적으로, 영리 목적의 비즈니스를 경영함과 동시에 지역 공동체와 접촉하여 영향을 끼칠 수 있었다.(2004 로잔 보고서 59번. Business As Mission)
68) 켄 엘드레드, 비즈니스 선교, 270-271.

69) 우리나라의 인력 수출의 역사는 구한말 한인들이 하와이 사탕수수 밭과 남미 커피 농장으로 이주한 역사로부터 1 세기 이상이 지나면서 일본, 만주, 연해주, 중앙아시아, 독일의 간호사와 광부, 그리고 중동 건설노동자와 아메리칸 드림을 꿈꾸며 미국으로 향하던 이들과 일본의 한인 및 불법체류자 등등으로 대변될 수 있다.(LG 경제연구원, 2010 대한민국 트렌드, 196-197.)
70) 외국인 노동자 수입은 1990년대 중반부터 내국인들이 산업현장에서 3D 직종을 기피하면서 이를 외국인으로 대신하기 시작하며 급작스럽게 늘어났다.
71) LG 경제 연구원, 196-200.
72) 이와 관련 내 피드백을 적어본다; 첫째, 크리스천의 마땅한 일상이 바로 BAM으로 이어지는 것이지, BAM을 위한 프로젝트와 행사로 BAM이 가능한 것은 아니지 않을까하는 생각을 버릴 수 없었다. 둘째, BAM을 한다면서 사업가의 일상이지 일상과 분리된 이벤트라든가 사역은 아니다. 셋째, 나라들마다 선교사들은 넘쳐나는데, 왜 오지에서는 찾아볼 수 없느냐는 것이었다. H국뿐만 아니라 다른 나라에서도 왜 선교사들은 왜 도시에만 몰려있는가? 물론 나름의 전략과 명분이 있겠지만, 나로서는 이해가 안 되는 부분이기도 하다. 현재 현지에는 자국의 사역자들도 많이 있고 특히 서양 선교사들도 제법인데, 세계에서 두 번째로 많은 선교사가 많다는 우리 한국인 선교사는 한 명도 없다. 내가 오지와 고원 또 꽤 많은 나라를 정말 자주 다닌 바이지만, 힘들고 어려운 대부분의 지역에서는 한인 선교사들을 만난 경험이 없다.
73) 종종 기독교 신앙은 종교 지도자들에 대항해 형성되고 개혁되었다.(유진 피터슨)
74) Mark L. Russell, 136-137.
75) 작금에 BAM 홍보에 가장 바쁜 이는 매츠 튜네헴이다. 2012년 말 내가 엘에이에서 몇일 머물 당시, 매츠와 페이스북 채팅하면서 매츠가 쓴 "Business as Mission is bigger than you think"을 번역했다. 이 책에 매츠의 이 글을 포함하는 것이 좋을 것 같아 2014년 1월 31 저녁, 매츠에게 "그래도 돼?"냐며 메시지를 날렸다. '샬롬'이란 인사와 함께 '기쁨으로 허락한다' 는 메시지가 총알같이 날아왔다. 당시 매츠는 이스라엘 텔아비브 시내에서 버스타고 이동 중이란다. 매츠는 참 좋은 친구다.
76) BAMer는 말이다. 목자는 양을 키우는 전문가이다. 반면 사업가, 비즈니스맨은 말이다. 그런데 목자가 이 말들을 양치기 하듯 하면, 마치 밀 터는 기술로 옥수수 털 때 생기는 그런 부작용이 생긴다. 기술도 안 통하고, 연장도 안 맞고, 그리고 기계가 망가지고... 사업가들 특히 BAMer들은 야성이 대단히 강한 말이다. 이들을 양치듯 하면, 목회자와 BAMer들은 시너지를 내기 힘든 관계가 된다. 말들에게는 강한 리더십이 있다. 그래서 이들 주위에는 사람이 모인다. 그리고 말들은 어떤 상황에서 자기의 의견이 분명하다. 또 다른 의견과 충돌이 일어나며, 이때 화합하기도 하지만, 갈등에 빠지기도 하며 떠나기도 한다. 그래서 말들이 교회 리더십과 충돌할 때가 많이 있다. 말들과 목사에게는 2 가지 공통점이 있다. 리더십이 강하다는 것과 리더십이 강한 만큼 비례하여 외롭다는 것이다. 만약 이 매우 주도적인 말들이 그 외로움을 홀로 있음(solitude)의 영성으로 승화시킬 수 있다면, 이들은 권력투쟁, 계급투쟁이 아닌,

그리스도 안에서 영적 질서로 하나가 될 수 있다.
77) 2004년 로잔 BAM 분과의 보고서를 Harry Kim이 번역한 'Business As Mission'(예영출판)은 BAM에 대한 바른 이해에 도움이 될 것이다.
78) 졸저인 '일터@영성'은(예영출판) 일터 사역에 관심이 있는 분들에게 작은 도움이 될 것이다.
79) 켄 엘드레즈. 비즈니스 선교, 8-9.
80) 켄 엘드레드는 비즈니스 선교가 전략적으로 중요하고 효과적인 사실 10 가지를 제시하고 있는데 다음과 같다.(비즈니스 선교, 52~54.)
① 비즈니스 선교는 전적인 자립형 선교의 모델이다.
② 비즈니스 선교는 어디에서나 필요한 전문 기술과 자본을 제공한다.
③ 비즈니스 선교는 일자리를 창출한다.
④ 비즈니스 선교는 지역 경제를 일으켜 세우고 그 나라를 축복한다.
⑤ 비즈니스 선교는 복음에 문을 닫은 나라들을 여는 열쇠이다.
⑥ 비즈니스 선교는 복음을 말로 드러낸다.
⑦ 비즈니스 선교는 복음을 행동으로 드러낸다.
⑧ 비즈니스 선교는 현지 교회의 자립을 가능하게 한다.
⑨ 비즈니스 선교는 전통적 선교의 유익한 동역자가 될 수 있다.
⑩ 비즈니스 선교는 교회에 잠재되어 있는 고급 인력과 자원을 동원한다.
81) 스티브 L. 런들은 이들 왕국 사업가를 다음과 같이 정의한다. "왕국 기업가란 적어도 비즈니스 행정이라는 분야에서만큼은 그 능력이 입증된 믿을 만한 사람이다. 그들은 전통 선교사처럼 영적인 자질이 있으나, 비즈니스라는 환경에서 은사를 사용하도록 부름 받고 준비되었다. 왕국 기업가는 영적으로 가장 메마른 지역에 신앙 공동체가 일어나는 것을 보려는 참된 소망을 품고 있으며, 그러한 일을 일으킬 곳에서 기꺼이 일하며 살아간다. 왕국 기업가는 비즈니스를 사역의 일부분이 아닌, 선교를 구체화하는 데 필요한 것으로 인식한다. 기한을 맞추고, 소비자를 만족시키면, 부패에 피해를 입는 일상적인 갈등을 통해 왕국 기업가는 날마다 기독교 제자도를 분명하게 보여 줄 능력이 있다.(킹덤비즈니스, 339.)
82) 2010 대한민국 트렌드. 258-259.
83) 켄 엘드레드, 비즈니스 선교, 64.
84) 도처에서 BAM하겠다고 야단이다. BAM을 시작하기 이전에 정말 BAM의 현실이 무엇인지 BAM을 하는 목적이 무엇인지 알아보라. 이 계획의 진정한 주인은 누구인가? 정말 그분을 사랑하고 그분을 자신들의 삶과 사업으로 초청하고 싶은 이들은 하나님의 시험하심을 예상하는 것을 넘어 반겨한다. BAM은 좁은 길을 택하는 것이다. 성경이 말하듯, 하나님과 동행함은 그것이 고통을 뜻하더라도 그 어떠한 다른 길을 걷는 것보다 낫다. 난 진정 용기 있는 영혼들에게는 BAM을 선택하라고 권면한다. BAM을 준비하고 BAM을 위해 달려가라. 위험을 무릅쓰고 그분의 뜻과 축복을 구하라. 선한 영적 조언들을 구하고 전적으로 헌신하라.

85) 사업계의 지도자들과 교회는 공생의 관계를 가져야만 한다. 사업계 지도자들은 그들의 은사로 교회에 힘을 실어 주고 능력을 제공해야 한다. 교회는(사업계) 지도자들을 이해하고 그들이 삶의 목적을 전심으로 추구하도록 도와주어야 한다. 사업계와 교회는 서로 건강한 관계를 이루어야 하며, 서로 보완하여 생기를 불어 넣어 주어야 한다. 그러나 간혹 교회가 사업계의 지도자들과 어떤 관계를 이루어야 하는지 모르는 경우가 있다. 그들은 전혀 가치 없는 사용되지 않는 자원으로 그냥 교회 의자에 앉아 있다. 만약 교회가 그 자원을 끌어당겨 사용하는 방법을 안다면 그들은 강력한 리더십이 비전, 목적과 헌신의 조화를 창출하는 것을 발견하게 될 것이다.(로버트 프레이저)

86) 자신의 일상과 일터에서 소명으로 일하지 않는 이가 BAMer가 되려고 하면, 난 무조건 막는다. BAM은 다문화 상황 속에서의 일터 사역이고 하나님의 선교이기 때문이다. "사실, 그리스도인들이 현재 살면서 일하는 현장에서 선교사의 사명을 감당하지 못한다면, 다른 곳에 갈 준비가 아직 안 된 것으로 여겨야 한다. 하나님께서 이웃에게 하지 못하는 것을 전혀 낯선 사람에게 하라고 부르시는 경우는 매우 드물기 때문이다."(이장로, 고려대교수)

87) 경영인으로서 가장 힘든 것은 공정성을 유지하는 일입니다. 모든 사람들은 누군가를 속일 수 있고 자신의 성과를 부풀리기도 합니다. 특히 고객과 직원들과 공정하게 대하는 일은 어렵습니다. 시간과 인내와 믿음이 필요한 일이기 때문이죠. 두 번째로 힘든 것은 바로 신뢰를 유지하는 일입니다.(Rodger Piersant)

88) 윌리엄 폴라드. 75

89) 부하 직원들이 상사의 성품이나 일처리 모습을 보고 존경하게 되면, 이 부하 직원들은 상사에 대해 마음을 열고 상사들이 주는 영향력에 대해 두려움을 느끼지도 않는다. 일을 신용있게 처리해서 신뢰를 얻을 때 직장과 지역사회에서 더 많은 일을 할 수 있는 기회를 얻게 된다. 그리스도인 경영자들은 자신의 말과 행동이 일치하는지 사람들이 항상 지켜보고 있음을 인식해야 한다. 나는 리더들이 다른 사람보다 사생활과 도덕적인 면에서 훨씬 더 취약한 환경에 노출되어 있다고 생각한다. 그래서 나는 '지도력 촉매제'라는 그룹에 참여한다. 그들은 지도력 개발과 성품개발이 맞물려야 함을 강조한다.(데일 기포드)

90) 내가 섬기는 TW가 곧 현지에 제2 공장을 지어야 하는데, 전기, 도로 등등.. 허름하고 빈약한 공장이지만 허가받을 것이 꽤 많다. 최고의 뇌물공화국인 이 지역에서 우리팀 담당자는 반드시 뇌물을 주어야 한다는 유혹에 빠질 수밖에 없는 상황에 이를 수 있다. 나는 뇌물을 주면 안 된다고 늘 강조하지만, 결국 이를 지켜야 할 이들은 현장의 당사자들이다. 팀원들이 뇌물 주는 관행과 유혹에 넘어가지 않기를 기도할 뿐이다. 나와 우리팀과 같은 상황에 처할 수 있는 BAMer들에게 혹 도움이 될지도 모를 간단한 글을 소개한다. "뇌물과 선물의 구분은 사실 쉽지가 않다. 이 구분은 문화에 따라서 시대에 따라서 여러 가지 요인에 의해서 해석이 달라질 수 있기 때문이다. 먼저 돈을 준 동기에 의한 구분이다. 다른 경쟁자를 제외하고 우리 회사에만 특혜를 베풀어 줄 것을 부탁한다면 그것은 뇌물인 것이고, 선물 혹은 떡값은 말 그대로 예의상

인사차 주는 정도가 될 것이다. 금액에 의한 구분도 생각해 볼 수 있다. 사회 통념상 인정되는 정도 - 물론 매우 모호한 말이긴 하지만 - 이하라면 관행이요 그 이상은 뇌물이다. 시기에 의해 구분할 수도 있다. 사전에 하는 것은 뇌물이고, 사후에 주는 것은 선물이라는 식이다. 그러나 이것도 불분명하다. 미리 짜고 사후에 줄 수도 있기 때문이다. 이와 같이 뇌물과 선물을 구분하는 것은 매우 어렵다. 구약 성경에서도 선물과 뇌물을 '쇼하드'(shohad)라는 말로 같이 사용한다는 점은 흥미롭다. 결국 뇌물인지 아닌지는 하나님 앞에서 스스로에게 묻는 수밖에 없다."(출처 미확인)

91) 현대의 일터는 속이고 훔치며 부정적인 방법으로 이익을 얻을 수 있는 기회로 가득 차 있다. 그러나 옳은 일이라는 이유 하나만으로 정직한 행동을 하고, 정확히 계량하고 셈할 때 동업자들은 당신을 존경할 것이고, 당신의 고객과 경쟁자들도 당신을 신뢰하게 될 것이다. 그러면 궁극적으로 당신은 성공하게 될 것이 틀림없다. 왜냐하면 사람들은 언제나 정직한 사람과 거래하기를 좋아하기 때문이다. 고대 서구에서는 "하루의 길이만큼이나 정직한 사람이다."라는 말보다도 큰 존경과 찬사는 없었다. 오늘날에도 "당신의 정직함이 당신의 자랑거리입니다."라는 말보다 더 큰 찬사는 없을 것이다.(웨인 도식)

92) 이재영 번역, www.christianitytoday.com/ct/2014/may/circumstances-should-overseas-missionary-pay-bribe.htm

93) 닐 존슨, 374-375.

94) Cross-cultural하며 다양한 직종, 주 5일 근무 환경의 일터(태국에서 진행되었던 BAM 사역)에서 개종한 30명이 복음에 노출된 기간을 분류해 보면 다음과 같다. 첫째, 설교보다는 기독교적 원칙으로 일터의 모든 것들이 처리되고, 관리되는 것을 관찰한 후, 이들이 기독교에 관심을 가지고, 기독교에 개방적이 되었다. 둘째, 개종한 태국인 26명 중 22명이 자신들이 기독교인 된 주된 동기는 다른 기독교인들의 삶을 관찰한 결과였다. 셋째, 태국의 불교도들이 예수를 따르기로 결정하기까지 250-300번의 복음 선포에(설교, 기독교인들과의 대화 등등) 노출되었다.(Mark Russell, 194-195.)

95) 하나님은 크리스천 사업가들과 이들을 비즈니스를 사용해서서 불신자들의 필요를 총체적(물질적, 사회적, 환경적, 영적)으로 채워주시는 매우 구체적인 사랑을 아끼지 아니하신다.

96) 몹시 사나워진 사울은 교회를 초토화했다. 그는 집집마다 들어가서, 남녀 할 것 없이 모조리 끌어다가 감옥에 넣었다. 본거를 떠날 수밖에 없게 되자, 예수를 따르는 모든 이들은 선교사가 되었다. 어디로 흩어지든지, 그들은 예수에 대한 말씀을 전했다. 빌립은 사마리아의 한 성에 내려가, 메시아에 대한 말씀을 선포했다. 사람들은 그가 하는 말을 듣고 기적을 보았다. 하나님께서 행하시는 확실한 표적을 보고서, 그들은 그의 말을 한 마디도 놓치지 않았다. 일어서지도 걷지도 못하던 많은 사람들이 그날 고침을 받았다. 악한 귀신들이 쫓겨나면서 큰소리로 대들었다. 그 성에 기쁨이 있었다! (행 8 : 3-8)

97) 그리스도인들은 사는 모습과 하는 말과 됨됨이를 통해서 세상에 영향을 미친다. 그리스도의 향기를 내고 싶으면 먼저 감동을 주어야 한다, 진실해져야 한다는 말이다. 그저 그리스도에 대해 이야기하는 것만으로 부족하다. 그리스도의 가르침대로 살아야 한다. 영국 시인 존 키츠(John Keats)는 '경험하기 전까지는 아무것도 현실이 될 수 없다. 훌륭한 금언일지라도 삶으로 확인하기 전까지는 아직 사실이 아니다'라고 지적했다.(빌 하이벨스)
98) 또한 섬겨야 할 이들의 라이프 스타일을 존중하고, 또 같이 맞추어야 하는 경우도 있다. 고객들과 현지인들의 경제적, 문화적 수준에서 너무 벗어나는 라이프 스타일은 적절하지 못하다. 키스할 때와 포옹할 때를 분간하지 못해서 갈라지는 연인이 많듯이, 정장을 입어야 할 때와 캐주얼 복장을 입어야 할 때, 또 현지 전통복장을 입어야 할 때를 잘 분별하지 못해 낭패를 본 경우가 많다.
99) Jorg Knoblauch and Jurg Opprech, 135.
100) Mark L. Russell, 185-188.
101) 많은 선교사들이 자신들의 감추고 있는 신분이 드러날까 봐 자신을 숨기는 경향이 있지만, 이는 현실과 다르다. 사실 태국에서 선교사들은 매우 존경받는다고 현지인들을 말한다. 그러나 태국의 관료들은 태국에 거주하고 있는 이유가 분명치 않은 이들에 대해 매우 의심한다. 첫째, 관료들의 주된 두려움은 '소아(성)애(小兒(性)愛, pedophilia-어린이를 대상으로 하는 성도착'이다. 특히 치앙마이에서 이 범죄를 저지르는 외국인들이 있다. 둘째, 마약 밀매이다. 셋째, 국가 시스템 밖에서 사는 불법 외국인들이다. converter 선교사들이 이런 의심을 받고 있을 수 있다.(Mark L. Russell, 186-187.)
102) 위의 책, 185-188.
103) 위의 책, 187.
104) "회사에서 사원 복지에 신경을 쓰는 것은 회사가 당연히 해야 할 일이라고 말하는 것과, 일을 더 열심히 하도록 만들기 위해 복지에 신경을 쓴다고 말하는 것은 분명히 다릅니다."(존 케이). "회사의 가치가 직원들을 진심으로 위하는 마음에서 나온 것인지, 숨은 목적이 있어서인지는 직원들이 더 잘 안다."(데니스 바케)
105) 닐 존슨, 361.
106) '동방권 나라들은 부정부패가 줄어든 이유가 기독교의 영향이라고 말한다.'(켄 엘드레드, 비즈니스 선교, 269.)
107) 외국에서 사업하는 한인 사업가들의 경우, 탈세와 뇌물 등 현지의 부정직한 관행을 당연히 하며 따르는 이들도 간혹 있다. 이분들은 "제대로 내면 이 외국에서 사업할 수 없다."고 한다. 그런데 이분들은 한국에서 사업할 때도 이런 말을 했을 것이 분명하다. "제대로 세금 내면 사업할 수 없다."
108) 켄 엘드레드, 비즈니스 선교, 269-270.
109) 닐 존슨, 231-249
110) 닐 존슨, 236-237.

111) 닐 존슨, 237.
112) 천국을 소망하는 비전과 책임감을 지고 수익성 있고 안전성 있는 조직을 통해 성경적 윤리 안에서 운영하며, 교회의 설립과 확장에 기여하는 회사 또는 기업체를 말한다.
113) 닐 존슨, 214~215.
114) 켄 엘드레그, 비즈니스 선교, 65-6.에서 재인용.
115) 그리스도인이 선교사가 아닐 수 있으나, 선교사가 그리스도인이 아닐 수 없듯이…(닐 존슨, 239.)
116) 경영권 승계 : 지속성은 기업의 소유주나 경영권이 바뀔 때 특히나 어렵고, 민감하고, 심지어 상처가 되는 이슈이다. 권력의 이양은 죽음, 사임, 은퇴, 합병, 인수로 인할 수 있다. 무엇보다도 부모에게서 자식에게로 소유권/경영권이 이양되는 것이 특히나 민감하다. 기업은 이 시기에 그 문화와 구조가 재평가되고 사람, 목적, 정책, 스타일 등의 대변동이 일어난다. 구체적으로 어떻게 하면 킹덤컴퍼니와 BAM컴퍼니가 이 과정을 잘 지탱해나가고 그 사업/사역을 지속할 수 있느냐에 대해서는 이 단원에서 언급하지 않는다. 지금으로서는 이 시기에 킹덤컴퍼니와 BAM컴퍼니는 그 존재여부가 불확실해지고 그 지속성이 많은 공격을 당하는 것을 명심하는 것이다. 목표 상실 : 비즈니스는 본래 수많은 위험성을 안고 있다. 매일 비즈니스는 시간, 에너지, 관계들, 동기부여, 그리고 자원과의 지독한 싸움을 계속한다. 특히나 오늘 날의 기술화되고 세계화된 경쟁 속에서 성공적이고 이익이 남는 사업을 하는 것은 절대 쉬운 일이 아니다. 이러한 압박 속에서 사업 넘어 사역에 대한 노력과 투자가 포착하기 힘들 정도로 아주 조금씩 감소하기 시작한다. 결국 사업만이 남고, 의도적이고 계획적으로 킹덤임팩트를 지향하던 기업은 사라진다.
117) 지금까지의 보고에 의하면, 믿음의 통합화의 문제와 KC를 경험해 보지 않은 사람이 BAM을 성공한 사례를 찾지 못했다.
118) 스탠포드 연구소에 의하면 우리가 벌고 있는 돈의 12.5%만 제품에 대한 지식과 관련되며, 87.5%는 사람들에 대한 지식, 곧 사람들을 어떻게 다루느냐에 달려 있다고 한다.(John Maxwell, The Winning Attitude, 30-31)
119) 미소기업(micro-enterprise)은 소규모 비즈니스의 유형으로 5 명 이내의 종업원과 초기 투입 자본이 미화 35,000불 이내인 경우가 대부분이다. 이 미소기업의 창업자를 Entrepreneur라고 부른다. BAM이 이런 미소기업으로 시작하는 경우가 많은 관계로 그 대부분이 벤처 형태인데, 이를 'BAM 벤처'라고 부른다.
120) 이 과정 중에 최소한 4개 집단의 의견수렴이 필요하다. 1.프로젝트를 실행할 직원들, 2.프로젝트에 영향을 받을 지역의 참여자들, 3.프로젝트에 힘이 되거나 위엄이 될 수 있는 공식적인 그리고 비공식적인 지역 리더들,
4.전문가와 고문인들, 사업가, 회사의 크리스천 고문들, 중재자들 등등
121) 켄 엘드레드, 비즈니스 선교, 76-77.
122) Jorg Knoblauch, 197-198.

123) 동남아 국가 중 필리핀의 경우는 이직률이 상대적으로 매우 낮다. 필리핀인들은 자신의 일을 천직으로 여기는 경향이 있어 다른 동남아 국가인들에 비해 직장이동이라든가 이직에 상대적으로 관심이 없는 편이다. 이직률이 낮다는 것은 숙련공이 많다는 의미이기도 하다. 이런 이유에서 중국에 진출했던 제조업이 필리핀으로 몰려들고 있는 현상이 생기고 있다. 또한 공장 운영에 따르는 관련법이 중국에 비해 까다롭지 않고, 임금이 낮은 요인 등도 제조업이 다시 필리핀으로 몰려오게 하는 원인이다.

124) 개인주의는 자신의 필요의 충족하는 것이 공동체의 필요의 충족하는 것보다 우선이다. 독립심, 자립심, 개인의 자유/능력 등을 중요시하며 개인의 노력과 능력에 상응하는 대가를 중요시 한다. 다섯 사람이 만 불의 수익을 분배할 때에, 각 사람은 자신의 노력/능력/결과에 맞는 수익을 분배받아야 한다.

125) 어떤 BAM 사업가가 운영하는 회사의 매니저는 직원이 실수를 했을 때에 그 직원과 직접적으로 대화를 하기보다는 다음 방법을 취했다. 우선 다른 직원을 불러와 5분에서 10분간 일상적인 대화를 나눈다. 이때 이미 직원은 매니저가 이미 대화에 다른 목적이 있음을 안다. 이 작은 대화 이후 매니저는 어떠한 형식/절차에 대하여 묻고, 직원은 그것이 어떻게 처리되어야 하는지를 설명해준다. 이제 매니저는 넌지시 이런 식으로 말한다. "필립일까? 어떤 사람들은 이걸 잘 이해하지 못하고 있나봐?" 직원은 이제 매니저가 왜 자신을 불러왔는지를 확실히 안다. 그리고 필립에게 가서 그 형식/절차를 차근히 설명한다. 비록 명령체계가 비효율적이고 어떤 문화의 이들에게는 무례할 수 있으나, 이러한 문화 속에서는 죽어가는 사업과 왕성한 사업의 차이가 된다.

126) BAM 사업가 회사는 직원 이직률이 굉장히 높았다. 이 문제를 조사했더니 이는 한 미국인 매니저와 직원들 사이의 문화적인 오해에서 비롯된 것이었다. 미국인 매니저는 직원들의 실수들/부족한 점들을 직접적인 대화로 푸는 것이 최상의 방법이라 생각했다. 그러나 그의 부하직원들은 그때마다 체면을 상실하고, 굴욕적인 경험을 한 것이었으며, 회사에 대한 면목이 없다고 생각하여 회사를 떠나게 되는 것이었다.

127) Mark Russell, 194-195.
128) Neal Johnson, 224-229.
129) 닐 존슨, 224-227.

130) BAM 사업은 쉽지 않다. BAM은 다른 나라에서 또 하나의 회사를 시작하는 것만은 아니다. 고국에서 회사를 시작해도 성공률이 10% 정도이고, 타국에 지점을 여는 것도 성공률이 창업의 경우와 비슷하다. 타국에서 새 회사를 시작하는 것은 성공 가능성이 10%보다 높지는 않다. 회사를 시작하는 것은 복잡하며, 시간이 소비되고, 예상보다 더 많은 돈이 요구된다. 타국에서 이렇게 하는 것도 복잡하며, 시간이 소비되고, 예상보다 더 많은 돈이 요구된다. 다른 나라에서의 성공한 비즈니스를 새 나라에서 적용시켜야 성공적인 cross-cultural 비즈니스를 할 수 있다. (Justin Forman, 6.26.2007 - www.businessasmissionnetwork.com)

131) 그러나 하나님의 계획에 따르는 것이 최우선이다. 정말 선하고 치밀한 계획을 세웠다 할지라도 그 계획이 정말 하나님 가운데 있는 것이라면 우리는 분명 어떤 다이나

믹하고 예상하지도 기대하지 못했던 성령님의 간섭하심이 있을 것임을 알아야 한다. 신중하게 계획한 것들이 아예 쓸모없게 되어버릴지도 모른다. BAM 계획에 있어서 우리는 예상하지 못한 것을 늘 예상해야 한다. 그리고 그분의 계획과 방법이 우리의 것보다 늘 훨씬 좋다. 그러나 분명 사탄이 하나님의 역사하심을 가장하고 나타날 수 있으니 고도의 분별력이 필요하다.

참고문헌과 자료

김기영, '일터@영성', 예영커뮤니케이션.
나얀 찬다, '세계화, 전지구적 통합의 역사', 모티브 BOOK.
다니엘 라핀, '부의 비밀', 씨앗을 뿌리는 사람.
데니스 바케, '일의 즐거움', 상상북스.
댄 밀러, '나는 춤추듯 일하고 싶다', 선교월드라이브러리.
독일성서공회판 해설성경전서.
로버트 뱅크스, '경영자의 영향력', 국제제자훈련원.
로버트 슬로컴, '평신도 목회의 극대화', 평신도목회자연구소.
로버트 프레이저, '마켓플레이스 크리스천', 순전한나드.
루이스 부시, 'World Inquiry'.
레너드 스윗, '관계의 영성', IVP.
리스토퍼 크레인/ 이크 하멜, '왕 같은 제사장 경영자의 영향력', 국제제자훈련원.
매츠 튜네헥, 'Business as Mission is bigger than you think'.
매츠 튜네핵 외 2인, 'Business As Mission', 예영커뮤니케이션.
배종석 외, '기업이란 무엇인가', 예영커뮤니케이션.
브리태니커 백과사전.
에릭 바인하커, 안현실-정성철 역, '부의 기원', 랜덤하우스.
윤석철, '삶의 정도', 위즈덤하우스.
웨인 도식, '비즈니스 바이블', 한세.
웨인 그루뎀, '하나님의 영광을 위한 비즈니스', Crossway.
이민규, '1%만 바뀌어도 인생이 달라진다', 더난출판.
이장로, '기독경영 로드맵 11', 예영커뮤니케이션.
존 맥스웰, '크리스천이 직장에서 성공하는 법', 국제제자훈련원.
주경철, '대항해시대', 서울대학교출판문화원.
켄 엘드레드, '비즈니스 선교', 예수전도단.
크리스 마틴슨, '크래시코스', 미래의 창.
홍익희, '유대인 이야기', 행성 : B잎새.
황호찬, '돈 그 끝 없는 유혹', 생명의 말씀사.
팀 켈러, '일과 영성', 두란도.
폴 스티븐슨, '21c를 위한 평신도 신학', IVP.
LG 경제 연구원, '2010 대한민국 트렌드', 한국경제신문사.

파커 J. 파머, '삶이 내게 말을 걸어 올 때', 한문화.
폴 마샬, '천국만이 내 집은 아닙니다', IVP.
폴 스티븐슨, '하나님의 사업을 꿈꾸는 CEO', IVP.
필립 얀시, '기도', 청림출판.
Anne Powthorn, 'The Liberation of the Laity', Morehouse-Barlow.
Bill Clinton, 'My Life', Alfred a Knopf Inc.
BusinessWeek (Mar 22, 2004)
C. Neal John, 'Business As Mission', IVP.
Chales M. Shelton, 'In His Steps; What Would Jesus Do?' (1897; Nashville : Thomas Nelson,
Christena Nippert & Eng, 'Home & Work : Negotiating Boundaries through Everyday Life', (Chicago : University of Chicago Press, 1996), xi.
Dan Miller, 'No More Mondays', Doubleday, 2008
Danker, William J., (1971) 'Some Economic Attitudes and Activities in the Life and Mission of the Brethren in Europe, Profitf or the Lord', GrandRapids, MI : Eerdmans.
David Kelsey, 'Between Athens and Berlin : The Theological Education Debate', Grand Rapids.
David R. Befus, 'Economic Development and Holistic Mission'.
David van Biema, 'Christians under Cover', Time,, June 30.
Gene Edward Veith, 'God at Work', CROSSWAY.
George Hunter III, 'How To Reach Secular People', Abingdon Press.
James D. Watson, 'DNA : The Secret of Life', Knopf Doubleday Publishing Group
John Maxwell, 'The Winning Attitude', Thomas Nelson Inc.
Jorg Knoblauch and Jurg Opprecht, 'Kingdom Companies', River City Press.
Karen Armstrong, 'Holy War', KIRKUS.
Kent Eldrd, 'The Integrated Life', Manna.
Kent Humphreys, 'Last Investment', NavPress.
Myron Rush, 'God's Business', Victor.
Novak, 'Business as a Calling', The Free Press.
Philip Jenkins, 'The Neat Christendom', Oxford University Press.
Steve Rundle and Tom Steffen, 'Business and Mission : Globalization and the Emerging Role of Great Commission Companies', IVP.
Tetsunao Yamamori/Kenneth A. Eldred, 'On Kingdom Business', Crossway.
William I. Huyett & S. Patrick Viguerie, 'Extreme Competition', The McKinsey Quarterly (2005 Nov 1)

참고 웹사이트들

www.matstunehag.com/2011/08/18/from-church-planting-success-to-genocide)
blog.naver.com/pjt2282)
www.amickfarms.com/
www.oticonsulting.com
www.freemans.com.tw
www.MatsTunehag.com
www.ultimatesupport.com
puravidacreategood.com/
www.boisefrycompany.com
www.auntieannes.com
www.globalissues.org/article/26/poverty-facts-and-stats#src1
www.americandelphi.com
www.beckettcorp.com
www.openbible.info/blog/2012/07/calculating-the-time-and-cost-of-pauls-missionary-journeys/
www.servicemaster.com
www.globalissues.org/article/26/poverty-facts-and-stats#src
wwww.se-alliance.org/why(lastaccesson29thMay,2014
www.merryyear.org/new/business/business_02.asp
www.facebook.com/#!/blissnbless
www.ihaveabean.com
www.christianitytoday.com/ct/2014/may/circumstances-should-overseas-missionary-pay-bribe.htm
www.businessasmissionnetwork.com